民法

債編總論 上

LAW

楊芳賢／著

修訂二版

三民書局

U0078847

修訂二版序

　　本書第二版，除更正錯誤，增補若干外文文獻外，主要增補最高法院近年相關重要判決。最高法院判決見解，若作者不贊同，均附簡要理由加以評論。作者期望第二版更能幫助讀者理解、思考民法債編規定或相關法律問題。作者上課最常說的口頭禪，首先是對任何敘述，均問「為什麼」，理由何在，正確妥適嗎？其次，任何問題，「伸出左手五根手指頭，依序默唸五項請求權依據」，依序檢討。最後，「閱讀教科書、文章或判決十次，不如親自寫作實例題並嚴格檢討一次」，之後每隔一段時間並再重寫及檢討一次。讀者只要確實執行，對民法債編的理解、思考以及考試作答，必定有所進步。最後，作者特別感謝三民書局編輯部同仁的細心校對。

　　法律人慣於依據法律進行論述，極為正常。但面臨其他專業領域，至少應當遵守學術規範，參考專業文獻後，再作敘述。例如 Eyal Zamir/Doron Teichman, Behavioral law and economics, first ed., 2018, p 27，指出「人類的心理太過複雜，根本不可能以一個單純的理論加以掌握理解。如同 Kahneman 所言，『相較於人類理性的真正信仰者而言，生命，對於行為經濟學家們，乃是更為複雜的』」（在本段之後幾行，亦再出現「在欠缺統一之理論之下」之語）。可惜的是，臺灣的法律人，在未經參考專業文獻下，即當然爾輕率作出與此相反之敘述；這只顯示欠缺專業知識的認知而已。

楊芳賢

序

　　本書說明民法債編通則規定及制度之篇幅，粗略而言，係依最高法院民法債編通則相關判決之數量多寡而定；即判決越多，可謂即實務重點所在，應說明較多；反之，較少或毫無最高法院判決者，則僅精簡說明。作者期望本書得以幫助讀者理解民法債編通則法律規定，並且在面臨個案之法律問題時，能夠獨立思考及尋找法律依據，並依解釋、補充及各種論證方法，在提供具體理由下作成論斷。但無論如何，對讀者而言，本書應當僅是入門性質的讀物；作者期望，三年、五年或最晚七年，讀者已有能力親自閱讀英文（或其他外文）著作及判決。

　　作者感謝歷年上課學生的聽講與問答，尤其願意主動獨立思考，並質疑或挑戰作者看法的學生們；作者所教的根本遠不如她（他）們教作者的。但國考通過，才是真正競爭及努力的開始；而且凡事須謹慎依（過去及持續）所學方法進行研究思考。最後，若非三民書局主動要約，作者不可能有意願及機會完成本書，作者謹在此對三民書局及編輯人員致上謝意。

楊芳賢

民法債編總論（上）

目 次

修訂二版序

序

第五章 侵權行為及其損害賠償

參考文獻

第一章

民法債編導論

關鍵字

壹｜民法債編通則及債之關係

債之關係、廣義債之關係、狹義債之關係、法定債之關係、意定債之關係、契約原則、請求權依據、私法自治、契約自由

貳｜誠信原則以及債之關係之各種義務

誠信原則、主給付義務、從給付義務、保護義務、不真正義務、原給付義務、次給付義務

參｜債權、債務與債之關係相對性原則等

債權、請求權、相對權、債務、責任、債之關係相對性原則、所謂買賣不破租賃原則、繼續性債之關係

壹｜民法債編通則及債之關係

一、民法債編通則及本書簡略大綱

㈠民法債編通則

民法是私法關係的主要規範。私法關係中之財產交易，主要是依民法債編及物權編規定加以規範，但是亦有一些特別法值得注意，例如消費者保護法及土地法等。

債編主要涉及人與人之間的債權債務關係；至於物權編主要涉及人與物之法律關係，即人如何取得、移轉或喪失物權之法律關係。債編又分為通則及各論，債編通則主要涉及債法之共通性原則，債編各論則是有關各種具體債之關係，尤其個別契約之規定。

㈡本書簡略大綱

本書涉及債編通則中有關債權債務之法律關係，或債之關係之發生、內容、債務不履行、債之關係涉及多數人及債之關係消滅等。本書在債編導論後，於第二章首先說明契約關係之發生及締約上過失。其次，第三章至第五章則說明法定債之關係，即無因管理、不當得利、侵權行為及其本身之法律效果規定。本書下冊第一章債之內容及債之相關權利，說明債之內容如金錢之債等，及債之相關權利如代位權、撤銷權、同時履行抗辯權及不安抗辯權。本書下冊第二章至第八章，主要說明債務不履行之成立及其類型，並說明其法律效果即解除契約及（或）損害賠償。其後，本書下冊第九章以下，主要說明第三人利益契約、債權讓與、債務承擔以及多數債權人或債務人，尤其是真正

與不真正連帶債務。最後，本書下冊第十二章說明債之關係消滅，尤其是清償及抵銷。

債編導論	
上冊第二章至第五章 債之發生	契約關係之發生與締約上過失 法定債之關係（無因管理、不當得利、侵權行為）
下冊第一章 債之內容與相關權利	種類之債、金錢之債及選擇之債 代位權 撤銷權 同時履行抗辯權 不安抗辯權
下冊第二章至第八章 債務不履行	債務不履行之成立與類型 法律效果（解除契約、損害賠償）
下冊第九章至第十一章 債之關係涉及多數人	第三人利益契約 債權讓與 債務承擔 多數債權人、多數債務人 真正、不真正連帶債務
下冊第十二章 債之消滅	清償 抵銷

二、債之關係之意義、分類與功能

㈠債之關係之意義

債之關係是指債權債務之法律關係。依第 153 條以下規定，契約、無因管理、不當得利與侵權行為等，均為債之關係之發生依據，而使債權人得向債務人請求給付（第 199 條第 1 項）❶。

---

❶ 第 167 條以下代理權授與規定，雖列在債編通則之「債之發生」，但明顯有誤。首先，授與代理權，依第 167 條，係單獨行為（對此，Flume, Allgemeiner Teil des Bürgerlichen Rechts, Zweiter Band, Das Reschtsgeschäft, 4. Aufl. 1992, 823 (unter § 49 1) 認為，依契約自由原則，當事人亦得依契約

又發生債之關係後，依第 199 條第 1 項，債權人得請求債務人給
付，且給付包括作為與不作為。但第 199 條第 1 項只是通則性質之抽
象規定，實際個案之當事人應主張特定具體之債之關係，如買賣契約
或僱傭契約等。又給付涉及作為乃多數情形，例如債務人負有提供勞
務、移轉標的物所有權並交付等義務。但給付亦可能包括不作為，例
如受僱人負有競業禁止或不得洩漏僱用人商業機密等義務；又出租土
地供承租人通行，出租人亦負有容忍之義務。個別契約，通常包括作
為及不作為之債務，例如受僱人負提供勞務之作為義務，亦負不得競
業或洩密之不作為義務；或出租人負交付租賃標的物等作為義務，亦
負不得妨礙承租人使用收益等不作為義務。

(二)債之關係之分類

1.狹義與廣義債之關係

廣義債之關係是指涉及雙方當事人一切權利義務所依據之債之關
係，例如買賣契約或僱傭契約，而債編所規定屬於廣義債之關係者，
尚有無因管理、不當得利及侵權行為等。至於依此等廣義債之關係所
生之「得請求債務人給付之請求權」，則是所謂狹義債之關係，例如買
受人依第 348 條第 1 項之請求權，以及出賣人依第 367 條之價金請求

授與代理權），不符所謂「契約原則」（參見下述），對代理人並不發生任何
債務。其次，授與代理權僅賦予代理人以本人名義為或受意思表示之權能
或資格（第 103 條），亦不發生債之關係。反而代理權授與之基礎關係，例
如僱傭或委任契約等，才是本人與代理人發生債之關係之依據。再者，民
法將代理權及其授與，分別規定於總則編之第 103 條以下及債編通則之第
167 條以下，亦不妥適，反而應集中規定在總則編；因此民法債編修正時，
未斟酌調整，亦有疑問。

權等。此等權利，均為債權性質之請求權，但民法亦有其他眾多請求權，例如物權編最重要之物上請求權（第 767 條），或其他如親屬編或繼承編之請求權。

2.意定與法定債之關係

意定債之關係是指依當事人之意思表示所生之債之關係，其中最重要者乃契約關係，此為絕大多數商品或勞務等財產交易行為的規範基礎。雙方當事人因成立契約而發生債權與債務之法律關係，並進而依履行債務之物權行為或其他履行債務行為，而達到雙方交易目的。但是自契約協商、成立迄清償債務，任何一個環節，均有可能發生重要法律問題。

在此，有所謂「契約原則」，即依法律行為而發生、變更或消滅債之關係，除非法律另有規定，例如遺贈或遺囑等，否則均應經雙方當事人意思表示之合意[2]。換言之，未經他方當事人意思表示同意，無從賦予他方權利，例如贈與契約（第 406 條）單純賦予受贈人財產移轉請求權，亦須受贈人意思表示同意。至於使他方當事人負擔債務之情形，更須他方當事人意思表示同意；此外，雙方依約定由第三人履行債務之情形，亦同；未經該第三人意思表示同意，該第三人不負擔債務（對此，參見第 268 條）。

至於法定債之關係是指非依當事人意思表示，反而是依法律規定所生之債之關係，例如第 245 條之 1 第 1 項，對基於締約協商或其他交易接觸所生之特定義務違反，明定損害賠償請求權，故屬法定債之關係[3]。此外，尚有諸如無因管理、不當得利與侵權行為等，均涉及

---

[2] 參見德國民法第 311 條第 1 項。又對「契約原則」，參見 MK/Emmerich, 2016, §311 Rn 1.

[3] Looschelders, SAT 2015 Rn 89.

社會生活中之重要事項，值得注意。

3.請求權依據

　　請求權依據是指當事人對他人得以主張或請求民事法律效果之法律依據。任何民事法律問題，原則上均涉及何人對何人得主張何等內容權利之問題；債之關係，更是涉及何人對何人得主張何等內容之請求權之問題。思考請求權依據之次序分別是契約、無因管理、所有物返還請求權、不當得利及侵權行為，其簡要理由是，契約關係乃當事人最優先之法律依據（對此，請比較第 1 條規定）；若無契約關係，才有可能成立法定債之關係❹，如無因管理（參見第 172 條規定）。又成立「適法」無因管理，當事人間之給付及占有等均有法律上之依據，就不會成立「無法律上之原因」的不當得利❺或無權占有，故無因管理應在第 767 條及不當得利之前檢討。再者，第 767 條之所有物返還請求權，係物權之請求權，得對符合要件之任何人主張。相對的，不當得利僅係債之關係之請求權，原則上僅得對受領利益者請求返還，且得否對受領人以外之第三人請求不當得利返還，須依法定要件定之（第 183 條），故第 767 條應在不當得利之前檢討。此外，不當得利與侵權行為，二者請求客體有別，即前者係請求債務人返還其無法律上之原因所受利益；後者，則著重在請求債務人賠償債權人之損害。採取請求權依據之思考，較不致遺漏可能之請求權，且不易發生敘述矛盾❻。

---

❹　例如 105 臺上 1957 及 106 臺上 2170 表示，依契約之給付，乃有法律上之原因，當事人就同一原因事實，不得同時以契約及不當得利作為請求權基礎。又第 245 條之 1 及第 110 條，均屬法定債之關係。但因二者均涉及締約問題，故乃在契約關係後，依個案事實，加以檢討。

❺　對 86 臺上 229 之批評，參見本書無因管理之說明。

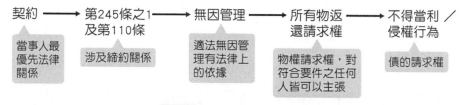

圖 1-1　請求權之思考順序

⽈債之關係之功能

1.債之關係與物權行為

　　債之關係中的契約關係，乃財物或（與）勞務等交易之基礎法律關係，而法定之債如無因管理、不當得利或侵權行為，亦涉及財物或金錢請求之基礎法律關係。其次，無論意定或法定債之關係，均僅發生債權債務之法律關係，使債權人得請求債務人給付（第 199 條第 1 項），債之關係本身，不生財物或金錢等的移轉變動，反而須當事人進一步依（書面）讓與合意及登記或交付等物權行為或準物權行為，才會使不動產、動產、金錢或債權等發生所有權或權利之移轉變動（第 761 條第 1 項；第 758 條；第 294 條），而且（準）物權行為之效力，原則上不因債權行為無效、不成立或其意思表示被撤銷等而受影響。此即物權行為獨立性或無因性，也就是，原則上只有當物權行為本身之意思表示有瑕疵，才會影響物權行為之效力。

　　又涉及財物、金錢或債權等之移轉交易，若債權行為與物權行為二者均有效，則債務履行或清償僅消滅個別債權（狹義債之關係），至於廣義債之關係仍然存在，而成為債權人請求、受領以及保有給付之法律上之原因，不構成第 179 條之不當得利。例如買賣契約的出賣人

6　102 臺上 930，乃忽略請求權依據及其互斥關係之代表判決。對此，參見本書不當得利之說明。

請求買受人給付價金，而買受人立即為清償；或買受人請求出賣人移轉標的物所有權及交付，出賣人立即為履行。在此，狹義之債之關係即出賣人或買受人之債權即消滅，但廣義債之關係買賣契約仍然存在，作為雙方保有給付之法律上依據。反之，只要債之關係無效、不成立或其意思表示被撤銷，且當事人間已有給付，即應思考依不當得利請求返還之問題。此外之細節，參見本書不當得利之說明**7**。

㈣私法自治、契約自由及任意、補充與強行規定

依私法自治及契約自由原則，契約乃當事人間最重要及應優先思考之法律關係依據。又法律承認個人符合法律有關年齡等規定即享有私法自治權限，得依意思表示自行決定生活事務，主要是因為當事人本身最清楚個人需要，理論上也最能為自己利益作決定；相對的，當事人自行決定個人事務亦應對自己決定負責，亦即應對其意思表示之法律效果負責，法院亦應依法確認當事人之約定並加以執行。

私法自治及契約自由原則下，只要內容或方式等未違反強行規定等，當事人得自行約定契約及其內容。民法債編之規定，多數乃任意及補充規定，即當事人之約定應優先適用，若當事人未特別約定，始適用相關任意規定或補充規定**8**（參見第 153 條第 2 項及第 247 條之 1 第 1 項），以達到節省交易成本、促進交易效率，並作為法院解決相關訴訟爭議之依據。

當然，民法亦例外明定法律行為違反強制或禁止規定，或公共秩

---

7 錯誤理解第 179 條之經典案例之一，參見 99 臺上 2006。即地政機關甲登記錯誤，將乙所有不動產登記為丙所有，丙知悉後即出售並移轉登記予第三人丁。但最高法院本判決錯誤認為，甲對丙得主張不當得利。但實際應當是乙才可對丙主張不當得利。對此，參見本書不當得利說明。

8 94 臺上 1860 表示，無名契約，可類推適用民法相關之規定。

序善良風俗者，無效（第 71 條、第 72 條），以避免當事人濫用私法自治及契約自由原則權限，危害社會共同生活之基本秩序或交易關係（對此，並參見第 247 條之 1）。

貳 誠信原則以及債之關係之各種義務

一、誠信原則

㈠法律依據

誠信原則，原本規定於第 219 條的債編之中，但是目前僅規定在民法總則第 148 條第 2 項，主因是誠信原則非僅適用於債編，而是適用於一切民事或甚至其他法律關係，但後者因法無明文，宜小心論證🔟。

㈡適用之例

誠信原則之適用，並非如第 148 條第 2 項所示僅涉及行使權利及履行義務，而是涉及當事人與他人接觸交易或往來時，均應遵守誠信原則。

適用誠信原則之案例或明文規定，包括第 98 條有關意思表示解

🔟 參見德國民法第 242 條；美國統一商法典 UCC 1–304。但英國法傳統上鮮少使用誠信原則處理契約之締結與履行，參見 Whittaker, (2013) 129 LQR 463. 此外，詳細英文文獻及細節說明，參見 Andrews, 2015 Chapter 21 and para 21.02 Fn 1 and 2.

🔟 Looschelders, SAT 2015 Rn 60 und 64.

釋；對此，德國民法第 157 條規定，契約之解釋，應斟酌交易習慣，依誠實信用原則為之[11]。其次，尚未成立契約之締約協商階段，當事人依誠信原則，負有所謂先契約義務；如有違反，可能負損害賠償責任（但對此，參見第 245 條之 1 第 1 項）。又契約成立後，固然主給付義務的瑕疵給付構成不完全給付（例如塑化劑案、黑心油案或歐洲之馬肉混充牛肉案），但是除主給付義務之外，所謂從給付義務或保護義務[12]的違反，亦可能成立不完全給付。例如精神科陳姓醫師，在接受新聞採訪時公然洩露倪姓影星罹患憂鬱症之細節；又某醫院舊紙本病歷經民眾發現散布於野外，亦違反病人赴醫院看病，醫院對其病歷應予妥善保管，保存年限屆至時亦應妥適銷毀之義務（否則，侵害病人之隱私權）。

再者，契約成立時，若一方當事人係使用定型化契約條款並訂入契約，則其規制亦以誠信原則為依據[13]（對此，參見消費者保護法第 12 條第 1 項，並比較第 247 條之 1 之規定）。此外，第 227 條之 2 所謂情事變更原則之規定，亦以誠信原則為依據[14]。並有認為，第 252 條違約金酌減規定，也是以誠信原則為依據[15]。最後，契約消滅後，當事人依誠信原則亦負所謂後契約義務[16]，例如受僱人離職後之保密義務或競業禁止義務等；相對的，僱用人亦負有一定義務，例如提供離職證明書等。又例如承租人租約到期，遷移至他處營業時，出租人負有義務容忍承租人張貼公告搬遷至他處營業。

---

[11]　參見 93 臺抗 733 之說明。

[12]　對保護義務，參見 95 臺上 1076。

[13]　Looschelders, SAT 2015 Rn 88.

[14]　Looschelders, SAT 2015 Rn 88.

[15]　BGH NJW 1968, 1625f. (1625). 此外，參見 95 臺上 1095。

[16]　對此一名詞，參見 95 臺上 1076。

違反後契約義務之法律效果，若當事人有約定，依其約定；例如當事人約定違約金條款之情形（第 250 條以下）；若無約定，因契約已消滅，故類推適用債務不履行之規定，請求損害賠償。對此，95 臺上1076 認為係適用債務不履行規定，且對受僱人離職後仍應保密之保護義務，稱「其乃脫離契約而獨立，不以契約存在為前提」，且「違反此項義務，即構成契約終了後之過失責任」，「應依債務不履行之規定，負損害賠償責任」。

二、債之關係之各種義務

債之關係下，可能發生各種義務，即主給付義務、從給付義務以及保護義務 ❼。此外，尚有所謂對己義務或稱不真正義務。

㈠主給付義務

主給付義務指在債之關係成立上，必備且得以決定契約類型之義務，此即第 153 條第 2 項所謂必要之點，故一般須在締約時由當事人明示或默示同意 ❽。例如買賣、互易與贈與契約之區別，在於一方負移轉所有權及占有之義務，及他方是否負支付價金或負移轉財物所有權之義務而定。又租賃與使用借貸契約中，出租人與貸與人均負提供一定標的物供承租人或借用人使用收益之義務，但承租人負支付租金之義務，而借用人則不負支付對價之義務。

㈡從給付義務

債之關係並非僅限於債務人履行主給付義務而已，反而當事人間存在受誠信原則支配之特別聯繫關係，而有從給付義務與保護義務。

---

❼ 對保護義務一詞，參見 95 臺上 1076。
❽ 但對買賣價金，參見第 346 條之特別規定。

　　從給付義務，不具獨立目的，反而主要涉及主給付義務之準備、實現與確保。即債務人負有義務，依其作為，對給付行為或結果加以準備、實現或確保，或不為任何可能妨礙或危害契約目的或給付結果的行為。

　　主給付義務及從給付義務，性質上皆得訴請履行[19]，但從給付義務可能遲至違反時才發現，如出賣人郵寄買賣標的物，因包裝不良致其毀損，買受人可能直接針對標的物瑕疵主張相關權利，而未必是訴請妥善包裝[20]。又從給付義務之依據，包括基於法律明文規定，例如第 378 條、第 429 條及第 483 條之 1，或第 540 條與第 541 條（但是若無此等明文規定，實際上亦得依誠信原則或解釋契約而生）。其次，依當事人之約定。如醫院僱用醫生，約定其不得利用下班休息時間在家開業；或不動產買賣，買受人應提供辦理所有權移轉登記所必要之證件、資料文件等。再者，則是基於誠信原則解釋契約而生，例如買賣名種犬、貓或馬之契約，當事人縱未約定，依誠信原則亦應提供交付血統證明書。

　　又準備或實現給付之例，如出賣人對尚未交付之動物仍應飼養；寄送商品應妥善包裝；承攬人在施作前，應就工作既已存在且已知之瑕疵告知定作人。至於確保之例，例如出售營業或診所之後，不得競業；產品之製造人或出賣人，應在正常使用年限內維持相關零件供應；醫院或診所應保持病歷完整並保存一定年限。

　　雙務契約下，一方之從給付義務，是否與他方之給付，立於對待

---

[19]　依 99 臺上 2428，醫院或醫生有關實施手術前之告知及說明等義務，乃從給付義務，且得獨立訴請履行。

[20]　Looschelders, SAT 2015 Rn 14. 在此並稱，若涉及繼續性債之關係，債務人一次未妥善包裝之義務違反，買受人得訴請妥善包裝，但訴訟費用及時間等因素下，現實生活中不易出現此例。

給付之關係，而得適用同時履行抗辯權（第 264 條第 1 項），或一方違反時，他方得否解除契約，最高法院認為，原則上應視其對契約目的之達成是否必要而定[21]。

㈢保護義務

債之關係並非僅限於給付義務，而是雙方當事人依債之關係亦互負有義務注意他方之法益、權利與利益[22]之保護，故得稱為保護義務[23]。其次，保護義務之內容與範圍，依個別債之關係及個案狀況定之；而其具體化，得依契約補充解釋或誠信原則為之[24]。再者，不少義務具有雙重性質，即可能兼具保護義務與從給付義務，例如電鋸之使用說明，雖係為確保電鋸之適當使用，但也足以防止買受人使用時遭受危害。此外，契約自由原則，當事人自得將保護他方之義務約定為從給付義務[25]，例如保密義務經契約約定，即可能涉及契約關係中之從給付義務或後契約義務；第 483 條之 1 受僱人之保護，即將保護義務明定為從給付義務之例。

有爭議的是，保護義務得否訴請履行。對此宜認為諸如第 483 條之 1 對僱用人規定之必要預防措施，受僱人得訴請履行；其他如警告義務，係以一方知悉特定風險而他方不知為前提，但他方若不知，實際上就不可能進而訴請履行警告義務；不過，在具體損害事件發生前，

---

[21] 對後者，參見 101 臺上 246，100 臺上 2。對此，參見本書有關同時履行抗辯權之說明。

[22] 單純財產利益亦受保護，參見 Looschelders, SAT 2015 Rn 21 bei Fn 40.

[23] 對保護義務一詞，參見 95 臺上 1076。但 103 臺上 2605，稱「附隨義務」。

[24] Looschelders, SAT 2015 Rn 19 und 20. 此外，參見德國民法第 241 條第 2 項規定。

[25] Looschelders, SAT 2015 Rn 24.

若個別情形下之保護必要已具體化，仍可能得訴請遵守保護義務，因此歸類為從給付義務或保護義務，對債權人得否訴請履行，並無意義[26]。

此外，保護義務，因非主給付義務，故不適用同時履行抗辯權（第264條第1項），但若僱用人提供工作之場所、設備或原物料，已知包含對受僱人健康有害之成分，因依誠信原則，僱用人對受僱人負保護義務，故縱無第483條之1，受僱人亦得類推適用第264條第1項，拒絕在該等場所工作。此外，如已受有損害，對債務人違反此等義務，亦得依債務不履行之不完全給付，請求補正（第227條第1項），並請求其他諸如身體或健康之損害賠償（第227條第2項；第227條之1）。

㈣不真正義務

不真正義務，或稱對己義務，乃指相關義務是否遵守，當事人自行決定，且他方亦無從訴請履行。又義務之違反，當事人並不發生損害賠償責任，而僅使其權利喪失或減損，或承擔一定不利後果，例如第159條第1項及第2項、第162條第1項及第2項有關遲到通知之規定；又第217條之與有過失，或者第262條及第356條規定，亦屬之。此外，第234條以下之債權人受領義務，原則上亦同，但對此應注意特別規定，即第367條有關買受人受領義務以及64臺上2367之相關見解（參見下冊第六章之說明）。

承攬契約之定作人，依第507條規定所負之協力義務，性質上乃不真正義務 (Palandt/Sprau, 2018, §642 Rn 3)。但106臺上466，將其誤解為附隨義務，並稱定作人違反，且有可歸責事由時，承攬人非不得據以請求賠償。但是第507條第1項僅稱定作人不為其協力行為時，承攬人得定相當期限，催告定作人為之；同條第2項規定，定作人為

---

[26]　Looschelders, SAT 2015 Rn 25 aE.

於前項期限內不為其行為者，承攬人得解除契約，並得請求賠償因契約解除而生之損害；並非單純如 106 臺上 466 所稱之請求賠償損害。當然，立法論上第 507 條第 2 項規定是否妥適，仍有討論餘地。

㈤原給付義務或次給付義務

原給付義務，指債之關係下，債務人所負之給付義務，例如出賣人負有第 348 條第 1 項移轉標的物所有權及占有之義務，或者買受人負有第 367 條給付價金之義務。若一方發生債務不履行時，則特定法定要件下，原給付義務即轉化為次給付義務，例如出賣人給付不能、給付遲延、不完全給付或應負瑕疵擔保責任，買受人即可能得請求減少價金、解除契約與損害賠償等權利。

參 債權、債務與債之關係相對性原則等

一、債 權

圖 1-2　債權特性

㈠債權乃請求權與相對權

債權，性質上乃請求權。即債權人依其債權，得對債務人請求一定之給付，並受領債務人之給付，且保有其所受領之給付。又債權乃

相對權，並非絕對權或支配權，因此債權人依其債權，對債務人人身、債務人之給付行為或給付標的物等，並不享有任何得加以支配之權利。此外，債權人對債務人以外之第三人，因後者並非債務人，亦無任何請求之權利。

原則上，有債權即有請求權，例外有債權而無請求權者，參見第573條，即因婚姻居間而約定報酬者，就其報酬無請求權（但是若已給付，因有債權而受領給付，故無從依不當得利請求返還）。此外，婚約不得請求強迫履行（第975條）。

(二)債權之執行力與處分權

清償期屆至時，債權人得請求債務人給付，債務人遲延給付時，債權人得請求法院判決命令債務人給付，且判決確定即得聲請法院強制執行[27]。又一定情形下，判決亦得假執行（民事訴訟法第389條以下）。另如僱傭契約受僱人之勞務，依強制執行法第127條第1項，執行法院得以債務人之費用，命第三人代為履行。但在此既以受僱人之勞務具有可代替性為前提，故於受僱人不履行勞務，僱用人選擇解除或終止契約並請求損害賠償，往往比起進行訴訟至確定且加以執行，更為實際。此外，私力實現權利之例外情形，參見第151條、第334條、第447條、第612條。

其次，債權人對其債權亦具有處分權限，包括債務免除（第343條）、債權讓與（第294條以下）及權利質權之設定（第900條以下）。債權讓與之限制，參見第294條第1項第1款至第3款。亦即債權，原則上具有財產價值，故債權人得依債權買賣契約（第348條第2項）出賣債權，並依第294條讓與債權（準物權行為的一種），而獲取對價；其次，債權人亦得以債權為標的設定權利質權（第900條以下），以擔保債務；而且債權本身亦為強制執行之標的（參見強制執行法第

---

[27]　但參見強制執行法第128條之例外。

115 條以下）。

此外，賭債，非債，不成立債權債務關係，並非「自然債務」。此乃因賭博若為公然，則違反刑法第 266 條，在民法上，該法律行為屬違反禁止規定而無效；若僅是私下賭博，亦因具有射倖性質，宜認為違反善良風俗，無效。但若賭輸者已給付，雖賭債非債，致受領人受領給付，無法律上之原因，成立第 179 條之不當得利，但依第 180 條第 4 款規定，不法原因之給付，不得請求返還，故給付者無從對受領人請求返還（對此，參見不當得利之說明）。

㈢債之保全與確保

債權人除得依債權請求債務人給付外，民法亦規定有債權之保全，即代位權（第 242 條）與撤銷權（第 244 條）。前者，即債務人怠於行使權利，致其財產消極不增加。後者，債務人積極減少其財產，例如賤賣或贈與資產予第三人之掏空行為。前者，債權人得代位行使債務人之債權；後者，債權人得聲請法院撤銷債務人有害債權之法律行為。在此，宜留意債務人掏空資產與脫產之區別在於，掏空資產情況下債務人與相對人有意進行交易行為，故有效，但債權人得依第 244 條訴請法院撤銷，而脫產則是債務人僅意欲規避債權人求償，無意與相對人進行真正交易行為，故依第 87 條第 1 項前段明定無效。又法律上二者雖得明確區分，但債權人未必得以明確區分，故在訴訟上得依預備之訴加以主張。即債權人先主張通謀虛偽意思表示無效（先位之訴），再併以法院認定不成立通謀虛偽意思表示，而在法律行為有效之前提下，主張撤銷之訴（預備之訴）。

其次，因債權僅為請求權，債權能否實現，或債務人是否履行等，並不確定，故除有同時履行抗辯權（第 264 條第 1 項）外，民法亦有諸如保證契約（第 739 條以下）、物權之擔保（例如抵押權，第 860 條

以下；動產質權，第 884 條以下；權利質權，第 900 條以下）；此外，亦有動產擔保交易法等相關規定，供當事人運用，以確保債權之實現。但是上述人保或物保之情形，通常是由當事人事先依意思表示一致加以設定，若未事先設定，即難以確保債權，故在一定情形下，民法亦有諸如法定抵押權之規定（如第 513 條）。無論如何，尤其是侵權行為損害賠償請求權經常面臨肇事者逃逸、無財產、有財產卻脫產或進行訴訟，致被害人難以獲得賠償，因此強制責任險，雖然金額未必夠高，但對被害人仍具有重大意義（對此，參見本書侵權行為之說明）。

㈣債權人平等原則

債務人之財產不足以清償多數債權人之全部債權時，原則上即應依破產法，妥適分配債務人之財產供全體債權人受償。即個別債權人若無法定優先受償權，例如抵押權或質權等（參見破產法第 108 條），或者無從依據所有權主張所有物返還請求權（參見破產法第 110 條），則債務人之財產乃所有債權人之總擔保，債權人僅能平均受償。例如上述債權人行使代位權或撤銷權之後，仍係由全體債權人所共享，平均受分配。

二、債務與責任

㈠債務包括給付行為或（與）給付結果

所謂債務是指債務人應為一定給付之義務。此處應注意債務人之給付義務有給付行為或（與）給付結果之區別。債務人有可能僅負有給付行為之債，亦有可能在給付行為之外，亦負有給付結果之債，前者例如僱傭或委任契約；後者例如買賣或承攬契約。

1.僅負給付行為之給付義務

如醫療契約，傳統認為乃委任契約**[28]**，主要是醫生盡醫療專業上之努力與注意即可**[29]**，原則上，難以要求其負治癒病人之義務；又如律師擔任辯護人或訴訟代理人亦同，難以要求其負使當事人無罪或勝訴之義務。但契約自由，若有醫生或律師願約定承擔風險與責任，則不在此限。

2.包含給付行為及給付結果之給付義務

出賣人負有使買受人取得買賣標的物之所有權與占有之義務（第348條第1項）。出賣人能否移轉買賣標的物所有權予買受人，須依出賣人有無所有權或處分權而定，若其非所有權人或處分權人，則所有權之移轉，乃效力未定（第118條第1項）。此等情形，僅有給付行為，尚無給付結果，出賣人仍未履行債務或尚未依清償使債務消滅。但依第801條及第948條第1項、第759條之1第2項之特別規定，受讓人可能得以善意受讓所有權。

承攬契約，亦同，例如承攬人甲僱用受僱人丙丁戊為定作人乙建屋，至將完工階段，卻發生大地震致所建房屋全毀，則承攬人應完成工作之給付結果，仍未發生。此時依第508條第1項，應由承攬人承擔報酬風險。但是承攬人對於其所僱用並提供勞務之受僱人，仍負有給付報酬之義務。換言之，僱傭契約係受僱人有給付行為即可，而由僱用人承擔受僱人提供之勞務未能發生工作結果之風險。但弊之所在亦利之所在，僱用人獲利時，即使有年終分紅等給予受僱人，但大多數利潤均歸僱用人。附帶而言，實務上，承攬人係投保工程綜合險，

---

[28] 104臺上276稱，類似有償之委任關係。

[29] 對此，參見104臺上700。

以分散上述之風險。

㈡債權已罹於消滅時效

　　有債權，原則上債務人即負有債務，但是例外如第 144 條第 1 項之罹於消滅時效之債權，債權人仍可請求，惟債務人得拒絕給付。對此，最高法院宣稱，民法消滅時效係採德國制，且債務人於請求權時效期間屆滿時，取得時效抗辯權，一經行使抗辯權，該當請求權即歸於消滅[30]。相對的，德國法，採消滅時效完成債務人取得抗辯權，故須經債務人自行主張時效完成抗辯[31]，法院才可採納而以原告之訴無理由駁回，但若債務人未主張，除非原告債權人之訴狀表明被告債務人已主張消滅時效，否則法院不得依職權斟酌而應判決債權人勝訴[32]，但對此，德國法係採所謂債務人享有繼續性拒絕給付權之見解[33]，因此即使債務人已主張消滅時效完成，債權人之債權[34]及請求權[35]均仍然存在，故嗣後債權人請求時，若債務人給付，債權人乃有法律上之原因而受領給付，債務人不得依第 179 條請求返還。

　　此外，在我國無論債務人知或不知時效完成致未主張時效完成之抗辯而給付，債務人均不得請求返還（第 144 條第 2 項）。換言之，不知而未主張時效抗辯之給付已無從請求返還，故已知而未主張更不得請求返還已為之給付[36]。理由是債權人仍有債權，其受領債務人之給

---

[30]　參見 99 年第 5 次決議。

[31]　性質上為準法律行為，MK/Grothe, 7. Aufl 2015, §214 Rn 4.

[32]　MK/Grothe, 7. Aufl 2015, §214 Rn 3 und 4.

[33]　Palandt/Ellenberger, 2015, §214 Rn 1.

[34]　參見 MK/Grothe, 7. Aufl 2015, §214 之標題。

[35]　BGH NJW 1983, 392 (392f unter II 3); MK/Grothe, 7. Aufl 2015, §214 Rn 1.

[36]　德國民法第 214 條第 2 項之文義係「縱使不知時效完成而為給付亦不得請

付有法律上之原因，債務人不得請求返還；且債務人本應自行維護利益主張第 144 條第 1 項之抗辯權，債務人於給付之後，再就此爭訟而請求返還，將造成訴訟資源等之浪費，故應由債務人自行承擔後果。

㈢責　任

責任，文義上可能是指應負擔一定損害賠償之義務，例如第 184 條第 1 項前段之損害賠償責任，但是責任一語亦有可能是指債務人以其全部財產作為履行義務之擔保，以確保債權之實現。以下說明僅涉及後者。

原則上有債務即有責任。例外，有債務而無責任，例如第 144 條第 1 項，債務人得抗辯時效完成而拒絕給付之情形。又無債務而有責任，例如抵押人與債務人並非同一人，也就是物上擔保人對抵押權人不負債務，僅依法（第 860 條以下）須容忍抵押權人行使抵押權拍賣抵押物而已。

再者，債務人原則上是負無限責任，即債務人應以其全部財產擔保其債務履行，因此債權人為實現其債權，得在債權額度內以債務人之財產為強制執行標的，但是強制執行法第 52 條及第 53 條亦有執行限制之規定。

例外即有限責任，是以特定財產或一定數額為限度而負責，法律明文規定者，如公司法之有限公司或股份有限公司之股東，對公司之債務，係以其出資或股份為限對公司債務負責。其次，如抵押人非同時為債務人者，則抵押人僅就抵押物作為擔保物而對債權人負責；此外，繼承人雖繼承被繼承人之債務（第 1148 條第 1 項），但依第 1148 條第 2 項，繼承人僅以所繼承之遺產為限，對被繼承人之債務負責，

求返還」，而我國民法第 144 條第 2 項，係規定「不得以不知時效為理由，請求返還」。

並不須以自己財產對被繼承人之債務負責。

三、債之關係相對性原則及其例外

㈠債之關係相對性原則

　　債之關係僅存在於債之關係之當事人，如契約關係之債權人與債務人之間。債務人以外之第三人，並非債務人，不負債務履行責任，債權人對第三人，亦無請求權，例如父債，請求子還，或者夫債，請求妻還，若別無特殊情事（如其乃保證人等），法律上均無理由。

㈡債之相對性原則之例外

1.第三人利益契約

　　第 269 條第 1 項規定未盡精確，致最高法院不少判決亦不正確[37]。要件上，須第三人有向債務人直接請求給付之權利，才屬真正第三人利益契約，否則只是所謂不真正第三人利益契約，僅有給付受領權，而無給付請求權。此外，並參第 268 條規定之第三人負擔契約。

2.附保護第三人作用之契約

　　附保護第三人作用之契約，乃德國判決承認之制度，但我國最高法院至今尚未承認本項制度。典型案例是出租人出租並交付房屋予承租人，但租賃標的房屋有瑕疵，致承租人同居共同生活之家人受害。若堅持契約相對性原則，承租人之家人並非租賃契約當事人，僅得依侵權行為請求損害賠償（第 184 條第 1 項前段），但契約或侵權行為之責任要件、舉證責任、消滅時效、對第三人行為負責（即第 224 條或

---

[37]　參見本書對第三人利益契約之說明。

第 188 條第 1 項）或有關純粹經濟損失等，均有不同（對此，參見侵權行為與契約競合之說明），對承租人以外之請求權人，並非有利。

3. 買賣不破租賃

1) 租賃契約

契約相對性原則之另一重要例外是第 425 條第 1 項，即出租人已交付租賃標的物，且承租人占有中，縱出租人將租賃標的物所有權讓與第三人，其租賃契約對於受讓人仍繼續存在（第 425 條第 1 項）³⁸。精確而言，單依出租人與第三人之買賣契約，並不影響原租賃契約，反而本條項涉及「租賃標的物所有權讓與之物權行為」與「租賃契約」之關係（德國民法第 566 條係限於房屋租賃，至於其他建築物或土地，參見同法第 578 條。又承租人死亡，適用德國民法第 563 條以下之規定。至於現行我國民法，參見第 1148 條第 1 項）。

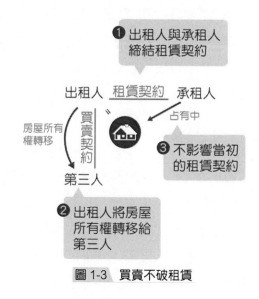

圖 1-3　買賣不破租賃

---

³⁸　本項制度之源由，參見 HKK/Oestman, 2013, §§533–580a, Rn 130ff.

　　上述原則之理由依據，一般均稱係為了保護承租人❸。但本條項規定是任意規定，也就是說出租人與承租人得另為不同約定；至於出租人與受讓人間之約定，涉及承租人之給付，若未經承租人意思表示同意，對承租人不生效力❹（參見第 268 條）。

　　有關保護承租人，還包括受讓人對租賃契約債務不履行時，依德國民法第 566 條第 2 項，原出租人乃依所謂已拋棄先訴抗辯權之保證人而負責。此外，如何保護承租人不須重複對出租人或受讓人支付租金，或承租人得否以其對出租人之債權對受讓人行使抵銷權等，參見德國民法第 566c 條及第 566d 條。又有關押租金之返還問題，德國民法第 566a 條明定，由受讓人承擔返還義務，但承租人無從自受讓人請求返還時，原出租人仍負返還義務。

　　反之，為免第 425 條第 1 項作為妨礙或侵害出租人之債權人對出租人行使債權之手段，亦應特別注意第 425 條第 2 項規定。

2) 借貸契約不類推適用買賣不破租賃

　　最後，借貸契約之情形下，貸與人將已交付予借用人之標的物轉讓所有權給第三人時，宜認為借用人無從類推適用第 425 條第 1 項對受讓人主張使用借貸契約仍繼續存在❹。理由，首先是第 425 條第 1 項為契約相對性原則之法定例外❹，不宜擴大適用範圍。其次，無償之借用人，亦不宜享有同於承租人般之保護；即貸與人得依第 472 條第 1 款，因不可預知之情事，自己須用借用物而終止使用借貸契約。此外，民法對有償或無償契約當事人之權益保護，明顯有別，如債務人之注意義務（參見如第 535 條），或者作為第三人是否應負不當得利

---

❸　Palandt/Weidenkaff, 2015, §566 Rn 1.

❹　Palandt/Weidenkaff, 2015, §566 Rn 5.

❹　59 臺上 2490。

❹　Palandt/Weidenkaff, 2015, §566 Rn 1.

返還義務亦因有償或無償有所不同（如第 183 條）。至於債權人以無償
契約為依據者，亦未享有同於以有償契約為依據之債權人般之權利（參
見如第 410 條之受贈人；第 535 條之委任人）。故若借用人有意獲得第
425 條第 1 項之保護，應當自行與貸與人締結租賃契約並依交付占有
標的物。更重要的是，即使貸與人違約將借貸標的物如房屋出賣並讓
與第三人致影響借用人之使用收益之權利（參見第 470 條第 1 項），借
用人得依借貸契約對貸與人請求損害賠償，對借用人利益之保護業已
充分足夠，而不須另外類推適用第 425 條第 1 項使其得對受讓人主張
使用借貸契約繼續存在。綜上所述，無論成立契約之前或之後，借用
人在法律上均得充分保護自己利益，故若借用人節省租金之支出，則
僅得享有對其相對人即貸與人主張使用借貸契約之權利，但不應享有
同於支出對價且已受交付之承租人般之權利對抗受讓人。

4.預告登記

對此，參見土地法第 79 條之 1。

四、繼續性債之關係

契約之法律關係有一次性之交易關係，例如日常生活中的買賣契
約之多數情形。但是亦有可能給付義務有重複性，且（或）具長期性。
前者，如日常生活中之水、電、瓦斯、電話等之使用契約，後者，如
僱傭、租賃、消費寄託契約、連鎖加盟店契約等。

繼續性契約關係特色，首先是重視誠信原則，即當事人間法律關
係持續長久之期間，對無明文規定或約定之事項，更須依賴誠信原則
解決之。其次，僱傭契約中重大事由之終止契約規定（第 489 條第 1
項），性質上屬於繼續性債之關係的一般原則，因此可以類推適用至其
他繼續性債之關係（對此，德國民法債編修正已增訂第 314 條）。而本

條項之重大事由之例，如僱用人要求受僱人執行職務涉及犯罪行為，或受僱人貪贓舞弊等。

　　再者，繼續性債之關係，依 91 臺上 577，已為給付之後，（原則上）**43** 以終止權消滅契約關係，以免法律關係複雜；但尚未為給付，則仍得容許當事人行使法定或意定解除權。值得注意的是，95 臺上 1731 認為，不得謂「已履行之繼續性契約，均無容當事人行使法定或意定解除權之餘地，此觀民法（承攬契約中）第五百零二條第二項、第五百零三條、第五百零六條、第五百零七條之規定自明」。但承攬契約，縱須長期履行，是否屬於繼續性契約，仍有爭議**44**；相同疑問亦出現在 107 臺上 397，本判決稱承攬具有繼續性供給法律關係之特性或繼續性供給契約云云。但是承攬契約性質上係以完成一定之工作為義務，未經完成工作便是未完成承攬契約義務，例如建築物應蓋 16 層樓，僅蓋至 15 樓，仍屬未完成；或運送旅客或貨物未至目的地，亦未完成工作，均無從請求任何報酬，沒有所謂繼續性供給之特性（例外，當事人尤其定作人同意事先支付材料等價格，並無疑問，但不能因此謂承攬契約有繼續性供給之特性）。其次，所謂已開始工作不宜貿然賦與定作人契約解除權，實際亦違反民法第 502 條、第 503 條及第 506 條第 1 項及第 2 項等規定。其次，在已開始履行但尚未結束之情形，雖然瑞士債務法第 366 條第 1 項（高度類似我國民法第 503 條）及第 2 項（高度類似我國民法第 497 條）係明定「解除」，但瑞士聯邦法院（即瑞士最高法院）承認定作人得選擇終止契約而取代「解除」，以保

43　95 臺上 1731。依 BGH NJW 2002 1870，已履行之繼續性債之關係，只要完全回復原狀，乃無困難地可能，且依當事人之利益狀態亦屬適當，則仍得適用解除。

44　參見 Medicus/Lorenz, SAT 2015 Rn 10 und 11 （所謂真正繼續性債之關係乃指根本上由時間決定（債務人）應為給付之範圍，例如租賃契約）.

留既存的法律關係[45]。依此一見解，定作人得承認並接受承攬人之工作，而承攬人亦得對此一部分工作請求報酬。相對的，採取僅得解除契約見解，則消滅雙方債務，並應回復原狀（第259條），既耗費成本，亦不利承攬人及定作人。亦即即使已開始履行仍得依其情形斟酌以終止取代解除。但無論如何，95臺上1731及107臺上397均正確指出，現行民法第502條、第503條、第506條及第507條以及第494條與第495條第2項均明定解除契約之明文。

---

[45]　　BGE 116 II 450ff (452f., unter 2 a) aa)).

第二章

契約成立與
締約上過失

關鍵字

壹｜契約成立

契約成立、要約之引誘、要約意思表示、承諾意思表示、網頁標價錯誤、預約、本約、
意思實現、懸賞廣告、交錯要約、定型化契約條款、定型化契約條款衝突

貳｜締約上過失

締約上過失、契約未成立時、惡意、不實陳述、隱匿、故意或重大過失、洩密、信契約
能成立致受損害

壹 契約成立

一、依要約與承諾意思表示之一致

雙方當事人依明示或默示意思表示一致，均可成立契約**1**（第153條第1項），並發生法律效果，如享有債權，並得請求履行（第199條第1項）。若雙方均順利履行，則各取所需；若未能順利履行，則依其情形，適用相關約定或規定處理之。明示意思表示，係指依言語、文字等表示效果意思；而所謂默示，則指依當事人之行為舉動而間接推知係意思表示之情形**2**。本條項有促使契約較易成立之意，反之亦有須當事人明示意思表示才可者，如第272條第1項之連帶債務之成立，係因法律效果重大，故嚴格要求，以便促使當事人注意及謹慎。

㈠要約之意思表示

要約之意思表示，必須內容確定，且當要約受領人未限制、擴張或變更，而以單純同意之意思表示予以承諾，即可使契約成立。其次，要約人亦須具有若其要約經要約受領人承諾，便以此一要約內容成立契約之意思。

1.要約之內容

首先，要約之內容必須達到要約受領人僅單純表示同意，即得成

---

1 107臺上1257；106臺上2534；95臺上889；94臺上1729。但第272條第1項，明定限於明示意思表示才可成立連帶債務。

2 95臺上2588。

立契約的程度❸，因此要約須包含成立契約所必要之內容，也就是至少包含所謂必要之點（第 153 條第 2 項）。若要約受領人就要約意思表示，並非單純表示同意接受，而是有所擴張、限制或變更，則依第 160 條第 2 項，視為拒絕原要約而為新要約。因此，在契約協商階段，對要約意思表示之任何擴張、限制及變更，都表示拒絕原要約而成為新要約。又要約意思表示欠缺內容確定性，例如出賣人就特定標的物為出售之要約，但未表示價金若干，且無從依情況得知其所要求之價金，則因買賣標的物及價金乃買賣契約必要之點（第 153 條第 2 項，第 345 條第 2 項），故未指定價金而出售某標的物之「要約」，不具有要約之效力。但是對此，亦應注意例如第 346 條第 1 項及第 2 項之規定。

2.要約人受拘束之意思

其次，要約人亦須有以要約之內容作為未來契約內容而受拘束之意思❹。因此，若表意人為意思表示時，保留是否成立契約的決定權，此時則為要約之引誘，並非要約。在此，既然表意人所為並非要約，而是要約之引誘，故相對人對此所為之表示僅係要約，尚有待他方承諾，才成立契約❺。

㈡要約與要約之引誘的區別

	要　約	要約之引誘
依要約人意思表示	當事人有受拘束之意思	當事人預先聲明不受拘束
依民法規定	貨物標定賣價陳列（第 154 條第 2 項前段）	價目表寄送（第 154 條第 2 項後段）

---

❸　Palandt/Ellenberger, 2015, §145 Rn 1.

❹　Palandt/Ellenberger, 2015, §145 Rn 2.

❺　91 臺上 2075。

其他例示	價高者得之網路拍賣、自動販賣機、自助加油站	標有價格之商品網頁
特殊案例——預售屋廣告	89 臺上 746：屬於契約之一部，應為要約	本書：建商僅負有履行義務，仍非要約

1.依要約人意思表示

　　要約人若有保留決定是否締約的意思，則為要約之引誘。首先，依私法自治原則，要約人得在要約當時預先聲明不受拘束（第 154 條第 1 項但書），以保留最後決定是否使契約成立之權利。在此，要約人不僅排除要約拘束力，亦排除相對人得對要約予以承諾之部分，即使相對人已為「承諾」（實際上應為要約），要約人亦得拒絕成立契約。另外，若要約人不願締結契約，亦應當及時（無任何可歸責事由而生遲延之情事）通知相對人。又要約意思表示，也可能係以一定之存貨為限度或在可提供之貨物限度內等條件作為契約之內容[6]。要約人之要約附有上述限制時，個案之真意為何，原則上應依第 98 條解釋意思表示，探求當事人之真意定之[7]。

2.民法之規定

　　其次，則是法定之情形，即第 154 條第 2 項規定，價目表之寄送，不視為要約，故價目表寄送、報紙刊登之附有價格的廣告或一般商店所貼之價目表，均非要約。即標的物若是不代替物，仍須挑選個別之標的物；若是代替物，亦有待確定其範圍、數量。更重要的是，刊登廣告之人或寄送價目表之人，解釋上，仍具有保留決定是否締約之意

---

[6] Köhler, BGB AT 2014, §8 Rn 9.

[7] Köhler, BGB AT 2014, §8 Rn 9; MK/Busche, 7. Aufl. 2015, §145 Rn 10 und 11.

思，而非由不特定之相對人決定是否成立契約；這也是基於當事人尚須考慮自己有無商品得以提供，及相對人有無支付價款能力等，故原則上當事人所為乃要約之引誘，而相對人所為者乃要約❽。

再者，「貨物標定賣價陳列」之商品，依第 154 條第 2 項前段，視為要約❾。此一規定之合理依據，或許在於商品既標定賣價陳列，即有欲加出售之意思與表示，而且買賣契約之要素即標的物與價金在此均已具備（參見第 345 條），得解為要約意思表示。又如上述，表意人原本得表明不受拘束，如載明係樣本或樣品等，即表意人本得依此控制風險，以免遭認定為要約意思表示，卻不自行為之，因此表意人應自行承擔後果。再者，依法視為要約，因表意人至少仍有該標定賣價陳列之商品得以履行契約債務，故不致對表意人過度嚴苛。

此外，百貨公司之櫥櫃所陳列之當季商品、服裝等，雖未預先明示不受拘束，但櫥櫃所陳列之當季商品或服裝等主要目的在提供潛在顧客消費資訊，故屬依其情形或事件之性質，可認當事人無受其拘束之意（第 154 條第 1 項但書）。

最後，89 臺上 746 認為，預售屋之購屋人與建商訂定不動產買賣契約時，既無成品可供實際之檢視，以決定是否購屋，自當信賴廣告上所載。預售屋之建商以廣告內容誘發客戶預購房屋之動機，且以廣告內容與購屋人洽談該屋之性質，該廣告之說明及樣品屋示範應成為契約內容之一部。準此，企業經營者刊登廣告為「要約」之性質，並非「要約引誘」。但本書認為，對本判決之事實，宜認為依第 154 條第 2 項，廣告內容僅係要約之引誘，而非「要約」，但適用消費者保護法

---

❽　MK/Busche, 7. Aufl. 2015, §145 Rn 10 und 11.

❾　雖然如此，一般商店之商品雖標定賣價陳列，但同時表明係樣品或樣本或展示品，亦屬「要約當時預先聲明不受拘束」，因此第 154 條第 2 項前段視為要約之規定，仍得適用同條第 1 項規定予以除外，並非要約。

第 22 條規定，企業經營者對消費者所負之義務不得低於廣告內容，建商負有履行義務；亦即在此並不須亦不宜認為企業經營者刊登廣告即為「要約」。但契約自由，經要約與承諾一致，廣告內容仍得成為契約權利義務之一部。問題是若未成為契約內容一部時，依 108 臺上 1201，廣告內容不成為契約內容，固屬正確。但此一見解忽略修正前消費者保護法第 22 條規定及修正後同條第 1 項規定，「其對消費者所負之義務不得低於廣告之內容」。在此，若謂廣告內容須成為契約內容，才對企業經營者具拘束力，本條（項）規定，無異具文。尤其，企業經營者對廣告內容得事先斟酌考慮，控制其廣告之可能文句圖案意義等，自應承擔上述消費者保護法規定之義務，而非事後爭執。但 107 臺上 1434 正確指出，「商業廣告型態複雜，內容萬變，非盡符合法律行為之確定、可能、適法等有效要件，廣告得成為契約之一部，發生契約之效力者，其內容須具體明確，所提供之訊息，在交易習慣上足以使一般消費者信賴其將成為契約內容之一部，始足當之。倘廣告內容抽象、模糊，或一般消費者閱聽廣告內容，得以辨識係商業上常見之情境營造、願景示意、樂觀誇飾等宣傳方法，無法合理期待其為交易客體之一部，或消費者與企業經營者於締約時，就廣告內容已另為斟酌、約定，均難認該廣告內容當然成為契約之一部」。亦即本書認為，廣告內容符合法律行為之確定、可能、適法等有效要件下，只須交易習慣上足以使一般消費者信賴其將成為契約內容之一部，縱未經締約協商之要約承諾成為契約內容，企業經營者仍須依消費者保護法第 22 條第 1 項規定，對消費者所負之義務不得低於廣告之內容。

3.區別之例示

　　首先，表示在一定時限前由出最高價者得標之網路拍賣表示，適用上述觀點，乃要約之意思表示，故符合約定在時限內出最高價者乃

承諾意思表示，當事人成立契約❿。其次，德國通說認為，自動販賣機之設置與營運，已係要約（即自動販賣機仍有相關商品，而且販賣機仍可正常運作，即為存在要約）。至於買受人之承諾，通常係投幣之行為，而為第 161 條之意思實現，故不須出賣人受領買受人之意思表示。其後，販賣機因買受人投幣而運作提供商品，乃物權行為讓與合意（第 761 條第 1 項）之要約⓫。基於同理，自助加油站既標示單位油價提供顧客加油，宜認為係要約⓬（對此，並參見第 154 條第 2 項前段）。

4.網頁標價錯誤之問題

近年來常見之爭議案例是網頁標價錯誤案，包括戴爾電腦標錯價格案；某銀行美元兌新臺幣匯率錯誤標示為一對一案；某航空公司臺北飛紐約標價 2 千多元；或蘋果公司 Mac mini 標價錯誤案等。對網頁標價錯誤案例，曾有下級法院判決對其個案認為，此乃要約之意思表示，故表意人應受拘束⓭。但一般而言，網頁標價乃要約之引誘⓮，理由是，貨物標定賣價陳列，依第 154 條第 2 項前段，視為要約，但此一規定，如上述，表意人至少尚有標示賣價之現貨商品可供履行，

---

❿ Köhler, BGB AT 2014, §8 Rn 9 und 59; MK/Busche, 7. Aufl. 2015, §145 Rn 14. 英國法相同，Peel, Contract 2015 para 2–008.

⓫ MK/Busche, 7. Aufl. 2015, §145 Rn 12; Palandt/Ellenberger, 2015, §145 Rn 7. 又依二著作，同理，亦適用於銀行設置之自動櫃員機，即銀行對有權合法使用者，乃要約之意思表示。

⓬ Peel, Contract 2015 para 2–009.

⓭ 98 年訴字 1009。

⓮ 98 年北消簡 17。德國法，BGH NJW 2005, 976，雙方當事人及上訴法院，均理所當然地認為網頁廣告乃要約之引誘，而非要約。此外，並參下一註解。

尚可接受，但是非現物標價，性質較接近價目表寄送或廣告。因此原則上宜解為僅係要約之引誘，而非要約[15]。

　　在此，德國聯邦最高法院針對網頁標價錯誤，誤 2650 歐元為 245 歐元之筆電買賣案件，亦表示網頁廣告乃要約之引誘，若發生標價錯誤，在顧客為要約後，因出賣人所為承諾意思表示亦有錯誤，故得撤銷錯誤標價之意思表示。換言之，即使認為出賣人之網頁商品廣告為要約之引誘，但經買受人為要約後，出賣人亦寄出確認信時，法律上已得解為承諾意思表示，契約仍然成立。但問題關鍵是德國民法並無我國民法第 88 條第 1 項但書有關表意人過失之規定，故出賣人依德國民法得撤銷其錯誤之意思表示，且僅依類似我國民法第 91 條負信賴利益損害賠償責任[16]。在此一背景下，99 臺上 678 雖非針對網路標價錯誤案，但該判決認為第 88 條第 1 項但書，在其個案中採表意人與處理自己事務相同注意程度見解，值得重視。相對的，因第 88 條第 1 項但書的多數文獻對本條項但書採抽象輕過失見解，出賣人可能根本無從撤銷。但若網頁標價錯誤，出賣人因程式設定之回應致契約成立，且出賣人無從撤銷錯誤意思表示，則上述之公司可能須宣告破產或遭受重大損失，此絕非民法規定與適用之應有結果。尤其，人皆可能犯錯，因表意人違反注意義務致標價錯誤，即逕認為標價錯誤者應當承擔契約成立之後果，亦不妥適。反之，一方當事人僅因意思表示之內容錯誤或表示錯誤，即得撤銷意思表示，亦屬過度寬縱，有害交易安全及相對人之權益。

　　綜而言之，立法論上，第 88 條第 1 項但書，不宜以其規定之表意

---

[15]　MK/Busche, 7. Aufl 2015 Vor §145 Rn 38 und §145 Rn 13; Köhler, BGB AT 2014, §8 Rn 59. 英國法，Bridge, The Sale of Goods, third ed. 2014, para 1.28 稱，適用一般契約法原則。

[16]　BGH NJW 2005, 976.

人有（無）過失為準（當然，若係因相對人誘使表意人為錯誤意思表示，可謂表意人並無過失），縱使表意人有過失，似宜斟酌相對人是否知悉，或可得而知表意人意思表示內容錯誤或表示錯誤，致欠缺受保護必要，而判斷表意人得否撤銷意思表示。

最後，經濟部訂定之「零售業等網路交易定型化契約應記載及不得記載事項」第3點規定，商品交易頁面呈現的商品名稱、價格、內容、規格、型號及其他相關資訊，應視為契約的一部分。而消費者若依同事項第5點第2項本文之規定，依商家提供的確認商品數量及價格機制進行下單，商家對此下單內容，下單後二日工作日以內，若要拒絕出貨，則須提出不可歸咎於業者的正當理由；但若消費者已完成付款程序，依同項但書規定則視為契約成立。對此，本書認為，經濟部依消費者保護法第17條第1項之授權，僅有權限針對定型化契約條款訂定應記載及不得記載之事項加以規定，而無權限訂定上揭內容之法律效果，尤其是所謂「消費者已完成付款程序，依同項但書規定則視為契約成立」之規定，因涉及私法交易之權利義務，乃諸如消費者保護法第22條或民法第88條第1項但書等才有權限加以規範之事項。經濟部上揭規定內容，似已逾越授權致侵犯立法權，並不具法律上拘束力，法院審判時亦不應受經濟部上述越權內容之拘束。第5點第2項，已於105年7月15日公告修正（刪除），並自同年10月1日生效。

㈢要約之效力

要約人為要約意思表示時，通常均期待要約受領人立刻或在尚非過長之期限內，決定是否承諾，而無長久任其要約具有拘束力之意思。尤其是，要約人為要約之後，事實（經濟）或法律狀況之變化，即可能對要約人造成風險[17]。又若要約受領人不為承諾，要約人實際上亦

具有立刻轉向其他人為要約之利益。因此對於要約，應注意其在時間上之效力限制。

1.要約人自行訂定要約之有效期限

　　私法自治原則下，要約人得自行決定要約之有效期限。若要約人對要約受領人之承諾有期限之限制，則相對人之承諾必須在此期限內為之（第 158 條）。其次，若表意人未明確表示，因民法對於非對話意思表示之發生效力係採達到原則（第 95 條第 1 項），且參照第 157 條之「達到期限」用語，故此一承諾期限應解為包括承諾意思表示到達要約人。換言之，相對人若寄出意思表示通知是在期限內，但達到之時卻已在期限之外，仍不符合承諾期限。因此第 95 條第 1 項與第 157 條均非強行規定，而僅為任意規定或補充規定[18]，且依據私法自治原則，要約人或當事人得約定「以郵戳為憑」，而僅須相對人寄出意思表示通知係在要約人之約定期限內即可。

2.要約人未訂定承諾期限時

　　若要約人未訂定承諾期限，則在對話意思表示時，例如雙方親自在場面對面交談，以及電話等聯絡之情形[19]，相對人非立時承諾，要約即失其拘束力（第 156 條）。又要約意思表示經相對人拒絕時，亦失其拘束力（第 155 條）。

　　其次，若係非對話為意思表示，例如以書信而為要約之情形。依第 157 條，在通常情形可期待承諾之達到期限內，相對人須為承諾而且須到達[20]，否則，要約失其拘束力[21]。對此，德國民法明定，於要

---

[17]　MK/Busche, 7. Aufl 2015, §147 Rn 1.

[18]　對前者，參見 89 臺上 2869。

[19]　對此，參見德國民法第 157 條第 1 項第 2 句。

約人所期待之承諾達到期限內，可知德國民法是以要約人之觀點而計算。反之，我國民法第157條係規定依通常情形可期待承諾之達到時期，故宜以客觀第三人之立場而定。此外，計算所謂可期待承諾達到之期限，應包括要約到達要約受領人之時間、要約受領人考慮決定之期間，以及要約受領人回覆要約人之信件到達期間等。於此，若要約受領人需要請教專家，詳為計算評估，或試驗試用商品等，則其考慮期間亦應延長。另外，要約人若以電報、傳真而為要約，原則上也有要求要約受領人以電報、傳真，在相當快速之考慮期限內，也就是在同一營業日或次一營業日，回答是否承諾之意思。

3. 要約人死亡或喪失行為能力等

非對話之要約意思表示，並不因要約人在發出通知後，已死亡或喪失行為能力等而消滅（第95條第2項）；同理，要約通知到達相對人後，或相對人承諾通知到達前，要約之效力亦不因要約人已死亡或喪失行為能力等受影響。但是此一情形，相對人得否依承諾之意思表示與要約人或要約人之繼承人成立契約，有待斟酌。對此，宜考慮要約人之意思[22]及給付之性質等因素定之。首先，例如要約人對相對人所為贈與的要約意思表示，宜維持其效力。其次，要約人在預期自己死亡或喪失行為能力等之下，對自己所須之給付，如死亡時所須之殯葬事宜、墓地、靈骨塔或壽衣等，或喪失行為能力後所須之安養照護等，所為之要約意思表示，亦宜維持其效力。又如要約人為家人所為購買靈骨塔之要約意思表示，亦宜維持其效力。

---

[20] MK/Busche, 7. Aufl 2015, §148 Rn 4. 有關第155條及第157條之適用案例，參見107臺上1212。

[21] 參見92臺上1836。

[22] 此乃德國民法第153條明定應予斟酌之因素。

　　相對的，若要約人在要約中所預期之給付僅對要約人個人才有意義，如請求裁縫店依個人身材量身訂製西服之意思表示，因以要約人存活穿著為前提；或要約人所欲提供之給付，具有個人專屬性，如音樂家演奏或畫家作畫等，重視個人技藝、專業及經驗等，二者於要約人死亡時，宜認為要約意思表示失其效力[23]。此一情形，對於要約相對人亦可謂解釋上「可得而知」，故相對人無從依承諾而成立契約。但相對人不知要約人在發出意思表示通知後已死亡等致實際無從成立契約，卻有準備締約或給付致支出費用等，得斟酌類推適用第91條規定，使相對人得請求損害賠償。又準備締約之費用之外，相對人得否請求準備履約費用之損害賠償，宜認為相對人在獲悉要約人死亡等情事前，至少須已發出承諾意思表示之通知，相對人才具有正當信賴契約成立卻未成立致受損害之保護必要。

4.要約人受要約之限制

1) 契約之拘束力與要約之拘束力

　　契約之拘束力是指「契約應當遵守之原則」。即契約之約定係雙方當事人法律關係之依據，且任何一方當事人不得單方任意撤回、變更。因此除有第71條以下之情形外，雙方當事人均受契約之法律效果拘束，而不得片面主張取消其效力或主張相反之效果。相對的，要約之拘束力是指若要約人未預先聲明不受要約之拘束，或依其情形或事件之性質亦未可認定當事人無受其拘束之意時（第154條第1項但書），要約人不得單方片面主張不受其要約拘束之情形。

　　首先，在要約意思表示到達相對人之前，要約人尚不受任何限制，故要約人得撤回之（第162條第1項）。此一撤回行為本身也是意思表示，故非對話意思表示時，須達到相對人，且須先時或至少同時到達，

---

[23]　Peel, Contract 2015 para 2–067.

才發生撤回之效力（第 95 條第 1 項）。又經撤回之要約意思表示，不生要約效力。反之，若要約已到達相對人，或甚至相對人已為承諾之意思表示且已到達要約人，則已無從撤回要約。此外，應注意第 162 條第 1 項及第 2 項相關規定。

2) 要約之拘束力

要約之意思表示，原則上僅在他方承諾時，要約人有因而受成立契約拘束之意思。因此，要約之拘束力，係以要約意思表示有效為前提（對此，參見第 12 條以下及第 77 條以下），且係基於民法明文規定而生（參見第 154 條第 1 項前段），目的在使要約受領人在要約消滅前，取得一較為確定之法律地位，以確保交易安全。故基於要約拘束力，當事人相互間即發生信賴關係而互相負有注意義務；若有違反此一義務致侵害他方，得成立締約上過失之責任[24]。換言之，在要約消滅前，要約受領人在法律上，得考慮是否為承諾以成立契約，而無須擔心要約人是否變更要約或撤回要約（此外，對要約拘束力之排除，參見第 154 條第 1 項但書）。

㈣承諾之意思表示

承諾之意思表示，原則上是指由要約受領人所為且須由要約人加以受領之意思表示。又要約與承諾之意思表示「一致」，才有契約之成立。要約受領人對要約之沉默或不為任何反應，原則上並非承諾[25]。

1.承諾意思表示之要件

承諾意思表示須及時，且未擴張限制或變更要約而同意要約。而契約在承諾意思表示生效時，因雙方意思表示一致而成立。承諾，原

---

[24] Palandt/Ellenberger, 2015, §145 Rn 3.

[25] 參見 92 臺上 1836。

則上需要約人受領之意思表示，也就是對話的承諾意思表示，於要約人了解時生效（第94條）；非對話的承諾意思表示，以通知達到要約人時生效（第95條第1項），故契約亦於此時成立。例外，即承諾意思表示無須到達要約人，如第161條之意思實現❷❻。

1) 承諾須及時

首先，承諾須及時。即對話為要約時，相對人須立時為承諾（第156條）。又非對話為要約之情形，相對人須於要約仍未消滅前為承諾意思表示。在此，若要約經拒絕，則要約失其拘束力（第155條），相對人已無從依承諾成立契約。又相對人亦應於要約所定之承諾期限內為承諾（第158條），或應於依通常情形可期待承諾到達之期限內為承諾（第157條）；否則，其後，要約均失其拘束力，相對人無從再依承諾成立契約。

依上述，承諾意思表示須及時到達要約人。但承諾之通知，按其傳達方法，通常在相當時期內可達到而遲到，其情形為要約人可得而知時，依第159條第1項，要約人應向相對人即發遲到之通知。反之，若承諾意思表示通知根本未到達要約人，或要約人無從可得而知遲到，不生即發遲到通知之結果。

第159條第1項課予要約人通知義務，目的在於避免承諾人信賴其承諾意思表示已及時到達，致為準備履行或受領給付而有所支出，造成資源浪費，但要約人之通知不須達到相對人❷❼。本條項之理由，包括(1)相對人發承諾通知，乃要約人促成；(2)本條項明定可得而知才須通知，未過度要求要約人；(3)二人相較，要約人乃較低成本即可防止資源浪費者；(4)此一規定亦符合誠信原則。要約人此一通知義務，乃對己義務之性質❷❽。其違反，並不發生損害賠償之法律效果，而僅

---

❷❻　參見95臺上969。

❷❼　Palandt/Ellenberger, 2015, §149 Rn 3：單方不須受領之準法律行為。

對違反義務之要約人生不利之結果，例如第 159 條即規定，要約人應通知而未通知，相對人之承諾視為未遲到，而得成立契約。此外，第 159 條亦僅適用於期限經過之情形，亦即第 157 條及第 158 條之情形。故若要約之意思表示已拒絕或已撤回，則無第 159 之適用。

再者，遲到之承諾，依第 160 條第 1 項，除前條情形外（即應發遲到通知而未通知），視為新要約。因此要約人仍得對於此一遲到之承諾，在視為新要約之下，予以承諾而成立契約。但若單純沉默或不為任何表示，原則上乃拒絕該新要約，故契約不成立。

2) 承諾須單純同意要約之內容

承諾之意思表示須對於要約之內容，未加任何限制、擴張或變更予以同意，始可發生成立契約之法律效果。若承諾人對要約有所擴張、限制或變更，依第 160 條第 2 項，視為拒絕原要約，而為新要約。對此，若原要約人對此一擴張、限制或變更要約之新要約，保持沉默，原則上應認為要約人拒絕承諾。

其次，承諾之意思表示，在未生效前，亦得予以撤回（第 163條），且依第 163 條準用[29]第 162 條之規定。

(五)雙方意思表示一致

所謂要約與承諾之意思表示一致，可能包括以下情形：

1.雙方內在意思之一致

對須受領之意思表示的解釋，德國通說認為，須區分雙方當事人就彼此之表示，事實上是否以相同意義予以理解。若雙方當事人就彼此之表示，係一致地以相同之意思或意義予以理解，則雖然其彼此之

---

[28] MK/Busche, 2015, §149 Rn 2.

[29] 準用，係指依法律之明文規定而類推適用。

表示，客觀上有歧義或多義，但因彼此意思一致，仍可認為雙方就此一意思或意義為意思表示一致（此即所謂「錯誤之標示（或用語），無礙於真意之原則」）。因此，此等意思表示一致，可稱為雙方當事人經解釋之實際理解之意義之一致。

2. 雙方表示之一致

若雙方當事人就彼此之表示，並非以相同之意思或意義加以理解，例如雙方使用相同之用語，但是彼此所理解之意義並不相同，則意思表示，仍應以個別當事人意思表示經規範解釋方法所得之法律上之客觀意義為準。因此若雙方之意思表示，其在客觀上的意義，仍屬相同，則雙方仍可依其意義成立契約。即雙方之意思表示經過解釋所認定之客觀意義仍然一致，雙方仍可成立契約，而不論表意人對其表示，在主觀上賦予何等不同意思或意義。至於一方當事人存在客觀表示與內在意思不一致，依其情形，符合第 88 條第 1 項但書之法定要件時，得撤銷其錯誤之意思表示，但應依第 91 條負信賴利益之損害賠償責任。例如甲欲出賣某標的物，但寫價格時，原欲寫 220 元，卻寫成 120 元。在相對人乙對甲出賣某物價格 120 元表示承諾生效時，即以某物及其價格 120 元成立買賣契約。但表意人甲之客觀表示與內在意思不一致，依其情形，得依民法第 88 條第 1 項之規定，撤銷錯誤之意思表示，但應依第 91 條對相對人負信賴利益之損害賠償責任。但是在此應特別注意第 88 條第 1 項但書之限制，可能使表意人無從撤銷。

3. 必要之點已合意但非必要之點未表示

依第 153 條第 2 項，針對必要之點，雙方已有合意，但對非必要之點未經表示意思，推定其契約成立（惟第 345 條第 2 項，係規定契約即為成立）。例如雙方就和解事項及其金額合意時，雖未對和解金之

給付方式予以合意，但因其並非和解契約的必要之點，故只要當事人在和解契約成立前並未對此有所表示，仍得推定和解契約之成立。在此之推定是指主張相反事實，即和解契約尚未成立之人須舉證證明契約尚未成立。至於非必要之點，（事後）若當事人意思表示不一致時，法院應依其事件之性質定之（第153條第2項）。在此，可能包括契約之補充解釋，以及有名契約規定之適用或類推適用。

㈥契約不成立

1.意思表示不一致

契約不成立，首先涉及雙方當事人所為意思表示不一致，致契約並未成立。但亦有可能為上述一方當事人對其所為意思表示之內容、意義或表示行為發生錯誤之情形，此種情況並不妨礙雙方成立契約，僅為錯誤意思表示，而當事人依其情形得撤銷而已（第88條）。反之，當個別當事人之意思表示並無錯誤，但與他方當事人之意思表示不一致，將無從成立契約。例如，甲就市價介於100元與105元之商品，向乙為出賣之要約意思表示，本欲寫105元，但誤寫為100.5元，乙予以承諾，則雙方意思表示一致，契約成立，此為意思表示錯誤，在暫不考慮第88條第1項但書規定下，甲得依第88條第1項撤銷，但應依第91條對此信賴利益之損害賠償責任。反之，若甲所寫之價格為105元，而乙回覆表示只願以101元承諾，則雙方意思表示不一致，故契約不成立，但是乙的回覆適用第160條第2項，視為新要約。

2.必要之點仍未合意

若雙方當事人，就契約的必要之點仍未合意，則契約尚未成立（第153條第2項前段）。契約之必要之點，是指個別契約中足以辨識契約

類型之主給付義務，例如買賣、互易或贈與契約，出賣人、互易人或贈與人均負有移轉財產權之義務，買賣契約之買受人則負支付價金之義務（第 367 條）；互易契約之他方當事人亦負有移轉金錢以外財產權之義務；贈與契約之受贈人則是不負給付義務。又如買賣契約之價金，雙方尚未合意之前，不成立買賣契約，但對此，應注意第 346 條第 1 項之特別規定。又例如合建契約，地主提供土地予建商建屋，地主所應獲得之建物及其座落土地等之具體內容，乃契約必要之點，故若雙方對此尚未合意，契約亦未成立。

3.非必要之點已表示但未合意

若雙方當事人就必要之點，已有合意，但就其他非必要之點，如價金應何時或如何支付等，已提出協商討論，但仍未達成合意時，宜認為契約仍尚未成立。在此，雙方當事人，當然得就已成立合意之必要之點或其他已合意之非必要之點，表示成立契約，而放棄其他未能達成合意之非必要之點；但若無此等特殊情事，宜認為雙方契約仍未成立，亦即契約成立，須雙方意思表示一致，既然當事人已就諸如價金應何時或如何支付等非必要之點有所表示，則於他方未表示同意前，契約並不成立（第 153 條第 2 項前段之反面推論）[30]。

4.不符合約定之方式

若雙方當事人有約定訂定契約之方式，則當事人間雖已有合意，但若尚未完成約定之方式，依第 166 條之規定，推定其契約不成立。此時主張契約已因合意而成立者，於他方爭執時，應負舉證責任，證明契約已成立。反之，違反法定方式，依第 73 條之規定無效。但對此應注意本條但書之規定，如第 422 條之情形。

---

[30]　對此，德國民法第 154 條第 1 項明文規定，契約尚未成立。

　　值得注意的是，若當事人訂立契約時已作成書面者，而未將先前協商之契約履行之事項以文字記載於契約者，除法律另有規定或另有變更契約內容之意思表示合致外，應僅得以該契約文字之記載作為解釋當事人立約當時真意之基礎，無須別事探求 **31**。即當事人先前協商契約履行之事項，若未以文字記載於事後成立之契約書面，解釋上，因當事人已締結書面契約，但卻未規定該等事項，故宜認為該等事項並非契約一部，對雙方當事人並不具有法律上效力。

㈦預約與本約

　　德國法認為，依契約自由原則，當事人得成立債權行為性質之預約 **32**，但英國法認為，當事人間所謂依協議而繼續協商，或依協議而同意締約，其協議欠缺確定性，並無效力 **33**。

1.意　義

　　預約，有認為係指當事人約定雙方或一方在將來負有義務訂立一定契約（本約）之契約 **34**。至於依預約而在其後所訂立之契約即稱為本約。

31　93 臺上 988。本判決之說明，與英美法所謂 parol evidence rule 極為相似。但此一原則，仍有極多例外細節，無法詳述，參見 Andrews, Contract 2015 para 12.02 and 12.03.

32　Palandt/Ellenberger, 2015 Einf v §145 Rn 19.

33　Walford v Milles [1992] 2 AC 128, 138; Barbudev v Eurocom Cable Management Bulgaria [2012] EWCA Civ 548 at [46]; Peel, Contract 2015 para 2–098 at Fn 506 and para 2–099 at Fn 511；又在 para 2–099 Fn 511 末尾，Peel 提及有一美國判決不同於英國法見解。

34　BGH NJW 1988 1261 (unter 2 a)); Palandt/Ellenberger, 2015 Einf v §145 Rn 19；此外，102 臺上 69；64 臺上 1567。

2.預約之要件及預約與本約之區別

1) 預約之要件

德國法之特殊性在於承認預約效力，且依其強制執行法，一方得對他方強制執行以成立本約，故一般對預約之成立要件要求極高，例如本約之要素，甚至履行本約相關之從給付義務等，亦須在預約本身充分確定[35]。

2) 預約與本約之區別

在此，應依意思表示解釋原則定之，但若如上述，預約亦應符合確定性之要求，則預約與本約之區別，在個案上極可能遭遇困難[36]。雖然如此，當事人在未來即應依所訂之契約履行而無須另訂本約者，縱名為預約，仍非預約，而為本約。例如兩造所訂契約，雖名為（房屋）土地買賣預約書，但買賣坪數、價金、繳納價款、移轉登記期限等均經明確約定，不但無將來訂立買賣本約之約定，且相關契約條款均為雙方照所訂契約履行之約定，應解為本約而非預約[37]。

3.法律明文規定之預約

目前民法有明文規定「預約」者，如第 465 條之 1 及第 475 條之 1 之規定。但此等規定將使用借貸與消費借貸之契約硬性強加一項法定之預約，過度概括（對此，參見下段 4.）。而且基於同理，贈與契約亦應明定採取「預約」之模式，但事實上並無相同規定，且亦無必要。

---

[35]　108 臺上 1006；MK/Busche, 7. Aufl 2015, vor §145 Rn 62. 但亦因而導致難以與本約區別，對此參見下述。

[36]　Palandt/Ellenberger, 2015 Einf v §145 Rn 19; MK/Busche, 7. Aufl 2015, vor §145 Rn 61.

[37]　107 臺上 95；64 臺上 1567。Palandt/Ellenberger, 2015 Einf v §145 Rn 19.

此外，在此實際較有必要者，僅金錢借貸契約，但其他保護措施如書面等，亦得使貸與人慎重考慮，而達到保護。因此立法技術上，應否明定採「預約」之立法規定，仍有斟酌餘地。

4. 預約當事人負有義務依預約而締結本約之問題

傳統見解認為，預約當事人負有締結本約之義務，或預約之一方當事人得請求他方履行訂立本約之義務[38]，預約當事人不履行訂立本約之義務，甚至應負債務不履行責任[39]。例如 107 臺上 507，甚至在未經推翻本件高院認定事實：即雙方當事人就契約仍有諸多相關事項有待協商合意之下，即否定高院見解，並逕行採取預約當事人負有訂定本約之義務，否則應負不履行責任之見解。相對的，德國較新但未受重視之見解認為[40]，私法自治及契約自由下，實際應依具體預約之約定內容解釋認定，而非一概認為預約當事人負有締結本約之義務，尤其，不應輕率認為預約當事人負有義務締結本約，否則與本約究竟有何區別[41]。

即當事人所訂立之預約，若無上述「預約實際即係本約」之情事，

---

[38] 107 臺上 507；82 臺上 415。德國實務亦同，BGH NJW 1988 1261 (unter 2 a)); MK/Busche, 7. Aufl 2015, vor §145 Rn 65 bei Fn 328.

[39] 103 臺上 1981。106 臺上 2143 涉及甲與乙訂立預約後，甲指示乙備料致支出費用，故乙因而請求款項。本判決除否定本約之成立及履行，亦否定甲有依預約履行之義務。後一部分，值得懷疑，但須閱讀雙方所謂預約之內容。又甲已依預約指示備料，乙上市公司亦已備料並請款，本判決稱乙無從請求款項，嚴重影響交易安全。

[40] Freitag, AcP 207 (2007), 287ff, 302ff；但是 köhler, 2014; MK/Busche, 7. Aufl 2015 或 Palandt/Ellenberger, 2015 等著作，完全未引用或斟酌 Freitag 一文或其觀點。

[41] Freitag, AcP 207 (2007), 302f. nach Fn 75 und bei Fn 81.

則預約有別於本約。但是在此尤其應當顧及複雜性的契約關係通常歷經長時間協商，故當事人若僅記載雙方已協商完畢之條款，則因欠缺預約之簽訂，仍無拘束力。其次，理論上，即使當事人已訂立預約，甚至此一預約已就若干本約之事項加以約定，亦不宜輕率認為該預約即如同本約般具有得請求他方履行成立契約之義務。即當事人若有意成立本約並賦予請求履行之效力，當事人應成立本約，但當事人不成立本約而僅成立預約，法律上卻又允許一方得強制他方成立本約，則此乃違反當事人意思，亦不符交易現實 **42**。尤其是，當事人明確表明尚有若干事項須待驗證或澄清等而僅暫時先訂立預約，以便將來訂立本約時再另行協商約定者，即應承認前者乃預約而非本約；而且此一情形下，預約之內容倘因其後情事發展而未能成立本約，或在本約另為約定而廢棄原先預約之約定時，若將預約解為得請求他方締結本約，並未顧及現實。此等情形，當事人訂立預約，通常約定雙方負有義務在既有已協議事項之基礎上，在將來繼續協商而達到成立（本）契約之結果 **43**。綜上所述，訂立預約，通常是因為成立本約之時機、情事等尚未成熟或另有障礙使然。因此對所謂訂立預約，當事人即負有義務訂立本約之見解，應特別謹慎，不宜一概認為當事人即負有義務成立本約，充其量僅應解為若他方違反預約而不協商訂立本約，一方當事人得請求損害賠償而已 **44**。

42　Freitag, AcP 207 (2007), 304 bei Fn 85 und nach Fn 89.

43　Freitag, AcP 207 (2007), 308.

44　Freitag, AcP 207 (2007), 313. 但是此一損害賠償，應否如同 Freitag, AcP 207 (2007), 309 所主張者，即他方違反繼續協商義務，則一方得請求義務違反之代替履行之損害賠償（德國民法第 280 條第 1 項），仍待思考。

二、契約成立之特殊形式

㈠依要約與意思實現而成立契約

1.意思實現

對於要約人之要約，相對人所為承諾意思表示，依法須要約人了解或到達要約人（第 94 條及第 95 條第 1 項），但（承諾之）意思實現，適用第 161 條，即依習慣或依其事件之性質，或要約人於要約當時預先聲明承諾無須通知，得依意思實現而成立契約。但意思實現，須承諾人在相當時期內，有可認為承諾之事實。因此相對人單純沉默未作任何表示，並不成立契約[45]，除非當事人相互間另有特別約定[46]，才可能依一方之單純沉默成立契約。

其次，意思實現與默示意思表示之區別在於，意思實現[47]，指依習慣、事件之性質或要約人要約當時之聲明，承諾無須通知，但仍須依客觀行為顯示承諾意思，惟此時無需要約人了解或到達；相對的，默示意思表示，雖係依表意人之行為舉止等而推知，但因係意思表示，故仍需要約人了解或到達。

另外，當事人依意思實現而承諾，須有行為能力。

---

[45] Palandt/Ellenberger, 2015 Einf v §116 Rn 9 und §151 Rn 1.

[46] 若承認要約人一方表示要約受領人不須承諾，沉默即可成立契約，無異承認要約人得單方決定成立對要約受領人有拘束力之契約，此違反契約應經相對人意思表示同意才可成立之原則。

[47] 是否承諾意思表示或意思確認，純屬用語性質之爭執，對實務並無意義且意思實現，當事人須具實際之表示意識，Palandt/Ellenberger, 2015, §151 Rn 2b，僅不須通知要約人而已。

2.意思實現之行為型態及其風險

意思實現雖具有使契約容易成立**48**而節省交易成本之功能，但對要約人而言，具有一定風險。

即無論是依習慣、事件性質或要約人之預先聲明，均須相對人有客觀行為顯示承諾意思。例如要約人訂房之要約，交易習慣上**49**，或因要約人之聲明不須通知，旅館得逕將其姓名登載入訂房名單，而符合第 161 條第 1 項或第 2 項，此即屬依履行行為而實現承諾意思。但應強調的是，若相對人因諸如已客滿無房間等，而無任何意思實現行為，致契約未成立，其風險係由要約人自行承擔**50**。而且民法僅對一定情形下之遲到承諾等明定應即發遲到之通知，如第 159 條及第 162 條，而在此卻是要約，故不適用；另外，亦難以認定相對人應因要約人一方之行為而負有義務，故相對人並無義務通知要約人未能或無法承諾。

其次，相對人亦得依取得行為及使用行為而實現承諾意思，例如拆封商品加以使用等，但對寄送商品之人而言，如何證明相對人確有收受並進而使用行為而承諾，應自行承擔舉證責任；而且，即使相對人有取得商品並使用，但亦有可能係基於誤解以為無償取得等（即欠缺「表示意識」），且在此因不須如同意思表示到達寄送之人，故寄送之人亦無所謂信賴保護可言，難以成立有效之契約**51**。此外，依消費者保護法第 20 條第 1 項，未經消費者要約而郵寄或投遞之商品，消費

---

48 MK/Busche, 2015, §151 Rn 1.

49 Palandt/Ellenberger, 2015, §151 Rn 3.

50 MK/Busche, 2015, §151 Rn 2.

51 köhler, 2014, §8 Rn 24. 在此，並提及當事人充其量僅得主張諸如第 767 條、第 179 條或第 184 條第 1 項前段等請求權。

者不負保管義務，故要約人或企業經營者是否可能採此類由相對人依使用行為等而意思實現之交易，目前應已屬少見。

再者，意思實現之承諾期限，並不適用第 157 條，因為意思實現並不存在如同非對話意思表示通知到達（第 95 條）之前提。反而，在此係適用第 161 條第 1 項，即客觀之相當時期內，相對人有意思實現之行為始可。

最後，意思實現固為民法規定之結果，但是此等情形，究竟當事人間是否成立契約，具有不確定性。另外，此一規定，對要約人具有高度風險，已如上述。因此若當事人就是否成立契約具有明確性之要求，則當事人不致預先聲明承諾無須通知。至於就習慣或事件之性質而言，由於過去通訊不足或不良，較有可能承認習慣或事件之性質亦可作為承諾無須通知之依據，但是目前可謂大致上已無此等之情事，因此第 161 條之重要性已大為降低。

㈡所謂依社會典型行為或默示意思表示而締結契約

上述契約成立須有要約及承諾意思表示一致之原則，不僅適用於個別當事人間之給付交易，亦適用於對大眾提供給付之情形。因此一方在特定條件下，有意提供大眾交易運輸工具或水電等給付之表示，乃要約之意思表示，而相對人依明示或默示意思表示承諾，即成立契約（第 153 條第 1 項）。

若相對人使用要約人提供之給付，卻又同時表示不欲締結契約，雖然德國通說認為，因相對人明示之相反表示與其實際行為相衝突，故不須重視，仍成立契約。但是不同見解認為，通說見解違反私法自治原則，即相對人有權不締約，通說在此認為契約仍得成立，顯然未尊重相對人之意思。但更重要的是，自保護給付提供者之利益而言，亦無必要擬制成立契約，反而適用第 952 條以下所有權人對無權占有

人之規定、第 179 條之不當得利，或第 184 條第 1 項前段之侵權行為，已可充分保護其利益；而且相對人亦不享有有效契約下之請求權[52]。

㈢懸賞廣告

懸賞廣告，指當事人一方以廣告聲明對完成一定行為之人給予報酬，例如遺失物之協尋，或特定資訊之提供（如逮捕罪犯）等。2000 年 5 月 5 日生效之債編修正，於修訂並增訂眾多條文後，在第 164 條之立法理由標題一末句，明示本法採取所謂契約說。

傳統英國法將一方所為之懸賞廣告解為要約之意思表示，且要約人亦放棄相對人依法須為承諾意思表示之要求[53]，故相對人僅須完成廣告所要求之履行行為即可成立契約[54]。但英國法引發之難題是如何區分須承諾與不須承諾意思表示而成立契約，或何時後者轉變為前者之締約形式[55]，以及究竟何時要約人未負賠償責任即不能撤回其懸賞廣告之要約[56]。對後一問題，有認為，要約人並不自動因相對人已開始履行而受拘束[57]；但不同見解卻甚至認為，相對人開始履行即已承諾[58]。關於此一問題，第 165 條第 1 項懸賞廣告之撤回規定或許較為妥適。

無論如何，依第 164 條第 1 項，懸賞廣告之人對完成廣告約定行為之人[59]，負給付報酬之義務。又本條第 2 項，雖明定由最先完成該

---

[52]　Köhler, BGB AT 2014, 38. Aulf. 2014, §8 Rn 26ff.

[53]　Andrews, Contract 2015 para 3.42; Peel, Contract 2015 para 2.028.

[54]　Andrews, Contract 2015 para 3.42; Peel, Contract 2015 para 2–010 and 2–051.

[55]　Peel, Contract 2015 para 2–051.

[56]　Andrews, Contract 2015 para 3.42 and 3.44; Peel, Contract 2015 para 2–052 and 2–053.

[57]　Andrews, Contract 2015 para 3.44.

[58]　Peel, Contract 2015 para 2.053 at Fn 315.

行為之人取得報酬請求權，但同條第 3 項規定，廣告人善意給付報酬於最先通知之人時，其給付報酬之義務，即為消滅。故此一情形，最先完成廣告行為之人，得對該最先通知而受報酬之人，依不當得利請求返還（第 179 條），而與善意已給付報酬之廣告人無關。再者，依第 164 條第 4 項，前三項規定，於不知有廣告而完成廣告所定行為之人，準用之。此外，依第 164 條之 1，因完成前條之行為可取得一定之權利者，其權利屬於行為人。但廣告另有聲明者，不在此限。在此所謂之權利，如著作權或專利權等；又依本條之文義，其性質乃解釋規定及補充規定，即廣告人得另為不同之聲明。最後，對優等懸賞廣告，參見第 165 之 1 至第 165 條之 4 之規定。

㈣交錯要約（同時要約）

雙方當事人依時間先後之要約與承諾意思表示一致而成立契約係通常情形。若雙方當事人互相不知下互為要約，而內容一致之情形，如一方以書面向他方表示有意以一百萬元出賣某物，而他方亦同時以書面向一方表示有意以一百萬元購買某物。對此，德國學說承認，即使無法區別當事人之表示究竟是要約或承諾，仍得成立契約[60]；反之，英國法認為，若在此類案例，當事人間未進一步聯絡溝通，並不確定二者間是否成立契約，故所謂交錯要約並非對他方要約之承諾，此觀點主要目的在提昇締約之確定性[61]。

---

[59] 在此，若採單獨行為說，且完成之行為係事實行為，即不須其有行為能力，參見 Palandt/Sprau, 2015, §657 Rn 1 und 5.

[60] Palandt/Ellenberger, 2015, §145 Rn 6.

[61] Peel, Contract 2015 para 2.049; Andrews, Contract 2015 para 3.07. 二者均引用 Tinn v Hoffmann & Co (1873) 29 L.T. 271.

三、依定型化契約條款締約之問題

以下，首先說明定型化契約條款之意義；其次，說明其如何訂入契約；再者，涉及解釋定型化契約條款之原則；最後，則說明定型化契約條款之司法控制。

一方使用定型化契約條款與他方締約，得節省時間、費用等交易成本，且可限制自己可能發生之契約責任風險，甚至擴大自己權利或限制他方當事人之權利[62]。其次，現實生活，亦少有他方當事人足以避免定型化契約條款之適用或協商變更，因此立法、行政與司法應共同努力處理一方使用定型化契約條款與他方締約所可能發生之問題[63]。

(一)定型化契約條款之意義

依消費者保護法第 2 條第 7 款，定型化契約條款指企業經營者為與不特定多數消費者訂立同類契約之用，所提出預先擬定之契約條款。依民法第 247 條之 1 第 1 項，則係指當事人一方預定用於同類契約之條款。

承上段所述，涉及私法關係之交易，德國民法第 305 條第 1 項第 1 句規定，定型化契約條款係指，一切預定用於多數契約，而在締約前已確定其內容之條款，而一方預先擬定條款目的在於多次使用者。另外，涉及企業經營者與消費者之契約，德國民法第 310 條第 3 項第 2 款明定，即使僅是單一一次所使用的預先擬定之條款，亦屬定型化契約條款而受相關法律規定之規制[64]。而且依德國民法第 310 條第 3

---

[62] Peel, Contract 2015 para 7–001; Looschelders, SAT 2015 Rn 317.

[63] Looschelders, SAT 2015 Rn 317.

[64] Looschelders, SAT 2015 Rn 324.

項第 1 款，即使是由第三人（如公證人或仲介人）提供之定型化契約條款，只要企業經營者無法證明係由消費者提出訂入契約，即解為係企業經營者所提出之定型化契約條款而受相關法律規定之規制 **65**。此外，若經雙方協議使用第三方所擬訂之條款，因欠缺締約之一方「單方提出」之要件，因此不符定型化契約條款之意義 **66**。現行消費者保護法得否適用於上述德國民法有關單一一次使用之預定條款之情形，不無疑問。

㈡定型化契約條款有效訂入契約

涉及企業經營者與消費者之契約 **67**，依消費者保護法第 11 條之 1 第 1 項，消費者有三十日以內之合理審閱期間；且企業經營者應明示或公告其內容，並由消費者加以表示同意（同法第 13 條，參見 106 臺上 2097）。但不適用消費者保護法而適用民法者，一方當事人亦應提出有意訂入契約之定型化契約條款，而得到他方同意，始可有效訂入契約發生效力 **68**。

一方提出定型化契約條款，須在締約之前或當時；締約後，即不生提出定型化契約條款之效力，如契約成立後，送貨單或發票或收據上之條款，或進入飯店房間才在門背表示之條款等。又他方對定型化契約條款應得自由取得，且容易閱讀，讓他方了解定型化契約條款，屬可能且可預期之前提；在此，一方亦應適當地注意可得而知之他方當事人之身體機能之障礙，如失明者無法閱讀之情事（德國民法第 305 條第 2 項第 2 款） **69**。此外，他方之同意，可能是依明示或默示

---

65 Looschelders, SAT 2015 Rn 325.

66 Looschelders, SAT 2015 Rn 325.

67 在此，無法涉及消費者保護法之細節，讀者應參閱消費者保護法專門著作。

68 Looschelders, SAT 2015 Rn 326.

意思表示[70]。

　　此外，消費者保護法第 14 條規定，定型化契約條款未經記載於定型化契約中而依正常情形顯非消費者所得預見，該條款不構成契約之內容。亦即此類條款，並未有效訂入契約。在此，顯非可得預見，除輕易即可明確判斷外，須依通常消費者之標準，並顧及具體契約情事而定[71]。

㈢定型化契約條款解釋原則

　　依消費者保護法第 11 條第 2 項，定型化契約條款如有疑義時，應為有利於消費者之解釋。此一規定，若轉用於非消費者契約，且經解釋意思表示（第 98 條）仍有疑義時，應為有利於條款使用人之相對人之解釋。本條項之理由當係在於，當事人一方既提出定型化契約條款訂入契約，即應明確而無疑義地表達相關條款（參見德國民法第 305c 條）；但適用前提，並非僅解釋後仍有疑義，而是窮盡一切解釋方法仍有無法除去之懷疑，且至少有兩個以上解釋可得支持[72]，即得適用此一解釋原則。

　　德國實務對消費者保護團體提起訴訟主張定型化契約條款無效時，係採取對相對人最不利[73]之解釋為基礎。其後，德國實務在個人之訴訟，只要此一最不利相對人之解釋導致條款無效，且在結果上對

---

[69]　Looschelders, SAT 2015 Rn 327 und 329. 在此，多數見解認為，精神（而非身體機能）障礙者、外國人不識當地國語言、或文盲，並不適用正文所述之規定。

[70]　Looschelders, SAT 2015 Rn 327.

[71]　Looschelders, SAT 2015 Rn 331.

[72]　Palandt/Grüneberg, 2015, §305c Rn 15.

[73]　Palandt/Grüneberg, 2015, §305c Rn 18.

使用條款者之相對人有利，亦適用此一原則；但若任何可能之解釋下，條款仍為有效時，即應選擇對相對人最有利之解釋結果[74]。

㈣內容控制之問題

有關定型化契約條款之內容控制依據，消費者保護法第 12 條第 1 項提及誠信原則，而非公共秩序。又第 247 條之 1 之各款事由存在，且按其情形顯失公平，該部分約定無效[75]；此外，依民法債編施行法第 17 條，第 247 條之 1 亦適用於債編修正施行前訂定之契約。

1.最高法院判決中似是而非之觀念

1) 92 臺上 39，提及獨占

本判決以「獨占」作為限制定型化契約條款之依據，但現實生活中企業經營者居於獨占地位者，為數不多。以一方當事人具有獨占地位作為定型化契約條款規制的依據，不符社會生活現實；而且以獨占作為定型化契約條款之規制理由，亦非妥適，因為使用定型化契約條款之一方當事人是否處於獨占（或者完全競爭）與定型化契約條款的規制，實際上並無關聯。因為若一方當事人享有獨占地位，除非遭受價格管制致無從調整價格，否則在實際上是有誘因提供有效率的定型化契約條款，以極大化獨占的利益[76]。最後，民法或消費者保護法旨在處理個別交易關係下因一方當事人使用定型化契約條款致造成違反

---

[74] Looschelders, SAT 2015 Rn 332.

[75] 第 247 條之 1 之文字，不無疑問，即具體應係指定型化契約條款有本條各款之情事，但法條規定之文字，卻有係指「契約」之嫌疑。

[76] Korobkin, Russell, Bounded Rationality, Standard Form Contracts, and Unconscionabiliy, 70 U. Chi. L Rev, 1203, 1212 and 1261 with Fn 210 (Fall 2003).

誠信原則之結果，而非獨占等涉及市場結構之問題。

2) 93 臺上 710，過度在意所謂經濟弱勢

本判決不僅採取經濟弱勢或弱者之觀點，而且必須他方僅能依該條款訂立契約，否則即受不締約之不利益，該判決認為此舉始應適用衡平原則之法理，以排除不公平之單方利益條款。但是接受定型化契約條款者，未必是經濟上弱勢者。其次，「他方僅能依該條款訂立契約，否則即受不締約之不利益」，並非法律要件。再者，此種以一方當事人的經濟地位或力量作為依據的見解，若忽略具體交易的協商過程與內容，亦屬不當。此外，優勢經濟地位或協商力量並非必然造成定型化契約條款的偏頗，因此司法實務亦不應要求使用定型化契約條款之一方當事人應具有優勢經濟地位才加以規制[77]。反之，最高法院在107 臺上 1653 仍維持其所謂「毫無磋商變更餘地」，或「為他方所不及知」之見解。本件案例事實，系他方已依契約，依一方指示完成工程，但一方卻事後再依定型化契約條款，表示拒絕承認他方完成工程之報酬請求權。事實上，若本件之他方已知此等條款，應不致同意成立契約，故本件此等條款已符合所謂「為他方所不及知」。其次，既是為他方所不及知，本件之他方實際亦未與他方進行磋商，故亦無磋商變更餘地；此外，本件一方乃地方政府機關，其使用之定型化契約條款，對他方而言，實際亦無磋商變更餘地。

最後，第 247 條之 1 規定之立法理由，雖有類似說明，但此較不具說服力[78]，且法官依據法律獨立審判，憲法第 80 條有明文規定。因

---

[77] Kötz, JuS 2003, 211 bei Fn 5 引用 Ulmer,in:Ulmer/Brandner/Hensen, AGBG, 9. Auflage, 2001, Einleitung, Rn 32 之說明，即「一般交易條款法則之適用，並不以顧客在經濟上或智能上處於劣勢之證明為必要，而且使用定型化契約條款一方之市場力量對其有效與否之審查亦無意義」。但 107 臺上 284 仍提及「非居於劣勢之地位，亦非經濟上之弱者」之文句。

此，立法理由或說明並非法律規定之要件，對於法官亦無拘束力，而僅係解釋之參考來源之一。

3) 91 臺上 2336 及 93 臺上 1856，他方不及知或無磋商變更餘地

最高法院判決稱，所謂加重他方當事人之責任，應指一方預定之契約條款，為他方所不及知或無磋商變更之餘地而言，但契約條款既經上訴人審閱後簽署，自無為上訴人所不及知或無磋商變更之餘地可言，並因此而作成對接受條款者不利之判決[78]。

本書認為，為他方所不及知或無磋商變更餘地，並非法定要件，不應作為（拒絕）適用法律之要件；且要求「為他方所不及知」，恐亦難以與「異常條款」（消費者保護法第 14 條規定）相區別。其次，定型化契約條款之內容為他方所不知或無磋商變更餘地實乃常態，甚至可謂相對人理性抉擇的結果[80]，法院不宜因此而不實質審查定型化契約條款內容。例如商家在大門口或櫃檯張貼告示明定「貨物出門，概不退換」，無論買受人知或不知，或有無明示同意，均得適用第 247 條之 1，以該條款顯失公平而無效。此外，所謂「無磋商變更之餘地」，亦非法定之要件。又若已個別協商，且當事人已同意接受，性質上已非定型化契約條款，已無從適用第 247 條之 1 第 1 項規定[81]。最高法院要求締約相對人對定型化契約條款必須提出磋商變更，而提出條款之人拒絕或無磋商變更餘地，始可請求法院對條款內容加以規制，更

---

[78] Peel, Contract 2015 para 7–001 after Fn 4.

[79] 此外，參見 100 臺上 1635；96 臺上 684；93 臺上 1856；93 臺上 710；92 臺上 2332；92 臺上 1395；92 臺上 39；91 臺上 2336

[80] Eidenmüller, JZ 2005, 222 bei Fn 55.

[81] 英國法例外地對經雙方當事人個別協商之契約條款涉及免責或其他不公平條款者，予以檢驗控制，Peel, Contract 2015 para 7–002. 此外，Peel 一書出版時尚未生效但已提及，依英國 2015 年英國消費者權利法，「公平性」已不再侷限於未經協商之條款，Peel, Contract 2015 para 7–002 Fn 10.

是大有問題，因為定型化契約條款的存在目的，正是為了節省交易成本，促進快速達成交易，因此最高法院不應要求當事人須提出磋商且「無磋商變更之餘地」。最荒唐的是，第247條之1立法理由僅係形容定型化契約條款「每無磋商餘地」，但對最高法院，竟是視其為法定要件，要求締約之相對人須對相關條款有所知悉而且提出磋商變更之要求但「無磋商變更之餘地」。故目前有關定型化契約條款的最大障礙，不是其他任何人，而是堅持上述錯誤見解之最高法院。對此，最近之104臺上472，已表示不同見解，值得特別注意。但具體個案仍應顧及個案事實之特殊性加以判斷。但107臺上4，則仍表示定型化契約條款，須「為他方所不及知或無磋商變更之餘地，始足當之」。反之，106臺上1166僅稱「須定型化契約之條款係由一方預定用於同類契約而作成，他方當事人僅按該預先之一般契約條款與提出人（契約利用人）訂立契約，並未就其內容進行磋商，始有其適用」，值得同意。建議最高法院應儘速決議放棄舊有看法，統一採取後一見解。

2. 第247條之1第1項的四款規定

1) 免除或減輕使用定型化契約條款之一方當事人責任

例如商品出賣人與買受人成立契約時，於定型化契約條款中就商品瑕疵造成買受人之損害，約定免除或減輕責任之條款。實例如「貨物出門概不負責」條款，此一條款雖經買受人同意接受成為契約內容，仍然應適用第247條之1或消費者保護法第12條第1項規定，若認為按其情形顯失公平（依107臺上4，係指依契約本質所生之主要權利義務，或按法律規定加以綜合判斷，有顯失公平之情形而言），或對消費者顯失公平，該部分之約定無效。因為有關商品之「物之瑕疵」，原則上出賣人較買受人更能知悉並進而防止因物之瑕疵所生之風險，甚至即使屬於不能預防之風險，依據第354條規定，亦應由出賣人負擔

保責任；且出賣人亦較能藉由保險或其他方式分散商品瑕疵造成損害之風險，並將費用轉嫁為價金之一部分而由買受人承擔，因此出賣人此等約定有違誠信原則，應解為無效。

2) 加重他方當事人之責任

例如信用卡的發卡銀行在定型化契約條款中約定「本發卡銀行寄出信用卡，若持卡人未收受，遭他人冒用，所生之損害應由持卡人自行負擔」。此一情形，發卡銀行比起持卡人更能知悉寄出信用卡可能發生此等風險，且發卡銀行已預見或可得預見此等風險下，更能採取適當措施防範之，例如使用掛號，配合運用開卡程序等。甚至，即使有萬一仍然無法避免的風險，發卡銀行較諸持卡人，亦屬較能以保險或類似方法分散此等風險的一方當事人，因此上述條款約定得認為係違反誠信原則，對消費者顯失公平而無效。

此外，銀行保證契約的定型化契約條款中，常有「保證人保證債務人對貴行過去、現在及將來一切債務」之語[82]。保證人與銀行間成立保證契約，依實務見解，不構成消費關係，故不適用消費者保護法[83]。但是此一情形，仍然應適用民法第 247 條之 1 規定，亦即「債務人對銀行過去及現在之債務」，為既已存在者，銀行實際上可以提出債務人在保證契約成立時對銀行之債務金額究竟若干。換言之，保證人保證主債務人之債務金額，銀行乃最有能力提供資訊者，若銀行未具體提出債務人過去及現在債務之金額，卻仍以「保證人保證債務人對貴行過去及現在一切債務」之語，無異企圖混水摸魚，使保證人陷入不可預期的責任之中，違反誠信原則，因而適用第 247 條之 1 第 2

---

[82] 參見 91 臺上 2336；在此，原審法院與最高法院均以第 247 條之 1 第 2 款為適用依據。

[83] 92 臺上 2332；92 臺上 2330；此外，91 臺簡上 36 有關連帶保證人不適用消費者保護法之說明。

款規定▓，按其情形顯失公平，該部分之約定無效▓。

3) 使他方當事人拋棄權利或限制其行使權利

第 3 款之例，如有關出賣人以定型化契約條款免除或減輕其物之瑕疵擔保責任之約定，即同時使買受人拋棄其依民法物之瑕疵擔保責任規定得行使之權利或限制其行使權利；或如洗衣店以定型化契約條款約定送洗衣物滅失毀損的損害賠償責任上限為洗衣價格十倍等。另有一種情況與一方當事人之責任無關，例如銀行或債權人以定型化契約條款約定保證人拋棄先訴抗辯權或其他一切權利之約定 （參見第 739 條之 1 不得預先拋棄第 739 條以下所規定保證人之權利之規定 ，及第 746 條第 1 款得解為保證人得「事後」拋棄先訴抗辯權之規定）；或如一方當事人在定型化契約條款中約定縮短他方當事人行使權利之時效期間之條款（參見第 147 條規定）。

4) 其他於他方當事人有重大不利益之情形

本款為概括規定，以補列舉規定之不足。

㈤定型化契約條款衝突之問題

以下，首先說明在雙方都使用定型化契約，且發生衝突時，在各國法之簡介，其次，則是我國法解決方法之建議▓。

▓　參見 91 臺上 2336。

▓　至於無效之後，如何處理，德國聯邦最高法院曾在一項對交互計算帳戶未限制金額加以保證的訴訟中表示，保證人係以保證意思表示當日，（該交互計算帳戶） 依授信契約結算的債務餘額為準負保證責任 ，參見 BGH NJW 1998, 450ff (452) unter 3 b)．換言之，並非保證契約逕行無效。

▓　對相關之學說、各國判決之事實、理由及國際契約原則之條文等，參見楊芳賢，締約之雙方當事人使用定型化契約條款內容衝突之問題（上）（下），臺灣本土法學雜誌，2006 年 3 月，頁 1–20；2006 年 4 月，頁 22–40。在此之後 ， 英國法較新判決是 Tekdata Interconnections Ltd v Amphenol Ltd,

1.比較法之簡介

美國有判決表示，雖然有認為，商人間進行交易，應當是會閱讀他方所附之定型化契約條款，但是美國統一商法典並未採取此一觀點，反而認為很少有商人會閱讀他方所附之定型化契約條款，基於此一前提而訂定該法，因此有關定型化契約條款衝突問題，適用「排除原則」才是解決定型化契約條款爭執的最好方法[87]。

德國通說亦同，即雙方當事人之定型化契約條款互相衝突，依上述，當事人已提出締約之事項，若未經他方同意，乃契約不成立，但依德國民法第 306 條第 1 項盡可能維持契約有效之規定下，德國通說即以契約維持有效為出發點，而由任意規定取代互相衝突而排除之定型化契約條款[88]。

相對的，英國法係採所謂「最後提出定型化契約條款之人獲勝」之原則[89]。在 Butler Machine Tool Co Ltd v Ex-Cell-O Corporation (England) Ltd 一案，Lord Denning MR 表示[90]，關於本案，出賣人1969 年 6 月 5 日之信函，在本案是具有關鍵意義的文件，此一文件已明確表示，雙方契約係依據買受人而非出賣人的條款及條件而成立；然而買受人的條款及條件並未包括所謂價格變更條款，因此出賣人之

[2009] EWCA Civ 1209，且仍承認以下所述 Butler Machine Tool Co Ltd v Ex-Cell-O Corporation (England) Ltd 判決所示之適用「最後提出者之條款」原則，乃有效之法律。此外，並參見下述說明。

[87] Daitom, Inc. v Pennwalt Corp., 741 F2d 1569, 1580 and 1581.

[88] Looschelders, SAT 2915 Rn 330. 此外，較新文獻，Florian Rödl, AcP 215 (2015) 683–715.。

[89] Peel, Contract 2015 para 2–021; Andrews, Contract 2015 para 3.34. 二者均引用 BRS v Arthur V Cruthley Ltd [1968] 1 WLR 811.

[90] [1979] 1 W.L.R. 401 at 404–405.

請求並無理由。儘管本判決三位法官，一致採用傳統要約、對要約擴張、限制或變更乃拒絕原要約而為新要約及承諾，進行說理[91]，但 Lord Denning MR 在本判決所表示之意見，即「雙方當事人在報價單及訂購單背面所引用的條款及條件有所差異，仍然應當整體觀察雙方當事人在本案中所使用的一切文件，並由其中以及當事人之行為，歸納出當事人是否已就一切重要事項達成合意」，其見解為本判決所採納。惟於 2009 年之英國上訴法院判決認為，Butler 案判決並非放棄傳統要約、拒絕要約及承諾原則之先例，反而在其判決個案表示，對此仍應維持適用所謂傳統原則，即「最後提出定型化契約條款之人獲勝原則」[92]。

2.我國法之建議見解

首先，在雙方均使用定型化契約條款之情形，通常涉及商人或企業經營者之間之交易行為。至於發生所謂雙方定型化契約條款衝突之問題，極可能是因為雙方當事人均有意節省其締約協商之成本，而且進行實際締約協商之成本亦高於其效益[93]，不值得嘗試。尤其，提出自己所定的定型化契約條款作為意思表示，無論司法實務是適用上述所謂「最先」或「最後」引用之條款獲勝或適用之原則，只要控制讓自己的定型化契約條款是最先或最後提出者，就會在其後成立完全適

---

[91]　Tekdata Interconnections Ltd v Amphenol Ltd, [2009] EWCA Civ 1209 at para 10.

[92]　Tekdata Interconnections Ltd v Amphenol Ltd, [2009] EWCA Civ 1209 at para 10–12 per Longmore LJ.

[93]　Baird, Douglas G.. and Weisberg, Robert, Rules, Standards and the battle of forms: A reassessment of §2–207, 68 Va. L. Rev. 1217, at 1219 and 1250 (1982).

用自己一方之定型化契約條款，以排除若干風險並維護自己利益。甚至，即使是適用衝突條款互相「排除原則」，當事人至少亦得因自己曾提出定型化契約條款，而犧牲自己條款規定之一部分而排除對他方有益而且通常於己不利之條款。

其次，在要約人已提出定型化契約條款為要約意思表示下，要約受領人就成為其後提出自己定型化契約條款之人，因此可製造有利於己情事，並適於防止條款衝突之定型化契約，因此要求要約受領人透過明示自己之定型化契約條款將要約之定型化契約條款加以擴張、限制或為其他所作之變更，較具正當性，而且亦得以防止所謂之偶然性或投機，使要約人誤以為已成立契約並適用其本身之定型化契約條款而受領，但實際卻是契約成立而且適用要約受領人之新要約所引用之條款，則要約受領人無異於因自己不為明示之行為，而依他方之反應如何而獲益。綜上，在此宜要求要約受領人明示94，始得適用所謂「最後經引用之條款適用」之原則，否則無異鼓勵要約受領人違反誠信原則下之告知義務。

同理，亦應適用於（原）要約人面對他方定型化契約條款時未明示自己定型化契約條款之情形，故（原）要約人不得主張適用第160條第2項之規定，因此無從採取最先提出條款獲得適用之見解。尤其是，締約過程中何人最先或最後提出自己之定型化契約條款，時間上具偶然性，認定上亦易生恣意95，故亦不宜因而採取重大優惠一方而犧牲他方當事人利益之結論。

94　BGH NJW 2014 2100 (Leitsatz 1 und Rn 17 mwN), 但應強調者，本判決僅涉及一般要約與承諾，而非專門針對定型化契約條款突問題之說明。

95　對此，Anson's contract, 2010 42; 又 Tekdata Interconnections Ltd v Amphenol Ltd, [2009] EWCA Civ 1209 at para 23 per Dyson LJ. 則是承認英國法採「最後提出定型化契約條款之人獲勝」原則，具有此等缺失。

最後，定型化契約條款衝突，乃多數國家法律制度所共同面臨的，而且已有不少制定法上的改革努力，不過至今似乎仍然未能提供一項完全適當的解答 **96**。雖然如此，在此仍建議我國實務宜採取上述之排除原則。因為排除原則無論有何缺失，至少有以下優點，即排除原則既未過度強調要約人決定要約及契約內容之權限，致採取最先經引用之條款適用之原則，亦未單純依據究竟何者係最後經引用之條款，而採最後經引用之條款適用之原則。其次，適用排除原則亦得避免採取前二原則可能產生單純依時間之偶然或恣意而決定契約條款 **97**。此外，美國法院對於所謂變更條款，適用美國統一商法典第 2–207 條規定時，多採排除原則。最後，歐洲契約法原則以及私法統一國際協會之國際商務契約原則，亦採納類似之原則 **98**。

貳　締約上過失

一、意義、依據與制度發展

㈠意義與依據

雙方當事人締約協商，若順利進行，即成立契約；若未能合意，即不成立契約。但是無論契約成立或不成立，雙方當事人在締約協商階段即可能侵害他方權利或法益，故究竟應當如何處理此等問題，值得注意。「締約上過失」制度主要涉及締約協商階段，當事人一方違反依據誠信原則所生之保護義務即所謂「先契約義務」，而侵害他方權利

96　Honnold, Uniform Law For International Sales, 3. ed. 1999, para 165。

97　對此，參見 Anson's contract, 2010 42.

98　參見楊芳賢，2006，前揭臺灣本土法學雜誌之條文翻譯。

或利益，致須負損害賠償責任之問題。

㈡制度發展

「締約上過失」，在德國係學說與實務共同創造之產物，並於 2002 年 1 月 1 日生效之德國民法第 311 條第 2 項結合第 241 條第 2 項中明文規定。德國帝國法院之案例**99**是顧客進入賣場，但契約成立之前，即因賣場職員不注意致原本豎立地毯倒塌而受傷；德國聯邦最高法院亦有類似案例**100**，即母親帶未成年女兒到自助商店購物，女兒因踩到菜葉而滑倒受傷。在此，因雙方尚未成立契約，無從依契約之債務不履行尤其不完全給付請求損害賠償，而第二個案例，女兒更無締結契約之意圖。本案亦可適用侵權行為規定但對於被害人保護不足**101**，後者，尤其適用於上述德國帝國法院判決案例。對上述之兩件案例，德國法院認為得依締約上過失請求損害賠償，尤其是後一案例，侵權行為消滅時效亦已完成，但法院仍認為依所謂契約附保護第三人作用，在締約協商階段亦可發生，而賦予顧客女兒基於締約上過失之損害賠償請求權。

應思考的是，上述兩件德國判決案例，均涉及絕對權之侵害，理論上侵權行為相關規定足以保護，故應否在侵權行為外，另行創設締約上過失作為請求權依據，尚有疑問；其次，目前判決實務之下，僱

---

99 RGZ 78, 239.

100 BGHZ 66, 51.

101 此等案例若適用侵權行為，將面臨侵權行為法因區分第 184 條第 1 項前段、後段及同條第 2 項三種基本侵權行為，且第 1 項前段原則上僅保護絕對權；至於所謂純粹經濟損失，即絕對權未受侵害下，被害人整體財產減少或應增未增，僅得依同條第 1 項後段或第 2 項請求（最高法院 103 臺上 178，102 臺上 1458）。其次，侵權行為之被害人須負舉證責任；且僱用人得舉證免責（參見第 188 條第 1 項但書）。

用人並不易依第 188 條第 1 項但書舉證免責。因此上述二案例，依現行民法未必須適用締約上過失。反而，締約上過失，主要應係針對所謂純粹經濟損失之案例 [102]，例如締約協商，一方違反先契約義務，致他方支出不必要之締約費用；或雖締結契約，但因一方違反說明、告知或諮商等義務等致契約不利他方當事人 [103]。此等案例若適用侵權行為規定，依第 184 條第 1 項後段，須行為人係故意且背於善良風俗方法才可成立。因此締約上過失是契約與侵權行為兩大制度下，為避免對被害人（尤其有關純粹經濟損失）保護不周之制度 [104]。

二、類　型

締約上過失之類型	有契約成立外觀，實際上契約無效	例如以不能之給付為契約標的，且締約時明知或可得而知（民法第 246 條、247 條第 1 項）
	無契約成立外觀，契約亦未成立	締約協商中斷，例外情況下才可能構成締約上過失
	契約成立，但內容對他方不利	因一方違反說明義務，可能構成締約上過失，例如聲稱租稅優惠可抵銷貸款利息，或依經驗卻未顧及現實狀況告知預估用油量

㈠有契約成立之外觀，但實際契約卻是無效；或契約未成立，亦無契約成立之外觀

締約上過失之主要類型，約可分為，雙方締結契約，有契約成立之外觀，但實際契約卻是無效，例如第 246 條及尤其第 247 條第 1 項；

---

[102]　Medicus/Petersen, BGB 2013, Rn 199.

[103]　德國法，參見 BGH NJW 1998, 302; 英國法，參見 Esso Petroleum Co Ltd v Mardon [1976] QB 801 at 820. 此外，MK/Emmerich, 2016, §311 Rn 64 指出，此乃締約上過失最具重要性之案例類型或乃締約上過失之核心。

[104]　Looschelders, SBT 2013 Rn 1172.

與契約未成立，亦無契約成立之外觀二種。關於後者，雖然目前趨勢認為，締約協商中斷，亦構成締約上過失；但應強調，此為例外，即契約成立前，並無從信賴契約將成立[105]，他方相對人是否締結契約之自由應予尊重，若採取締約協商中斷應負損害賠償責任，將限縮當事人是否締約之自由決定。因此中斷協商致未能成立契約，須一方例外製造他方正當信賴之事實，其後他方卻期待落空，才可能發生請求損害賠償等法律效果。

在此之關鍵在於究竟達到什麼階段，發生締約協商中斷，才構成締約上過失，致當事人得請求他方賠償損害。例如甲公司面試主管對應徵之求職者乙表示，乙獲得僱用的機會極大，宜認為尚不足構成求職者正當信賴。至少，應達到求職者已收到錄取通知後，而在僱傭契約成立之前，求職者的信賴才具有正當性值得保護，而得在事後就公司預算不足等[106]拒絕僱用，而請求諸如已在公司所在城市承租房屋等之損害。此外，契約自由原則下，亦應特別注意當事人有無依預約約定繼續協商之義務，致一方違反預約而不繼續協商訂立本約，亦可能賦予他方請求損害賠償之權利。

(二)契約雖成立，但內容對他方當事人不利

更重要的是，契約雖成立，但因一方違反說明義務等致內容對他方當事人不利，亦可成立締約上過失[107]。例如德國聯邦最高法院 1998

---

[105] Looschelders, SAT 2015 Rn 151. 美國法，參見 E. Allan Farnsworth, Contracts, 4th ed. 2004, 195–196.

[106] Looschelders, SAT 2015 Rn 151 (Beispiel nach BAG JZ 1964, 324).

[107] 德國法，參見 BGH NJW 1998, 302; 英國法，參見 Esso Petroleum Co Ltd v Mardon [1976] QB 801 at 820. 此外，MK/Emmerich, 2016, §311 Rn 64 指出，此乃締約上過失最具重要性之案例類型或乃締約上過失之核心。

年某判決，涉及不動產出賣人甲之履行輔助人乙過失對買受人丙提供錯誤訊息，如租稅減免及租金收入超過貸款利息支出，致丙因而決定與甲成立買賣交易，不料事後發現租稅優惠及租金收入等實際不足以抵銷購屋時向銀行借款之利息。依德國聯邦最高法院判決，被害人得主張損害賠償，並適用第 213 條第 1 項之回復原狀，故若已締結不利之契約，即回復原狀使契約消滅[108]。其次，英國類似判決，涉及雙方簽訂加油站租賃經營契約三年，但在締約協商階段，出租人所僱用擁有四十年經驗之人，告知承租人，該加油站預估第三年加油量約 20 萬加侖，但承租人信賴該人所言締約後，在第三年用油量卻僅 8 萬多加侖。出租人訴請積欠之租金，承租人則訴請過失不實陳述之損害賠償。英國上訴法院判決有利承租人，即前契約的協商階段，出租人對承租人負有注意義務，因為出租人對其提供之意見具有經濟上利益而且知道承租人將會信賴其知識及經驗。即使出租人方所僱用擁有四十年之經驗者係誠實告知，但並未顧及加油站所在社區之現實，乃有過失[109]。

換言之，締約上過失，與當事人是否成立契約，實際並無關係。不僅德國通說一向認為契約成立下亦可成立締約上過失[110]，而且英國之制定法（即 1967 年之不實陳述法，對此，參見下段所述）或判例法[111]亦同，均包括因一方不實陳述致他方與其成立契約後，依其情形得主張損害賠償或撤銷契約等[112]。因此第 245 條之 1 第 1 項之契約未

[108]　BGH NJW 1998, 302.

[109]　Esso Petroleum Co Ltd v Mardon [1976] QB 801, at 820.

[110]　Staudinger/Löwisch, 12. Aufl. 1979, Vorbem zu §§275–283 Rn 61ff.; Medicus, Dieter, Bürgerliches Recht, 14. Aufl. 1988, Rn 150; Lorenz, Stephan, JuS 2015, 398ff. (398).

[111]　如 Esso Petroleum Co Ltd v Mardon [1976] QB 801.

[112]　德國法，參見 BGH NJW 1998, 302; 英國法，參見 Esso Petroleum Co Ltd v Mardon [1976] QB 801; Anson's Contract, 2010, 309–311.

成立時，僅指在契約未成立之時，有本條第 1 項規定之行為情事即可。例如英國 1967 年之不實陳述法 (The Misrepresentation Act) 第 1 條規定，一方當事人因遭受對其所為不實陳述而締約，而且(a)該不實陳述成為契約之條款，或(b)契約業經履行，或二者同時併存，則儘管存在本條前述(a)及(b)之情事，若當事人不須主張詐欺即得因不實陳述而撤銷時，當事人可得撤銷契約，而僅受本法相關規定之限制 🄬。

其次，依本法第 2 條第 1 項規定，當事人在他方對其為不實陳述後締結契約，並因此遭受損害，(1)若不實陳述係故意，他方應對因此所生損害負賠償責任，(2)即使該不實陳述並非故意而為，他方仍應負責，除非他方證明其有合理根據相信，且在契約成立時亦確實相信陳述之事實為真實。後者，解釋上是指，非故意之不實陳述，亦應負損害賠償之責，且舉證之責任係在不實陳述者。

亦即英國 1967 年不實陳述法，甚至承認無過失之不實陳述之當事人，亦應對相對人負損害賠償責任 🄭；其理由或許在於，比較雙方當事人利益及保護必要，無論如何，均應由為不實陳述之當事人承擔不利結果，而非由接受不實陳述並因而為締約意思表示之相對人承擔；即二者相較，後者乃更值得保護之人。

🄬 亦即本條(a)款係為解決本法立法之前，不實陳述已成為契約條款時，當事人得否主張因受不實陳述而撤銷契約，並不明確，故(a)款明定，當事人仍得撤銷契約，參見 Benjamin's Sale of Goods, 2014 9th ed., para 12–121。至於(b)款，係因為英國在此之前之判例法認為，除故意不實陳述外，契約已履行者即不得撤銷，故(b)款亦明定，當事人仍得撤銷。參見 Treitel on The law of conract, 2011, ed. by Edwin Peel, para 9–095 and Fn 456.

🄭 Anson's Contract 2010, 309–311. 在此，特別值得注意的是，104 年 1 月 22 日修正，同年 2 月 4 日公布之保險法第 64 條第 2 項修正條文，已刪去原有之「故意」及「過失」等。

㈢民法研究修正委員會之決議內容

1.民法研究修正委員會之決議及相關見解

　　第 245 條之 1 第 1 項第 1 款之立法，既未注意德國法之過失不實陳述，更未斟酌英國法即使是無過失不實陳述致他方因而成立契約，他方仍得主張相關之救濟，致債編修正時，民法研究修正委員會大膽宣稱「契約未成立時」，係指當事人最終並未成立契約。依民法研究修正委員會第 782 次會議記錄所示，民國 77 年 10 月 21 日，對「締約過失責任，是否專指契約未成立之情形抑包括契約成立之情形」，經議決之結果是：「契約成立時，依各該契約內容履行。故締約過失責任，僅指契約未成立之情形」。而且依會議紀錄，決議當時亦無人表示不同意見⑪⑤。其次，參與上揭決議者更是主張，成立契約，即不成立締約上過失，因為契約既成立，即已得適用不完全給付⑪⑥。

2.簡　評

　　首先，民法研究修正委員會之決議及相關見解，完全忽視當事人一方違反義務之時點，是在契約成立前締約協商階段，即使有義務違反，亦僅涉及契約成立之前之義務違反，故應優先探討是否成立締約上過失或侵權行為等，而非不完全給付。

---

⑪⑤　法務部編印，民法研究修正實錄──債編部分㈣，89 年 1 月，頁 513–515。但當時成員之一，蘇永欽，在不同時間之會議中，曾表示不同見解。

⑪⑥　例如孫森焱，民法債編總論下冊，91 年 8 月修訂版，頁 683–684，稱「按我國修正民法第二二七條已明文規定不完全給付之債務不履行，則債務人有未盡附隨義務者，債權人即得據此行使權利，是契約成立時，即無另設締約過失責任規範之必要。」

其次，若當事人未在契約成立後，有可歸責之事由致成立不完全給付之情事，亦根本不可能成立不完全給付（參見第 227 條第 1 項）。故上述見解，明顯錯誤。

再者，上述見解亦未注意下述區分[117]，首先，即上述引用之德國與英國兩件判決個案，當事人之義務違反是發生在契約成立之前，而且該不實陳述內容並未經當事人加以擔保，更未作為契約成立後應履行之債務內容，因此亦不可能在契約成立後適用瑕疵擔保或不完全給付等規定，該等個案亦無從成立瑕疵擔保、擔保契約或不完全給付等，而僅得斟酌適用締約上過失[118]或侵權行為等。其次，當然亦有可能當事人一方相關不實陳述已成為一方當事人所成立之契約之債務內容，故在契約成立後，因一方當事人之不履行等，得成立瑕疵擔保責任等法律效果。例如締約時稱鍍金或仿冒之物品為真金或真品，致相對人因而買受，不僅成立締約上過失，亦得成立如瑕疵擔保責任（第 354 條及第 359 條），或甚至出賣人故意不告知瑕疵之損害賠償責任（第 360 條）[119]等。依據此一區分，民法研究修正委員會之決議見解，以及上述參與第 245 條之 1 之立法者所稱之締約協商階段之義務違反，

---

[117] 此一區分，乃德國法及英國法之共同見解，德國法，參見 Medicus, BR (Fn 103), Rn 150, 363 und 363a; Staudinger/Honsell, 13. Bearbeitung, 1995, Vorbem zu §§459ff Rn 56 und 60; Looschelders, SAT 2015 Rn 153ff. und 196; 英國法，參見 Anson's Contract, 2010, 300.

[118] BGH NJW 1998, 302ff.; BGH NJW 1991 2556ff.（租稅優惠），亦同。

[119] MK/Emmerich, 2016 §311 Rn 82 und 83, 亦同。此外，Emmerich, Rn 82 認為，締約上過失在此仍得適用（此一見解，較接近英國法見解，參見上述）。反之，德國通說認為，買賣契約物之瑕疵擔保規定在危險負擔移轉後，即排除締約上過失之適用，但若出賣人係故意不告知瑕疵，則買受人除買賣相關規定外，仍得主張締約上過失，參見 Palandt/Grüneberg, 2015, §311 Rn 14; Looschelders, SAT 2015 Rn 156.

在契約成立後，即一概適用不完全給付，均屬以偏概全之錯誤見解，即縱使完全不顧及不完全給付之相關要件是否成立，該等見解充其量僅適用上述區分之後者，但上述區分之前者，如上舉之德國及英國兩件判決個案，當事人之一方並不成立物之瑕疵擔保責任或不完全給付等。

此外，上述之德國判決個案，因德國法院賦予當事人廢棄對其不利契約之法律效果，乍見之下似已符合第 245 條之 1 第 1 項之「契約未成立時」。但是對此應注意的是，本件個案當事人得以廢棄對其不利之契約，係主張成立締約上過失之法律效果；相對的，依民法研究修正委員會之決議見解，以及參與制定第 245 條之 1 之立法者之觀念，此一情形既不成立締約上過失，自亦不可能發生本件德國判決個案般當事人得廢棄對其不利契約之結果。

三、第 245 條之 1 第 1 項之其他問題

	不實陳述 VS. 隱匿	未區分兩者差異、賦予不同法律效果
第 245-1 條第 1 項其他問題	經他方詢問	須依誠信原則個案判斷，條文過度限制
	惡意主動不實陳述	文義不包括，但依舉重以明輕得成立第 1 款之締約上過失
	第 2 款之洩密	亦指行為在契約未成立時，且故意或重大過失要件，亦過度寬縱
	第 3 款之主觀要件	應為過失責任

㈠不實陳述與隱匿之區分

第 245 條之 1 第 1 項第 1 款，似亦未曾注意不實陳述與隱匿之區別，並斟酌賦予不同之法律效果[120]。隱匿，乃消極未告知一定事實；

---

[120] 對於隱匿或不實說明，英國法對前者採較嚴格之要件，對後者則採較寬之要件，參見 Anson's Contract 2010, 299; 此外，德國法下之區分，參見

而不實陳述，乃積極告知特定事實資訊。在英國法上，對積極不實陳述，採較保護被害人之立場，因此無論行為人是故意、過失或無過失不實陳述致被害人因而締約，均可能發生特定法律效果。然而對消極隱匿，因當事人原則上並無義務揭露特定資訊，僅在當事人間具有信賴、保密或依賴關係，或一方擁有之資訊是他方根本無從知悉或須支出不成比例費用才可獲悉，且可能因而影響他方締約決定，才負有應予揭露之義務[121]。

㈡經他方詢問

再者，本條項第 1 款明定「經他方詢問」，固可知對於他方而言乃是重要事項，但在此之關鍵是，經他方詢問，相對人亦未必即負有告知義務，反而須與締約有所關連之事項才可，例如應徵工作面試時，經詢問是否同性戀者等，原則上得認為與應徵之工作或職務毫無關聯，且涉及個人隱私，即使隱匿或不實陳述，亦不應影響其後成立之僱傭契約之效力，因此本款此一部分之規定，應予以肯定。

另一方面，本條項第 1 款，雖規定須經他方詢問，但他方未詢問，亦不表示即屬不重要事項而得隱匿（或為不實陳述）。換言之，應否揭露或據實告知特定事實，屬於誠信原則之下雙方當事人皆有之義務，不宜因他方未詢問即認為對締約乃無關緊要之事項，因此仍須依誠信

MK/Emmerich, 2016, §311 Rn 64.

[121] Anson's Contract 2010, 332–334; 又依其 334–335 之說明，英國判例法，對保險契約之隱匿締約相關之重要資訊，係得撤銷契約。相對的，保險法第 64 條第 2 項規定，則是規定解除契約。後一規定，似亦未注意此乃涉及締約階段之義務違反；又 104 年 1 月 22 日修正，同年 2 月 4 日公布之保險法第 64 條第 2 項修正條文，已刪去原有之「故意」及「過失」等，此等修正之後續效應，非常值得注意。

原則對個案判斷。例如，雖然買賣雙方並無義務告知一切有關締約之事項，但是可能妨礙他方締約目的，致對他方具有重要性，而他方依交易觀念亦得期待受告知之重要事項，應認為負有告知義務[122]，例如泡水車、事故車或漏水屋、海沙屋、輻射屋或凶宅等，即使未經詢問，仍然負有告知義務。第 245 條之 1 第 1 項第 1 款明定須經他方詢問，似過度限制其適用。

㈢惡意主動不實陳述之問題

又本款限於經他方詢問，亦將發生「一方惡意主動不實陳述之訊息」是否構成本條項第 1 款之問題。對此，宜認為本款文義並不包括，但法律補充上，宜依舉輕明重原則處理。即經他方詢問才惡意隱匿或為不實說明，得成立本條項第 1 款之締約上過失，則未經詢問主動惡意不實陳述，更得成立。當然，此一部分，被害人亦得主張第 92 條第 1 項之被詐欺而為意思表示而撤銷意思表示。

㈣限於「惡意」乃過度寬縱

第 245 條之 1 第 1 項第 1 款規定僅限於「惡意」要件，亦頗有疑問，因為既經他方詢問，卻仍僅當一方當事人「惡意」隱匿或不實說明才成立本條項第 1 款，對行為人乃過度寬縱。即業經他方詢問，則一方當事人原則上已知其對相對人之重要性，規定其過失違反即應負責，恐較為妥適。尤其，依本款明定，亦須限於與締約有重要關係之事項，故並無必要在主觀要件上寬縱一方當事人。再者，若受騙之他方，須一方惡意為不實陳述，則他方原本即得依受詐欺而撤銷其意思表示（第 92 條第 1 項），且得依第 184 條第 1 項後段請求損害賠償以回復原狀，則另外立法訂定第 245 條之 1 第 1 項第 1 款仍限於行為人

---

[122]　參見 33 上 884。

須係惡意，不知究竟立法目的何在。

㈤第 245 條之 1 第 1 項第 2 款

契約未成立時，知悉或持有他方祕密，經他方明示應保密而洩漏，即成立第 245 條之 1 第 1 項第 2 款。但應注意的是，契約未成立前之協商階段，一方即已洩漏他方相關祕密，即使其後雙方仍然成立契約，性質上仍是適用締約上過失，而非不完全給付。

其次，為何經他方明示保密不得洩漏，才可成立賠償責任。此一要件固然有明確法律要件之功效，但是未經他方明示應予保密者，即得加以洩漏嗎？他方未明示應予保密，並不代表不重要而得加以洩漏。因此他方明示僅係一項認定標準，即有明示應予保密，固應保密，但是不應因他方未明示應保密，即認為不重要而可以洩漏。

再者，規定故意或重大過失而洩漏，亦恐對洩漏者過於寬容放縱。在未訂定第 245 條之 1 之前，學說主張之締約上過失，係以故意和過失，作為洩漏者之主觀要件。其次，在此所洩漏的是他方的祕密，可能關係到被洩漏者是否能在經濟或商業市場繼續生存的情形。本款竟將主觀要件限制在故意或重大過失，並非妥當。

最後，第 245 條之 1 第 1 項之信契約能成立致受損害，亦難以適用予上述契約未成立時，即洩露應加保密之祕密，因為在此主要僅涉及洩密之損害。

㈥第 245 條之 1 第 1 項第 3 款之主觀要件

首先，本款並未明定主觀要件。對此，有認為本款係無過失責任。但本條第 1 項第 1 款與第 2 款分別規定惡意與故意或重大過失，在此若將第 3 款解為無過失責任，恐有失均衡，應非立法本意。其次，無過失（責任），原則上應有法律明文為依據，較為妥適；本款既無明

文，亦不宜輕易認定係採無過失責任。再者，此一無過失之主張與修法之前學說建議以過失為要件見解相較 ⑫，亦差距過大。此外，民法原則上採過失責任原則（第 220 條第 1 項；第 184 條第 1 項前段）。因此本條項第 3 款末明定無主觀要件，宜認為是立法疏漏，並非有意採無過失責任。

其次，理論上，本條項第 3 款之主觀要件，宜參照第 1 款和第 2 款，行為人恐至少應有重大過失才可成立。但此一見解，與修法之前學說建議以過失為要件見解相較，亦過度嚴格。尤其，如上所述，既經一方詢問締約有關之重要事項，或經一方明示應予保密，卻仍明定他方僅惡意與故意或重大過失才應負責，實際均過度寬縱行為人，不具正當性，故不宜作為本條項第 3 款主觀要件之參考標準。再者，第 245 條之 1 第 1 項之前兩款規定，均過度嚴格限制行為人之主觀要件，尤其是本條項第 1 款規定，除忽略德國法外，更完全無視英國法對不實陳述，區分一方故意、過失以及甚至無過失不實陳述致他方與其成立契約，他方即分別有不同救濟權利 ⑫。因此第 245 條之 1 第 1 項前兩款規定之主觀要件，亦難以作為標準，而宜採過失要件即可成立。最後，第 3 款規定尚有「顯然」之要件，極為抽象，但或許仍可作為限制之要件；在此，宜採客觀標準，即相關情事違反誠信原則，對客觀第三人而言，乃顯而易見。

---

⑫　王澤鑑，締約上過失，民法學說與判例研究第一冊，64 年 6 月初版，頁 77 以下。

⑫　參見 Anson's Contract 2010, 309–311.

四、法律效果及消滅時效

㈠損害賠償

第 245 條之 1 第 1 項明定，被害人得請求所謂信契約能成立致受損害。但是所謂「非因過失而信契約能成立致受損害之他方當事人」之要件，僅限於當事人因信契約能成立所受之損害，始有必要，例如因契約未成立，而請求締約費用之損害賠償等。

相對的，其他與信契約能成立無關之損害，如上述之洩密案例，適用本條項第 2 款，並不須限於「信契約能成立致受損害」，而僅須適用損害賠償之一般規定。即締約協商階段，一方當事人對他方提供商業祕密，經明示應予保密卻仍遭他方因故意或重大過失而洩密（參見第 245 條之 1 第 1 項第 2 款），若在契約成立後才發現，則契約已如其所信成立，當事人應非主張所謂信契約能成立而請求損害賠償，反而主要應是請求洩密之損害賠償；在此一情形，實際上契約已成立，當事人並非主張信契約能成立之損害。反之，若一方締約前發現他方洩露其明示應予保密之機密，而無意再與他方締結契約，除可能請求所謂信契約能成立之損害，如締約費用等之外，但更有可能請求者，乃因洩密而生之損害。惟第 245 條之 1 第 1 項之文義，卻侷限於信契約有效所受之損害，致難以包括後者。有不同見解指出，對此可能得依諸如侵權行為規定（如第 184 條第 1 項後段），請求損害賠償。但實際上，此時應刪去無謂的「信契約能成立」，而直接規定當事人得請求損害賠償即可。

此外，尤其是因一方告知不實而成立不利他方之契約，所謂「信契約能成立致受損害」亦難以適用，故本條項有關法律效果之文義亦屬不佳，反而解為當事人得請求損害賠償即可（但 108 臺上 2605 稱第

245 條之 1 第 1 項第 3 款，須「致非因過失信契約能成立之他方當事人受有損害」）。而且在此所謂損害賠償，應適用第 213 條以下之基本規定。因此一方提供不實資訊而使他方因而締結契約，他方得請求損害賠償回復原狀，使他方得以廢棄或消滅掉不利之契約；又若已給付，得依第 179 條請求返還已付之價金（並返還自己所受領之標的物）等；此外，若有其他財產上損害，亦得請求賠償。

㈡消滅時效

第 245 條之 1 第 2 項規定之消滅時效為二年。但是本條第 2 項之時效可謂極短，而且此一時效之起算，依第 128 條，自請求權可行使時起算，對請求權人並非有利。推測立法目的，應係希望儘速確定當事人之權利義務關係，而且當事人既已進入締約協商之準備階段，相互知悉，故不須提供較長之時效期間。但是二年時效期間，對照第 197 條第 1 項規定之二年時效係自請求權人知有損害及賠償義務人時起算，仍有可能過短。

五、結　論

第 245 條之 1，因參與立法者自始錯誤，且毫無根據下大膽認為，契約成立即不生締約上過失，且未通盤衡量法律體系上，締約上過失與錯誤或被詐欺之意思表示之關聯與互補，以及尤其締約上過失乃契約與侵權行為之中間制度，主要目的乃在保護被害人之純粹經濟損失，致訂定出處處均有疑問之第 245 條之 1 第 1 項（相同疑問，亦出現在不完全給付與債各如買賣與承攬契約間之關係，參見本書下冊第五章）。

此外，第 245 條之 1 對專業獨立第三人提供不實資訊致當事人締約之問題，亦未規定。在此之特殊性是此類第三人與被害人並無任何

契約關係，但是此等第三人提供之資訊卻受被害人信賴並因而影響其契約協商或締結之決定，故德國民法第 311 條第 3 項明文規定，第三人對被害人亦發生同法第 241 條第 2 項之保護義務，且違反時應負損害賠償責任[125]。

最後，104 臺上 194，涉及連動債之訴訟，原告當事人主張被告違反告知義務或提供不實資訊，但請求權依據卻是侵權行為之「第 184 條及第 188 條」，完全未提及締約上過失，亦顯示原本應規範締約時一方過失[126]告知不實等成立契約之第 245 條之 1 第 1 項第 1 款，因立法錯誤竟導致相關當事人無法主張締約上過失規定，反而僅依侵權行為請求之結果。此外，請參見金融消費者保護法第 10 條第 1 項規定，金融服務業與金融消費者訂立提供金融商品或服務之契約前，應向金融消費者充分說明該金融商品、服務及契約之重要內容，並充分揭露其風險。

㈠「假承攬真僱傭」之問題

針對 2019 年間因多起餐飲外送員事故案致發現外送員與業主間係承攬契約而非僱傭契約之問題，勞動部主張此乃「假承攬真僱傭」，故雙方應適用僱傭契約之規定。但此一見解並無根據。首先，雖然業者可能為規避諸如勞健保費負擔、解僱受僱人之法定限制或避免負擔第 188 條第 1 項之僱用人侵權行為責任（參見上冊第 5 章）等而刻意選擇與他方成立承攬契約，而非成立僱傭契約。但是足以認定雙方係「假承攬真僱傭」之前提是，雙方間之勞務契約類型存在惟一僅得成立僱傭契約，而不得成立承攬契約之限制。然而現行法下並不可能而

---

[125] 對此，並參見英國判決 Hedley Byrne & Co Ltd v Heller & Partners Ltd, [1964] AC 465.

[126] 但如上述，英國法甚至承認無過失亦可成立。

且亦無此等規定。

　　其次，勞動部之主張，違反現行法下私法自治契約自由原則，例如家庭打掃，當事人可選擇僱用受僱人，亦可交由他人承攬打掃；上班由駕駛接送，可選擇僱用受僱人擔任司機，亦可交由他人承攬；公司事務之處理，得選擇僱用受僱人服勞務，亦得交由他人依承攬契約完成。若此等事務均因服勞務者服勞務時發生事故之緣故，即適用勞動部主張之「假承攬真僱傭」，則任何人包括業者以及服勞務者，均已無從自行選擇決定所欲成立之契約類型。尤其是當事人選擇接受業者之承攬契約可能另有所求，例如彈性工作或兼差等。亦即勞動部主張此乃「假承攬真僱傭」，可能違反當事人與業者果真有意成立承攬契約之意思。

　　再者，解決法律問題，存在多項選擇時，非有必要宜避免完全禁止之見解，例如「假承攬真僱傭」之主張即是，尤其在此之當事人選擇約定成立承攬契約，若無民法錯誤詐欺脅迫等規定情事，既不違法亦不存在脫法行為可言，反而宜選擇較易著手之其他各種選項。例如若勞動部在意的是外送員外送時發生事故之保障，但實際上最能以較低成本，防止風險或以較低成本投保保險，分散危險、消化損失的人，是提供勞務之承攬人，例如遵守交通規則，不趕時間騎快車，不邊騎車邊看導航等，以及萬一仍有事故亦得自行投保意外死傷險；而且事實上亦有業者為外送員投保相關意外事故與責任等保險。此外，外送員亦可依全民健康保險法第 10 條第 1 項第 2 款第 1 目「自營作業而參加職業工會」之被保險人以取得健保之保障；勞工保險條例第 6 條第 1 項第 7 款，亦同，得使外送員獲得勞保，差別僅在外送員須自行投保全民健保及勞保。再者，若勞動部認為對外送員保護仍有所不足，亦得選擇立法要求特定業者遵守並承擔勞動部期望之保護措施。此外，有關解僱之法律，本意在保護勞工，卻可能因而影響僱用人致其喪失

僱用新進勞工之動機，結果僅保障獲得僱用之受僱人，其他人須另尋出路。

　　最後，勞動部選擇主張「假承攬真僱傭」，因違反私法自治契約自由原則，欠缺正當性，仍宜遵循其他途徑解決。

第三章

無因管理

壹｜導　論

一、無因管理之意義與法制背景

㈠意　義

　　無因管理，指管理人（第 173 條第 1 項），無法律上之義務，基於為本人（參見第 172 條）管理事務之意思，管理本人之事務，因而在雙方發生法定之債之關係。第 172 條以下乃無因管理之基本規定，但民法或其他法律亦有特別規定，如拾獲遺失物（第 803 條以下），或海難救助（海商法第 102 條以下）等，應優先適用特別規定。

㈡法制背景

　　民法無因管理之條文主要繼受自德國民法。相對的，英美法系一般並未承認無因管理，而依賴不當得利或侵權行為等加以規範，例如清償他人債務、單純維護他人財物，得適用不當得利，但有益費用（參見二、㈢ 1. 之說明），依美國法，恐不得請求 **1**。

　　德國法的特色在於，成立適法之無因管理，不須管理事務成功或有結果，管理人就享有一定之請求權（參見第 176 條第 1 項）。反之，英國法則須本人受有利益，管理人才可請求不當得利 **2**；例如車禍或溺水時救人，或鄰房失火時救火，若被救者最終仍死亡，或房屋仍因失火全毀，因難以認定本人受有利益，依英國法將無法請求相關支出

1　John P Dawson, 74 Harv L R 817–865, 1073–1129, 1128–1129 (1961). 但亦有主張英國法承認無因管理者，Duncan Sheehan, 55 ICLQ, 253–280 (2006).

2　Burrows, Restitution 2011, 31 and 484.

費用等；反之，依德國法，此等情形管理人仍得主張第 176 條第 1 項之請求權**3**。德國法制度具有鼓勵管理人救助之功能；英國法則避免本人動輒負擔債務。

二、類　型

民事法律關係，在思考契約或契約規定後，即應思考是否成立無因管理，即二者乃互相排斥的關係（參見第 172 條前段）。探討是否成立無因管理，主要針對一方是否未受委任並無義務而為他人處理事務（第 172 條前段）？如為肯定，其次，則再進一步依其事實區分，是否構成適法之無因管理（第 176 條）或不適法之無因管理（第 177 條第1 項）？二者之法律效果大不相同。然而，即使認定不成立無因管理，亦應留意是否案例事實構成所謂「明知不法管理」抑或僅係「誤信管理」或「幻想管理」。

㈠適法之無因管理

適法之無因管理，指管理人「承擔」亦即開始無因管理，是利於本人且不違反本人明示或可得推知之意思（第 176 條第 1 項）；此一情形，管理人對本人享有第 176 條第 1 項規定之請求權。其次，管理人為免除他人生命、身體或財產急迫危險，而為事務管理時，依第 175 條規定，僅當管理人為惡意或有重大過失才負損害賠償責任**4**。更重要的是，適用第 175 條及第 176 條第 1 項規定，並不以管理人之管理

3　Palandt/Sprau, 2015, §680 Rn 2 und §683 Rn 3.

4　雖然如此，仍偶有民眾對事故未能至少報警處理者，如幾年前曾有新聞報導，某人回家途中，發現有車禍事故，但未協助報警處理即逕行回家，嗣後經警方通知父親車禍身亡，某人才知道其返家途中所看到的事故受害者是自己父親。

及救助成功或有結果為前提**5**。又成立適法無因管理時，管理人之管理行為、因處理事務而有所取得，或對本人之給付等，不僅欠缺不法而不成立侵權行為，且亦因有法律上之原因，故不成立不當得利**6**。

㈡不適法之無因管理

　　管理人之管理行為，若不利於本人或（且）違反本人明示或可得推知之意思（第 177 條第 1 項），將無從阻卻違法，而構成侵權行為之不法要件。其次，對於因其管理所生之損害，雖無過失亦應負賠償之責（第 174 條第 1 項）；雖然如此，本條項之適用前提是管理人違反本人意思而「承擔」即開始管理行為，是違反抽象輕過失之注意標準**7**（對此，注意第 174 條第 2 項之三種例外情形）。再者，不適法無因管理之管理人對本人的請求權內容或範圍，亦受到限制，例如第 177 條第 1 項規定，本人享有因管理所得之利益時，本人僅以其所得之利益為限，負第 176 條第 1 項之義務。相對的，本人亦得因管理不適法（第 177 條第 1 項），而主張不享有因管理所得之利益，理由是本人不須承擔不利於自己或（且）違反自己明示或可得推知意思之事務管理的結果**8**。此一情形，管理人僅得依第 179 條之不當得利規定對本人主張權利，但對此民法亦有諸多限制，例如本人可能得主張管理人為「明知非債清償」（第 180 條第 3 款），或此為「強迫受利」，又或是本人之

5　Palandt/Sprau, 2015, §680 Rn 2 und §683 Rn 3.

6　Looschelders, SBT 2013 Rn 869.

7　德國民法第 678 條規定，須管理人可得而知其承擔即開始管理乃違反本人明示或可得推知之意思。在此，併參見 Looschelder, SBT 2013 Rn 873; Palandt/Sprau, 2015, §678 Rn 3.

8　Looschelder, SBT 2013 Rn 879. 此外，參見德國民法第 683 條第 1 句規定，適法無因管理下之本人，才負有費用償還義務；不適法無因管理，管理人對本人不生費用償還請求權。

所受利益不存在（第 182 條第 1 項）；換言之，不適法之管理人應自行承擔可能的不利後果。

㈢明知不法管理（第 177 條第 2 項）

若不成立無因管理，例如管理人欠缺為本人管理事務之意思，反而基於為自己利益之意思而管理本人事務，此種情形不成立無因管理。但第 177 條第 2 項對管理人明知為他人事務而為自己利益管理之情形，明文規定準用同條第 1 項，故仍應注意是否成立所謂「明知不法管理」。至於誤信管理，即誤他人事務為自己事務加以處理，因欠缺為他人處理事務的意思，故不成立無因管理；而且在此，因第 177 條第 2 項係針對較重大之明知不法管理而規定，故不宜類推適用本條項，反而僅得適用不當得利或侵權行為規定。此外，所謂幻想管理，即誤自己事務為他人事務加以管理，因客觀上並未涉及他人事務之管理，亦與無因管理無關。

三、無因管理之性質

無因管理性質上是法定之債，只要符合第 172 條前段之要件即可成立 **9**，不僅本人，而且尤其管理人並不須具有行為能力 **10**，就算是無行為能力人或限制行為能力人，兩者仍可成立無因管理之法律關係，尤其管理行為涉及事實行為時，例如救助溺水者或協助滅火之情形。未成年人作為無因管理人時，首先，於其違反第 172 條後段之義務，得成立不完全給付，但前提是適用第 221 條所提之第 187 條第 1 項，

---

9 Palandt/Sprau, 2015 Einf v §677 Rn 2. 不同見解，即僅適法無因管理才成立法定之債，Larenz, SBT II/1, 1986, 451.

10 Palandt/Sprau, 2015 Einf v §677 Rn 2. 本人不須有行為能力，參見 Gehrlein in BeckOK, 51 Ed. 01.08.2019, §677 Rn 1.

有識別能力；若無識別能力，未成年人不須對此負責。其次，侵權行為部分，即使無因管理人無識別能力，其法定代理人仍可能依第 187 條第 1 項負賠償責任；當然，無因管理人有識別能力，則二者連帶負賠償責任。

　　至於管理行為涉及法律行為，例如管理人招來計程車或救護車而締結運送契約及醫療契約使傷者接受醫治。此等契約之法律效果，若管理人為無行為能力人或限制行為能力人，則適用第 75 條以下規定，不過這裡所討論的契約效力之問題，僅涉及管理人與第三人如計程車司機或醫療院所等之法律關係，並不影響管理人與本人成立法定債之關係之無因管理。此外，本人乃管理人與第三人之契約關係的局外人，依契約相對性原則，本人並非該契約關係之當事人，不負契約之債務；又即使管理人以本人名義締結相關契約，亦屬無權代理；非經本人承認，法律效果並不歸屬本人（第 170 條第 1 項）。

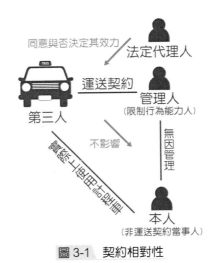

圖 3-1　契約相對性

貳 適法無因管理

一、構成要件

㈠未受委任並無義務

第 172 條前段所謂未受委任並無義務，指當事人間沒有契約關係作基礎，包括沒有委任 **⓫**、僱傭、承攬或其他契約關係等，例如銀行員工借用宿舍，雙方對宿舍修繕既已約定相關事項，則員工自行修繕及加蓋，對銀行並不成立無因管理 **⓬**。其次，當事人間，須亦無其他法定義務，包括私法或公法上之義務，前者例如父母對未成年子女之保護教養及扶養義務（參見第 1084 第 2 項；第 1085 條；第 1114 條以下）；後者例如內政部消防署轄下之消防機關與人員對民宅之滅火或救人等。

1.盡契約之義務

若管理人依契約關係負有義務管理本人事務，則當事人間因管理該事務所生之權利義務關係，即應適用當事人間之契約關係處理，不成立無因管理或不當得利。針對契約關係已約定之事務處理，將排除第 172 條無因管理之成立。例如保全公司為簽約之商家或住戶追捕竊賊，雙方已有契約關係，故不構成無因管理。

在此，102 臺上 930 認為，業主與承包商雙方已有契約關係之下，

⓫ 本條僅規定「未受委任」，過度限制，故僅係例示，有其他契約關係作為事務處理依據，亦排除無因管理。

⓬ 86 臺上 1227。

「承包商擅自對他方所有或管有土地上之樹木施以養護」，涉及契約約定外之給付，承包商對業主仍得主張不當得利。但本判決見解尚有疑問 **13**；對此，請參見不當得利單元之說明。

2.盡法定義務

若管理人為本人管理事務是在盡法定義務，例如父母撫養未成年子女，並不成立無因管理；但父母在成年已婚子女死亡，而其配偶拒絕或一時未能處理殯葬事務，而為該子女處理殯葬事務，得對子女之配偶主張無因管理之請求權。又若管理人負有公法上職務之履行義務，例如消防隊員在公法上負有滅火及救人之責，故消防隊員執行勤務滅火或救人，對被救助之民眾，欠缺管理意思；而且在此涉及履行公法上之義務，並不成立無因管理 **14**。履行公法職務得成立無因管理之見解，極有疑問。例如 2013 年新北市二消防員英勇犧牲之案例，宜由國家依公法撫卹，而非由消防隊員之家屬對被救助之民眾主張第 176 條第 1 項之費用及損害賠償。另一方面應思考的是，消防隊員救火時，因救火行為造成受災戶之損害，應否負賠償責任。對此，宜認為可類推適用民法無因管理所示之注意程度標準（尤其第 175 條等規定），以免消防人員個人因緊急救助災難而動輒得咎；此外，併請參見第 186 條第 1 項及國家賠償法第 2 條第 3 項，有關公務員之侵權行為。但是此　責任優惠，僅適用於其與被害人本身之關係；若涉其與第三人之關係時，無從（類推）適用第 175 條規定 **15**。最後，若消防隊員下班

13　類似案例，97 臺上 2184 曾採否定見解，106 臺上 984 亦同，值得肯定。此外，108 臺上 69 涉及一方當事人「義務」範圍之爭議，而表示原審並未詳查他方支出之系爭費用是否屬於該一方當事人應負責事項。

14　Medicus/Lorenz, SBT 2014 Rn 1122 bei Fn 18 und 19.

15　Palandt/Sprau, 2015, §680 Rn 1; HK-BGB/Schulze, 2014, §680 Rn 2.

或休假，看到民宅失火而參與滅火或救人，因係公法職務外之行為，仍得成立無因管理；同理，亦適用於公營游泳池的救生員下班後下水救人之情況。

3.相關判決

105 臺上 1524 指出，一方受委任而為他方清償債務，即不成立無因管理。又 107 臺上 1810，雖承認夫妻一方清償二人共同財產之房地貸款應由他方負擔之金額，得成立無因管理，但本件之配偶一方在未受委任下清償他方債務，似宜優先適用民法第 1023 條之特別規定，作為請求償還之依據。

108 臺上 1116 判決，確認原審合法認定本件系爭社區管理委員會即上訴人於 102 年 7 月 20 日成立後，至 103 年 6 月始實際接手管理系爭社區；被上訴人自 102 年 7 月 20 日起已無管理維護系爭社區共用部分之義務，而其於上訴人接管前，為上訴人管理維護系爭社區共用部分，支出公共電費、公共水費、生活垃圾清運費等必要或有益之費用，得成立第 176 條第 1 項之費用償還請求權。

㈡管理人基於為本人管理事務之意思而為管理行為

1.他人之事務

管理人管理本人事務，可能涉及客觀他人事務、主觀他人事務及兼有他人與自己事務。首先，客觀他人事務，指依外在客觀標準，得認定相關事務屬他人事務，例如他人昏倒，加以救助；維修他人房屋；出賣或出租他人之物；清償他人債務等。

其次，主觀他人事務，有學說舉例，夫甲出遊遇到一枚罕見稀有郵票，正是岳父集郵所欠缺的郵票，經與妻乙商量後而代岳父購買；

此乃已對外表示其管理意思之情形，且本人有爭執時，管理人亦負舉
證責任證明自己有為他人處理事務之意思[16]。然而本例雖可以肯定管
理人具有管理他人事務之意思，但本例並無急迫之情事，依第 173 條
第 1 項，管理人能通知且應通知本人，並等候本人之指示[17]。

　　此外，兼有他人與自己事務之情形，例如鄰房失火，管理人取自
家滅火器加以滅火。管理人雖可能是怕燒到自己的房屋，但客觀上仍
是滅他人家之火，故屬兼有他人與自己事務。

2.管理事務之意思

1) 意　義

　　成立無因管理，須管理人有為本人管理事務之意思。管理意思，
包括管理人對相關事務係涉及他人事務之認知或意識，以及有意為他
人管理事務之意思決定[18]。

2) 客觀他人事務

　　客觀他人事務，主要是對他人生命、身體、財產或債務加以救助、
照顧、管理或清償之情形，例如他人昏倒，加以救助；維修他人房屋；
出賣或出租[19]他人之物；清償他人債務等。若管理人知悉或意識到涉
及客觀他人事務而管理，原則上管理人即具有為他人管理事務之意思，
而此一情形，是推定管理人有為他人管理事務之意思；對此，本人若
有相反之主張，在管理人爭執時，本人應舉證證明管理人無管理事務
意思[20]。又管理人僅須意識到涉及「他人」事務，而不須是「某特定

---

[16]　Looschelders, SBT 2013 Rn 845 und 848; Greiner, AcP 2019, 220 bei Fn 35.

[17]　86 臺上 1227。

[18]　Palandt/Sprau, 2015, §677 Rn 3.

[19]　Looschelders, SBT 2013 Rn 843.

[20]　Greiner, AcP 2019, 223 bei Fn 49.

之人」之事務[21]。

例如甲將某特定物出租、出借或寄託予乙，乙卻將該物出賣予丙並交付之，而得款若干元。此一情形，甲得主張並在爭執時舉證，因乙知該物為甲所有，乙未經甲之授權而將該物出賣予丙並交付之，且亦無事實足以認定甲有必須讓乙管理自己事務之情事，故乙欠缺為甲管理事務之意思。其次，若乙未能舉證證明其有為甲管理事務之意思，則可進而認為乙欠缺為甲管理事務之意思，而是為自己利益出賣及處分該物，乙對甲不成立無因管理，反而應適用第 177 條第 2 項之明知不法管理。

3) 兼有為自己及為他人之意思

管理人為自己與為他人管理事務之意思併存，例如鄰房失火，取自家滅火器參與滅火。這種情形雖也有可能是因為擔心大火延燒到自己房屋，而兼有為自己處理事務的意思，但是客觀觀察外在情事，救火者仍是在滅鄰房之火，故可認有為他人處理事務之意思。因此如同客觀他人事務的情形，在此也可推定管理人有為他人管理事務之意思[22]。

4) 主觀他人事務

主觀他人事務，即客觀上屬管理人自己或中性之事務，而管理人仍為管理行為。此一情形必須管理人具有外觀可以看出是為他人管理事務之意思，才可成立無因管理；亦即其管理意思，須向外顯現才可；而且有爭執時，應由管理人舉證證明此一意思[23]。

---

[21] Looschelders, SBT 2013 Rn 847.

[22] Looschelders, SBT 2013 Rn 849. 此外，參見 86 臺上 1820 及 104 臺上 1823，兼有為自己或為他人管理之意思，仍可成立無因管理。

[23] Looschelders, SBT 2013 Rn 848; Greiner, AcP 2019, 224 bei Fn 55 bis Fn 57.

5) 爭議問題㈠：父母為未成年子女支出費用得否適用無因管理

甲之未成年子女乙，遭丙撞傷逃逸，甲將其子乙送醫急救。甲對乙而言，並不構成無因管理，因乙為甲之未成年人子女，甲基於保護教養或扶養未成年子女之法定義務（第 1084 條第 2 項；第 1085 條），負有義務照顧乙，故甲對乙並不成立無因管理。但是就甲對丙而言，牽涉到甲如何對加害人丙請求醫藥費用等，仍有爭議。德國實務早期判決認為，甲得依無因管理對加害人丙請求償還費用，但學說多數反對，因為甲既係在履行對乙之法定扶養義務，即非在為丙管理事務❷❹。其次，甲履行對乙之法定義務，也並非在為丙清償對乙之債務，丙也沒有獲得債務已清償之利益，故也無法成立不當得利（第 179 條）。在此，為免乙獲雙重賠償，且應令丙負最終賠償責任，宜類推適用第 218 條之 1 第 1 項，由甲就其支出之必要費用部分，請求乙讓與其對丙之損害賠償請求權。類推適用之原因是，甲對乙並非負損害賠償責任之人，不符本條項之文義。當然，在此之外，乙對丙之損害賠償請求權，仍得對丙主張，並不受任何影響❷❺。

---

❷❹ MK/Bydlinski, 2012, §421 Rn 67; BeckOK/Gehrlein, Stand 01. 02. 2015, Ed. 34, §421 Rn 18.

❷❺ 至於甲對丙之侵權行為請求權，關鍵是甲為乙支出醫藥手術費用等（對全民健保支出，請參見第 218 條之 1 之說明），乃純粹經濟上損失，若丙僅係過失肇事且不知情下離去現場，不符第 184 條第 1 項後段要件，甲難以對丙依侵權行為請求損害賠償。又即使丙是故意侵害乙，亦須丙另外符合故意以背於善良風俗方法加損害於甲之情事，甲才可依本條項對丙請求損害賠償，但此一情形在現實中恐極為少見。此外，若乙死亡，固然甲依第 192 條第 1 項（第 192 條第 1 項僅稱第三人，但德國民法第 844 條第 1 項規定，須對死亡者負有殯葬義務且支出該費用之第三人），得就醫療殯葬費用等，對丙請求損害賠償；但若乙僅受傷，甲就其醫療費用等支出，仍無從適用或類推適用第 192 條第 1 項對丙請求，在此，不應類推適用第 192 條第 1

6) 爭議問題㈡：契約無效或不成立等得否適用無因管理

契約關係成立後，債務人對債權人履行債務而為相關事務之管理，例如提供勞務或完成一定工作等，但其後才確認契約無效、不成立或意思表示被撤銷時，債務人所為之履行債務行為，德國實務雖認為此一情形亦得成立無因管理㉖，但多數德國學說認為，在債務人對債權人為給付，而債務人並非明知契約無效、不成立或意思表示被撤銷，即應適用民法專為處理此等案例事實之不當得利規定處理，而非適用無因管理規定㉗。又債務人係依契約履行債務，故係以履行自己債務之意思而為給付行為，在法律上乃管理自己事務，並非無因管理下為他人（即債權人）管理事務㉘。此外，若債務人明知自己與債權人之契約無效、不成立或得撤銷，並進而對債權人為給付，則確認契約無效、不成立或被撤銷時，雖成立不當得利，但債務人係「明知非債清償」，故無從請求債權人返還利益或償還價額（第 180 條第 3 款）。

7) 爭議問題㈢：契約有效存在下得否成立無因管理

若定作人甲與承攬人乙締結契約，由乙為甲完成一定工作，乙則將特定工作，依其與丙之契約，交由丙完成。其後，若乙破產未能支付丙報酬，丙無從對甲主張無因管理，請求相關費用之返還（第 176 條第 1 項；不當得利，亦不成立，參見不當得利之說明）。此一情形，同於上述有契約即排除法定之債之原則，即丙係依其與乙之契約而完

項，理由是本條項乃直接受侵害之人才可請求損害賠償之例外規定，性質上不宜類推適用至其他間接受害人之情形，Palandt/Sprau, 2015, §844 Rn 1. 在此一見解下，正文之例，欠缺法律明文，不應類推適用第 192 條第 1 項。

㉖　BGH NJW 1993, 3196f. (unter II 2 a)).

㉗　Looschelders, SBT 2013 Rn 853.

㉘　Greiner, AcP 2019, 240–241; 240 bei Fn 114 並稱所謂為他處理事務意思乃擬制。但對正文說明，有採反對見解者，如 MK/Seiler, 6. Aufl. 2012, §677 Rn 4 und 9.

成一定工作，應不得再對甲主張無因管理；尤其丙已與乙就權利義務特別是報酬終局約定，在本件主要是在履行其在契約下對乙之債務，而非管理甲之事務❷。其次，甲若已依其與乙之契約，對乙應或已支付相關報酬，法律上亦無理由再要求甲對丙負無因管理下本人之債務，而危害甲之權益。同理，若甲對乙，得依契約主張相關之抗辯，如瑕疵修補或同時履行抗辯，甲亦不應額外承擔丙對其主張無因管理之請求權，致甲無從對乙主張相關之抗辯（對此，並請參見不當得利涉及三方當事人之說明）。

8) 爭議問題㈣：祖父駕駛汽車載孫女參與運動協會之外地比賽是否對運動協會成立無因管理

祖父甲開車載孫女乙（乃某運動協會丙之成員）前往外地參加比賽，途中發生車禍事故，甲受傷，甲即對丙所投保之保險公司丁，請求保險給付。但丁主張丙投保之運動保險給付，僅包括協會成員，故甲並非受保險對象；其後，甲即以丙為對象請求相關損害之賠償。德國聯邦最高法院在區分施惠關係與無因管理之後，表示日常生活之施惠關係（參見二、㈡ 2. 3) 之例）或其他相類情形，不構成德國民法第 677 條以下之要件（類似第 172 條以下）❸⓿。對此，德國學說指出，本件個案精確而言，應當以祖父甲載孫女乙，僅在幫助孫女乙，祖父甲並無任何為運動協會丙管理事務之意思，故不成立無因管理❸①。

---

❷ Looschelders, SBT 2013 Rn 852; Greiner, AcP 2019, 239 nach Fn 112 甚至稱德國實務所謂兼有為他人事務意思乃擬制。又就權利義務尤其報酬終局的約定，參見 BeckOK/Gehrlein, 2019 (Fn 10), §677 Rn 16.

❸⓿ BGH NJW 2015 2880f (2880 unter Rn 9).

❸① Singbartl/Zintl, NJW 2015 2081f （unter 2082; 對此，比較 BGH NJW 2015 2880f Rn 11）.

3.管理事務行為

　　管理人之管理行為可能是事實行為或法律行為[32]，但不包括容忍或不作為[33]。又高度屬人性之法律行為，亦不可能是無因管理下得為他人處理之事務，例如甲為乙訂定遺囑，則甲對乙，並不成立無因管理，且該遺囑依遺囑人自為遺囑原則（第 1187 條），是無效的[34]。

　　除管理他人事務之意思外，適用無因管理規定時，應注意管理行為區分「承擔」或「實施」。舉例而言，管理人救助車禍事故之傷者即本人，乃無因管理之承擔（第 176 條第 1 項）。但是如何救助，乃無因管理之實施；例如管理人得急召救護車，或攔計程車載本人前往醫院進行急救，但亦可能是任意移動傷者，或甚至送往乩童處作法事並抹香灰，致傷者傷勢加劇，後二例得成立不完全給付（第 172 條及第 227 條）。首先，第 176 條第 1 項前段之情形涉及管理事務之承擔，以管理人一開始介入干預他人事務之時點，來判斷管理人究竟構成適法或不適法之無因管理。同理，第 174 條第 1 項，亦僅涉及管理事務之承擔[35]，而與管理人之實施行為及其實施行為有無過失，並無關聯。但第 174 條第 1 項之適用前提是管理人違反本人意思承擔管理行為，違反抽象輕過失之注意標準[36]。又第 175 條規定，不僅適用於承擔，亦適用於實施[37]。至於管理行為是否處理得宜，僅涉及第 172 條後段

---

[32]　105 臺上 1524；Looschelders, SBT 2013 Rn 841.

[33]　Palandt/Sprau, 2015, §677 Rn 2.

[34]　Looschelders, SBT 2013 Rn 841.

[35]　Palandt/Sprau, 2015, §678 Rn 1.

[36]　德國民法第 678 條明定，須管理人可得而知其承擔乃違反本人明示或可得推知之意思；此外參見 Looschelders, SBT 2013 Rn 873.

[37]　HK-BGB/Schulze, 2014, §680 Rn 2.

之管理事務之實施，亦即本條後段規定涉及無因管理之債之關係下，管理人究竟應如何履行其管理行為之債務。

㈢利於本人並不違反本人明示或可得推知之意思

利於本人並不違反本人明示或可得推知之意思，乃判斷適法或不適法無因管理的標準。但若本人是無行為能力人或限制行為能力人時，即應以本人之法定代理人的意思為準[38]。

1.符合本人明示或可得推知之意思

1) 原　則

本人若曾經明示，固可得知本人之意思，而且應該以此一事實上已為之表示的意思為準[39]，若有違反，即適用第 174 條第 1 項，成立不適法無因管理。但此係指本人曾經明示希望為特定行為之意思，而非指本人明示希望管理人為其管理事務之意思表示，否則，雙方可能因要約與承諾意思表示一致而成立委任契約等關係。

若本人未曾明示，即應以本人可得推知之意思作為標準。此一情形應客觀認定本人可得推知之意思[40]。例如本人昏倒路邊，得認為管理人從事救助行為乃符合本人可得推知之意思。

2) 例　外

符合第 174 條第 2 項，雖違反本人明示或可得推知之意思，仍為適法無因管理。舉例而言，如有人跳入河自殺，管理人加以救助，雖

---

[38] HK-BGB/Schulze, 2014, §680 Rn 3. Greiner, AcP 2019 一文極強調本人及管理人主觀意思在無因管理規定下的重要性，分別參見例如 220 bei Fn 34; 228 bei Fn 70; 233 bei Fn 84.

[39] Looschelders, SBT 2013 Rn 860.

[40] Looschelders, SBT 2013 Rn 860.

違反本人明示或可得推知之意思，依第 174 條第 1 項，本應對因此所生之損害負無過失責任，但有同條第 2 項之三種情形，不在此限，即：

(1)為本人盡公益上的義務

我國實務上較常出現涉及公益之案例是為他人代繳公法上之稅捐[41]。但此類案例，德國較早實務，雖亦肯定之，但德國通說目前認為，應有急迫具體公共利益之危害或影響才可，故目前係採否定見解[42]；且若雙方當事人約定由不負繳納稅捐義務者負責繳交，因有契約約定為依據，並不成立無因管理。此外，上段例示之自殺因涉及個人生命法益，並非涉及公益。

(2)為他人履行法定扶養義務

實務上，較常出現者為父母拋棄子女，或子母拋棄父母等不履行法定扶養義務，而由他人代為扶養之例。自殺之例，並不涉及為他人履行法定扶養義務。

(3)本人之意思違反公共秩序善良風俗之情形

對此，本條項之立法理由稱自殺違反公序良俗。然而，個人自殺行為實際與公共秩序善良風俗並無關係。自殺，並不違反公共秩序，因為自殺僅涉及個人生命，未涉及公益。當然，社會乃個人組成，故個人生命亦可能涉及公益，但是對此，應兼顧刑法有關殺人罪規定，體系上乃屬於個人法益之保護。又自殺亦難以認為違反善良風俗[43]，因為法律、社會或道德之價值判斷均難以命令或要求個人應維持生命不為自殺行為。因此此一情形宜認為是第 174 條第 2 項法無明文下，目的性擴張第 174 條第 2 項意旨，仍承認得成立適法無因管理（第

---

[41] 93 臺上 1500；89 臺上 1340。

[42] Palandt/Sprau, 2015, §679 Rn 3; BeckOK/Gehrlein, 2019 (Fn 10), §679 Rn 4.

[43] 相同見解，103 臺上 583。不同見解，Greiner, AcP 2019 233 bei Fn 85 及其引用之學說見解。

176 條第 2 項），理由是個人生命乃最高價值之法益，管理人救助本人性命乃值得鼓勵之行為，即使違反本人之意思，亦不應使管理人成立第 174 條第 1 項之無過失責任。又如某人因宗教信仰（例如耶和華見證人會之信徒），不接受他人所捐之血液，且身上有識別名牌明示告知，而該人車禍受傷後，若醫護人員仍然輸血，宜思考醫護人員是否有時間及設備等採取替代方案；若無，即使違反本人意思，基於同理，並且兼顧第 175 條規定，仍宜認為醫護人員不必負損害賠償責任。

2.利於本人

適法無因管理之另一要件是管理行為須有利於本人。是否利於本人，應依具體個案客觀判斷[44]，尤其究竟管理人之行為是否對本人具有增加利益或防止損害之情形。又在此亦應注意，客觀上利於本人與否，也影響所謂本人可得推知意思之認定，因為管理行為是否符合本人可得推知之意思，實際應斟酌管理行為客觀是否利於本人；此外，本項判斷亦不應以管理人個人恣意或主觀之判斷為準，而應以客觀評價下維護本人利益之必要性，加以判斷。

再者，管理人從事管理行為，即使是善意不知而違反本人明示或可得推知之意思，仍成立不適法無因管理（第 177 條第 1 項）。亦即管理人就其管理行為之承擔，應自行負擔不符本人意思之風險及責任，以避免任意干預他人事務。但依第 174 條第 1 項，就管理所生之損害，負無過失之賠償責任，如上述，須管理人違反抽象輕過失之注意標準[45]，而且並無第 174 條第 2 項之 3 種例外情事。

---

[44]　參見 107 臺上 136。

[45]　參見 Looschelder, SBT 2013 Rn 873; Palandt/Sprau, 2015, §678 Rn 3.

二、法律效果

㈠阻卻違法且有法律上之原因

成立適法無因管理，管理人之管理行為可阻卻違法，故不成立侵權行為。其次，一般認為管理人之承擔、給付及占有取得本人之物等，皆有法律上之原因，不構成第 179 條之不當得利[46]。

在管理人為本人繳納稅捐的案例，86 臺上 229 稱：「本人之受利益，既係基於法律所允許之管理人無因管理行為，自非無法律上之原因。」但是最高法院之說明，並不妥適。理由是若成立適法之無因管理，管理人管理占有本人之物或為本人取得之物，也會有法律上之原因，故本人無從依不當得利對其請求返還，並非僅限於「本人受利益」。其次，本人亦不得依第 767 條對管理人主張所有物返還請求權，因為適法無因管理之管理人亦非無權占有人；同理，第 952 條以下有關所有權人對無權占有人之規定，也都因此無從適用。

較重要的是，管理人成立無因管理，主觀上須認知其「未受委任並無義務」卻仍決定為本人處理事務，因此管理人對本人所為「給付」即增益本人財產或其他利益等行為，實際上管理人乃明知並無義務，原本依第 180 條第 3 款明知非債清償之限制，管理人對本人不得請求不當得利返還，但在此因為成立適法之無因管理，故優惠管理人而特別規定管理人享有第 176 條第 1 項之請求權。此外，適法之無因管理下，管理人依法得主張第 176 條第 1 項之權利時，不須考慮本人是否受利益或受多少利益[47]。例如救人溺水或滅鄰屋之火，即使不成功，

---

[46] Looschelders, SBT 2013 Rn 869; BeckOK/Gehrlein, 2019 (Fn 10), §677 Rn 4.

[47] Palandt/Sprau, 2015, §680 Rn 2 und §683 Rn 3; BeckOK/Gehrlein, 2019 (Fn 10), §683 Rn 4; HK-BGB/Schulze, 2014, §683 Rn 8.

被救之人仍死或鄰屋仍毀，並不影響管理人主張第 176 條第 1 項之權利。換言之，最高法院本判決稱適法無因管理下，本人受利益有法律上之原因，仍有疑問，因為即使管理事務不成功，本人死亡或屋毀，本人根本並未受有利益，亦不影響管理人主張第 176 條第 1 項之請求權。而且，即使救人成功，或滅鄰房之火「成功」，但究竟本人所受「利益」何在或內容為何，既不易認定，亦與管理人之請求權無關，故對適法之無因管理，不宜亦不須強調本人所受之利益若干，因為即使本人毫無利益可言，其管理人，仍得主張第 176 條第 1 項之請求權 ⓯。最後，最高法院本件判決個案係為他人代繳稅捐，是否成立第 174 條第 2 項第 1 種情事並結合第 176 條第 2 項，仍應謹慎且重新斟酌，即德國早期實務見解，雖亦肯定之，但德國通說目前主張，應有急迫具體危害或影響公共利益才可構成為他人盡公益上之義務，故為他人代繳稅捐，目前係採否定見解 ⓰。因此管理人僅得依不適法之無因管理或不當得利，請求相對人返還，而非依第 176 條第 1 項之適法無因管理。

107 臺上 1032，在遺漏「適法」二字下，說明「倘成立無因管理，本人之受利益，既係基於法律所允許之管理人管理行為，自非無法律上之原因」云云，但實際是僅當成立適法無因管理時才足以發生此等法律效果。

㈡管理人之義務

1.實施管理行為之標準（第 172 條後段）

適法之無因管理下，雙方當事人成立法定債之關係。在此，有關

⓯　同前一註解。

⓰　Palandt/Sprau, 2015, §679 Rn 3; BeckOK/Gehrlein, 2019 (Fn 10), §679 Rn 4.

債務履行之標準係適用第 172 條後段以下相關規定。若管理人違反相關義務，應依債務不履行尤其不完全給付規定，負損害賠償責任。例如本人車禍受傷流血，管理人加以救助，此時成立第 176 條第 1 項適法之無因管理之規定，故管理人介入干預行為本身阻卻違法不成立侵權行為，亦不負較重之責任（第 174 條第 1 項），但是管理人若未將傷者送醫急救，而是設神壇、作法事，使其吞香灰等，則管理人實施管理之方法違反依第 172 條後段所謂應依本人明示或可得推知之意思，並以有利於本人之方法而為管理之義務，故若本人因之傷勢惡化身體或健康受損害，管理人應負損害賠償責任；亦即將傷者送醫，才是符合本人明示或可得推知之意思且有利於本人之方法（第 172 條後段）。在此，本人之損害賠償請求權，乃法定債之關係下管理人的債務不履行，即不完全給付**50**，但前提是行為人有可歸責之事由（第 220 條第 1 項），且其注意程度標準宜採善良管理人之注意標準（參見下段），此處並限於因管理事務（瑕疵）所致之損害，而非管理事務不成功所致之損害**51**。本例在認定上並無問題，因通常之人均知應協助將傷者送醫救治。此外，在此之管理人亦有可能成立第 184 條第 1 前段之侵權行為，因為適法無因管理之承擔，固然阻卻介入干預他人事務之不法，但是管理人對其實施行為，仍負有注意義務以避免傷害本人，故在符合故意或過失不法侵害他人權利等要件下，亦可成立侵權行為。又在本例，管理人相關支出，例如作法事等之費用，因難以認為係必要或有益之費用，管理人無從依第 176 條第 1 項請求返還。

---

50 BeckOK/Gehrlein, 2019 (Fn 10), §677 Rn 1 und 19; §678 Rn 1。至於其他法定之債之債務，例如不當得利或侵權行為較常見之債務不履行乃給付遲延。

51 BeckOK/Gehrlein, 2019 (Fn 10), §677 Rn 19.

2.管理人之注意義務程度

1) 原　則

管理人之注意義務標準，宜採善良管理人之注意義務標準[52]。理由是，管理人處理他人事務之注意義務程度，雖係法定之債，但涉及干預他人事務，故應採善良管理人之注意標準，也就是除非有諸如第175條之例外明示，縱使管理他人事務之承擔與履行並非賦予管理人利益，亦不應優惠管理人，第220條第2項並無適用餘地，以免本人事務與權益任意遭第三人任意干預或破壞。不同見解區分無償或有償，並參考委任契約受任人不同注意程度之規定（第535條），但本說忽略該項標準源自於委任契約，事先曾經委任人意思表示同意，然而在無因管理，此一前提並不存在，故不可採。

2) 例　外

上述標準之重要例外是第175條之規定，即管理人為免除本人生命身體財產上急迫危險。例如甲戴耳機邊講電話邊過馬路，未注意週遭路況，失控車輛快速接近卻仍不自知，路人乙緊急拉扯或推開甲使甲免於被撞，致甲摔倒受傷衣服破損等。又如甲溺水，救助者乙在救助過程中造成甲手腳挫傷，或使甲之手錶掉入海中。此等案例，依第175條之規定，為顧及被救助法益乃生命身體等法益之重要性及救助行為之急迫性，只有當管理人係惡意（即動機不善之故意）或重大過失時才須負責，否則管理人對本人之身體傷害或財物損失不須損害賠償之責。又如消防隊員救火時，因時間急迫狀況緊急，常有破窗或破門而入之情形，亦應類推適用民法上述規定，以免其救人生命身體財產之急迫危險時動輒得咎。

---

[52]　參見 107 臺上 136。

3) 玻璃娃娃案

著名的玻璃娃娃案，是某顏姓高中生患有成骨不全症（俗稱玻璃娃娃），行動不便，亦因身體組織脆弱不可受碰撞。該生同班陳姓同學為協助其至體育課地點時，因樓梯積水滑倒，造成顏生顱內出血死亡。經最高法院 94 臺上 2374 判決發回後，臺灣高等法院 95 年上更一字 6 號判決被告陳姓同學不須負責時表示，依第 175 條規定，其因非惡意或重大過失，不負損害賠償責任。相對的，本書認為，此一見解之疑問在於，陳姓同學與被害人顏姓同學間，充其量乃日常社交之施惠關係。尤其當事故發生時，即陳姓同學抱著顏姓同學下樓時，並非在免除顏姓同學生命身體或財產急迫危險，無從直接適用第 175 條之惡意或重大過失才負責之規定；此外，本件事實並不近似第 175 條規定之要件事實，因此也難以類推適用第 175 條。但另一方面，本判決表示，陳姓同學係青少年，其注意義務程度「應以同年齡、具有相當智慧及經驗之未成年人所具注意能力為標準」，則應予贊同 **53**。適用此一標準，陳姓同學背著顏姓同學走在因雨潮濕階梯往向下走時，無從預見防止滑倒，陳姓同學並無過失。甚至，即使適用一般成年人之抽象輕過失注意標準，亦宜認為當時當地情事下，陳姓同學滑倒致顏姓同學受害之行為，陳姓同學並無過失。

3. 管理人之從義務

管理人之從義務，首先涉及通知並且等候指示之義務（第 173 條第 1 項），但無因管理之案例，通常發生在管理人較少有機會或時間通知並等待本人指示，例如救火或救助昏迷者之情形。

另外尚有計算義務等，為第 173 條第 2 項準用第 540 條至第 542 條有關委任契約之規定，包括報告義務、交付及移轉處理事務所收取

---

53 英國法，見解類似，Giliker, 2014 para 5–017.

之物或金錢及取得之權利等，以及為自己利益使用該等金錢時應負支付利息及可能損害之賠償責任。此外，管理人所為管理行為，涉及法律行為時，管理人應以自己名義為之[54]；若係以本人名義為之，法律上為無權代理，未經本人承認，對本人乃效力未定（第 170 條第 1 項）。

㈢管理人之權利

　　管理人之權利，主要規定於第 176 條第 1 項。此外，亦應注意依本條第 2 項，有第 174 條第 2 項三種情事亦得適用第 176 條第 1 項。

1.第 176 條第 1 項之請求權

　　管理人之請求權包括：⑴為本人支出必要或有益費用，有支出費用及自支出時起之利息的償還請求權；⑵負擔債務，有清償債務請求權；⑶受損害時，有損害賠償請求權（對此，參見以下 3）。

　　首先，必要費用或有益費用，參見第 954 條或第 955 條；前者，例如甲對乙將倒塌之房屋進行施工加強樑柱等設施，涉及保存或維持物之正常使用所必要之費用。後者，即前者以外之費用支出，例如甲進而對乙屋粉刷牆壁支出之費用。即本條項之費用可能包括金錢及物品等。

　　其次，管理人此一權利之債務人，即所謂之本人，究竟是何人？亦值得注意。例如事故之救難，管理人無因管理下之本人，可能包括事故傷者本身、對其有撫養義務之人、肇事者及醫療保險人[55]。又如甲見乙車著火立即持滅火器滅火，固然被害車主乙可謂係甲無因管理

---

[54]　參見 100 臺上 3686 刑事判決。但其依據，並非如本判決所稱係因無因管理乃事實行為，反而應認為管理人未經本人授權，成立無權代理即可。

[55]　BeckOK/Gehrlein, 2019 (Fn 10), §677 Rn 17.

行為之相對人（即本人），但是若乙係向租車公司丙租得車輛，則在租車人乙之外，租車公司丙作為所有權人亦可能因甲之滅火行為而受益成為本人。

再者，依第 176 條第 2 項之規定，下列三種情形，管理人仍有第 176 條第 1 項之請求權：(1)為本人盡公益上義務：我國實務案例多係代繳稅捐之情形[56]。(2)為本人盡法定扶養義務：例如父母遺棄未成年子女，或子女遺棄年老父母，而他人代為照顧或扶養。此等情形，管理人可能違反遺棄者明示或可得推知的意思，但他人之照顧或扶養，依第 176 條第 2 項規定，仍可適用同條第 1 項之請求。(3)本人之意思違反公共秩序或善良風俗。在此，對本條項之立法理由有謂，「對自殺者之救助」，參見上揭所述。

管理人之請求權	
第 176 條第 1 項	1.為本人支出必要或有益費用（含利息） 2.負擔債務時，有清償債務請求權 3.受損害時，有損害賠償請求權

2.管理人請求報酬之問題

管理人就管理行為請求報酬之問題，有採否定說；亦有一概採肯定說，且稱依一般市場價格予以計算；此外，亦有原則上採否定說，但例外屬於管理人之職業範疇且其勞務通常有償而為時，則肯定其報酬請求權，例如外科醫生在車禍事故現場參與救助傷患。因為此等專業人員通常是有償或有報酬時才提供專業勞務。最後一說乃德國實務與通說之見解[57]。

---

[56] 93 臺上 1500；89 臺上 1340。但對此，請參見貳、一、㈢1、2) 之說明。

[57] Looschelders, SBT 2013 Rn 871 稱，準用德國民法第 1835 條第 3 項規定。Lorenz, JuS 2016 12, 14 (unter IV 2 a)).

管理人付出之時間或勞力，並非第 176 條第 1 項之必要費用或有益費用，依法無從請求。但德國實務與通說是在德國民法第 683 條第 1 句（即對應我國民法第 176 條第 1 項）之外，同時類推適用德國民法第 1835 條第 3 項規定而承認專業或職業範圍下之勞務，且性質上僅支付報酬才提供該等勞務之情形，承認管理人得享有報酬請求權[58]，因此現行民法下，不易單以第 176 條第 1 項規定之「費用」作為管理人請求報酬之依據。又民法本條項之文義未包括報酬之下，立法者似傾向否定說。此外，不少醫生在車禍事故現場，或航機上，臨時為患者或病者施行緊急救助行為，雖難以認為有索取報酬之意思，但專業人員承擔及實施管理行為，亦不應解為自始有意放棄報酬。最後，若斟酌政策因素，可知若採取德國通說或美國判決[59]見解，或許較易使本人在危急時獲得專業人員之即時協助，例如正好在車禍現場之急診室醫生或外科醫生當場對傷患施予急救；尤其，生命及身體乃最重要法益，應獎助救助人命之行為，故宜採取肯定見解[60]，但如前述，第 176 條第 1 項之適用，不以管理行為成功有結果為要件[61]。至於新聞報導之民眾徒手接住跳樓婦人或兒童之案例，因非專業或職業範疇內之勞務，並無報酬請求權。

3.管理人受傷或死亡之損害賠償請求權

首先，第 176 條第 1 項之損害賠償請求權，究竟性質上是否傳統

[58] Looschelders, SBT 2013 Rn 871.
[59] Cotnam v Wisdom, 83 Ark. 601; 104 S.W. 164 (1907)（外科手術醫師在病人昏迷下為其進行手術但失敗時，外科手術醫師仍得請求必要手術費用）.
[60] 值得注意的是，海商法第 103 條第 1 項，係限於救助有效果而得按其效果請求相當之報酬。
[61] BeckOK/Gehrlein, 2019 (Fn 10), §683 Rn 4; Palandt/Sprau, §683 Rn 2.

意義之損害賠償請求權，不無疑問。舉例而言，甲在三峽大豹溪溺水或自殺，而乙立即下水救人，若乙竟因而死亡，或甲及乙均死亡，則乙之繼承人妻丙或子丁可否請求被救助者甲或其繼承人戊，負第192條之損害賠償責任？又丙及丁可否對甲請求第194條之非財產上損害賠償？類似問題亦可能出現在上段報載之民眾接住往下跳樓婦人而腰椎受傷，繼而請求醫療費用等之損害賠償（第176條第1項；第193條第1項），以及身體受傷之非財產上損害賠償（第195條第1項）。

其次，非財產上損害賠償之請求，因不符合第18條第2項應有法律明文之規定，宜採否定見解。又對於管理人乙死亡或受傷之損害，依德國法見解，若屬管理行為之典型風險，應肯定損害賠償請求權；但若僅係管理人一般生活風險之實現，則應予否定[62]；前者，例如管理人乙下水救助甲而因水流湍急致溺斃；後者，例如乙下水救人後因自己癲癇發作而溺斃。其次，管理人主張第176條第1項之損害賠償請求權時，若管理人本身有過失，亦應適用與有過失之規定（第217條第1項），以減免其本身或繼承人之損害賠償請求權；當然，若成立第175條之情形，亦須其違反對己義務已達故意或重大過失才減免其請求權[63]。

本書認為，獎勵救助他人生命身體及財產等之（急迫）危險，雖係民法第175條及第176條第1項意旨，然而應否因此由被救助之本人或其家屬如同侵權行為人一般，承擔管理人死亡或受傷下所有民事損害賠償責任或義務，仍有疑問。再者，上揭案例，被救助之本人甲，是否成立「不法」侵害管理人乙致死或致傷等，以及是否具有所謂相當因果關係，致其應負損害賠償責任，亦不無疑問，因為此乃救助者乙之自行決定及行為之結果[64]。又，對本人甲死亡下之存活家屬而言，

---

[62] Looschelders, SBT 2013 Rn 870.

[63] Looschelders, SBT 2013 Rn 870.

既遭受親人甲死亡結果，又須承擔對乙或乙之家屬丙丁之財產上損害賠償責任，不僅雪上加霜，且不近人情。更重要的是，依德國實務見解，第 176 條第 1 項之損害賠償，在救助不成功時，並非全額賠償，反而性質上僅為相當之補償[65]。綜上所述，在此似宜目的性限縮第 176 條第 1 項之損害賠償。即本條項之適用，因上述各項爭議，宜解為其所謂損害賠償僅屬補償性質，且責任範圍上，宜斟酌個案一切相關事實而定，例如德國實務針對成立無因管理之管理人與本人結果均受傷之情形，因二者對危險狀況與有原因，故僅允許管理人損害之一半金額之補償[66]。

具體而言，乙入水救甲之例，除符合本人明示或可得推知之意思外，依第 176 條第 1 項亦須（客觀上）利於本人，故須乙入水救甲有提高甲獲救之機會，而非單純入水救助而已。若未提高，宜否定乙之第 176 條第 1 項之請求權。其次，若有提高且甲因而獲救，而乙存活，乙有本條項之請求權，但如上述，非專業或職業範圍下之勞務無從請求報酬，故乙充其量得請求例如手錶掉入水中無法尋獲之損害賠償；但若乙死亡，例如乙協助甲穿上救生衣或套上泳圈後，反而乙自己體力不支溺死，宜認為乙之繼承人丙或丁得繼承本條項之請求權（第 1148 條第 1 項），且丙或丁得主張第 192 條規定之權利。再者，即使有提高但救助不成功例如甲仍死亡，依上段所述，乙充其量僅有一半之補償權，例如上述手錶市價之一半；又若乙亦死亡，丙或丁雖得主張第 192 條之權利，但僅總額之一半。

---

[64] 不同見解，BeckOK/Gehrlein, 2019 (Fn 10), §679 Rn 6：被誘發而介入之救助者享有（如第 184 條第 1 項前段）侵權行為損害賠償請求權。

[65] Palandt/Sprau, 2015, §683 Rn 9（引用 BGHZ 38, 270 277＝BGH NJW 1963 390 392 unter II 3）.

[66] BGH NJW 1963 390 392 unter II 3.

此外，上述問題亦可能存在為救助他人財物而犧牲生命之情事，例如為救火而管理人死亡。對此，亦須斟酌如何限縮第 176 條第 1 項之適用。又現行法下得斟酌作為限縮依據之法律規定大略是第 148 條第 2 項之誠信原則及第 217 條第 1 項之與有過失（但須請求權人有過失或與有原因力）。

最後，最高法院有關無因管理之重要判決即 107 臺上 136，可能是有契約致根本不成立無因管理，而且適法無因管理並不適宜如本判決使用所謂「射倖」色彩加以形容，又本判決對管理人之請求權亦忽略第 217 條第 1 項與有過失之職權適用。

參　不適法無因管理

一、構成要件

除了管理人符合未受委任並無義務而為他人管理事務之要件外（第 172 條前段），依第 177 條第 1 項，其管理事務之承擔代表開始管理事務，不利於本人或（且）違反本人明示或可得推知之意思，即成立不適法無因管理[67]。

例如第三人為債務人對其債權人清償債務，此舉雖可能對債務人有利並符合債務人明示或可得推知之意思，但是若債務人正與債權人爭執甚至進行訴訟中，或對尚未履行之債務已主張解除契約、債務消滅、消滅時效已完成或同時履行抗辯權等，則管理人之清償行為即不利於債務人或不符其明示或可得推知之意思，成立不適法無因管理。

---

[67] 103 臺上 2191，稱「……不法管理行為，均須管理人有為他人管理事務之意思」，正確應是不「適」法管理行為；反之，若不法管理行為，只有利益歸己，並無利益歸屬本人之意思。

二、法律效果

㈠管理人之義務與責任

　　不適法無因管理，雙方當事人亦適用第 172 條後段以下之規定，包括返還因管理所得權利之義務等[68]，以及第 177 條第 1 項規定。但不適法無因管理，並不阻卻違法，即管理人負有不為管理的不作為義務[69]，而本人對管理人亦有不作為請求權，故管理人不適法管理本人事務，除第 174 條第 1 項外，在符合侵權行為相關要件時，管理人亦應負侵權行為損害賠償責任。

1. 第 174 條第 1 項規定

　　不適法無因管理，若屬第 174 條第 1 項之管理人違反本人明示或可得推知之意思而為事務之管理，管理人對因其管理所生之損害，雖無過失，亦應負賠償之責。本條項為獨立的請求權依據，但其適用前提是管理人違反本人意思而承擔（即開始介入干預本人事務）之管理行為係違反抽象輕過失之注意標準[70]；即第 174 條第 1 項之適用，與管理人之實施行為及其有無過失，並無關聯。

---

[68] Looschelders, SBT 2013 Rn 878；Loyal, AcP 212 (2012) 364ff. 亦採肯定見解。

[69] Looschelders, SBT 2013 Rn 873.

[70] 德國民法第 678 條明定，須管理人可得而知其承擔乃違反本人明示或可得推知之意思；此外參見 Looschelders, SBT 2013 Rn 873; Palandt/Sprau, 2015, §678 Rn 3.

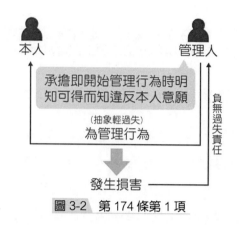

圖 3-2　第 174 條第 1 項

　　例如本人甲貧病交迫，仍然明確表示不願出賣家傳古董，而朋友乙卻取走加以出賣，以便為本人治病並改善其生活；此一情形，管理人雖屬出賣他人之物且屬無權處分，管理人依推定及具體情事，均具有為他人管理事務之意思而得成立無因管理，但是此一情形，因其係故意或過失違反本人明示或可得推知之意思，且本人貧病交迫仍不願出售亦不符第 174 條第 2 項之三種情事，故管理人對因其管理所生之損害應負無過失責任。例如乙攜帶該物前往潛在買主途中，無過失下遭他人酒駕發生車禍事故致該物毀損滅失之損害，管理人仍應負損害賠償之責[71]。

2.第 172 條後段規定

　　再者，不適法無因管理之管理人亦負有義務以「有利於本人且不違反本人明知或可得推知意思」的方法而為管理。故若管理人違反第 172 條後段之標準而瑕疵履行，亦應負損害賠償責任。另外，不適法無因管理，乃法定債之關係，得適用債務不履行尤其不完全給付規定（第 227 條以下），但在此乃結合第 172 條後段，即本條後段亦適用於

---

[71]　Looschelders, SBT 2013 Rn 873.

不適法無因管理。例如甲無過失而不知不應餵食乙的鸚鵡，卻過失地餵食了不適當之飼料致乙之鸚鵡死亡，甲在承擔部分，並無過失，不成立第 174 條第 1 項，但甲履行部分，違反第 172 條後段，仍應依第 227 條第 2 項，對乙負損害賠償責任[72]。

3. 第 175 條規定

又第 175 條規定在不適法無因管理亦得適用[73]，例如甲聽聞某屋內有乙男與丙女激烈爭吵，當甲聽到乙男大叫我要殺了你，而丙女大聲求救時，甲即破門而入意欲救助丙女。不料，其實乙丙二人在排演話劇臺詞。甲之行為雖不利於丙或（且）違反丙明示或可得推知之意思（第 177 條第 1 項前段，第 174 條第 1 項），但如前述，第 174 條第 1 項須甲「承擔」管理行為有過失為前提。本例之甲雖有所誤認，但甲目的在救助丙女急迫危險，有關誤認之風險亦須甲有重大過失（或惡意），甲才須負乙或丙大門毀損之賠償責任[74]。此外，有關可能競合之侵權行為成立要件，亦宜類推適用第 175 條規定，僅當甲有重大過失，甲才須對乙或丙大門之損害負賠償責任[75]。但應注意的是，對管理人之優惠，僅限於管理人對本人之間，並不包括管理人與因管理行為受害之第三人[76]，例如若丙僅係該房屋承租人，而丁為所有權人，則甲對丁之責任仍適用侵權行為之一般要件。

---

[72]　Looschelders, SBT 2013 Rn 877.

[73]　Looschelders, SBT 2013 Rn 874.

[74]　Looschelders, SBT 2013 Rn 875.

[75]　Looschelders, SBT 2013 Rn 866.

[76]　Palandt/Sprau, 2015, §680 Rn 1; HK-BGB/Schulze, 2014, §680 Rn 2.

㈡本人之義務

　　不適法無因管理中，本人之義務，適用第 177 條第 1 項：「本人仍得享有因管理所得之利益」，並以其所得利益為限，負第 176 條第 1 項之義務。在此，不僅對本條項反面推論，而且在不適法無因管理時應保護本人利益，使其不致被強迫負擔相關義務[77]，故本人得主張不享有因管理所得之利益。又若本人未確答致不確定，管理人得定一個月以上期限催告本人；逾期，視為拒絕享有無因管理之利益（類推適用第 80 條規定）。在本人主張不享有因無因管理所得利益時，管理人僅得對本人依第 179 條，請求不當得利返還[78]，且管理人應自行負舉證責任證明本人受有利益等要件事實，而本人得主張管理人乃明知非債清償（第 180 條第 3 款）、強迫受利[79]、主觀標準計算之利益（第 179 條）或主張所受利益不存在等（第 182 條第 1 項）抗辯，就可能不須負返還或償還責任。

肆　非無因管理

　　當事人管理他人事務，若不成立無因管理，例如欠缺為他管理事務之意思，可能涉及二情況，即誤信管理，法無明文；至於明知不法管理，於債編修正後，適用第 177 條第 2 項的規定。對此，修正民法第 177 條第 2 項之立法理由表示，若「明知係他人事務，而為自己之

---

[77] Looschelders, SBT 2013 Rn 879. 此外，參見德國民法第 683 條第 1 句規定，即適法無因管理下之本人才負有費用償還義務；不適法無因管理，管理人對本人不生費用償還請求權。

[78] 52 臺上 3083。

[79] 對此，參見本書不當得利單元之說明。

利益管理時，管理人並無『為他人管理事務之意思』，原非無因管理。然而本人依侵權行為或不當得利之規定請求損害賠償或返還利益時，其請求權之範圍卻不及於管理人因管理行為所獲致之利益；如此不啻承認管理人得保有不法管理所得之利益，顯與正義有違，宜使不法之管理準用適法無因管理之規定，使不法管理所生之利益仍屬本人享有，俾能除去經濟上誘因而減少不法管理之發生，爰增訂第二項（德國民法第六百八十四條第一項參考）」[80]。

　　本書認為，若明知不法之管理者不知有第 177 條第 2 項規定，難謂在其行為之前得以影響其動機，故若仍有違反情事，或係如立法理由所言，顯與正義有違，故宜增訂本條項以改善本人（依不當得利或侵權行為規定難以在客觀市價或價額之外）主張權利之地位[81]。又當明知不法之管理者已知有第 177 條第 2 項規定時，本條項可能得以除去其行為誘因。但無論其知或不知本條項存在，若真有違反情事，均須本人主張權利及司法實務等迅速確實。亦即在此涉及資訊及執行等各方面之成本及因素。此外，第 177 條第 2 項，準用同條第 1 項規定之下，本人仍保有決定是否主張享有因管理所得之利益之權限（參見正文[77]及[78]處之說明）。

---

[80]　應指出者，修正民法第 177 條第 2 項之立法理由所謂「德國民法第六百八十四條第一項參考」，明顯錯誤，正確條文應是德國民法第 687 條第 2 項第 1 句及第 2 句規定；至於德國民法第 684 條第 1 項第 1 句規定僅是相當於我國民法第 177 條第 1 項，且其文句係依不當得利返還規定負義務。

[81]　Palandt/Sprau, 2018, §687 Rn 2; BeckOK/Gehrlein, 2019 (Fn 10), §687 Rn 4.

一、明知不法管理

㈠構成要件

　　當事人明知係他人事務仍為自己利益加以管理，並不具為他人管理事務之意思，故不成立無因管理，但依其情形得成立第 177 條第 2 項規定之明知不法管理。此外，本人主張相對人（即不法管理人）[82] 構成明知不法管理（第 177 條第 2 項）有爭執時，本人應舉證證明相關情事[83]。

　　依據上段所述，103 臺上 2191 所稱，不法管理行為，亦須管理人有為他人管理事務之意思，亦即其管理行為所生事實上之利益，歸屬於該他人之意思，始能對該他人主張成立無因管理云云，應為錯誤之說明[84]。

㈡法律效果

　　第 177 條第 2 項規定通常僅為當事人間可得適用的規定之一。例如甲將某物（動產）出租、出借或寄託予乙，乙卻將該物出賣予丙並移轉交付之，而得款三萬元，但該物市價僅二萬元。乙與丙間之買賣契約有效，理由是契約性質上僅屬債權行為，不須出賣人乙是所有權人。其次，乙移轉標的物所有權予丙之意思表示雖為無權處分，效力未定（第 118 條第 1 項），但丙得因善意受讓而取得該物所有權（第 801 條及第 948 條第 1 項）。甲喪失該物所有權後，無從對丙主張第 767 條，亦無從對丙主張第 179 條不當得利請求返還，即丙與乙之買

---

[82] 第 177 條第 2 項，僅稱「管理人」。

[83] BeckOK/Gehrlein, 2019 (Fn 10), §687 Rn 4.

[84] Medicus/Lorenz, SBT 2014 Rn 1105.

賣契約，雖因債權之相對性，僅得對抗乙，但善意受讓規定得作為丙不遭受原所有權人甲請求不當得利返還之依據，故甲僅得對乙，而不能對丙主張權利。至於甲對乙之請求權依據，包括：⑴甲對乙得主張類推適用第 225 條第 2 項，請求超出市價以外之賣價；⑵甲對乙得適用第 177 條第 2 項，請求超出市價以外之賣價[85]，但甲亦因準用第 176 條第 1 項而應承擔相關之必要或有益費用償還義務等；⑶主張第 179 條之不當得利，但不當得利法宜認為僅得請求客觀價額；⑷第 184 條第 1 項前段請求損害賠償，但適用第 215 條，甲亦僅得請求客觀價額之金錢賠償（此外，有關⑶及⑷之理由，參見前揭修正民法第 177 條第 2 項之立法理由之說明）。

二、誤信管理

當事人誤將他人之事務作為自己之事務加以處理，當事人並無為他人管理事務之意思，故雙方既不成立契約，亦不成立無因管理，僅可能適用不當得利、侵權行為及有關所有權人與無權占有人之規定[86]。例如甲與乙就某物締結買賣契約並移轉交付，乙隨即轉賣第三人丙並移轉交付；嗣後確認，甲與乙間之物權行為因甲無意識或精神錯亂而無效，乙並未取得物之所有權，但乙不知，故乙在與丙締結買賣契約並為移轉交付時，乙以為自己是在出賣自己的所有物，而非為甲出賣該物。若丙善意受讓取得標的物所有權（第 801 條及第 948 條第 1 項），首先，甲對乙所為之誤信管理，無從適用第 177 條第 2 項，也不宜類推適用本條項，理由是本條項限於當事人明知是他人事務之重大情況。其次，甲對乙，雖得主張非給付類型之不當得利，但甲之不當得利返還請求權受客觀價額限制。此外，侵權行為，依第 184 條第 1

---

[85] Looschelders, SBT 2013 Rn 883; BeckOK/Gehrlein, 2019 (Fn 10), §687 Rn 4.

[86] Looschelders, SBT 2013 Rn 875.

項前段，須當事人有故意或過失等。但本例之乙誤他人事務為自己事務，當事人乙可能已盡到交易上必要注意，而不成立侵權行為，此外，第 215 條回復原狀亦適用客觀價額之標準，又本例亦無從適用第 952 條善意占有人相關規定。但本例若改變事實為乙取得標的物後，找工匠為該物保養維修以便使用收益而未出賣予丙，則甲對乙請求返還該物時（第 767 條），乙就相關費用支出得主張第 954 條或第 955 條善意占有人的規定。

誤信管理，本人亦無從依第 178 條加以承認，因為第 178 條之適用前提是當事人間成立無因管理❽❼，但誤信管理並不成立無因管理。

最後，成立第 177 條第 2 項之明知不法管理時，不法管理人係欠缺為本人管理事務之意思而不成立無因管理，因此本人是否得對不法管理人主張第 174 條第 1 項所規定之對於因其管理所生之損害，雖無過失，亦應負賠償責任，不無疑問。雖然，第 177 條第 2 項並未明文加重不法管理人之賠償責任，但管理人違反本人明示或可得推知之意思而管理本人事務，管理人應對因其管理所致之無過失之損害負責（第 174 條第 1 項），故欠缺為本人管理事務意思而且為自己之利益管理他人事務之不法管理人，若其不法管理係違反本人明示或可得推知意思而為不法管理時，宜類推適用第 174 條第 1 項，由本人得對不法管理人就因其管理所生之無過失之損害，請求賠償。最後，此一情形，立法論上，宜斟酌加以明示規定（德國民法第 687 條第 1 項有提及本人得主張第 678 條即類如民法第 174 條第 1 項）。

---

❽❼　Palandt/Sprau, 2015, §684 Rn 2.

伍 無因管理之承認

　　第 178 條規定，管理事務經本人承認，除當事人有特別意思表示外，溯及管理事務開始時，適用關於委任之規定。本人為承認，須有行為能力等，才可有效為之。

　　應注意的是，德國民法第 684 條第 2 句規定，乃接續同條第 1 句有關不適法無因管理，而規定本人承認事務管理時，管理人享有第 683 條規定之請求權（類似我國第 176 條第 1 項）。換言之，依德國法，不適法無因管理因本人承認，解釋上即溯及適用適法無因管理之規定[88]，不致對管理人不利。相對的，我國民法第 178 條卻未明示本人僅得針對不適法無因管理加以承認，並且係規定原則上溯及適用委任之規定，以致適法無因管理之管理人原本得依第 176 條第 1 項請求本人償還支出之必要或有益費用，卻因本人承認而適用委任契約之第546 條第 1 項，僅得請求必要費用之償還，反而不利於管理人。至於不適法無因管理之管理人，依第 177 條第 1 項，於本人主張享有因管理所得之利益時，亦得在本人所得利益限度內，對本人請求返還必要或有益費用。因此現行法下對本人承認無因管理，宜目的性限縮第178 條，即在本人得承認適法或不適法無因管理下，使管理人對本人原有之請求權仍適用第 176 條第 1 項及第 177 條第 1 項規定，並不適用第 546 條第 1 項規定，以免因本人之承認致管理人在費用償還請求權上遭受不利後果。至於立法論上，宜規定本人僅得承認不適法無因管理，且法律效果係溯及適用適法無因管理之法律效果，而非委任之規定。

---

[88]　Palandt/Sprau, 2015, §684 Rn 2; HK-BGB/Schulze, 2014, §684 Rn 2.

第四章

不當得利

壹 | 不當得利之功能、分類與依據

一、不當得利之功能

請求權依據，除了契約及無因管理外，其次是不當得利，尤其第 179 條乃不當得利之核心規定❶。不當得利亦屬法定之債，制度功能在於使無法律上之原因且基於他方費用❷而受利益之人，應對他方負返還或償還義務❸。現行民法規定繼受自德國民法第 812 條以下規定，但加以簡化。

二、分類與依據

第 179 條規定：「無法律上之原因受利益，致他人受損害者，應返還其利益。雖有法律上之原因，而其後已不存在者，亦同。」亦即本條僅針對自始或嗣後無法律上之原因有所區分，文義上僅以單一之完整法條❹，處理不當得利之返還，並未區分給付類型或非給付類型不當得利。但是第 180 條規定則是：「給付，有……之情事，不得請求返還」，且學說認為本條僅只適用於給付類型之不當得利❺，故得間接推

---

❶ Wendehorst, in: BeckOK-BGB, Stand: 01. 05. 2019, Edition: 51, §812 Rn 2（以下簡稱 Wendehorst, 2019）.

❷ 第 179 條前段之「受損害」，應係民法立法當時之錯誤用語。對此，參見下述。

❸ Looschelders, SBT 2013 Rn 1010; Wendehorst, 2019, §812 Rn 3. 在此，應否如 106 臺上 2671 再追加稱：取除功能，仍有爭議，參見 Wendehorst, 2019 §812 Rn 4 und 5.

❹ 即第 179 條，包括構成要件與法律效果；後者，並在第 180 條以下進一步再做相關規定。

論民法本身實際亦有對不當得利區分給付或非給付類型**5**。以下採取非統一說之給付類型和非給付類型之不當得利分類，主要是此一分類得以促使我們對不同類型之不當得利，注意其不同之構成要件及問題；例如給付類型不當得利，通常涉及依契約給付，而契約無效等；反之，非給付類型不當得利，通常涉及侵害他人權利或法益（例如侵害類型）**7**。

其次，就依據上而言，86 臺上 1102，對不當得利稱是基於公平正義；其他如 95 臺上 1077 稱公平原則、96 臺上 2362 稱衡平原則、106 臺上 2459 提及衡平或 106 臺上 249 稱公平合理。但是民法其他制度，亦均以公平正義為依據，例如契約、無因管理及侵權行為等均是，並非僅不當得利而已。再者，在此宜避免稱不當得利以衡平為基礎，因為衡平二字乃英美法特有的專有名詞，我國並非英美法系國家，不須使用相同名稱**8**。更重要的是，公平、正義或衡平等，並非第 179 條之構成要件，反而成文法制度下，思考不當得利之法律問題，應以法律規定及其構成要件作為出發點，因此最高法院應放棄「不當得利法則」用語**9**，並精確引用法律明文規定，尤其是第 179 條乃完整性法

---

5 王澤鑑，不當得利，2003 年，頁 31、128、160（以下引用王澤鑑文獻皆為此本不當得利）。但本書認為，第 180 條第 4 款，未必僅適用於給付類型不當得利，反而是民法一般性原則。

6 101 臺上 1722，有提及非統一說及給付型或非給付型不當得利。

7 Wendehorst, 2019, §812 Rn 18 und 19; Medicus/Lorenz, SBT 2014 Rn 1124; 英國學說有類似區分見解，Burrows 2011, 9–12.

8 對公平或衡平之相似之批評，Wendehorst, 2019, §812 Rn 3；無意義或不適當。

9 例如 104 臺上 1033；103 臺上 2211；103 臺上 812；102 臺上 496；101 臺上 1222 等，簡直有如民法及請求權依據之相關規定完全不存在般。相對的，最高法院在侵權行為，已精確區分民法第 184 條第 1 項前段、後段或

條，包括構成要件及法律效果 **❿**。

貳　給付類型不當得利之構成要件及其限制

一、給付類型不當得利之構成要件

　　給付類型之不當得利，指一方基於自己之給付，即有意識有目的之財產給與行為，使他方受利益 **⓫**，但其後發現並無法律上之原因，故一方得請求他方返還利益。反之，他方受有利益，非因一方有意識有目的之給付，縱使是基於一方本身之行為，仍屬非給付類型之不當得利，例如一方當事人錯誤，以為他人土地乃自己土地而對該地播種施肥澆水，仍屬非給付類型不當得利 **⓬**。又若當事人給付當時即知自己並無給付之義務，構成第 180 條第 3 款，當事人無從請求返還不當得利。

　　同條第 2 項，參見 103 臺上 1979；103 臺上 178；102 臺上 978 等判決，應予肯定。但是 104 臺上 1080，又有「依民法第 184 條第 1 項前段及第 185 條之規定，基於侵權行為法則，……」之敘述。

❿ Wendehorst, 2019, §812 Rn 2.

⓫ 106 臺上 239 ；Looschelders, SBT 2013 Rn 1022; Medicus/Lorenz, SBT 2014 Rn 1126. 但 Wendehorst, 2019, §812 Rn 38 und 45 認為，德國通說見解並不精確，反而既不須實際財產增加，亦不須給付者果真有所意識，反而只須是因可歸屬於給付者之行為即可。

⓬ 給付型及非給付型不當得利之區別，參見 107 臺上 1792；Looschelders, SBT 2013 Rn 1022 以及 **❼**。

㈠無法律上之原因

1.簡　介

1) 有法律上之原因即不成立不當得利

依私法自治及契約自由原則，當事人間之法律問題應優先以契約關係作為權利義務的依據。其次，則是「法定之債」即無因管理、不當得利或侵權行為。基於此等約定或法定之債之關係，依第 199 條第 1 項，債權人得請求債務人給付、受領給付並保有給付；因此雙方間財產權益的變動有債之關係為依據，即具有法律上之原因，並不成立不當得利❽。

以契約為例，契約乃請求、受領及保有給付之法律上原因。故標的物或價金所有權移轉、占有及其後之使用收益或勞務之給付，因有契約存在，並不成立不當得利❿。以買賣契約而言，出賣人給付之標的物有瑕疵，買受人得依第 354 條及第 359 條主張解除契約或請求減少價金，但雙方當事人間有買賣契約存在，縱使買受人對出賣人得主張瑕疵擔保請求權，在此之前，出賣人並非無法律上之原因受利益❶；再者，即使買受人已解除契約，亦不適用第 179 條之不當得利，反而僅應適用第 259 條之解除契約法律效果規定❷。

---

❽　106 臺上 2170 及 105 臺上 1957 表示，依契約之給付，乃有法律上之原因，當事人就同一原因事實，不得同時以契約及不當得利作為請求權基礎。

❿　94 臺上 1511；94 臺上 375；94 臺上 138。又 106 臺上 1831：因合建契約受分配房地，乃有法律上之原因。此外，106 臺上 1226 指出，買受土地之應有部分，固有法律上之原因，但原審未就買受之前使用土地之權源何在等加以說明，有理由不備之違法。

❶　HK-BGB/Schulze, (2012), vor §812 Rn 6. 對此，請比較 69 臺上 677 之說明。

❷　104 臺上 799；102 臺上 1855，對解除契約，仍然錯誤主張應適用第 179 條

2) 有效契約關係對是否成立無因管理或不當得利之重要性

契約約定項目之外，但與工作有關聯之施工，應特別注意是否得成立無因管理或不當得利。例如 97 臺上 2184 正確指出，政府機關與包商間存在契約情況下，包商未依約定或法定程序追加施工，即任意施作非契約約定之工作項目，不得主張無因管理或不當得利之請求權。但是另外一件類似案例，102 臺上 930 卻認為，包商仍得對業主請求不當得利；此一見解極有疑問。首先，雙方當事人締結契約，已約定權利義務內容，承攬人未經定作人同意或未依契約約定變更、增減給付，即施作約定外項目之相關工作，不生任何契約上權利，定作人不須承擔契約約定債務以外之給付義務。而且無論承攬人故意或過失，或甚至並無故意過失 ， 定作人均得請求承攬人修補即除去瑕疵 （第 493 條），而不須給付報酬。定作人依契約不須另外負擔報酬債務之前提下，承攬人亦無從再依法定債之關係請求權依據，對定作人請求費用支出等。

在此，承攬人所為契約約定外之工作，乃違反契約義務，定作人如上述，既得請求除去而不須給付報酬，當然更不應認為得成立第 172 條前段，致承攬人對定作人得依第 176 條或第 177 條請求相關費用等，否則將危害契約作為雙方權利義務關係依據之意旨。換言之，契約規定雙方權利義務，承攬人應為或不應為者，均受契約規範，故不應再適用契約以外的法定之債相關規定，而使定作人因而遭受不利益。其次，本件之承攬人係在履行契約債務下而為契約外施工，究竟有無具備無因管理必要之管理意思，頗有疑問；退而言之，縱認本件得成立第 172 條前段，但此一情形乃不利於定作人，且因承攬契約存在，得認為違反定作人明示或可得推知之意思，為不適法之無因管理，故定作人亦得拒絕享有該利益（第 177 條第 1 項；參見無因管理之說明）。

不當得利。

　　再者，承攬人主張不當得利返還請求權時，亦應辨明本件案例事實究竟是成立給付類型或非給付類型之不當得利。本書認為，因承攬人在此所做之契約約定項目外之施工係與契約約定之工作有關，故屬給付類型，且原則上得認為承攬人乃明知，故定作人得主張此乃明知之非債清償（第 180 條第 3 款）。在此，縱使如 102 臺上 930 所稱，本件係「支出費用者以給付外之行為使他人受有財產上利益，可成立不當得利（支出費用型或耗費型之不當得利）」，但本書認為，因定作人締結承攬契約之目的之一，在於確定自己對價義務之範圍，故定作人亦得主張承攬人所為契約約定項目外施工，對其而言乃強迫受利，定作人得主張該利益應採主觀價額認定，並無價值 **⓱**；對此，亦有認為，此等契約約定外項目之施工，對定作人而言，並無利益，故定作人亦得主張所受利益不存在，而免返還或償還責任（第 182 條第 1 項）**⓲**。綜上所述，102 臺上 930 引述之抽象見解，在本件個案並不可採。此外，定作人在訴訟上已否認其曾同意追加或變更工程；且原審雖有兩造會勘且已同意之認定，但在此僅係承辦人同意，至於其主管或機關本身有無同意，本判決中並無原審依定作人之公文書或其他證據證明其行政程序已完備之敘述；甚至原審自行提及曾有內政部函以不符經濟效益故不予同意致其未能繼續進行，故所謂定作人已同意之事實及其效力之認定，極有疑問。最後，工程採購契約因各種不肖之徒勾結已浪費不少納稅人金錢，而本件承攬人擅自就契約約定外項目施工，102 臺上 930 竟仍判決其仍得對定作人即某政府機關請求不當得利返還，並不可採 **⓳**。反之，最近之 106 臺上 984，亦採否定見解，值得參考。

⓱　Wendehorst, 2019, §818 Rn 145; 英國法，對強迫受利，亦同採主觀價額計算利益，Burrows, 2011, 50 and 59.

⓲　參見 Wendehorst, 2019, §818 Rn 145 之轉述。Wendehorst 在此認為，此一見解較不具說服力。

　　又 105 臺上 1434，涉及甲方為乙方處理廢土而約定他方支付報酬之爭議，乙方主張甲方未處理廢土即已請領報酬，對此，原審認為有法律上之原因，但最高法院表示，甲方受領該部分承攬報酬給付，是否不得認為欠缺給付目的而應構成不當得利？非無研求餘地。本書認為，上述原審及最高法院之見解均待斟酌，亦即本件爭議既涉及甲方未依契約履行債務處理廢土，乙方即宜依契約請求履行，並在成立債務不履行時依債務不履行以及尤其行使解除契約，以便請求返還已付價金（第 259 條第 2 款），而非依據不當得利。

3) 給付後才確認契約無效、不成立或意思表示被撤銷

　　因給付是指有意識、有目的增益他方財產，故給付與法律上之原因發生必然的關聯，故若當事人間依契約有財產之給付，而契約卻無效、不成立或意思表示被撤銷，或欠缺其他受領及保有給付之依據時（例如當事人為財物所有權移轉之物權行為、占有移轉或提供勞務後，經確認契約無效等，即為無法律上之原因[20]），雙方即應依第 179 條請求返還價金或標的物之所有權及占有；若有不能原物或原狀返還之情形，亦應依第 181 條但書規定價額償還。其次，當事人以為有契約依據下就他方之物加以占有使用收益或對他方提供勞務，但其後經確認契約無效不成立或被撤銷，亦同，亦屬無法律上之原因，應返還不當得利之占有，而本於此利益而更有所得使用收益或勞務之利益（第 181 條前段），因此等利益無從原狀返還，故應適用第 181 條但書規定，償還價額。又例如非繼承人卻受遺產分配，其後確認非繼承人，則該當事人受領之給付即無法律上之原因，應依第 179 條負不當得利返還義務。

---

[19]　相對的，97 臺上 2184 及 86 臺上 1227，值得參考。

[20]　Looschelders, SBT 2013 Rn 1023.

2. 自始無法律上之原因

1) 契約無效、不成立或意思表示被撤銷

第 179 條區分為自始和嗣後無法律上之原因兩種。自始無法律上之原因，常見者如給付依據之契約有無效、不成立或意思表示被撤銷之情事。其無效是自始當然確定絕對無效，而撤銷則是視為自始無效（第 114 條第 1 項）。其次，契約不成立，同樣也是自始無法律上之原因，例如一方當事人以為是借貸契約關係而移轉他方金錢，但他方以為是贈與而受領，雙方並未成立契約，但有財物所有權移轉，亦屬自始無法律上之原因[21]。

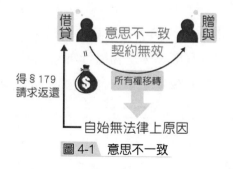

圖 4-1　意思不一致

又如限制行為能力人為法律行為，依第 77 條與第 79 條，須經法定代理人事先允許或事後承認，若法定代理人拒絕承認，限制行為能力人締結之契約不發生效力，若雙方已有給付，亦屬自始無法律上之原因受利益之情況。

---

[21] 例如 107 臺上 14 即涉及三筆土地之買賣價金並未合意而不成立；106 臺上 2459，居間契約無效等，已支付報酬。

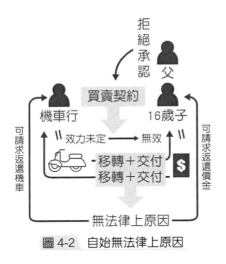

圖 4-2　自始無法律上原因

2) 非債清償

　　又自始無法律上之原因，還有「非債清償」之案例，即清償債務之人誤以為自己是法律上之債務人而清償，但實際上卻無債務存在。例如甲有 A 狗，乙有 B 狗，若丙遭狗咬，以為是 A 狗所為，故對甲求償，甲亦賠償之，事後若確認是乙之 B 狗咬丙，這也是非債清償的問題；類似案例，例如甲有 A 兒與乙之 B 兒互丟石頭遊戲，其中一童所丟石頭打破丙屋之窗，丙對甲求償（第 187 條第 1 項），甲賠償後，確認實際是乙之 B 兒所丟石頭打破丙窗，亦同。至於本例，應由何人對何人請求不當得利之問題，因甲是清償人，丙是受領人，丙對甲並無債權卻受領賠償，故依第 179 條，應由甲對丙主張不當得利返還。第 180 條第 3 款涉及明知非債清償而不得請求；本例之甲並非明知非債清償，而是以為自己乃債務人而為清償，故仍得請求返還。

　　另外，應斟酌的是，甲對乙究竟有無權利可得主張？首先，甲乙間並無契約，故甲對乙並無契約依據主張；至於無因管理，因甲乃為自己之債務而對丙清償債務，欠缺為乙管理事務之意思，亦不成立對乙之無因管理（第 172 條前段）；又不當得利，因甲是為自己債務而清

償，並無為乙清償之意思，甲對丙清償並未使乙之債務消滅，故乙未受利益，不成立不當得利[22]。但在此有認為，甲可事後變更清償目的，而將原本甲對丙之清償目的決定改變成甲乃為乙清償使甲得對乙求償[23]，但此一見解任憑請求權人甲自行變更清償目的決定而得對第三人乙求償，並非妥適；反而在此宜認為，甲對丙有不當得利返還請求權，而丙對乙有侵權行為損害賠償請求權，若丙已無其他財產致不能對甲履行不當得利返還義務，且怠於行使對乙之權利，則甲可代位丙對乙請求（第242條）。最後，甲與乙間，並無成立侵權行為之可能。

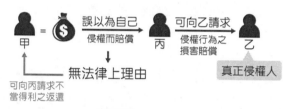

圖4-3　非債清償

3.嗣後無法律上之原因

1) 解除條件成就或終期屆至

嗣後無法律上之原因涉及第179條後段所謂受利益「雖有法律上之原因，而其後已不存在者」。首先，乃法律行為附解除條件，而條件成就[24]。例如甲借書或借屋予乙，並約定以其考上律師高考之時返還該書或該屋。此時法律行為（即使用借貸契約）已發生效力，且當事人已為給付，而約定以將來客觀不確定的事實發生（即考上律師高考）

---

[22]　91臺上2544之見解，尚有疑問。

[23]　德國實務通說，參見 Looschelders, SBT 2013 Rn 1102 mit Fn 183（附有德國之反對見解）. 又 Looschelders 在 Rn 1103 提及，此一變更清償目的決定，須受誠信原則限制，以免真正債務人即正文之乙因而遭受不利。

[24]　參見92臺上115之說明。

使法律行為失其效力。其次，依第 99 條第 2 項可知，解除條件發生時，使原本已發生效力之法律行為，因而失去效力，故可知此乃嗣後無法律上之原因，即乙考上國考前之占有使用收益該屋或書，乃有法律上之原因，僅在解除條件成就時起就占有該屋或書，無法律上之原因。此外，在法律上，終期亦同，例如租賃契約約定終期，屆期之時，若不考慮第 451 條視為不定期限繼續租賃契約，契約當事人間亦發生承租人占有租賃標的物嗣後無法律上之原因的結果。

2) 終止契約

涉及終止契約，應注意終止前所受領之給付是否無法律上之原因。即終止契約之後，有應依不當得利返還者，也有不須依不當得利返還者。前者，例如承租人占有出租人之房屋或汽車等租賃標的物之情形；後者，例如契約終止之前，出租人所收取之租金，或承租人就物所為之使用收益之利益。而且在此，當事人對法律上之原因是否知情（第 182 條第 1 項及第 2 項）雖以終止通知到達即生效，但仍須以相對人實際知悉之時點為準。值得注意的是，101 臺上 238 表示，一方當事人於他方終止契約後，知其受領已無法律上之原因，業已表示願意歸還布料等，是否可謂一方當事人為惡意，即非無疑云云。但是，當事人自知悉契約終止時起，即已知無法律上之原因受利益而負有返還標的物之義務，故僅表示願意返還，法律上並不足夠，故仍應依第 182 條第 2 項負責，因此若自其知悉後應返還物發生毀損滅失等，亦應賠償，無從主張所受利益不存在；反而當事人須返還或提存等，才可能因而不負第 182 條第 2 項之責任。

又 99 臺上 1223，即承攬人應施工未施工，故定作人委由第三人完成工作，但承攬人已領取該部分報酬。在此，若當事人間之契約有約定相關規定，宜認為應適用契約規定，而非不當得利；僅當無契約約定才須考慮不當得利。再者，定作人若已終止契約，再委由第三人

完成其他工作並支付相關報酬時，定作人對原承攬人請求返還多付之報酬款項，僅須依終止前雙方契約認定即可，而與定作人終止契約再委由第三人完成工作所支付之報酬金額，並無直接關係。此一金額，僅當對定作人係損害時，即超出原約定應支付承攬人之約定金額時，定作人可能得對原承攬人請求損害賠償，才具有意義，例如因時間緊迫而使價錢高於市價。亦即定作人委由第三人完成承攬人應完成之工作，並對第三人支付之報酬，與原承攬人已受領但應返還之報酬，無論在終止契約後之返還，或者不當得利返還，均屬無關。最後，99 臺上 1233 在此引用 61 臺上 1695 有關「損害」及「利益」之文句，依本書上述說明，實際與本件個案並無關聯。

此外，102 臺上 1662 稱，契約終止後，一方當事人預收工程款扣除可得款項後之餘額構成不當得利。但本書認為，在此宜注意當事人間之契約是否有約定終止契約之應返還相關款項規定。若有，即應適用契約規定，而非不當得利。又 107 臺上 6 表示，契約終止前確有溢付報酬予他方，則於契約終止後，他方就受領該溢付報酬之原因已不存在，而其受有利益，致一方受有損害，性質上似屬不當得利，而非債務不履行損害賠償。本書認為，契約終止前既已有相關報酬之約定，一方發生溢付，在終止契約前，即得依給付類型不當得利之無法律上之原因受利益而請求他方返還，而非必須俟契約終止。亦即他方有法律上之原因得受之報酬乃約定之報酬金額；至於超出約定報酬金額外之溢付部分，並無契約依據，故即使契約存在，仍係無法律上之原因。

3) 解除契約

嗣後無法律上之原因是否包含行使法定（如第 254 條至第 256 條；第 359 條等）或約定之解除權，或當事人依約定、合意或協議解除契約，不無爭議。

首先，行使法定解除權，最高法院稱，解除契約溯及自始消滅契

約 ㉕，並稱解除權行使後亦可適用不當得利規定 ㉖。但應指出者，解除契約之法律效果並非適用不當得利規定 ㉗，反而應適用第 259 條；最高法院全然無視第 259 條解除契約回復原狀之明文規定，嚴重錯誤。尤其，解除契約在法律效果上，無論德國法與英國法均認為已履行者應返還，尚未履行之債務消滅，但不生契約或其他條款「無效」 ㉘。簡言之，契約無效、不成立或意思表示被撤銷等，而當事人有所給付，應適用第 179 條之不當得利；反之，行使法定解除權之回復原狀，應適用第 259 條。

其次，約定解除權，指依雙方當事人之約定，使一方當事人在一定情事下有解除權 ㉙；且當事人亦得依雙方嗣後之約定而解除契約 ㉚。此種依約定而生解除權，或依雙方約定而使契約解除，在契約自由原則下，均屬當事人得自由決定之事項。但是最高法院認為，約定、合意或協議解除契約之法律效果，除經約定應依民法關於契約解除規定外，並不當然適用第 259 條規定，倘契約已為全部或一部之履行者，僅得依不當得利之規定請求返還其利益 ㉛。本書認為若當事人有約定，

㉕　104 臺上 799；101 臺上 128；100 臺上 2；99 臺上 543。此外，並參 104 臺上 768。

㉖　104 臺上 799；102 臺上 1855；100 臺上 2。此外，對 23 上 3968，尤其 93 臺上 957 相關見解之批評，參見楊芳賢，不當得利，2009 年，頁 44 以下。

㉗　HK-BGB/Schulze, (2012), vor §812 Rn 6; Palandt/Grüneberg, 2015 Einf v §346 Rn 6.

㉘　德國法，Palandt/Grüneberg, 2015 Einf v §346 Rn 6; Medicus/Lorenz, SBT 2014 Rn 1141; 英國法，Andrews, Contract 2015 para 17.45; Bridge, The law of sale of goods, 3. ed. 2014 para 10.03（在此，甚至表示，解除係向將來發生效力）。較舊之文獻，參見楊芳賢，不當得利，2009 年，頁 44 以下。

㉙　86 臺上 3165。

㉚　93 臺上 1026。

依其約定；但若無約定，並非適用不當得利規定，因不當得利與解除契約之法律效果有別。若適用不當得利，依第 182 條第 1 項，一方當事人得主張所受利益不存在；反之，行使法定解除權後，依第 259 條第 6 款，受領人無法返還標的物，應償還價額。二者有所不同，即行使法定解除權，標的物受領人不能主張所受利益不存在。相較之下，法定解除權之法律效果較不當得利之法律效果更公平合理；尤其，適用第 182 條第 1 項，將導致雙務契約之一方負有返還利益之義務，而另一方卻得主張自己所受利益不存在卻又得請求他方返還給付，既不公平亦不合理[32]。因此即使是約定解除契約，亦宜類推適用法定解除權的效果[33]，而非適用不當得利規定；又約定解除權之行使，亦同[34]。綜上所述，無論是依約定協議或合意解除契約，或行使約定解除權，在當事人別無約定下，均應類推適用法定解除權之法律效果即第 259 條規定。

在此應重視的是，100 臺上 2，引用第 179 條之立法理由中所例示之撤銷契約及解除契約乃嗣後喪失法律上之原因，而主張解除契約得適用不當得利。首先，最高法院並未辨明此乃立法理由說明，並非法律規定本身，對法官並無拘束力（憲法第 80 條）。其次，該立法理由說明本身與第 259 條之明文規定，互相衝突，明顯錯誤，並不可採。即立法者既依第 259 條規範法定解除權之法律效果，即不應在第 179 條立法理由又稱解除契約乃其後無法律上之原因。此外，該立法說明使用「撤銷契約」用語，但正確應是撤銷意思表示。更重要的是，民

---

[31] 59 臺上 4297 及 91 臺上 92。

[32] 德國法上，對德國民法相似於第 182 條第 1 項之適用，發展極多可能限制，對此，參見以下有關本條項之說明。

[33] Larenz, SAT 1987, 272f. Text bei Fn 13 bis Fn 15.

[34] Wendehorst, 2019, §812 Rn 80.

法明定撤銷意思表示視為自始無效（第 114 條第 1 項），但是民法本身對解除契約根本並未明文規定自始無效，足見立法者對解除契約之法律效果並未明確表示意見，在法無明文下，最高法院僅依上揭約八、九十年前錯誤極多之立法說明，即宣稱解除契約時，契約自始無效，且得適用不當得利規定，亦明顯忽略無效之重大法律效果至少須依民法明文為依據。最後，民法制定時之德國民法通說雖曾採自始無效見解，但此一見解並非法律本身，更早已被德國實務與通說廢棄不採；而且，解除契約之法律效果，並非單僅德國法變更見解，甚至在英國判決實務與學說亦已採取契約不因解除而無效之見解❸❺。最高法院未能正視第 259 條規定之存在，又堅持以無關之條文立法當時之錯誤矛盾說明作出錯誤判決，極為不智❸❻。

㈡受利益

1.第 179 條之受利益

不當得利之得利，德國法較舊見解常以受領人之總體財產，比較受利益後和假設未受利益間之財產狀態，以判斷究竟是否財產總額之增加現尚存在，並認為其差額，即為受領人所受之利益。但是此種說法違反不當得利之法條文義，當事人有所取得之利益，即為不當得利應返還之客體，與總體財產無關，故目前德國學說已認為，不當得利

---

❸❺ Andrews, Contract 2015 para 17.45; Bridge, The law of sale of goods, 3. ed. 2014 para 10.03（在此，甚至表示，解除係向將來發生效力）. 較舊之文獻，參見楊芳賢，不當得利，2009 年，頁 44 以下。

❸❻ 104 臺上 799；104 臺上 768，未附任何理由，採同於 100 臺上 2 之錯誤見解，前者稱，解除，契約溯及消滅，而成為無法律上之原因，得適用第 259 條或第 179 條。

受領人所受之利益，乃其原始基於給付行為或給付行為以外其他方式所取得之利益本身，即為不當得利之客體**[37]**；而且並不須具有市價意義之財產價值**[38]**。原則上，不當得利受領人應返還其無法律上之原因所取得之利益（第 179 條）；不能返還時，應償還價額（第 181 條但書）。雖然受領人不知無法律上之原因，依其情形得依第 182 條第 1 項主張所受利益不存在，以免除其返還責任，但是受領人須負舉證責任，並須符合第 182 條第 1 項之要件。因此不當得利法並非僅是所謂公平或衡平責任，而是調整無法律上之原因之財產損益變動之獨立制度。

其次，給付類型之不當得利，須係因請求權人一方之「給付」而使他方（即不當得利債務人）受利益。在此可能之利益包括所有權、占有、登記名義、債權、債務消滅或勞務等。亦即不當得利債務人依其情形可能取得(1)財產所有權**[39]**；(2)債權**[40]**；(3)占有**[41]**；(4)勞務之提供**[42]**；(5)登記名義本身**[43]**等。又依德國民法第 812 條第 2 項規定，依

---

[37] Looschelders, SBT 2013 Rn 1020; Wendehorst, 2015, §812 Rn 53ff.

[38] Looschelders, SBT 2013 Rn 1018（舉情書為例）；Medicus/Lorenz, SBT 2014 Rn 1126（舉情書、不動產登記、單純占有為例）und Rn 1165. 此外，無法律上之原因取得占有而應返還之債務人，若已不能返還，則除其已收取之孳息外，就占有本身並無獨立應返還之價額，BGH NJW 2014, 1095 1. Leitsatz und Rn 14.

[39] 106 臺上 2671（本判決將不當得利雙方當事人稱為受損人及受益人）；104 臺上 473。

[40] 92 臺上 624。

[41] Looscheleders, SBT 2013 Rn 1018; Medicus/Lorenz, SBT 2014 Rn 1126; Wendehorst, 2019, §812 Rn 42. 應指出者，占有本身無價額可言，參見 BGH NJW 2014, 1095 1. Leitsatz und Rn 14. 此外，參見 105 臺上 1072。

[42] Medicus/Lorenz, SBT 2014 Rn 1166.

[43] 106 臺上 2671；93 臺上 2080；92 臺上 2309。Medicus/Lorenz, SBT 2014 Rn

契約而對債之關係存在或不存在所為之承認亦視為給付；又免於負擔債務，亦同 **44**。

2.所謂相當於租金之利益

依據上述，利益應個別認定，故所謂節省費用支出，絕非第 179 條所稱之受利益 **45**。但無論是給付類型或非給付類型之不當得利，最高法院及下級法院判決均使用「相當於租金之利益」之概念 **46**，而逕以相當於租金之金額作為當事人占有使用收益之所受利益 **47**。但如 1 所述，占有本身即為第 179 條之所受利益 **48**，在成立第 179 條其他構成要件下應予返還；至於其他因占有而使用收益之利益 **49** 乃本於占有利益更有所取得之利益，依第 181 條前段，亦應返還，但性質上不能原狀返還，故應適用第 181 條及其但書，償還其價額。其次，依最高法院所謂相當於租金之利益的見解，實際難以處理不當得利受領人本於占有而更有所取得的其他利益。例如占有他人土地，在其種植農作收成並食用、出售等，或者逕將該地出租收取租金等之利益，依第

1126; Wendehorst, 2019, §812 Rn 41 稱，有利之不動產登記。

44　Looscheleders, SBT 2013 Rn 1019. 但對此，應注意 101 臺簡上 7 所謂，債務之負擔仍在給付之前階段，尚不得謂為給付；Wendehorst, 2019, §812 Rn 44 結論亦同，但無因的債務承認或債務承諾，亦屬給付。

45　Wendehorst, 2019, §812 Rn 56.

46　例如 105 臺上 2104；104 臺上 715；103 臺上 812。

47　104 臺上 715；102 臺上 496（引用 61 臺上 1695）。給付類型，參見例如 94 臺上 1549；非給付類型，參見 94 臺上 1094 等。此外，參見 99 臺上 1827。

48　Looscheleders, SBT 2013 Rn 1018; Medicus/Lorenz, SBT 2014 Rn 1126; Wendehorst, 2019, §812 Rn 42.

49　106 臺上 2100 表示，逾越繼承遺產公同共有之應繼分而享有利益，得成立不當得利；Looscheleders, SBT 2013 Rn 1020.

181 條規定，亦應返還或價額償還；然而適用最高法院一貫見解，將是債務人應返還或償還「相當於租金之利益」及因之所生之租金利益，或者受領人實際果真是受有租金利益，但依最高法院見解卻是「相當於租金之利益」，極為矛盾[50]。最後，最高法院自 61 臺上 1695 以來，即完全無視第 179 條及第 181 條前段，其後並一再堅持錯誤至今，不知民法規定對最高法院究竟有何意義（憲法第 80 條）。最高法院 106 臺上 461 表示，無權占有其所受利益為物之使用收益本身，應以相當之租金計算應償還之價額，似有跨出分別適用第 179 條及第 181 條之傾向，但精確而言，占有是所受利益（第 179 條），使用收益是本於該利益更有所取得，但不能返還應償還價額，故以相當於租金計算（第 181 條）。反之，106 臺上 1253 敘述上仍係請求相當租金之利益。

在此，因「節省費用支出」而生之代表性錯誤判決是 99 臺上 1617。本判決涉及地主在徵收處分失效後訴請徵收機關返還不當得利，但本判決竟錯誤稱減少發給補償費乃被告徵收機關之得利。首先，本案中的被告即某市政府徵收土地失效，因此徵收補償費之預算即不須支出。此一情形，對起訴請求占有等利益返還之地主，根本毫無關係。事實上，原告請求權人地主自始至終未曾針對補償費有所主張，故本判決上揭說明簡直就是訴外裁判般（民事訴訟法第 388 條）。其次，本判決之消極利益用語，雖有英國不當得利教科書之相同說明為據[51]。但是本書仍然建議最高法院勿再使用，因為此等用語並非民法不當得利規定之用語；而且當事人之受利益實際是被告積極行為下受利益，即對土地加以徵收、占有並進而使用收益等，最高法院刻意稱其為「無權占有系爭土地，受有消極利益」，並不正確。再者，本件有關使用收益土地部分係因無法依第 179 條返還原受領利益，故應依第 181 條但

---

[50] 但 106 臺上 2540 仍有「消極得利」之語。

[51] Burrows, 2011, 45; Virgo, 2006, 65.

書價額償還。綜上所述，99 臺上 1617，乃荒唐離譜之錯誤判決[52]。

又因物權行為之獨立性與無因性，故有關財物所有權移轉交易，如買賣、互易、贈與契約，其履行時須留意法律行為有債權與物權行為之區分，且因而有四種可能情況：⑴債權行為、物權行為有效，即雙方順利完成交易，一方取得標的物所有權及占有，他方取得價金、標的物所有權及占有。⑵債權行為有效，物權行為無效，例如締約後一方當事人無意識或精神錯亂致物權行為意思表示無效。原則上債權人請求債務人或其監護人履行債務即可。⑶債權行為無效、不成立或意思表示被撤銷，但物權行為有效移轉。這種情況主要是因為物權行為獨立性與無因性使然，乃不當得利典型適用案例。例如限制行為能力人購買機車，其取得該機車所有權，乃純獲法律上利益（第 77 條），但因事後遭法定代理人拒絕承認，不存在有效契約，故係無法律上之原因受利益。此類案例已發生所有權移轉變動之法律效果，而請求權人已喪失所有權，故無從依第 767 條主張權利，而僅得依不當得利請求返還所有權[53]。在此一情形，若依物權行為所移轉的是不動產所有權，則受領人已取得不動產所有權，但欠缺有效之債權行為作為法律上之原因，故不當得利返還請求權人對債務人係請求返還所有權之不當得利，應訴請不動產所有權之移轉登記。⑷債權行為及物權行為均無效、不成立或意思表示被撤銷，無效之情形，例如當事人一方係無意識或精神錯亂下為意思表示致債權行為及物權行為均無效之情形。請求權人得主張第 767 條與第 179 條。在此，成立第 767 條，乃因物權行為無效、不成立或意思表示被撤銷，不生所有權之移轉，且相對人無法律上原因占有不動產，故當事人仍得本於所有權請求無權占有

---

[52] 最高法院並非全體盲目無知，102 臺上 778；100 臺上 1801，應已注意到 99 臺上 1617 之錯誤。但前二判決仍採「相當於租金之利益」概念。

[53] 參見 104 臺上 473。

人返還占有。又若涉及不動產且已移轉登記，卻因物權行為之（書面）讓與合意發生無效、不成立或意思表示被撤銷，則依所有物返還請求權及不當得利返還請求權主張時，須對債務人訴請塗銷登記**54**，理由是當事人間之移轉登記並未發生所有權移轉的效果，而僅有登記名義之外觀而已，故僅得訴請塗銷登記，而非訴請移轉所有權登記。

債權與物權行為區分下的四種狀況		
債權行為 (O) 物權行為 (O)	順利交易	例如：彼此合意購買一份報紙，出賣人移轉報紙所有權給買受人；買受人移轉價金給出賣人
債權行為 (O) 物權行為 (X)	再次請求履行債務	例如：締約後，一方在神智不清情況下為物權行為，導致物權行為無效，此時應再次請求債務人或其監護人履行債務
債權行為 (X) 物權行為 (O)	不當得利典型適用案例	例如：未成年人買機車，事後不被法定代理人承認，而導致債權行為無效。但當初機車交付給未成年人時，因係純獲法律上利益，故為有效，因此機車所有權人已為該未成年人，機車行老闆不得以§767請求返還機車，反而應依§179主張不當得利返還請求權
債權行為 (X) 物權行為 (X)	請求權人得主張不當得利與物上返還請求權	例如：當事人在精神錯亂下訂立買賣契約並銀貨兩訖，此時由於債權與物權行為都無效，貨物與價金的所有權都還依然屬於原所有權人，因此可依§179請求不當得利返還或依§767請求返還（但請注意金錢混合之特殊問題，§813之問題）

---

54 93臺上2080；92臺上2309。對不當得利返還請求權究竟請求移轉所有權登記或訴請塗銷登記，特別明確之說明，參見106臺上2671及其引用之65臺再138。但應指出者，並非僅限於侵害型，請求權人係訴請塗銷登記，例如正文所述，給付型之請求權人依其事實亦可能係主張訴請塗銷登記。

㈢致他人受損害

1.第 179 條之「損害」

　　首先，第 179 條明定「致他人受損害」之要件。但本條規定之致他人受損害，應嚴格與侵權行為之損害及相當因果關係等加以區別。即不當得利之目的在調整無法律上之原因的財產損益變動，重點在於請求返還不當得利。相對的，侵權行為之基本構成要件即第 184 條第 1 項前段與後段以及第 184 條第 2 項，均須請求權人受有損害，故在此之重點是債務人應負損害賠償責任[55]。

　　其次，1900 年德國民法第 812 條，對不當得利明文規定，基於他方之費用；英國法亦認為構成不當得利，須受利益係基於不當得利返還請求權人之費用[56]；美國 1937 年版回復原狀法或 2011 年版不當得利與回復原狀法律整編第 1 條亦均稱，當事人基於他方之費用而不當受利益負有返還之義務[57]。換言之，法律先進國家自始並未使用損害之用語。第 179 條規定之「損害」，應係民法立法當時之錯誤用語；民

---

[55]　參見 106 臺上 747。但 106 臺上 2671 稱不當得利請求權人為「受損人」，並非妥適。

[56]　Burrows 2011, 63; Virgo 2006, 105. 此外，英國最高法院新判決，參見 [2017] UKSC 29.

[57]　Restatement of the law of Restitution, 1937, 1962 reprint, 12; Restatement of the law, third, Restitution and Unjust enrichment, volume 1, §§1 to 39, St. Paul, MN, 2011, 3，並且說明，基於他方之費用，亦可能指侵害他方法律上受保護之權利，而不須原告證明受有損害。美國法，在不當得利法上，遠遠落後英國法，但自 2011 年的法律整編，回復原狀及不當得利法出版之後，可謂略微趕上。對後者，Ward Farnsworth, Restitution, Civil Liability for Unjust Enrichment, 2014，乃最佳入門著作。

法債編修正時，亦無人提議應否修正此一用語。本書以下若未特別註明，只要提到第 179 條之損害，均係指本段之「基於他方之費用」。

再者，德國民法第 812 條第 1 項第 1 句規定：「基於他人之給付，或以其他方式，基於他人之費用，而無法律上之原因有所取得者，負返還之義務」，因此依德國通說，所謂「基於他方之費用」，僅涉及非給付類型不當得利之要件[58]。至於給付類型不當得利（尤其涉及雙方當事人之不當得利），「基於他人之費用」則非要件；而且給付類型不當得利中，不當得利受領人受利益，既是來自相對人之給付，即已對相對人造成財產上不利益，故基於他人費用之要件並無必要[59]。雖然，最高法院近年判決已明示區分給付型或非給付型不當得利，並稱給付乃有意識有目的增益他人財產[60]，但最高法院並未貫徹上述德國法見解，仍然在二方當事人之給付類型不當得利，適用第 179 條立法當時錯用之「損害」用語，甚至如同侵權行為之損害要件般看待不當得利之要件。

尤其，非給付類型不當得利，第 179 條所謂致他人受損害亦與第 184 條侵權行為之損害有所不同，即非給付類型之不當得利，若以侵害類型為例，則須確認相關權益之經濟上利益應歸屬何人，方得以具體化「致他人受損害」之要件，並因而確定究竟何人是不當得利返還請求權人[61]。例如甲無權占有乙之土地，其後丙又無權占有同一土地，甲對丙雖主張不當得利返還，但是甲並非所有權人，甲對丙請求不當

---

[58] Looschelders SBT 2013 Rn 1029; Medicus/Lorenz, SBT 2014 Rn 1124.

[59] Looschelders, SBT 2013 Rn 1029. 此外， Medicus/Lorenz, SBT 2014 Rn 1131 以下有關給付類型不當得利，亦無任何有關基於他人之費用之說明。

[60] 101 臺上 1722；99 臺再 50。

[61] 106 臺上 187 ； 106 臺上 461 ； 106 臺上 823 ； MK/Schwab, 2017, §812 Rn 270; Looschelders, SBT 2013 Rn 1069.

得利，並無理由，法律上應由乙對丙主張不當得利返還；而且乙主張不當得利返還請求權，探究地主乙究竟受有何等損害，並無意義；即使乙放任土地閒置，無意使用收益，致毫無「損害」，無權占有者亦仍成立不當得利。

2.第 179 條之「致」

第 179 條之「致」，涉及給付類型不當得利時，尤其二方當事人之情形，因一方之受利益係來自他方之給付行為，故所謂之「致」，認定上較無爭議。

1) 涉及三方當事人之給付類型

涉及三方當事人，且屬給付類型時，一方給付而他方受利益之財產移轉的直接性要件，對不當得利的成立，並非關鍵。例如甲指示乙對丙給付，雖然實際為財產給與之人是乙，但若丙對甲無任何法律上依據例如債權不存在等原因而受清償，則法律上之不當得利返還請求之關係將存在於甲對丙，而非乙對丙。亦即在此之給付因係基於甲指示乙，故法律上乃甲為給付，乙僅是甲給付之機關或工具。而且三方當事人原則上應在有瑕疵之法律關係當事人間請求不當得利返還，而丙對甲既無法律上之原因受領甲清償，故應由甲對丙請求返還不當得利[62]。

2) 涉及三方當事人之非給付類型

若涉及三方當事人，且屬非給付類型之情形，例如甲將建材寄放乙處，乙依其與丙之承攬契約將甲之建材施工在丙屋發生添附，致甲

---

[62]　參見 105 臺上 633；Wendehorst, 2019, §812 Rn 187. 又 106 臺上 239 見解相同外，並補充表示，受益人所得利益，倘係經由他人之給付行為而來，則就同一受利益客體，不能同時因非給付方式而取得，而成立非給付不當得利。

喪失建材所有權（請參見參、四、㈡ 1. 之說明）。

3) 最高法院判決之疑問

最高法院極多判決對不當得利採取如同侵權行為之損害及因果關係之說明模式。例如 88 臺上 2970 表示：「契約經當事人終止後，當事人間之契約關係應向將來失去其效力，如當事人之一方因終止契約而受有損害，而另一方當事人因此受有利益者，此項利益與所受損害間即有相當因果關係，核與民法第 179 條後段所定之情形相當，因此受有損害之一方當事人自得本於不當得利之法律關係，請求受有利益之另一方當事人返還不當得利及不當得利為金錢時之利益。」但是本判決以「損害」及「相當因果關係」適用不當得利規定之要件，並非妥適。即本件雙方間代購股票之委任契約在終止之後，受任人因執行受任事務，為委任人所取得及占有之物，依第 541 條應交付及移轉予委任人；若委任契約終止，受任人亦已無法律上之原因保有其所取得及占有之物。亦即，在此並未涉及第 184 條第 1 項前段規定，根本不須以「損害」及「相當因果關係」作為說明之出發點❻❸。

此外，53 臺上 2661 表示，相對人受利益和請求人受損害必須基於同一原因事實❻❹。而究竟何謂同一原因事實，恐極為廣義；例如甲借予乙某畫，乙擅自出賣並讓與交付第三人丙，而丙得依第 801 條與第 948 條善意受讓動產所有權。本例，甲喪失該畫所有權是基於乙對該畫無權處分，以及第 801 條及第 948 條而喪失。但是乙受有對價之利益，則是來自於丙交付移轉價金之物權行為。若未較廣義理解 53 臺上 2661 之同一原因事實，甲對乙無法主張不當得利。類似情形，亦出現在 101 臺上 1722，本例乃甲乙雙方通謀而為虛偽意思表示（第 87 條第 1 項），致乙取得不動產登記名義，且乙進而向第三人丙銀行設定

---

❻❸　但 95 臺上 1077，仍同。

❻❹　99 臺上 1371；99 臺上 2004；94 臺上 1639。

抵押權取得借貸款項。法律上乙所取得借貸款項，係基於乙與丙銀行間的金錢借貸契約及銀行轉帳匯款；而設定抵押權又係基於乙與丙之物權契約與登記，因此最高法院本判決理解之同一原因事實應是包括債權行為及物權行為，才足以肯定亦得以成立非給付類型不當得利要件的「致」。此外，本件亦成立第 184 條第 1 項前段及後段**65**。

事實上，給付類型之不當得利，應以受領人受有利益是否來自請求權人之給付，或是否受其指示者之給付而定；又即使非給付類型，如侵害類型，所謂「損害」要件，在不當得利法上之功能，在於確認究竟何人是不當得利返還請求權人，即此一請求權人須係受有依法應歸屬其權益之侵害之人**66**。非給付類型中之無權處分，亦同。不幸的是，最高法院不僅堅持第 179 條立法當時的錯誤用語「損害」，而如同侵權行為之「損害」般處理不當得利規定之要件；而且最高法院甚至亦如同侵權行為，要求「同一原因事實」**67**、「因果關係」**68**、「相當因果關係」**69** 或「直接因果關係」**70** 等作為不當得利要件之一。在最高法院錯誤判決引導之下，某一地方法院判決計算原告請求不當得利之償還金額時，甚至一再使用「損害金」之用語**71**。

---

65 在此，德國民法係在第 812 條之外，另依第 816 條明文規定無權利人之處分對權利人生效時構成不當得利，故不致如同現行民法僅依一條法律規定為依據而發生問題。

66 106 臺上 823；106 臺上 461；106 臺上 187；Looschelders, SBT 2013 Rn 1069；楊芳賢，不當得利，2009 年，頁 26、116。

67 99 臺上 2004 既稱同一原因事實，又稱因果關係。

68 91 臺上 2508；85 臺上 2656。

69 88 臺上 2970。

70 99 臺上 1997。

71 嘉義地方法院 95 年重訴字 41 號判決。又 41 臺上 611，亦有「賠償不當得利」之錯誤用語。

此外，99 臺上 2006 為非給付類型不當得利之重大錯誤判決。本判決涉及某地政機關甲錯誤登記，致乙所有土地遭登記為丙之名義，且丙進而出賣該筆土地予丁取得價款，致真正所有權人乙對某地政機關甲請求國家賠償（土地法第 68 條）。但 99 臺上 2006，錯誤推翻原審之正確判決，竟表示丙出賣土地獲得價金，且致某地政機關甲對乙賠償損害，故丙對甲乃成立不當得利。但實際因丙出賣土地且取得價款利益而受侵害之人乃土地所有權人乙，而非某地政機關甲。即乙（而非甲）得對丙主張非給付類型之不當得利，但乙選擇對甲請求國家賠償，故甲對乙為國家賠償，依第 218 條之 1，得請求乙讓與對丙之損害賠償請求權，使甲得直接對丙求償。換言之，丙之行為對地政機關甲，並無「應歸屬甲之權益卻未歸屬甲」之情形，故丙對甲，並不構成不當得利，反而丙之行為乃導致地政機關甲應對原所有權人乙負損害賠償責任（第 184 條第 1 項後段）。因此地政機關甲就其損害，請求權依據乃是甲對丙得依第 184 條第 1 項後段請求損害賠償，而與甲依第 218 條之 1 請求乙讓與乙對丙之請求權構成競合[72]。99 臺上 2006，誤解第 179 條之「致他人受損害」要件，亦屬最高法院之重大錯誤判決。

㈣舉證責任

給付類型不當得利要件該當之舉證責任，適用一般舉證責任原則，由主張不當得利返還請求權之人，負舉證責任[73]。又無法律上之原因，原則上亦應由請求權人，負舉證責任[74]，例如請求權人須舉證證明契

[72] 對本判決案例之解析，楊芳賢，月旦法學教室，2014/11，頁 12–14。

[73] Wendehorst, 2019, §812 Rn 281. 對此，參見 94 臺上 1566。

[74] Palnadt/Sprau, 2015, §812 Rn 76；並參見 107 臺上 1950；105 臺上 2067；105 臺上 1990；100 臺上 1879；94 臺上 1566。

約無效、不成立或意思表示被撤銷等。但若無爭論之事實已可得推論，債務人保有給付乃無法律上之原因，或若請求權人係處在應由其證明之事實過程之外，而債務人卻對此有所知悉，且可得期待其為較詳細之告知，則債務人須舉證證明其得保有給付之相關事實，例如財產給付來自被繼承人之贈與契約。在此一情形下，債權人如遺產管理人或繼承權人，僅須舉證證明由債務人所提出（包括僅係輔助性質）保有給付之法律上之原因實際不存在即可，而不須舉證排除其他理論上可能存在之法律上之原因[75]。

二、三方當事人之給付類型不當得利

㈠基本原則及例外

涉及三方當事人之給付類型不當得利，法律適用上之基本原則[76]，是在有瑕疵之法律關係當事人相互之間處理不當得利返還請求之問題。採取此一原則之理由如下，首先，當事人是透過諸如契約等互相選擇對方作為當事人而為給付，即彼此自行選擇對方成立法律關係，故當事人只應承擔相對人不能支付或破產的風險，而且不應當承擔相對人以外之第三人不能支付或破產之風險。其次，當事人相互之間，應當維持互相間的抗辯，亦即若非在有瑕疵法律關係當事人間處理不當得利返還之問題，例如一方若得對第三人主張，則他方當事人所得主張之抗辯將無法行使。

舉例而言，甲與乙乃承攬契約當事人，承攬人乙，另委由丙丁戊等次承攬人施工在甲之土地或房屋，若乙未能支付丙丁戊報酬，即發

---

[75] Palnadt/Sprau, 2015, §812 Rn 76; 並參見 Wendehorst, 2019, §812 Rn 283.

[76] 以下參見 Medicus/Lorenz, SBT 2014 Rn 1217; Wendehorst, 2019, §812 Rn 170, 174, 180, 187.

生丙丁戊得否對甲請求返還不當得利。此一問題，宜採否定見解[77]。首先，丙丁戊施工在甲土地或房屋，是基於彼等與乙之契約及乙之指示，故法律上對甲給付之人為乙，而非丙丁戊；其次，甲基於與乙之契約，已對乙負給付義務或已支付報酬，故不應再承擔第三人如丙丁戊對其主張任何權利。再者，丙丁戊係基於彼等與乙之契約而施工，故依契約相對性原則，僅得對其契約相對人乙請求報酬，而不得對甲請求不當得利。此外，上述之抗辯維持或破產及支付不能風險承擔以及物權法上善意受讓原則[78]貫徹等理由，亦應由丙丁戊承擔相對人乙支付不能之風險，故丙丁戊亦無從對甲主張諸如添附之不當得利。最後，丙丁戊充其量僅得依其對乙之債權，而扣押乙對甲之債權，或代位行使乙對甲之債權（第242條），但若乙已取得甲給付之金錢且逃匿無蹤，丙丁戊將難以求償，因此丙丁戊最佳保護是自始在其與乙之契約中斟酌約定保護之道。

其次，上述原則之重要例外是第183條的直接適用及類推適用。即本條規定乃不當得利返還請求權人對不當得利返還債務人以外之特定第三人得請求不當得利之重要規定。以下區分各種案例類型說明之。

㈡案例類型之說明

1.給付連鎖

給付連鎖亦有稱為輾轉買賣，即同一標的物，甲出賣予乙並移轉交付，乙再出賣丙並移轉交付該物。

---

[77] 依 Burrows, 2011, 40–41, 74–76, 350 with Fn 48 and 351 所述，英國法及澳洲最高法院，結論及理由大致雷同。

[78] 參見以下參、四、㈡之說明。

1) 甲與乙且乙與丙均係買賣而移轉標的物

以標的物為動產為例，在給付連鎖下，若甲乙間買賣契約無效、不成立或意思表示被撤銷，但因物權行為獨立性與無因性，乙取得動產所有權，並有效移轉予丙。依上述，應在有瑕疵法律關係當事人，即由甲對乙主張不當得利返還請求權[79]，但是因標的物所有權已由丙取得而無法原物返還，故甲應依第 181 條但書，對乙請求償還價金。此外，丙是依乙有權處分行為且有法律上之原因而取得所有權，故甲對丙無從主張不當得利。

2) 甲與乙係買賣而乙與丙係贈與而移轉標的物

若甲與乙間是買賣契約，而乙對丙則是贈與契約；且若甲與乙間之買賣契約無效、不成立或意思表示被撤銷，而乙因物權行為獨立性與無因性，而取得動產所有權，且乙與丙之法律關係並無瑕疵，且有效移轉所有權予丙，原則上甲僅得對乙依第 179 條及第 181 條，請求償還物之價額，因為乙係依其與丙之贈與契約，而有效移轉標的物所有權予丙。

乙與丙之間涉及所謂無償之有權處分，在此之關鍵問題是，若乙得以主張第 182 條第 1 項之所受利益不存在，即應思考第 183 條之適用，由甲對丙主張不當得利。即若不當得利受領人乙不知無法律上之原因而受利益，且乙得主張其所受利益不存在時，依第 182 條第 1 項，乙免返還或償還之責任，致甲對乙之請求權將落空，故民法明定第 183 條，使甲得依本條，在乙免返還或償還之限度內，對丙請求返還[80]。第 183 條規定之主要理由是，雖然乙對丙是有權處分，且丙與

---

[79] Looschelders, SBT 2013, Rn 1143; Wendehorst, 2019, §812 Rn 174.

[80] Looschelders, SBT 2013, Rn 1090; Wendehorst, 2019, §812 Rn 175 und 189. 此外，參見 102 臺上 1591，適用第 183 條以存在第 182 條第 1 項情事為前提之說明。

乙間亦有贈與契約作為法律上之原因而受利益，但第三人丙是無償受讓取得利益，故相較於不當得利返還請求權人甲，較無受保護必要，故第 183 條規定，在受領人乙免返還義務之限度內，不當得利請求權人甲得對第三人丙請求返還不當得利[81]。

3) 甲與乙之債權及物權行為無效而乙與丙成立贈與契約而移轉交付

若甲與乙依買賣契約並為物之移轉交付，其後乙則與丙成立贈與契約並進而移轉交付動產，但甲為意思表示時係無意識或精神錯亂，致甲乙間之債權行為及物權行為均無效（第 75 條後段）。此一情形，就乙與丙而言，涉及所謂無償之無權處分[82]。乙與丙之贈與契約，雖涉及他人之物，但因係債權行為性質，故有效，但乙對丙所為動產所有權移轉之物權行為是無權處分，效力未定（第 118 條第 1 項），若丙善意信賴乙之占有，依第 801 條及第 948 條，仍善意取得動產所有權，而甲喪失動產所有權。

在此，甲已喪失所有權，因此無論對乙或對丙，皆不適用第 767 條物上請求權。又丙與乙之贈與契約雖不能對抗甲，但丙善意受讓取得所有權，就是有法律上之原因而受利益，因此甲對丙無第 179 條之請求權。否則丙善意受讓，僅因丙與乙之贈與契約不能對抗甲，而須對甲返還，將使善意受讓規定變得無意義。因此甲僅得對乙，主張第 179 條之不當得利。特殊的是，因甲所為移轉所有權之意思表示無效，故乙僅取得標的物之占有；而丙卻因乙之無權處分，依善意受讓規定取得動產所有權及占有，並致乙無法返還占有；因此乙充其量僅須償

---

[81] Wendehorst, 2019, §812 Rn 175.

[82] 依德國民法第 816 條第 1 項第 2 句規定，因無償、無權但有效之處分，例如因動產善意受讓規定而對所有權人發生效力之無權處分而取得法律上利益之人，對所有權人負不當得利返還義務。

還價額（第 181 條但書），但占有本身並無價額可言 **83**；而且，乙與丙間係贈與契約，乙沒有取得任何對價；此外，若乙並未節省任何費用，依第 182 條第 1 項，得主張所受利益不存在 **84**，故乙對甲並不負返還或償還之責任 **85**（對此，參見以下對第 182 條第 1 項之說明）。但是法律上，乙與丙間是無償贈與契約，故第三人丙乃無償受利益，相較於不當得利返還請求權人甲而言，甲亦較值得受保護，故丙不應基於甲之費用而保有其所取得者 **86**，而應類推適用第 183 條，因為依上述，丙係依善意受讓規定取得標的物所有權；而且在此，並非乙讓與予丙，並不符第 183 條文義，但無償受讓人較不受保護，故宜類推適用第 183 條。

此外，若只有乙與丙間法律關係有瑕疵（即無效、不成立或意思表示被撤銷），依上述原則，僅應由乙對丙依第 179 條主張買賣標的物所有權不當得利之返還。

4) 雙重瑕疵之問題

若甲與乙，及乙與丙法律關係均無效、不成立與意思表示被撤銷，即雙重瑕疵，雖有認為甲可對乙，且乙亦可對丙請求返還不當得利，故甲可請求乙讓與對丙之請求權，由甲直接對丙請求不當得利；但是此一結論，將導致丙得依第 299 條第 1 項，對甲主張其得對乙主張之抗辯，且甲將承擔丙之破產或支付不能，並非妥適，故應採三方當事

83　BGH NJW 2014, 1095 1. Leitsatz und Rn 14.

84　依德國民法第 822 （即直接適用民法第 183 條） 與第 816 條第 1 項第 2 句（即類推適用第 183 條） 之個別規定，僅前者須不當得利受領人得且已主張所受利益不存在下，才發生第三人負返還不當得利之問題，至於後者，並無相同之前提。

85　Looschelders, SBT 2013 Rn 1086.

86　Palandt/Sprau, 2015, §816 Rn 12; Looschelders, SBT 2013 Rn 1086; Wendehorst, 2019, §812 Rn 175; §816 Rn 1.

人不當得利，僅在有瑕疵之法律關係當事人間處理之原則，以免甲承擔非其相對人丙之破產或支付不能，亦避免甲（或丙）無法對其相對人乙主張抗辯[87]。此外，亦有認為，本例之丙，並非直接基於甲之費用而有所取得[88]。亦即結論是，應在個別有瑕疵之法律關係當事人間主張不當得利，即甲對乙，乙對丙個別主張不當得利；至於甲對乙，未能獲原物返還，僅得請求價額償還[89]。此外，若乙怠於對丙行使權利而且符合第 242 條要件，則甲可代位乙對丙主張不當得利返還。最後，值得注意的是，德國學說指出，若乙得主張第 182 條第 1 項之所受利益不存在，且乙仍負義務返還現存之利益或代替利益（即更有所取得之利益），後者例如乙對丙之不當得利返還請求權，則仍可能發生甲得請求乙返還乙之利益，即「乙對丙之不當得利返還請求權」之結果[90]。

2.縮短給付

同一標的物，甲出賣給乙，乙出賣給丙，故乙指示甲直接交付移轉標的物所有權及占有給丙。對此一交易中之乙，主要理由可能是得以避免運送風險，亦節省時間及費用。在不動產，亦同，得節省移轉登記之登記費用、契稅、增值稅等。

1) 動　產

若甲與乙之契約無效不成立或意思表示被撤銷，法律上應由甲對乙請求不當得利，理由是甲乃基於乙之指示，而對丙為財產給與。甲

---

[87] Looschelders, SBT 2013, Rn 1144 und 1145; Palandt/Sprau, 2015, §812 Rn 7 und 67; Wendehorst, 2019, §812 Rn 176 亦同。

[88] Looschelders, SBT 2013, Rn 1143 aE.

[89] Medicus/Lorenz, SBT 2014 Rn 1218.

[90] Wendehorst, 2019, §812 Rn 179.

既是基於乙之指示而對第三人丙為財產給與，故法律上即發生甲對乙，及乙對丙分別給付之結果。即在此，應區別甲對丙之財產給與，以及甲對乙及乙對丙之法律意義之給付。因此甲與乙間法律關係有契約無效等瑕疵，應由甲對乙請求返還；甲不得直接對丙請求返還不當得利[91]；此一原則之例外，參見第 183 條之規定。

其次，若乙與丙間法律關係有契約無效等瑕疵，因甲對丙之財產給與，乃甲基於甲與乙之契約以及乙之指示；而且乙指示甲對丙為財產給與，法律上也發生乙對丙進行給付之結果，所以在法律上，若乙與丙間法律關係有契約無效等瑕疵，應由乙對丙依不當得利請求返還。

再者，若甲與乙及乙與丙之法律關係，均有契約無效等瑕疵，即所謂雙重瑕疵問題，上揭已提及在給付連鎖，有認為甲可對乙且乙可對丙請求不當得利，故甲可請求乙讓與對丙的請求權，而由甲直接向丙請求不當得利。但較新見解認為，上述見解將造成甲須承擔丙支付不能或破產之結果，且影響當事人間之抗辯權，故應由甲對乙，乙對丙請求不當得利[92]。

2) 不動產

不動產依法律行為移轉，須經登記（第 758 條第 1 項），在甲出賣乙，乙轉賣丙，而乙指示[93]甲直接移轉登記予丙時，德國通說認為，在不動產指示移轉之情形，應如同動產的指示交付般處理[94]。

---

[91] Looschelders, SBT 2013, Rn 1146f.; Medicus/Lorenz, SBT 2014 Rn 1220; Wendehorst, 2019, §812 Rn 187 und 188.

[92] Looschelders, SBT 2013, Rn 1145.

[93] 對此參見 107 臺上 14（土地）；106 臺上 1667（土地應有部分）；106 臺上 239（供電）。對前二判決，參見下述(2)。

[94] Larenz/Canaris, 201ff.; Medicus/Lorenz, SBT 2014 Rn 1219; Wendehorst, 2019, §812 Rn 181.

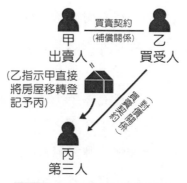

圖 4-4　補償關係與對價關係

(1)僅對價關係有瑕疵

　　若債務人甲已依債權人乙之有效指示對第三人丙為移轉登記，且補償關係即甲與乙間之法律關係有效，而僅對價關係即乙與丙間之法律關係有瑕疵，則亦僅在有瑕疵之對價關係當事人間，也就是由第一買受人乙對第二買受人丙間進行不當得利之請求[95]，因為對價關係如何，與債務人甲並無關係。在此，89 臺上 961 亦正確表示：「倘出賣人甲出賣他人乙之不動產，並依買受人丙之指示，使乙將買賣標的物不動產所有權逕移轉登記於買受人所指定之第三人丁，則此第三人丁與乙間僅存有移轉物權之獨立物權契約關係，其間並無何買賣債權債務關係，亦不因其取得所有權之登記原因載『買賣』而受影響；若此，如買受人丙無法律上之原因，使非買賣當事人之第三人丁取得不動產所有權，第三人丁因而受有利益，且該買受人丙受有損害時，買受人丙自非不得請求第三人丁移轉不動產所有權登記以返還利益」。

(2)僅補償關係有瑕疵

　　若債務人甲已依債權人乙之有效指示移轉登記予第三人丙，而甲與乙之補償關係有瑕疵，但乙與丙之對價關係有效存在。在此，德國通說，基於不同理由，認為債務人甲僅得對其補償關係之相對人乙請

---

[95] Larenz/Canaris, 204.

求不當得利返還，而無從直接對於第三人丙請求[96]。在此，有認為，縮短給付之情形，應儘可能使其結果與上述給付連鎖者相同。即給付連鎖時，債務人甲與第一買受人乙間物權行為有瑕疵之情形，第二買受人丙既得以善意受讓規定作為法律上之原因而取得並保有所有權，因此對於縮短給付，僅補償關係有瑕疵，而物權行為無瑕疵之情形，更應使第二買受人丙取得並保有所有權[97]。因此債務人甲僅得對其補償關係之相對人乙，而非對於第三人丙請求返還。但是在此應注意例外，即有無直接適用或類推適用第183條，致不當得利之債權人甲得對第三人丙直接請求不當得利返還。

在此，最高法院107臺上14採不同見解，主張例中之甲得直接對丙請求不當得利返還。本判決，不僅並未斟酌如同106臺上1667、及106上239及105臺上633等判決區分甲與乙及乙與丙之關係，以及尤其甲與丙間並不存在給付關係存在，尤其是並說明應由甲對乙主張不當得利之敘述，而且是未附理由即作成肯定原審所謂甲得直接對丙請求不當得利之論斷；此外，亦未提及是否適用或類推適用第183條或其他任何之斟酌因素。

⑶對價關係與補償關係均有瑕疵

若債務人甲基於第一買受人乙之有效指示，已對第三人丙有效移轉不動產所有權，但是補償關係與對價關係均有瑕疵之情形[98]，德國學說認為，三方當事人間應個別成立不當得利，亦即債務人甲對第一

---

[96] 相同見解，106臺上1667；106臺上239；105臺上633（但將解除，亦列為適用不當得利）。不同見解，依據107臺上14，甲得直接對第三人丙請求不當得利返還。

[97] Larenz/Canaris, 202 und 203; 相同見解 Wendehorst, 2019, §812 Rn 187.

[98] 參見 MK/Lieb, 4. Aufl 2004, §812 Rn 47 Fn 109，所謂雙重瑕疵，以指示有效為前提。

買受人乙，第一買受人乙對第二買受人丙，應分別主張不當得利，而非出賣人甲得直接對第三人丙請求不當得利返還[99]。

⑷指示行為無效等

以上所述，均涉及第一買受人乙有效指示出賣人即債務人甲移轉所有權登記予第三人丙。但是若此一所有權移轉登記之指示自始欠缺、不生效力，如其授權行為以及清償目的決定有所欠缺，或者未發生效力，而且亦無從將此一給付歸屬予第一買受人乙時，應由給付之債務人甲直接對於第三人丙依不當得利請求返還[100]。採取此一結論，理由在於，未經第一買受人乙之有效指示，即無從將指示歸屬予其，故不應使其遭受債務人甲之請求，否則當事人乙將無端承擔他人給付之法律結果[101]。

⑸移轉登記無效

最後，涉及債務人甲對第三人丙所為之所有權移轉登記無效，不動產所有權仍屬債務人甲。在此，第一買受人乙未曾受有所有權移轉登記，而第二買受人丙，因物權行為無效，亦無從依第 759 條之 1 第 2 項主張信賴登記而善意取得物權[102]。甲得否對丙主張不當得利返還請求權，訴請塗銷（無效的）登記，不無疑問。在指示有效，而物權

---

[99] Larenz/Canaris, 204f.; Wendehorst, 2019, §812 Rn 187. 此外，請參見上揭有關給付連鎖之雙重瑕疵之說明。

[100] Wendehorst, 2019, §812 Rn 184 und 199; Kupisch, JZ 1997, 219 bei Fn 66 und 214 bei Fn 13 bis Fn 15; Larenz/Canaris, 208 und 210. 此外，對於此一直接請求權，究竟歸類為給付型或非給付型不當得利，仍有爭論。採前說，Kupisch, JZ 1997, 221 (l. Sp. oben); 採後說，Larenz/Canaris, 250f. 對前說之批評。

[101] 參見 Larenz/Canaris, 226 bei Fn 60 有關付款指示欠缺之說明； 相同見解 Wendehorst, 2019, §812 Rn 199.

[102] Larenz/Canaris, 209f.

移轉登記無效情況下，所有權人甲為避免物權移轉登記不符權利真實狀態，得依據第 767 條，訴請第三人丙塗銷所有權移轉登記。但是此一情形，第三人丙並未受債務之清償，故仍得對乙請求不動產所有權之移轉及占有。

反之，若指示無效、欠缺或不生效力等，而物權移轉登記亦無效之情形，因僅係債務人甲與第三人丙間之給付，與債權人乙無涉，宜認為債務人甲無論依第 767 條或第 179 條規定，均得訴請第三人丙塗銷系爭土地所有權之移轉登記。

3. 現金及非現金之指示支付

1) 金錢債務之履行

金錢債務之履行，可能包括現金及非現金支付。現金支付，係適用有關動產之第 761 條第 1 項，而發生移轉金錢所有權及占有。非現金支付則包括支票、匯款（人工或櫃員機）、自動扣款、信用卡、儲值卡等。此處票據法第 4 條之支票，即為委託支付，且係委託金融業者無條件付款。委託支付，一般認為乃委任契約，但是此一情形，現行法下宜解為承攬契約（第 490 條），即債務人銀行須完成約定之工作，才享有報酬請求權。但相關之權利義務，若當事人無約定，得類推適用委任契約規定。在委任契約之下，委任人之指示拘束受任人（第 535 條前段）。

又匯款亦屬非現金之指示支付，即匯款人指示郵局或銀行處理匯款事務。此外，日常生活中水、電、瓦斯及電話費約定自動扣繳，得稱為扣款轉帳；其特殊性在於由債權人主動對債務人提供銀行帳戶等進行扣款，但是須經債務人事先同意自其帳戶扣除款項。

2) 現金之指示支付

若甲對乙有 3 千元債權，而甲對丙有 3 千元債務，故甲指示乙對

丙支付 3 千元以清償甲對丙 3 千元債務，而乙即對丙支付 3 千元。若其後確認乙對甲之 3 千元債務不存在，但乙已對丙支付 3 千元，同於動產指示交付，僅在個別有瑕疵之法律關係進行不當得利返還[103]，故本例應由乙對甲主張不當得利返還。即乙對丙支付 3 千元乃是基於甲之指示，而有如乙對甲支付 3 千元，且甲對丙支付 3 千元一般，因此甲與乙間之法律關係有瑕疵，應由乙對甲請求 3 千元返還。同理，若甲與丙間，經確認甲之債務不存在，應由甲對丙請求不當得利返還。又若乙對甲，且甲對丙之債務都不存在的話，亦應個別由乙對甲，或甲對丙請求不當得利返還。

3) 非現金支付未經指示或指示有欠缺或無效

非現金支付，在有效指示下，亦係依上述在有瑕疵法律關係間解決之基本原則[104]。但重要問題是未經指示或指示有欠缺或無效究竟如何處理。

(1)以匯款為例說明非現金支付

帳戶所有人對銀行為匯款之指示，乃銀行得以將相關匯款歸屬於帳戶所有人之法律上依據，並因而得自匯款人帳戶扣除匯款金額，且得對其請求預付必要費用或償還必要費用 （第 545 條及第 546 條第 1 項）。因此，未經帳戶所有人指示或授權，或銀行係依據偽造或變造之匯款（或支票或匯票）之指示，或指示人乃無行為能力人等，原則上銀行均無權自帳戶所有人之帳戶扣除匯款金額，或對其請求相關費用等；亦即欠缺有效指示，或欠缺可歸屬予當事人指示之情形[105]，帳戶所有人不須對相關匯款行為與結果負責，並得主張回復存款登載請求權，而銀行應自行對受款人依不當得利請求返還[106]。而且，無論受款

---

[103] Looschelders, SBT 2013, Rn 1150; Wendehorst, 2019, §812 Rn 187.

[104] BGH NJW 2015 3093 Rn 17.

[105] 在 BGH NJW 2011 66 Rn 32 仍存在，但在 BGH NJW 2015 3093 Rn 18 並無。

人在（受領）財產給與當時，知或不知欠缺有效指示，亦同[106]，應由銀行對受款人，直接請求不當得利返還[108]。此等處理原則，在下段因歐盟指令而新訂德國民法之下，並不須改變[109]。

⑵匯款委託撤回等[110]，但銀行疏忽仍對受款人付款。在此之關鍵問題是應由誰對誰請求不當得利返還。

過去，（繼續性委託或）匯款委託及時撤回（或撤銷、解除條件成就或期限屆至等），或終止繼續性委託等，因係帳戶所有人共同造成指示之情事以及由其造成對受款人係可歸屬於其之給付之權利表象，故德國實務舊見解基於所謂受領人觀點，主張須受款人知悉撤回或撤銷之情事，付款銀行才可對受款人直接請求不當得利返還，否則，若其不知，則付款銀行僅能對委託匯款或付款之人主張相關權利[111]。

最新之德國實務，依據將歐盟付款勞務指令轉化為德國民法第675j條及第675u條，已改變舊見解而重新主張，須存在有效之付款委託，付款銀行才可自付款（委託）人之銀行帳戶扣除存款[112]；德國民法第675c條以下規定有付款過程，只要未經付款人授權，付款銀行對受款人之付款，均非付款人之「給付」，而不論受款人是否知悉欠缺

---

[106] BGH NJW 2015 3093 Leitsatz 2 und Rn 18; BGH NJW 2011 66 Rn 32. 且均表示性質上乃非給付類型不當得利。

[107] 正文所述之「受款人」，在德國判決原文是指示人及被指示人之外之「指示受領人」或「財產給與之受領人」（即此二名詞在此是互換使用，在此為免誤會，故逕行使用受款人），參見 BGH NJW 2015 3093 Rn 18; BGH NJW 2011 66 Rn 32.

[108] BGH NJW 2015 3093 Leitsatz 2 und Rn 18; BGH NJW 2011 66 Rn 32.

[109] BGH NJW 2015 3093 Rn 18.

[110] BGH NJW 2015 3093 Rn 19.

[111] BGH NJW 2015 3093 Rn 19 und 20.

[112] BGH NJW 2015 3093 Rn 22 und 23.

授權，或自受款人觀點出發，此一支付過程究竟如何呈現。在此，付款委託人與受款人之間之對價關係，因欠缺清償目的，故不生清償效果，也因此在付款委託人與付款銀行之間之補償關係，不成立付款銀行對付款委託人之給付。也就是，由於欠缺授權付款，故在付款銀行與受款人之間，乃成立非給付類型之不當得利返還請求權[113]。

針對未經付款人指示、授權或委託（包括經撤回之委託[114]）所進行之非現金支付，學說指出，在此得思考過去德國法解決途徑之複雜性、訴訟經濟之結果以及受款人之信賴保護等觀點。但無論如何，有無經本人指示、授權或委託進行非現金支付，極易認定，且銀行對受款人直接請求不當得利返還亦相對容易實現，又訴訟爭執亦得以因此集中在多半是真正之爭執根源即付款委託人與受款人間之對價關係上，故此一新的解決途徑，值得贊同[115]。此外，學說認為，此等因非現金支付之新見解，顧及非現金支付之思考係依具體之補償關係之特殊性以及歐盟立法者之相關規定，故不宜轉用到他指示類型之案例[116]。

4) 爭議問題

「崇友與崇反案」[117]，本件經簡化之事實，涉及甲為清償其對乙之金錢債務，故以乙公司為支票受款人，交付支票一張予乙公司之職

---

[113] BGH NJW 2015 3093 Rn 24.

[114] 參見 Wendehorst, 2019, §812 Rn 208.

[115] 參見 Wendehorst, 2019, §812 Rn 208ff, 212 und 213. 德國舊見解下之複雜性，例如銀行重複匯款係由銀行對受款人直接請求不當得利，而銀行錯誤逾越委託人指示之金額匯款予受款人原則上是在各方當事人間解決，例外是當受款人對錯誤係可得而知時，銀行得直接對受款人請求不當得利，參見 Wendehorst, 2019, §812 Rn 205 und 206.

[116] Wendehorst, 2019, §812 Rn 214（引用 BGH NJW 2018 1079 適用舊見解斟酌受款人欠缺善意之因素）.

[117] 94 臺上 41；92 臺上 753；90 臺上 1954

員丙，不料丙竟將票載乙公司崇友公司之名變造為崇反公司，並在另一銀行以崇反公司之名開設支票存款帳戶，藉由存入該經變造受款人為崇反公司之支票於該帳戶，委託銀行代收，而獲得票款。

最高法院及學說通說，係以票據法第 143 條，或另以支票乃第三人利益契約等，作為執票人得對付款銀行請求付款依據。但本書不採此一見解，因為本例之乙即崇友公司自始至終未曾以崇友公司名義，將原本以其為受款人之支票，存入其往來銀行，經由票據交換所，提示請求付款人付款，因此付款銀行對崇友公司根本不成立票據法第 143 條前段之要件；此外，第三人利益契約等，亦非適當依據 **118**。

首先，崇友公司已無從提示系爭支票請求付款，故亦無從適用票據法第 143 條。因為支票乃完全有價證券，除權利之發生及移轉須作成、交付證券外，其權利之行使，須提示支票證券；此外，支票也是繳回證券（參見票據法第 144 條有關支票之準用第 74 條第 1 項）。崇友崇反案之系爭支票已因付款銀行對變造人丙所虛設之崇反公司付款，而由付款銀行予以收回；崇友公司已喪失系爭支票之占有；更重要的是，崇友公司對系爭支票之喪失，亦無從依票據法第 19 條第 1 項規定，為公示催告之聲請，理由是付款銀行已為付款（參見票據法施行細則第 6 條，「本法第 18、第 19 條規定，對業經付款人付款之票據不適用之」）並收回系爭支票。

其次，付款銀行已支付票款並且收回系爭支票之後，學說主張之該付款銀行「非所有人，應依民法第 767 條返還該支票與所有人崇友公司」，亦有疑問。付款銀行「未盡善良管理人義務而對於經變造受款人之系爭兩紙之票據付款，顯屬惡意，不得主張善意取得該票之所有權，而為該等支票之占有人，且對真正受款人崇友公司而言，乃無權占有」，亦明顯有誤，理由是付款銀行或其受僱人違反善良管理人注意

---

118 對此，參見楊芳賢，2011 政大法學評論。

義務，依第 948 條第 1 項規定，仍得以善意受讓；若僅因其違反善良管理人注意義務即稱其「顯屬惡意，不得主張善意取得該票之所有權」，並不可採。此外，崇友公司亦已無從提示系爭支票或聲請公示催告及除權判決，充其量崇友公司僅得以其原因債權尚未消滅而對債務人請求原因債權之履行，而無從再對系爭支票之付款銀行主張支票上之權利。因此對崇友公司而言，票據法第 143 條並非正確之請求權依據，付款銀行亦已非崇友公司正確之請求對象。

再者，即使乙即崇友公司依其原因關係之債權，訴請債務人甲履行，亦應特別注意崇友公司係因其受僱人丙故意變造獲付票款，而造成債務人甲未能依其所簽發支票清償債務，而且崇友公司對此應加以負責。由於本件之變造人丙乃崇友公司之受僱人，而且崇友公司訴訟中未曾否認該受僱人丙受領債務人甲交付系爭支票之權限，甚至，該受僱人丙過去恐即有收受債務人甲支票並交付其僱用人乙即崇友公司之情事，故債務人甲亦得對崇友公司主張因其之受僱人丙故意違反保護義務行為致其受損害，依不完全給付（參見第 224 條及請求權依據之第 227 條第 1 項及第 2 項），或侵權行為（第 184 條第 1 項後段及第 188 條第 1 項），請求負損害賠償；換言之，發票人即債務人甲，縱應承擔付款銀行之過失（類推適用第 224 條），而對變造人丙付款之結果但是崇友公司對其受僱人丙故意變造而獲付款，致甲仍對崇友公司負有原因債務之行為，亦應負賠償之責（參見第 224 條及請求權依據之第 227 條第 1 項及第 2 項），或與其受僱人丙連帶對甲負賠償之責（第 184 條第 1 項後段及第 188 條第 1 項）。

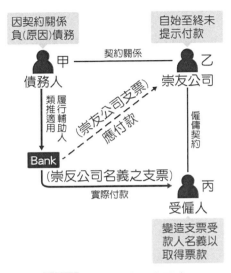

圖 4-5 崇友與崇反公司案

4. 第三人利益契約

　　第三人利益契約指雙方當事人以契約訂定，一方應向第三人給付，且該第三人依該契約約定 ，亦有直接請求債務人給付之權利 。 但第 269 條第 1 項，僅稱以契約訂定向第三人給付，即稱第三人有直接請求給付之權，並不正確[119]。例如 92 臺上 2581 之敘述，頗有疑問，因為一方債務人與他方須約定第三人享有直接對債務人請求給付之權利才可；若無，僅係所謂不真正第三人利益契約。又如 97 臺上 1614，涉及指示給付類型，第三人對債務人並無直接請求給付之權利，而僅有受領給付之權利，充其量只是不真正第三人利益契約[120]。

---

[119] 100 臺上 674。反之，100 臺上 1679；98 臺上 2109 等，仍有疑問。

[120] Looschelders, SBT 2013, Rn 1047 表示，當事人僅欲縮短給付而約定由債務人對第三人給付之情形，一般而言，宜認為該第三人對債務人並無直接請求給付之權利，即不成立第三人利益契約。此外，請比較同組當事人間之訴訟，106 臺上 11，當事人稱成立第三人利益契約，而 107 臺上 14 僅有指

第三人利益契約之不當得利，得區分兩種類型，首先，⑴縮短給付且強化第三人地位，例如，甲向乙訂購原料，乙缺貨，乙向同業丙調貨，且乙與丙約定，甲得直接請求丙給付，而丙亦依甲之請求而對甲給付。法律上，若乙與丙未就價金達成合意，致乙與丙契約不成立，而丙已對甲給付，則丙應向何人請求不當得利返還，對此，宜採在有瑕疵法律關係相對人間解決原則 [121]。本例之瑕疵是存在於乙與丙之間，故應由丙向乙請求不當得利返還；而非由丙對甲請求。此外，另有提供補強理由表示，第三人利益契約賦予第三人直接請求債務人給付之權利，既在強化第三人之權利地位，則此一第三人之地位，相較於指示交付動產等不真正第三人利益契約之第三人，不應更差而是應當更好，故第三人利益契約之第三人，如本例之甲，在乙與丙補償關係有瑕疵之情形，甲更不應遭受債務人丙不當得利返還之請求 [122]。例外情形，即如前述，若甲與乙間乃以無償之贈與契約為依據，（類推）適用第 183 條，丙得對甲請求返還 [123]。

示給付。

[121] Looschelders, SBT 2013, Rn 1157; Medicus/Lorenz, SBT 2014 Rn 1222; Wendehorst, 2019, §812 Rn 194.

[122] Looschelders, SBT 2013, Rn 1157; Wendehorst, 2019, §812 Rn 194. 此外，德國法上第三人利益契約另一例外判決即 (BGHZ 58, 114ff.)，參見楊芳賢，不當得利，2009 年，頁 81。

[123] Looschelders, SBT 2013, Rn 1157; Wendehorst, 2019, §812 Rn 196. 此外，德國法上第三人利益契約另一例外判決即 (BGHZ 58, 114ff.)，參見楊芳賢，不當得利，2009 年，頁 81。

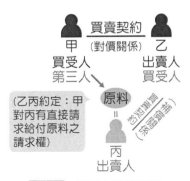

圖 4-6 第三人利益契約

　　值得注意的是，97 臺上 1614 主張，依第 270 條，債務人得以契約（補償關係）所生一切抗辯對抗受益第三人，自得依不當得利規定對第三人直接請求返還[124]。首先，第 270 條是成立第三人利益契約時，為避免債務人因負對第三人給付義務而非對相對人（即債權人），而遭受不利益[125]，故明定債務人得對抗債權人事由亦得對抗該第三人，明顯適用於債務人尚未對第三人給付之前。若債務人已依第三人利益契約對第三人給付，能否以本條為直接請求返還之依據，不無疑問。其次，本件之 97 臺上 1614，僅為指示給付，並非真正第三人利益契約，不應直接適用第 270 條，充其量僅得考慮類推適用本條。但更重要的是，本件係解除契約，且已有第 259 條之明文規定，不當得利相關規定，尤其第 182 條第 1 項及第 183 條，充其量僅得斟酌是否得類推適用，但其前提亦須存在所謂「法律漏洞應予填補」，在此既已有第 259 條規定，恐難以採肯定見解。更重要的是，97 臺上 1614 主張，指示給付案例，債務人得直接請求第三人返還不當得利，完全忽略三方當事人關係下，原則上僅在有瑕疵法律關係當事人間處理不當得利返還之原則[126]；至於第三人利益契約之解除契約問題，原則上亦應相同，

---

[124] 92 臺上 2581 亦同。

[125] MK/Gottwald, 2012, §334 Rn 1.

即僅在有瑕疵之法律關係當事人間處理解除契約後之回復原狀問題[127]。稍慶幸的是，102 臺上 1855 明確不採 97 臺上 1614 之見解，反而認為指示給付案例，須分別補償關係與履行關係，故「指示人指示被指示人將財產給付領取人後，倘其補償關係所由生之契約經解除，被指示人只能向指示人行使不當得利返還請求權，而不得向非「致」其財產受損害之受領人請求」。雖然本書認為，102 臺上 1855 仍有解除契約適用不當得利而非適用第 259 條回復原狀之缺失，但較符合上述處理原則而較符合三方當事人之可能利益狀態[128]。

第二種類型為(2)照顧類型例如保險契約，若甲與乙之間，甲是被保險人，乙是人壽保險公司，丙是受益人，於甲死亡時，乙依契約對丙支付保險金。其後，發現保險契約有瑕疵即無效、不成立或意思表示被撤銷等情事，但卻已為保險金之給付。在此，因甲與丙間，通常乃無償之情形，故依其情形得類推適用第 183 條，而由乙對丙直接請求返還[129]。

5.債權讓與之不當得利

債權讓與，請參見本書下冊有關第 294 條以下之說明。簡要而言，債權人出賣其對第三人之債權予買受人（第 348 條第 2 項），並進而為債權讓與，前者乃負擔行為，而後者，通說認為是準物權行為[130]。其

---

[126] Larenz/Canaris, SBT 1994, 223–225, 235, 240. 對此，參見 106 臺上 1667；106 臺上 239 以及 89 臺上 961。

[127] MK/Gottwald, 2012, §334 Rn 12 aE und Rn 15ff.

[128] 此外，對 95 臺上 2610、94 臺上 1555、92 臺上 2581、92 臺上 1189 等判決之簡評，參見楊芳賢，不當得利，2009 年，頁 82–91。

[129] 參見 Wendehorst, 2019, §812 Rn 196; Looschelders, SBT 2013, Rn 1157（但二者之說明並非直接針對人壽保險契約之說明）.

[130] 92 臺上 624。

次，債權人不僅得將債權讓與第三人，債權人亦得依物權編規定，就債權設定權利質權（第 900 條以下），以擔保自己或他人之債務，此亦屬準物權行為。再者，依第 297 條第 1 項，讓與人或受讓人須通知債務人，債權讓與才對債務人發生效力，但是在讓與人與受讓人間之準物權行為完成時，即已發生效力，債權已移轉。

舉例而言，甲對乙有 10 萬元之債權。乙為清償對甲之債務，乙便將其銷售商品或提供服務而對丙取得之十萬元金錢債權讓與予甲，並已通知丙。其後，甲對丙請求清償，丙亦支付。

圖 4-7　債權讓與

⑴若事後發現並確認乙丙間之契約無效、不成立或意思表示被撤銷，即乙對丙之債權並不存在。對此，宜採上述在有瑕疵法律關係當事人間解決不當得利之見解，即在此如同上揭依指示而給付或支付之類型般，宜認為甲之受利係基於乙之費用而非丙，故丙不得直接對甲請求返還十萬元[131]，而且債務人丙是信賴其債權人即讓與人乙之告知而對受讓人給付[132]，故宜由丙對乙請求不當得利[133]。但乙所受之利益，

---

[131]　BGH NJW 1993 1578 (1579 unter 3 e) und f)).

[132]　BGH NJW 2005 1369 (1369 unter I und II 1).

[133]　除前二註所示之二判決外，通說見解，參見 Looschelders, SBT 2013 Rn 1159; HK-BGB/Schulze, 2014, §812 Rn 28; 英國法，亦同，參見 Burrows,

乃在丙對甲支付之金額的限度內，乙對甲之債務消滅，且無法原狀返還，故丙依第 181 條第 1 項但書，得請求返還價額。反之，不同見解認為，此一問題應採直接請求說，由丙直接對受讓人甲請求不當得利返還。但是採此一見解，丙須承擔甲支付不能或破產之後果；而且此一見解亦可能違反債權讓與時，債務人不應因此而遭受不利益或利益之原則[134]。

(2)若事後發現甲乙間之債權不存在，乙卻已將其對丙之債權讓與予甲，以清償對甲並不存在之債務，且丙亦已對甲給付。此一情形亦應當採類似於指示交付或支付之思考，即丙對甲之清償行為既為丙對乙之給付，也是乙對甲之給付，因此丙對甲給付，有如乙對甲之清償一般，而且有瑕疵之法律關係乃存在於甲與乙之間，因此宜由讓與人乙對受讓人甲請求不當得利返還[135]。

(3)雙重瑕疵之情形。即甲對乙之債權不存在且乙對丙之債權亦不存在，在此宜採如同指示交付或支付之處理原則，即在個別有瑕疵關係當事人間主張不當得利，因此甲對乙以及乙對丙之債權均不存在，而丙又已對甲清償，應由乙對甲請求不當得利，而丙則對乙請求不當得利[136]。

(4)若乙與甲之債權讓與行為（即準物權行為）無效、不成立或被撤銷，而丙又已對甲為給付，則此一情形，該債權仍屬乙，而甲並非

2011, 351–353，尤其 352–353 引用、討論並說明 Pan Ocean Shipping Ltd v Creditcorp Ltd, [1994] 1 WLR 161 之理由。

[134] BGH NJW 2005 1369 (1369f unter II 1). 不同見解，例如 MK/Schwab, 2017, §812 Rn 238.

[135] Wendehorst, 2019, §812 Rn 244; MK/Lieb 4. Aufl. §812 Rn 145; 但是 MK/Schwab, 7. Aufl. 2017, §812 Rn 243 已放棄 Lieb 之見解，改採由丙對受讓人直接請求之見解。

[136] Wendehorst, 2019, §812 Rn 245.

債權人，故學說認為若甲已受領丙之給付，宜由丙對甲直接請求不當得利 [137]。本書目前認為，前述見解忽略第 298 條規定，並不可採；即依第 298 條，縱未為讓與或讓與無效，當丙已依讓與通知對甲給付，丙即得以其已對甲為清償對抗乙，不須再對乙負債務，故在此應由乙自行對甲依非給付類型主張不當得利返還請求權。其次，若丙對甲給付後，經確認丙與乙之法律關係有瑕疵，同於(1)所述，丙不得對甲，而是應對乙請求不當得利返還 [138]。

6. 第三人清償及非債清償

1) 第三人清償

第三人清償（參見第 311 條以下），即明知屬他人債務而為該他人清償債務，例如父為子清償債務。在此之第三人父明知此乃債務人子對債權人負有債務而為其清償；而外在上亦可知係為債務人清償 [139]。此乃第三人清償，依第 311 條及第 312 條，原則上法律允許之，且清償人得依第 312 條承受債權。

若事後確認債務人子對債權人並無債務，究竟由誰對誰主張不當得利返還，不無疑問。對此，一般認為，若係受指示而給付，給付者乃指示之人，受指示而為清償行為之人只是債務履行機關，指示者乃法律上之給付人。依據此一見解，給付在法律上乃歸屬於指示人，故若其後確認債務不存在，即應由指示人對受領人，請求不當得利的返還 [140]。同理，若僅指示人與受指示人間之法律關係有瑕疵，而後者替

---

[137]　MK/Schwab, 2017, §812 Rn 244（且係給付類型不當得利）.

[138]　Wendehorst, 2019, §812 Rn 269.

[139]　Palandt/Sprau, 2015, §812 Rn 63.

[140]　參見 Wendehorst, 2019, §812 Rn 230; 又 MK/Schwab, 2017, §812 Rn 188 及 Palandt/Sprau, 2015, §812 Rn 63, 均採如同指示給付般，在有瑕疵法律關係當

前者清償其對債權人之債務，即應由受指示人對指示人請求不當得利返還[141]。反之，若父是未受指示下，自發而為債務清償，乃當事人自己本身之給付，經確認並無債務存在，法律上即由給付之人即父對受領清償之人，請求不當得利返還[142]。

在此之後續問題是，第三人為債務人對債權人清償債務，若發生債務消滅即清償之效果，第三人對債務人可能之請求權。首先，若第三人係基於其與債務人間之契約，例如委任契約並依其指示而對債權人為清償，則第三人得依民法第546條第1項規定對債務人請求。其次，若無契約關係，即須判斷是否成立無因管理，尤其是否適法無因管理。之後，則須考慮第179條以下有關不當得利之規定。

2) 非債清償之不當得利，但另有真正債務人

非債清償，應由誤為清償之人對受領人依不當得利請求返還，並無爭議。但是非債清償時，若另有他人為真正債務人，究竟誤為清償之人應向受領人或真正債務人依不當得利請求返還，不無爭議。

91臺上2544認為，「第三人清償，若係誤認他人之債務為自己之債務而為清償，即屬非債清償，若該他人確有是項應負責之債務，因第三人之清償而受利益，該第三人自得依不當得利法則請求返還」，言下之意，認為第三人得對真正債務人，依不當得利請求返還。

相對的，本書採否定見解[143]。首先，就第三人甲與債權人乙互相比較，若甲並非誤為清償，則乙受領清償，債權已消滅。但是第三人甲既是誤為清償，以為自己在清償自己債務，故乙對丙之債權，並未

事人間請求不當得利返還。

[141] Palandt/Sprau, 2015, §812 Rn 64.

[142] MK/Schwab, 2017, §812 Rn 183 （且係給付類型不當得利）；Wendehorst, 2019, §812 Rn 232; Palandt/Sprau, 2015, §812 Rn 65.

[143] 王澤鑑，頁127；Wieling, 25–26, unter §3 III 1 d).

消滅，乙並無受利益，故此一情形原則上應由甲對乙請求不當得利返還[144]。又第 182 條規定，係以不當得利受領人不知或知無法律上之原因，而決定其返還義務之範圍，若乙因善意不知無法律上之原因，且所受利益不存在，或已支付不能或破產，則不當得利債權人甲，將自行承擔乙所受利益不存在或已支付不能或破產之風險[145]。

其次，德國學說所謂第三人得嗣後變更清償意思之法律依據，類似我國民法第 311 條第 1 項之第三人清償規定，並稱當第三人誤為清償時，得嗣後變更其清償意思[146]。但是此一理由，不具說服力，因為爭議問題正是第三人得否嗣後變更清償意思，而此一見解之答案卻是原本並無為債務人清償債務意思之第三人，因其得嗣後變更清償意思，而得適用第 311 條第 1 項規定。

再者，若第三人對未享有債權之人為清償，涉及財產權之移轉變動，則第三人須依意思表示始可發生財產權移轉變動之結果（動產：第 761 條第 1 項；不動產：第 758 條第 1 項及第 2 項），因此表意人僅當符合第 88 條、第 89 條或第 92 條第 1 項等規定時（尤其是第 88 條第 1 項但書規定，須非因表意人之過失所致之錯誤），始得撤銷意思表示，而且亦僅得因此而對受領人請求返還。如今若承認第三人得單方嗣後變更其清償之意思決定，並得以轉而對真正債務人求償，將使現行民法相關規定成為具文，並非妥適。因此第三人誤為清償，本身應自行承擔不當得利債務人所受利益不存在或支付不能或破產之風險，

---

[144] Palandt/Sprau, 2015, §812 Rn 63. 此外，若作者理解正確，Wendehorst, 2019, §812 Rn 235 aE 稱真正債務人得對清償者清償債務之無因管理加以承認，恐係錯誤，因為清償者既係誤以為自己之債務，並無為他人管理之意思，不成立無因管理，無從加以承認（第 178 條）。

[145] 王澤鑑，頁 128。

[146] Flume, JZ 1962, 282 unter 7. 此乃德國通說，Wendehorst, 2019, §812 Rn 237.

不宜承認其得嗣後變更清償意思[147]。

三、給付類型不當得利返還請求權之限制

㈠簡　介

　　給付類型不當得利之要件成立後，仍應注意第 180 條有關限制不當得利請求權的行使規定。學說認為，第 180 條第 1 款至第 4 款規定，僅適用於給付類型之不當得利[148]；相對的，本書認為，第 180 條第 4 款得適用於其他請求權，例如侵權行為、契約以及以物權為基礎之請求權[149]，理由是，本款規定之內容，並非（給付類型）不當得利之獨有原則，而是私法制度之基本原則[150]；再者，德國通說雖否定類推適用第 180 條第 4 款至非給付類型之不當得利，但有學說指出，對此在個案上仍得以禁止權利濫用行為而否定當事人之返還請求[151]。又例如德國實務雖亦拒絕類推適用第 180 條第 4 款至第 767 條之所有物返還請求權，但多數學說均肯定之，理由是僅債權行為無效、不成立或意思表示被撤銷，適用第 180 條第 4 款不得請求返還，但若債權行為與

---

[147] Looschelders/Erm, JA 2014 161 163 unter C II). MK/Schwab, 2017, §812 Rn 263（基於其他理由）亦不採德國通說見解。反之，Wendehorst, 2019, §812 Rn 238 贊同德國通說，清償人得事後變更清償決定以便對真正債務人請求不當得利（債務受清償之利益），但在受領人已開啟破產程序之情形，並不贊同事後變更清償決定之見解。

[148] 王澤鑑，頁 128。

[149] 不同見解，BGH NJW 1992, 310f. unter II 2 c）。

[150] Burrows, 2002, 571 指出，英國法下，原告依侵權行為或契約之訴訟，被告得以原告之不法主張抗辯。此外，對不當得利返還請求，被告亦得主張此一抗辯。

[151] Looschelders, SBT 2013 Rn 1054.

物權行為均無效等，給付之人不應獲得更優惠之待遇，故給付之人對相對人依第 767 條請求返還，亦應受限制 [152]。

第 180 條各款規定之適用，學說表示，當事人雖未主張，法院應依職權審查之 [153]。相對的，本書認為，第 180 條第 4 款，因涉及公共利益，故不須經當事人主張，法院得職權適用 [154]。至於第 180 條第 1 款至第 3 款，均僅涉及當事人個人利益，法院不應職權適用，反而須由當事人自行主張不須返還 [155]，且他方爭執時亦須舉證證明，法院始得斟酌適用。

㈡給付係履行道德上之義務不得請求返還

給付係履行道德上之義務，致不得請求返還，德國教科書之典型案例，是誤以他人為自己負有扶養義務之人而加以扶養但實際卻無扶養義務。學說表示，此係以道德上義務補充作為法律上之原因使給付之人不得請求返還 [156]。亦即前提是給付者不知自己並無給付義務，卻仍為給付 [157]。若給付者明知自己無給付義務仍然履行道德上義務，則適用民法第 180 條第 3 款，不得請求返還 [158]。至於是否道德上之義務，應依主流道德觀念客觀判斷 [159]。德國學說表示，本款規定，已明顯喪

---

[152] Looschelders, SBT 2013 Rn 1055.

[153] 王澤鑑，頁 129。

[154] Palandt/Sprau, 2015, §817 Rn19.

[155] 對第 180 條第 1 款及第 3 款，不同見解，Palandt/Sprau, 2015, §817 Rn1（主張此乃法院得依職權斟酌之權利障礙之抗辯）。

[156] MK/Schwab, 2017, §814 Rn 1.

[157] Looschelders, SBT 2013 Rn 1037; 此外，92 臺上 1699 之原審法院，亦有類似之說明。

[158] Palandt/Sprau, 2015, §814 Rn 8.

[159] Palandt/Sprau, 2015, §814 Rn 8; 王澤鑑，頁 130 表示，應依社會觀念認定道

失重要性，幾乎已無較新之實務判決[160]。

再者，依第 408 條第 1 項前段規定，贈與物之權利未移轉前，贈與人得撤銷其贈與。本條項乃為避免贈與人輕率表示贈與而設之保護規定。又同條第 2 項規定，為履行道德上義務而為贈與，不適用本條前項得撤銷贈與之規定，以尊重道德上義務之拘束。同理，若已依贈與契約而為給付時，更不得依本條項規定加以撤銷，因此為履行贈與契約之義務而不再屬於履行道德上之義務；且因有贈與契約存在，相對人受領給付，有法律上之原因。

此外，若有第 412 條、第 416 條或第 417 條規定之情形，贈與人仍得撤銷贈與契約。撤銷後，原依贈與契約所為之給付，依據第 419 條第 2 項規定，贈與人得依關於不當得利之規定，請求返還贈與物。本條項規定僅係闡釋性規定[161]，由於此一情形係因贈與人依上述特別規定撤銷贈與契約之結果，故即使贈與之給付原本係履行道德上義務，贈與人撤銷後，已無法律上之原因仍得依本條項規定請求不當得利返還之權利，不受第 180 條第 1 款規定影響[162]。

㈢債務人對未到期債務因清償而為給付

依第 180 條第 2 款，債務人對未到期之債務因清償而為給付，不得請求返還。本款規定之適用須特別注意第 316 條；該條規定定有清償期者，債權人不得於期前請求清償，如無反對之意思表示時，債務人得於期前為清償。由於債務人得清償未到期之債務，而且債權人亦有債權存在，故即使債務人不知係期前清償，亦不得對債權人請求返

德上之義務。

[160] MK/Schwab, 2017, §814 Rn 25.

[161] 95 臺上 802。

[162] 但 50 臺上 2197，似採不同見解。

還。此一情形，因債權人之受領有法律上之原因，故根本不構成不當
得利，而非先成立不當得利而後依據本款規定不得請求返還[163]。

　　至於債務人得否對債權人請求返還自清償時起迄至清償期屆至止
之中間利息，學說認為，宜採否定說，以免法律關係趨於複雜[164]。在
此，第 180 條第 2 款既已針對債務人對未到期債務之清償，明文規定
不得請求返還，似宜貫徹本款規定，解為不得請求返還中間利息。

㈣給付時明知無給付義務而為清償

　　第 180 條第 3 款，涉及所謂明知之「非債清償」。此一規定之立法依
據是矛盾行為禁止原則，即給付者既係明知無給付義務而為清償，若又
得請求不當得利返還，無異出爾反爾，故有本條第 3 款之明文規定[165]。

　　本條本款規定須給付時明知無給付義務仍為清償，才構成不得請
求返還之法律效果，因此過失或重大過失致為給付，並不適用本款規
定[166]。又僅知悉有關導致債務無效之事實，亦仍非明知無給付義務而
清償[167]。此外，債務人「因避免強制執行或為其他不得已之理由而為
給付者，雖於給付時，明知債務不存在，仍得請求返還」[168]。又給付
者明知法律行為所依據之意思表示得撤銷，仍為給付，於撤銷後，給
付者亦不得依不當得利請求返還[169]。

---

[163]　王澤鑑，頁 132。

[164]　王澤鑑，頁 133。

[165]　MK/Schwab, 2017, §814 Rn 2; Palandt/Sprau, 2015, §814 Rn 3; 王澤鑑，頁
134。

[166]　107 臺上 11；106 臺上 190；94 臺上 897；HK-BGB/Schulze, 2014, §814 Rn
2: Palandt/Sprau, 2015, §814 Rn 4.

[167]　MK/Schwab, 2017, §814 Rn 17.

[168]　104 臺上 978；81 臺上 2123；74 臺上 1057；HK-BGB/Schulze, 2014, §814 Rn 2.

[169]　王澤鑑，頁 134。雖然德國實務認為，給付者知悉得撤銷，仍不符合第 180

　　依第 311 條，第三人得清償債務人對債權人之債務。第三人清償時，第三人亦知悉自己對債權人並無清償義務而為清償，但是若嗣後確認債務人對債權人並未負有債務，而第三人係自發對債權人清償，第三人仍得依不當得利請求返還。因第三人清償時，第三人知悉自己對債權人並無給付義務，乃第三人清償時當然存在之性質，故並無第 180 條第 3 款之適用。第三人清償時，關鍵在於第三人須明知債務人對債權人並無給付義務，才適用第 180 條第 3 款，不得請求返還。

㈤不法原因之給付，不得請求返還

1.依　據

　　依第 180 條第 4 款前段規定，因不法之原因而為給付者，不得請求返還。過去德國學說曾認為，此係處罰從事不正當行為，但目前多已認為乃係對於法律制度不承認之交易行為，即不提供國家之權利保護[170]。但此一見解似僅能說明立法結果，並未提供應考慮之因素。最近，另有主張所謂一般預防之見解，即法律行為有背於公序良俗，無效（參見第 72 條），不生制裁，至於法律行為違反法定禁止規定，雖可能受秩序罰，但此通常亦不足以嚇阻，故本款此一規定得以使行為人不為相關行為，以免陷於無從請求返還[171]。但此一見解亦僅提供單

　　條第 3 款 （參見 Palandt/Sprau, 2015, §814 Rn 4），但適用德國民法第 144 條，給付者因其給付，而確認其法律行為，依本條第 1 項，不得撤銷，故亦無從依不當得利請求返還。 亦即結果相同。 又 HK-BGB/Schulze, 2014, §814 Rn 2 認為，在此亦有可能得認定給付者自行承擔風險，得依個案情事解為放棄不當得利請求權。

[170] Looschelders, SBT 2013 Rn 1052. 王澤鑑，頁 140。但是王著，頁 150 仍有「係屬一種法律上的制裁」之語。

[171] Larenz/Canaris, 162f.

一觀點，似難以概括全部之可能因素[172]；尤其，即使行為人行為違法應受處罰，但涉及秩序罰時，並不表示當然應加以嚇阻而不得請求返還已為之給付；甚至即使涉及使法律行為無效之效力規定，亦應謹慎斟酌應否適用本款規定。

2.所謂不法原因之給付

依據一般通說，不法原因（給付）包括違反強行規定與違反公序良俗在內[173]；最高法院判決中，81 臺上 742 雖認為：「所謂不法原因係指給付之原因違反公共秩序或善良風俗而言，非謂凡違反強制或禁止規定之行為均屬之」，但是 84 臺上 1083 則認為：「不法原因乃指給付違反強制規定及有悖公序良俗者而言。」

所謂不法原因之給付，不宜一概認為僅指違反公序良俗，亦不宜一概認為包括違反強行規定與違反公序良俗，反而適用第 180 條第 4 款時，應個案認定是否符合「因不法之原因而為給付」之要件而不得請求返還。亦即原則上，給付因法律行為違反強制或禁止規定，或有背於公共秩序或善良風俗而無效，均係適用民法規定之結果，故得依不當得利請求返還；例外，僅當給付符合第 180 條第 4 款，「因不法之原因而為給付」，才不得請求返還。在此，應考慮是否不得請求返還給付得以達成法規之目標與政策，又不得請求返還與不法違反間之比例關聯；此外，尤其應斟酌不法之性質、內容或嚴重程度，交易客體之性質，或交易行為之相關情事等。基於此一見解，20 上 2129 之劫匪

---

[172] Burrows, 2002, 584 表示，英國之（修正）法律委員會 (Law Commission) 1999 年之建議，共列有五項因素，預防觀點，僅係其一。其他，尚有所涉不法之嚴重性，原告之認知與意圖，否定不當得利請求是否得以促進達成契約不法（而無效）之規定之目的，以及否定不當得利請求是否與不法相稱。

[173] 107 臺上 1457；王澤鑑，頁 147；鄭玉波，頁 120。

贓物寄藏、29 上 464 及 29 上 626 有關鴉片煙土之合夥經營之出資，或委託處理之報酬，以及 29 附 600 之販賣人口為娼之對價[174]，不得請求返還，值得贊同。

其次，公共秩序指現法行法律制度所形成之社會秩序，故與強行規定無法完全切割，因此第 180 條第 4 款不宜解為「僅指違反公共秩序或善良風俗；給付僅違反法律強制或禁止規定時，仍得請求返還」之見解。也因此，例如違反毒品危害防制條例，或違反槍砲彈藥刀械管制條例之交易對價及其標的物，還是應認為可適用第 180 條第 4 款，不得請求返還。相對的，第 180 條第 4 款，亦不宜認為只要違反強制或禁止規定，即不得請求返還。例如 83 臺上 3022 之案例，最高法院認為，「雙方當事人違反公司法第一百六十三條第二項規定交付股票及交付價金，均基於不法原因之給付，且雙方均有所認識，故不得起訴請求返還價金」。但是違反舊公司法第 163 條第 2 項規定，固得解為違反民法第 71 條之禁止規定而無效，但是此一給付並非必然應解為不法原因給付，致適用民法第 180 條第 4 款規定而不得請求返還；尤其，舊公司法第 163 條第 2 項規定之目的，係不欲公司發起人在公司登記後一年內移轉其股份，然而依本判決之見解，卻反而使雙方實際完成移轉股份及交付價金之結果，並非妥適。

又如 87 臺上 2677，涉及山地保留地，原審法院認為，兩造所定之讓渡契約，因違背法令給付不能而無效，被上訴人得依不當得利之法律關係，請求上訴人返還價金；相對的，最高法院則表示，被上訴人自始即知為山地保留地，「倘兩造間就系爭土地之讓渡，確為現行法令所禁止，被上訴人基於此項禁止讓渡而為之給付是否為不法原因之給付？能否依不當得利之法律關係請求上訴人返還？」本書認為，依

---

[174] 參見最高法院民事判例要旨，民國 96 年 6 月版，頁 83。此外，52 臺上 3304，亦有押女為娼而授受之款項，不得請求返還之說明。

相關山地保留地法令或地政法規即可達成山地保留地之交易限制，故涉及山地保留地之交易客體，嚴重程度並未達到本條第 4 款之「因不法之原因而為給付」致不得請求返還之地步。亦即當事人相互間之交易縱使無效，仍得依不當得利請求返還已為給付。

3.主觀要件之必要性

我國學說有認為，鑑於排除不當得利請求權屬於一種法律上的制裁，在解釋上應認民法第 180 條第 4 款本文規定適用，須以給付人對給付原因不法性的認識具有故意或過失為要件[175]。又德國通說則認為須給付之人故意且有侵權行為能力，又輕忽至視而不見，同於故意[176]；而受領人亦須明知違法，或有意識地違反善良風俗，且有侵權行為能力，至於單純對法律禁止可得而知，或甚至重大過失，仍不足夠，但輕忽至視而不見，同於故意[177]。

相對的，本書認為，第 180 條第 4 款，文義上並無任何主觀要件之明文規定，故不應另外要求具備主觀要件。其次，第 180 條第 4 款，目的在維護法律秩序，以免當事人主張自己不法情事而請求返還給付，故宜採客觀見解，不須主觀要件，否則若僅因行為人欠缺主觀要件（或侵權行為能力），而仍得請求返還不法原因之給付，第 180 條第 4 款將喪失其存在意義。例如來自得以合法交易大麻或槍枝之國家或地區之人，在我國從事大麻或槍枝交易所給付之金錢及標的物，縱使其主觀上認為其行為合法，但是適用第 180 條第 4 款規定，仍不得依不當得

---

[175]　王澤鑑，頁 150。

[176]　Palandt/Sprau, 2015, §817 Rn 17.

[177]　Palandt/Sprau, 2015, §817 Rn 8. 相對的，MK/Schwab, 2017, §817 Rn 81–86，主張德國民法第 817 條第 1 句之受領人，不須具備主觀要件，但同條第 2 句規定，則須給付者具故意。

利請求返還。因此，所謂給付之人主觀上之明知不法或有意識等，不應解為係第 180 條第 4 款之要件。

4. 第 180 條第 4 款之適用

就第 180 條第 4 款規定之適用，有以下幾種情形，首先，只有給付之人有不法之原因[178]，例如賭博電玩店對派出所警員行賄，經警員向督察室或上級長官報告，則行賄給付之人適用第 180 條第 4 款前段規定，不得請求返還交付之賄款。

其次，給付之人與受領人皆有不法的原因，例如對公務員違背職務之行為交付賄賂，或報載某妻買兇殺夫之案例。此等情形所支付之金錢，係第 180 條第 4 款之因不法之原因而為給付，不得請求返還。

再者，亦有僅受領人有不法原因，例如行為人擄人勒贖或勒索金錢等，被害人就所為之給付，得請求返還。此等情形，給付人明知無給付義務，仍不適用第 180 條第 3 款，主因是此係受脅迫而為，故縱使明知無給付義務，仍得適用同條第 4 款但書規定請求返還。

5. 第 180 條第 4 款之限制

對第 180 條第 4 款，亦有須限縮適用之情形，如標的物或金錢僅係暫時性交付使用，縱使係因不法原因之給付，例如借貸時約定違反第 205 條之高利息，因在此既僅係暫時性交付或移轉金錢，故亦僅暫時性不得請求返還而已[179]。即有約定期限，期限內，受領人不須返還；但若未約定期限，宜類推適用使用借貸或金錢借貸之規定（第 479 條第 1 項後段或同條第 2 項；第 478 條），確定貸與人得請求返還之時點。

其次，德國實務認為，違反非法勞動對抗法致契約無效時，承攬

---

[178] Looschelders, SBT 2013 Rn 1053.

[179] Looschelders, SBT 2013 Rn 1056.

人就其所為之給付，適用類如第 180 條第 4 款之德國民法第 817 條第 2 句，不得對定作人請求價額償還。理由是「非法勞動對抗法」涉及公共利益，即非法勞動導致高失業率，租稅短收，並減少社會保險及失業險之分擔金額，且非法勞動者亦非該法之保護對象；此外，在此亦不生維持違反禁止狀態將與禁止法規範之意旨與目的不合，而且誠信原則亦不影響本件不法原因之給付不得請求返還[180]。

參 非給付類型不當得利之構成要件

非給付類型之不當得利，約可分為以下五種：(1)侵害型、(2)費用型(3)求償型[181]、(4)法定型，以及(5)無權處分型[182]。

非給付類型不當得利之共同特徵是此類案例之發生，均非基於不當得利返還請求權人之給付，即非基於一方有意識有目的之財產給與行為而使他方得利，反而多係基於不當得利債務人本身或第三人之行為而獲得利益[183]（侵害型、無權處分型）；或者雖因請求權人自己之行為造成他方獲利益，但並非基於其所謂有意識有目的之財產給與行為，反而是因不知或疏忽之行為，而無意增益他方財產之下，使債務人獲利[184]（為他人支出費用型），例如不知或疏忽下以為施肥播種自己土地，但實際卻是他人之土地。此外，第三人清償（第 311 條以下），亦可能發生求償型之不當得利，使清償人得對因債務消滅受利益之債務

---

[180] BGH NJW 2014 1805ff (1806f Rn 21ff.).

[181] 對 1)、3) 及 4)，參見 Looschelders, SBT 2013 Rn 1059.

[182] 對此，德國民法第 816 條有特別規定。Looschelders, SBT 2013 Rn 1063 認為，乃侵害類型之之特例。

[183] Palandt/Sprau, 2015, §812 Rn 36 und 37.

[184] Looschelders, SBT 2013 Rn 1061.

人求償[185]。最後，亦有依據法律規定應適用不當得利者，分別包括第197 條第 2 項；第 266 條第 2 項；第 419 條第 2 項；第 816 條[186]。

一、侵害型

對侵害類型之不當得利，目前多數採取權益歸屬說，例如所有權或無體財產權，均應由其權利人使用、收益及處分等，他人若無法律上之原因予以使用、收益及處分，乃侵害應歸屬權利人之權益，例如未與所有權人締結租賃契約，或未經權利人授權，即（占有）使用收益他人之物、無體財產權、姓名權或肖像權等[187]。成立侵害類型不當得利，不宜採過去所謂違法性說，也就是「當事人受利益須具違法性」；理由是在此亦可能係因第三人之行為或自然事件導致者，未必得肯定其違法性；而且受利者之違法性本身亦不足以認定特定當事人得為不當得利請求權人[188]。

㈠受利益者取得利益

侵害型之不當得利，因當事人受利益，並非基於不當得利返還請求權人之給付，故屬於非給付類型之不當得利，而且通常是基於受利益者之行為（但亦可能因第三人行為、動物或自然事件[189]），例如行為人依強盜、搶奪或竊盜行為而取得他人財物之占有；或共有人逾越其

---

[185] Palandt/Sprau, 2015, §812 Rn 37 und 63.

[186] Looschelders, SBT 2013 Rn 1062 表示，侵害類型之不當得利亦包括第 811 條以下之加工等致他人喪失所有權之情形。

[187] Palandt/Sprau, 2015, §812 Rn 38; Looschelders, SBT 2013 Rn 1061 und 1067; 王澤鑑，頁 164–165。參見註 195 及 196。

[188] Looschelders, SBT 2013 Rn 1064.

[189] Looschelders, SBT 2013 Rn 1061.

應有部分之範圍，就共有物為使用收益而受利益[190]；或行為人未取得系爭專輯之著作權或未經著作權人之同意，即授權他人銷售系爭專輯[191]；或行為人擅自提領他人存款，以清償自己對第三人之債務[192]。此外，在此之利益，參見給付類型之說明[193]。

㈡致他人受「損害」

1.不當得利不須具備侵權行為要件之損害

在侵害類型不當得利，應避免採取所謂受領人受有利益，請求權人須受有相對應之損害之見解，因為不當得利有別於侵權行為，並不在於針對請求權人之財產減少賦予損害賠償之保護，而是在於使不當得利返還請求權人對受領人得以請求返還利益。因此不當得利不須探究請求權人究竟喪失多少利益，或者請求權人喪失現存或預期之財產若干[194]。

---

[190]　55 臺上 1949。依 105 臺上 1959，共有人超越其權利範圍就共有物之全部或一部任意使用收益，乃侵害他共有人之權利，得成立不當得利。依 105 臺上 1832，分別共有人就共有物之特定部分使用收益須徵得他共有全體之同意，否則他共有人就逾應有部分之利益，得請求返還該特定部分之不當得利。又 106 臺上 2100 表示，逾越繼承遺產公同共有之應繼分而享有利益，得成立不當得利。

[191]　92 臺上 1307。

[192]　95 臺上 715。

[193]　Looschelders, SBT 2013 Rn 1065.

[194]　Looschelders, SBT 2013 Rn 1069: 財產有無減損，並非必要；65 臺再 138，亦同。但 95 臺上 1077，就第 179 條所謂「損害」，仍稱係指既存財產之積極減少或應得利益之消極喪失。但此一見解，明顯有誤。

2.權益歸屬目的在於確認何人係不當得利返還請求權人

依權益歸屬說[195]，權益歸屬地位類似給付類型不當得利中「因他人之給付行為」，因此侵害類型不當得利，須檢驗的是受領人取得利益，是否侵害應由特定當事人享有其經濟利益之權利地位。更重要的是，權益歸屬亦具體化「基於他人之費用或成本」之要件，而得以確定究竟何人是不當得利返還請求權人[196]。簡言之，一方有所取得利益，係應歸屬他人權利之下之經濟利益，就是「基於該他人之費用或成本而有所取得」，因此該財產權人即為不當得利返還請求權人。

例如 93 臺上 2438，甲無權占有第三人丙所有之土地，而且甲將該土地出租予另一人乙。若甲與乙之租賃契約屆期後，乙繼續占有使用收益，本判決認為，甲對乙，無從主張不當得利；反而，不當得利返還請求權人乃第三人丙[197]。又應指出者，即使丙對系爭土地毫無具體使用收益之方法等，仍得對相對人主張不當得利[198]。又 94 臺再 39 亦認為，惡意占有他人之物之無權占有人，依第 952 條之反面解釋[199]，其對他人之物並無使用收益權能，即欠缺權益歸屬內容，自不得依不當得利之法則，請求占有該物之第三人返還該使用占有物所受之利益[200]。107 臺上 403 指出，借名登記之出名人，未經借名人同意，占

---

[195] 107 臺上 2136；107 臺上 1792；107 臺上 403；106 臺上 187；106 臺上 823；105 臺上 1990；並參見下一註解。

[196] 106 臺上 187；106 臺上 461；106 臺上 823；Wendehorst, 2019, §812 Rn 135（另指出，亦涉及認定不當得利請求返還之客體）；Looschelders, SBT 2013 Rn 1069.

[197] Looschelders, SBT 2013 Rn 1067 und 1069.

[198] Looschelders, SBT 2013 Rn 1067.

[199] 本書認為，「反面推論」較為精確。

[200] 在此，宜注意權益歸屬說，僅適用於侵害型不當得利，或無權處分類型。

有使用收益借名登記之財產，受有利益，亦得成立不當得利。

91 臺上 1537 認為，租賃契約為債權契約，出租人不以租賃物所有人為限，出租人未經所有人同意，擅以自己名義出租租賃物，其租約有效，僅不得以之對抗所有人。至所有人得否依不當得利，向承租人請求返還占有使用租賃物之利益，應視承租人是否善意而定，倘承租人為善意，依第 952 條規定，得為租賃物之使用及收益，其因此項占有使用所獲利益，對於所有人不負返還之義務，自無不當得利可言；倘承租人為惡意時，對於所有人而言，其就租賃物並無使用收益權，即應依不當得利之規定，返還其所受利益。

91 臺上 1537 上述見解，極有疑問。本件涉及第三人甲未經所有人丙同意，擅自出租予承租人乙，而發生所有人丙得否依不當得利對承租人乙請求返還占有使用租賃物之利益。首先，甲乙之租賃契約，依債之相對性原則，不得對抗所有人丙，因乙丙無契約關係，丙得對乙主張第 767 條及第 179 條之權利[201]。其次，第 952 條規定，善意占有人推定其為適法所有之權利，得為占有物之使用及收益；但本條涉及所有權人與占有人之關係，故第 952 條規定，僅適用於具有所有意思之善意占有人[202]，即善意以為自己係所有權人之占有人。然而本件之乙僅為承租人，並不適用第 952 條規定，縱乙為善意占有人，亦僅適用民法第 943 條規定。又在此，第 943 條規定，占有人於占有物上，行使之權利，推定其適法有此權利。可知本條僅推定承租人其適法有此權利，故有爭執時，所有人得主張並舉證證明承租人相對於所有人，為無權占有或無法律上之原因。因此在此，並不生本判決所謂「所有

此外，參見 106 臺上 187 有關侵害「事實上處分權人」之敘述。

[201]　參見 105 臺上 389，土地所有人對與其無任何法律關係之土地上建物所有人，得主張不當得利或侵權行為。

[202]　史尚寬，物權法論，民國 64 年臺北 4 版，頁 526。

人得否依不當得利之法律關係，向承租人請求返還占有使用租賃物之利益，應視承租人是否善意而定」。

綜上所述，所有人丙對承租人乙得行使第 767 條所有物返還請求權或第 179 條之不當得利返還請求權；又承租人乙雖已對出租人甲支付租金，但是此等租金支付亦無從依第 182 條第 1 項規定，對所有人主張所受利益不存在，自其應返還之不當得利中加以扣除，因為此乃承租人乙對出租人甲之支出，而非對所有人丙所為之支付，承租人應自行對出租人主張債務不履行之權利。最後，承租人自受請求時起，得認為承租人已知負有返還義務[203]，適用民法第 182 條第 2 項規定，負加重之責任。

又 107 臺上 1801 及 108 臺上 564 表示，越界建築，適用第 796 條之 1 第 1 項及第 2 項時，土地所有人仍得對越界建築者主張侵權行為損害賠償及不當得利返還。

3.不當得利返還之債務人

若取得利益之人並非基於自己之行為而侵害權利人之權利地位，則究竟何人是不當得利返還之債務人，不無疑問。德國通說係依財產變動之直接性為依據，而以直接自不當得利請求權人之權利獲得利益，而非僅係間接自第三人財產有所取得利益之人為債務人[204]。

㈢無法律上之原因

就侵害類型不當得利，無法律上原因之要件，亦得藉助權益歸屬說來認定不當得利債務人究竟有無法律上之原因。不當得利債務人受

---

[203] 對此，並請參見 103 臺上 2211，類推適用第 959 條第 2 項，自訴狀送達之日起，視為惡意受領人而應加付利息之說明。

[204] Wendehorst, 2019, §812 Rn 134; Looschelders, SBT 2013 Rn 1070.

有應歸屬他人權益內容之利益，即已表徵其有所取得利益係無法律上之原因，故僅例外當其具有特定保有利益之法定依據時，例如事先經有權利人同意，才具有法律上之原因[205]；此外，例如第 801 條及第948 條善意受讓規定，亦屬之[206]。對此，107 臺上 2136 表示，侵害型不當得利，係因侵害歸於他人權益內容而受利益，致他人受損害，而對受損人不具有取得利益之正當性，即可認為受損與受益間之損益變動具有因果關係而無法律上之原因。

此外，涉及三方關係時，一方對他方雖有請求權，但是此一請求權，基於債之關係相對性原則，不足以作為他方侵害第三人權益致一方取得利益之法律上依據，反而必須一方本身對該第三人即不當得利返還請求權人，享有保有之依據，才具有法律上之原因而不負返還義務[207]，例如一方未取得系爭專輯之著作權或未經著作權人之同意，即授權他方銷售系爭專輯[208]，則一方與他方間之契約關係，根本無從作為對抗真正著作權人之依據。或例如上述 2 之下之 91 臺上 1537 判決，承租人既係與非所有權人亦非有代理權限之人成立租賃契約，其契約自無法對抗所有權人。

二、費用型

㈠意　義

費用型不當得利，是指如一方為他方支出費用，使其所有物維持、改善或回復等，致他方獲得利益[209]。例如鄰居出遠門時，碰到颱風來

---

[205] Looschelders, SBT 2013 Rn 1071.

[206] Looschelders, SBT 2013 Rn 1072.

[207] MK/Lieb, 2003, §812 Rn 337.

[208] 92 臺上 1307。

襲，鄰居門窗屋頂因颱風受損，一方即為其支付費用找人修理，此極
有可能成立無因管理（第 172 條；第 176 條第 1 項）。但是，除此等有
意為他人處理事務之案例外，亦可能發生因不知或錯誤而以為係在對
自己所有物支出費用以維持、改善或回復，但實際卻是針對他人之物
而為之情形，例如欲對自己果樹或土地施肥，但一時誤認或疏忽致施
肥在鄰地，此一案例，行為人並無為他人處理事務之意思，不成立無
因管理（第 172 條）；亦非明知之不法管理（第 177 條第 2 項）；而且
行為人並未占有鄰地，亦不適用所有權人與占有人關係之相關規定（第
952 條以下）[210]，而僅得考慮是否適用第 179 條之不當得利；尤其是
非給付類型之費用型，即行為人並非有意識有目的增益鄰人財產[211]。
至於行為人是否構成第 184 條第 1 項前段之侵權行為，在本例行為人
可能欠缺故意或過失，而且鄰人似亦無損害。

㈡強迫受利之問題

1.強迫受利之情形

在此，應注意債務人究竟有無受利益而構成不當得利，尤其是所
謂強迫受利。例如土地房屋之所有人，任其房屋荒廢閒置，第三人將
房屋整修粉刷；或者農夫灌溉自己農田，但疏忽將水引入他人已荒廢
休耕之鄰地加以灌溉。在此情況下，除可能發生「添附」（第 811 條以
下）致物權移轉變動而應適用第 816 條之問題外，亦有諸如勞務付出

---

[209] Looschelders, SBT 2013 Rn 1095，在此並稱此係侵害類型外，最重要之非給
付類型不當得利。

[210] 即若成立所有權人與占有人之關係，應優先適用第 952 條以下規定，參見
Looschelders, SBT 2013 Rn 1097.

[211] Looschelders, SBT 2013 Rn 1096.

或金錢支出等究竟應當如何處理之問題。

法律適用上，上述情形，雙方並無契約作為權利義務之依據。其次，若此一第三人有為本人管理事務之意思，則其管理行為亦因違反本人閒置等明示或可得推知之意思，成立第 177 條第 1 項之不適法無因管理；但是此一管理意思也可能不存在，因為如上述，行為人可能是過失或疏忽，以為針對自己所有物而為相關行為；又縱有管理意思存在，本書認為本人得拒絕享有不適法無因管理之利益[212]。再者，除契約及無因管理外，亦可能發生第三人是否得對所有人請求不當得利返還之法律問題，例如所有人將土地與房屋一起出賣，而該房屋因經他人整修，故價值增加，致所有人出賣價格也向上攀升，所有人受有利益，而可能須負不當得利返還之義務；反之，若房屋對所有人並無價值，所有人原本即計畫出賣土地並由買受人自行處置或拆除。此時第三人對房屋之整修，對於所有人而言，實際毫無利益，因此須考慮不當得利受領人是否仍負有不當得利返還義務。

2.法律適用之問題

對於強迫受利，有主張係涉及所有權人及占有人間之關係，但此一見解，尤其無法解決不具所有權人與占有人關係之案例。

其次，第 180 條第 3 款明知非債清償亦非妥適依據，因其乃針對給付類型不當得利，而且更須給付之人明知無義務，然而在此係涉及非給付類型；更重要的是，請求權人亦可能是不知而非明知，例如上述疏忽而灌溉鄰地之例。

再者，受領人雖負返還利益之義務，且依其利益之性質或其他情形不能返還而須償還價額時，因強迫受利情況下受領人無從拒絕，且若對其並無利益可言，德國法下，有認為，應在第 181 條但書之價額

---

[212] 參見無因管理之不適法無因管理之說明。

償還，採主觀標準計算[213]；在此所謂主觀價額，並非單純取決於受領人主觀感受，而是由法官注意個案一切事實，調查諸如受領人之計畫與行為以及主張不當得利者之觀念等之下，合理與可期待之價額[214]。至於判斷時間，並非一般情形之價額償還義務成立時，而是不當得利債務人重新占有諸如土地時，而得自此時起決定是否實現財產增加[215]。英國法下，亦有採取所謂主觀計算價額之見解[216]，故債務人不須返還或償還價額。相對的，德國法下，亦有認為，對強迫受利，不當得利債務人得主張具體之獲利標的對其並無價值，而主張所受利益不存在（第 182 條第 1 項）[217]。在此，若認為不當得利債務人可能根本自始並未受有利益，宜採主觀計算說。其次，二者之區別實益在於舉證責任，即主觀計算說，須不當得利請求權人主張並證明受領人受有何等利益，而受領人得抗辯並無利益可言；反之，主張所受利益不存在，須由受領人主張並舉證[218]。

強迫受利案例，除上述所有人房屋等待拆除重建而第三人加以整修[219]，或灌溉他人荒廢之農地之外，在第三人為債務人清償債務時，也很可能發生強迫受利。例如第三人自行為債務人對債權人清償債務，但債務人得對其債權人主張時效完成之抗辯或同時履行抗辯權，或甚至債務已不存在，例如無效、不成立、已撤銷意思表示，或已解除契約等，因此若第三人為其清償債務，除可能成立不適法無因管理外，

---

[213]　Wendehorst, 2019, §818 Rn 145 und 150.

[214]　Wendehorst, 2019, §818 Rn 150.

[215]　Wendehorst, 2019, §818 Rn 152, 153 und 158.

[216]　Burrows, 2011, 50–51, 59–60.

[217]　王澤鑑，頁 248–250；Looschelders, SBT 2013, Rn 1113 mit Fn 193. 相對的，Wendehorst, 2019, §818 Rn 145 認為，此一見解，較不具說服力。

[218]　Burrows, 2011, 50–51, 59–60.

[219]　Looschelders, SBT 2013, Rn 1113.

對債務人而言，亦可能是強迫受利[220]。

　　92 臺上 3 裁定，涉及甲將其管理之國有財產房屋，分配予乙使用，於乙退休或死亡後，甲請求返還時，乙之繼承人丙等請求甲給付系爭房屋之增建部分之補償金。原審法院認為，此一請求無理由，最高法院本裁定認為，上訴人之上訴不合法，故裁定駁回。對本件之增建部分，若係在使用借貸關係存續中即已完成，則本件應適用第 469條第 2 項，於因而增加該借住房屋之價值，準用第 431 條第 1 項之規定，即須貸與人知其情事而不為反對之表示，始得於使用借貸關係終止時，請求償還其費用，且以其現存之增價額為限。其次，若增建部分是在使用借貸關係消滅後才進行且完成，甲對於增建之上訴人或其被繼承人，得主張因甲須將系爭房屋坐落之土地返還所有人即第三人，故增建部分對其而言係「強迫受利」，並無利益可言，而不須償還，或所受利益不存在。

　　此外，如上所述，97 臺上 2184，相較於 102 臺上 930，乃較妥適之見解。即政府機關作為定作人，若承攬人逕為契約約定外但相關聯之工作，宜採 97 臺上 2184，否定承攬人對定作人之各項請求權（參見貳、一、㈠1、2)）。

---

[220] Wendehorst, 2019, §818 Rn 142，但認為應採不當得利外之解決方案，如債權讓與下，債務人之保護規定即第 299 條。相對的，本書認為，此一見解似係以第 312 條乃第三人之請求權依據為出發點，但是在第 312 條之外，仍應獨立思考債法下之請求權依據，對此，參見本書第三人清償，或第三人清償之不當得利之說明。

三、求償型

㈠意　義

　　求償類型多涉及第三人甲為債務人乙，對乙之債權人丙清償債務（第 311 條），因而在乙對丙之債務消滅後，應思考第三人甲對債務人乙有無求償權之問題。

㈡第三人依債務人之指示而清償

　　若第三人甲係依債務人乙指示而對其債權人丙清償，甲乙雙方可能有委任或贈與契約關係作為依據；依委任契約，當事人得請求返還費用（第 546 條第 1 項）；反之，若係贈與契約，因係無償契約，即無從請求返還費用。又在有契約之前提下，無因管理不可能成立（第 172 條前段）；至於不當得利，亦同；侵權行為亦不可能。在此，依他人指示而給付之情形，因有契約關係作依據，故並未涉及「非給付類型之不當得利」。

㈢第三人自發而為清償

　　若甲係自發性而為乙對丙清償，因甲乙間無契約為依據，故較有可能成立無因管理或不當得利，但在此應特別注意第三人清償未必即得對債務人成立適法無因管理（第 176 條第 1 項），因債務人乙可能對丙爭執債務存在，亦可能對丙得主張時效完成或同時履行之抗辯，甚至已解除契約致債務消滅等，故應依情形分別適用第 176 條第 1 項或第 177 條第 1 項等。當然，若成立適法無因管理，即不成立不當得利。再者，若成立不適法無因管理，乙得拒絕享有因清償而生之利益（第 177 條第 1 項），甲僅得對乙主張不當得利，但若甲之清償對乙不利，

則乙可能得主張強迫受利下主觀無利益免價額償還或所受利益不存在（第 181 條但書；第 182 條第 1 項）之抗辯。

㈣求償權及法定承受債權之關係

值得注意的是，對有利害關係之第三人清償，第 312 條特別賦予其在清償限度內承受原債權人對債務人之債權（及擔保，第 313 條）[221]。性質上，第 312 條規定之權利，與清償之人本身對債務人之求償權，並無關係，二者得併存，但第三人僅得就其清償金額求償，不得兩次受償。亦即諸如第 312 條、第 749 條、第 879 條第 1 項與第 281 條第 2 項等特別規定，雖係求償權人獲得法定承受債權之依據[222]，但本書認為，求償類型之不當得利請求權，原則上乃獨立於上述法定承受債權之外之請求權。例外是民法有明文規定該求償權者，如第 281 條第 1 項明定連帶債務人間之求償權，固優先適用而不成立不當得利；但其他法無明文者，宜認為依其情形得成立求償型之不當得利；而且應注意的是，第 281 條第 1 項之求償權，與同條第 2 項之法定承受債權人權利，二者併存，亦可間接證明求償權，乃獨立於法定承受債權人權利之外（此外，對非債清償，並參見上揭貳、一、㈠ 2、2)）。

四、法定型

以下僅說明第 266 條第 2 項及添附即第 816 條。至於第 419 條第 2 項[223]及第 197 條第 2 項[224]，請參見相關單元之說明。

---

[221] 在法定承受債權之規定下，不宜將第 312 條標示為「代位清償」。

[222] Looschelders, SBT 2013, Rn 1099.

[223] 對此，參見有關第 180 條第 1 款之說明。

[224] 對此，參見侵權行為之說明。

㈠第 266 條第 2 項

第 266 條第 2 項涉及債務人一方，因不可歸責事由致給付不能而免為給付，他方亦因此免自己對待給付義務，但若已為給付，依本條項規定得依不當得利規定請求返還。本條項規定乃法律效果的準用，理由是在此一情形，雙方契約關係仍然存在，不可能構成無法律上之原因，故僅係準用不當得利之法律效果。相對的，2002 年 1 月 1 日修正生效之德國民法，已明文採取上述情形下一方得解除契約之規定，故不致發生民法第 266 條第 2 項規定之給付不能下仍然存在契約關係之窘境。此外，德國民法亦因而適用其民法有關解除契約之效果規定，而與不當得利無關。

㈡第 816 條

第 816 條，係接續第 811 條至第 814 條因添附而發生財產損益變動之法律效果。通說認為，本條乃構成要件準用，即適用第 816 條須具備第 179 條不當得利規定之構成要件[225]。理由是第 811 條以下之規定，係為避免資源浪費，而規定因添附而生喪失所有權或共有之法律效果，故僅涉及物權所有權之歸屬，並未涉及債法上之法律效果[226]。因此依第 811 條以下取得添附物所有權，並不表示不須支付代價即可終局確定獲得所有權；反而在此仍須個別檢討債法上，當事人取得添附物所有權，究竟有無法律上之原因。

---

[225] 103 臺上 847；101 臺上 1618；92 臺上 1540；88 臺上 419。Looschelders, SBT 2013 Rn 1062.

[226] Wendehorst, 2019, §812 Rn 271.

1.甲寄放建材在乙處，乙依其與丙之契約施工在丙屋而發生添附

首先，例如甲將建材寄放乙處，乙依其與丙之承攬契約將甲之建材施工在丙屋發生添附，致甲喪失建材所有權。在此，丙取得建材所有權，既非因乙亦非因甲之給付，而是因添附規定（第811條），故屬非給付類型不當得利。其次，如前述，在此討論或要求甲與丙間須有建材所有權移轉變動之直接性要件，對不當得利之成立要件，並非關鍵，因為第816條乃不當得利構成要件準用，應獨立具備不當得利之構成要件，即丙須無法律上之原因受利益才負返還或償還之責任。本例宜認為，因物權法上善意受讓規定原則之貫徹，丙乃有法律上之原因受利益。亦即若乙依法律行為移轉甲之建材予丙時，雖係無權處分（第118條第1項），但丙得善意受讓（第801條及第948條），且得以此二規定作為法律上之原因對抗原所有權人甲，因此當乙係直接將甲之建材施工在丙之屋發生添附致甲喪失建材所有權，丙亦應同受保護（類推適用第801條及第948條），故丙乃有法律上之原因取得建材所有權[227]，甲對丙並無第816條之價額償還請求權，反而甲僅得對乙依契約（第226條第1項；類推適用第225條第2項）、明知不法管理（第177條第2項）、不當得利下之價額償還（第179條及第181條但書）或侵權行為（第184條第1項前段）分別主張權利。

2.甲出賣建材予乙，乙依其與丙之契約施工在丙屋而發生添附

其次，若甲出賣建材並移轉交付予乙，乙即依其與丙之承攬契約將建材施於丙之房屋。若甲乙間之買賣契約無效或不成立等，則原建材所有權人甲僅得對乙請求不當得利，但因建材已無法原物返還，故

---

[227] Wendehorst, 2019, §812 Rn 276 und 272.

應償還價額（第 179 條；第 181 條但書）。在此，甲對丙無從依第 816 條直接請求價額償還，主因是甲係依其與乙之動產移轉交付行為（第 761 條第 1 項）而喪失建材所有權，並非因添附致甲喪失建材所有權。此外，依上述應在有瑕疵法律關係當事人間請求不當得利之原則，甲僅得對乙請求不當得利。

3. 甲之建材遭乙偷走，乙依其與丙之契約施工在丙屋而發生添附

再者，若甲之建材遭乙偷走，乙並依其與丙之承攬契約施工在丙房屋之上，且發生添附，致甲喪失建材之所有權，而丙取得建材所有權，則究竟何人對何人得主張不當得利，值得探討。首先，丙雖與乙有承攬契約關係，但依契約相對性原則，丙與乙間之契約關係無從對抗第三人甲。其次，依上揭德國學說見解，本例關鍵重點在於受讓人丙，得否主張善意受讓，致得主張其依添附取得建材所有權乃有法律上之原因。若丙得以主張善意受讓，則乙將建材移轉交付予丙，或乙直接施作或添附於丙屋，並無不同，丙得以善意受讓所有權而對抗乙，此時丙取得建材所有權即有法律上之原因，而不適用第 816 條因添附而應償還價金；對此，甲僅能對乙主張明知不法管理或不當得利。相對的，若丙無從以善意受讓對抗甲，丙即為無法律上之原因受利益，甲得請求丙返還不當得利，但是建材已添附於丙之房屋，則適用添附規定，故乙得對丙依第 816 條規定，請求償金。

對此一問題，在 2010 年新增之第 949 條第 1 項及第 2 項，原占有人自喪失占有之時起二年之內，得向善意受讓之現占有人請求回復其物，無異表示上述案例之甲，自喪失占有時起二年內，仍得對已取得建材所有權之現占有人丙請求返還，但丙已依第 811 條取得所有權，故丙仍應依第 816 條規定償還價額。其次，值得注意的是，第 950 條

規定，盜贓或遺失物，如占有人由拍賣或公共市場，或由販賣與其物同種之物之商人，以善意買得者，非償還其支出之價金，不得回復其物。因此上述之例，雖然乙與丙間之法律關係乃承攬契約，但若乙乃以承攬施工為營業，且丙有支付對價予乙，貫徹第 950 條規定意旨，甲非償還丙支付予乙之報酬，甲不得依第 816 條對丙請求建材償金，故丙仍應受保護，不負償還價額義務；因此此一情形，甲僅得對乙主張明知不法管理（第 177 條第 2 項）、不當得利（第 179 條）及侵權行為（第 184 條第 1 項前段）。

五、無權處分型

無權處分，例如甲出租、出借或寄託某畫予乙，但乙擅自出賣並移轉交付予第三人丙，而丙得依第 801 條與第 948 條善意受讓動產所有權，且取得價款一萬元或五萬元，但假設 A 畫市價是三萬元。

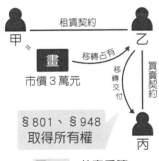

圖 4-8　善意受讓

㈠本類型並不存在同一原因事實

本例，甲喪失該畫所有權是基於乙對該畫之無權處分（第 118 條第 1 項），及丙善意受讓取得該畫所有權（第 801 條及第 948 條）。相對的，乙受有買賣對價之利益卻是來自於丙交付移轉價金之物權行為。

二者間，嚴格而言，並不存在所謂同一原因事實，致一方獲利益而他方有所損失，故不宜完全歸類在侵害權益類型；即侵害權益類型，須存在同一原因事實，但無權處分類型不可能存在同一原因事實，故仍宜區別二者[228]。其次，事實上，德國民法第 816 條第 1 項尤其第 1 句亦明文規定因無權處分致權利人喪失權利時，權利人對無權處分人之不當得利返還請求權。此外，實務上之其他類似案例，包括例如依偽造之行為而得以在他人土地上設定擔保一定債權金額之抵押權[229]；或登記名義人以其登記名義下之不動產對債權人設定抵押權以取得借款[230]；尤其後者，亦不存在同一原因事實受利益與致他人受「損害」。

(二)案例解析

1.基本說明

首段之例，乙與丙之買賣契約有效，而買賣契約係債權行為，僅使雙方發生債權債務法律關係，不生所有權移轉變動，故不須以出賣人乙有所有權為必要。且若出賣人乙不能履行債務，構成債務不履行而已（第 353 條）。其次，法律行為有債權行為與物權行為之分，乙與丙之物權行為，即移轉動產所有權之讓與合意，因乙並非所有權人，故成立第 118 條第 1 項之無權處分，在權利人甲承認之前，效力未定。若所有權人甲承認之，仍發生所有權移轉效果；但若甲不承認，乃確

---

[228] Looschelders, SBT 2013 Rn 1063 und Wendehorst, 2019, §816 Rn 2 und 3 均認，此乃侵害型之特殊類型；Palandt/Sprau, 2015, §812 Rn 43, §816 Rn 1 und §822 Rn 1; 但是 106 臺上 1162 及 101 臺上 1558 認為，無權處分土地應有部分或他人股權，乃侵害型不當得利。

[229] 65 臺再 138。

[230] 101 臺上 1722。

定不生效力，但是物權編，對動產有第 801 條及第 948 條善意受讓規定，而不動產亦同（參見第 759 條之 1 第 2 項）。後者，最常見之例子是土地所有權人甲為脫產而與相對人乙通謀虛偽意思表示而將土地所有權出賣並移轉給相對人。相對人和所有權人之買賣契約及物權行為均無效（第 87 條第 1 項前段），也就是買賣契約或所有權移轉登記行為都是無效，故相對人並未取得土地所有權，但是登記名義上乃所有權人。若相對人乙進而與第三人丙，對該不動產成立買賣契約並移轉登記該不動產所有權予第三人，而第三人係善意信賴相對人乃所有權人之登記，則第三人得主張善意受讓取得該不動產（第 759 條之 1 第 2 項）。

2.若丙未取得該畫所有權

若丙未取得該畫所有權，法律上應考慮以下問題，就甲對丙而言，丙既然沒有取得該畫所有權，故甲仍係該畫所有權人，甲得依第 767 條對丙請求返還該畫之占有。此外，依第 179 條，甲亦得對丙請求占有之返還。其次，因丙未取得該畫所有權，故丙可能得對乙主張第 353 條之適用。再者，甲雖得對丙請求返還所有物之占有（第 767 條；第 179 條），但甲喪失物之占有期間，甲對物無法使用收益受有損害，故甲亦得對乙主張侵權行為請求損害賠償（第 184 條第 1 項前段）；至於丙未必有故意過失，甲不一定得對丙主張侵權行為；但丙若可能成立侵權行為時，亦應斟酌甲對乙丙得主張第 185 條第 1 項前段之請求權。

3.若丙取得該畫所有權之後續法律問題

若丙有取得該畫所有權，首先，甲已無從對善意受讓之丙主張丙善意取得所有權係無法律上之原因。一般認為，丙得依第 801 條與第 948 條善意受讓之規定作為法律上之原因對抗原所有權人，而使善意

受讓人丙可以終局確定的取得所有權，否則，丙雖善意受讓，卻又須依第 179 條對甲返還該畫所有權，則第 801 條與第 948 條實際並無規定必要[231]。

　　其次，甲對乙，首須注意契約之請求權依據，例如租賃契約、使用借貸契約或寄託契約，債權人得主張第 226 條第 1 項，且債權人得類推適用第 225 條第 2 項，使喪失所有權之債權人甲得向債務人乙請求交易所得 5 萬元。又依明知不法管理（第 177 條第 2 項），甲亦得對乙請求 5 萬元賣得價金（相對的，乙亦得主張扣除費用）。再者，不當得利，非給付不當得利在無權處分之案例，例如甲喪失該畫所有權，而該畫所有權之價金卻由乙取得，因此乙取得該畫之價金是基於甲喪失該畫之所有權，故甲得對乙依不當得利請求價金。但是不當得利請求權原則上受限於物之客觀價額，以免不當得利返還請求權人反而不當得利[232]。最後，本例之乙，亦成立侵權行為（第 184 條第 1 項前段），但甲之損害賠償請求權，因金錢賠償受客觀價額限制（第 215 條），故亦無法請求超出客觀價額部分之賣得價金。

㈢無法律上之原因之無權處分

　　無法律上之原因之無權處分案例，例如甲借金錶一隻予乙，乙擅自出售予善意之丙，並交付之，丙亦支付價金，其後發現乙與丙之買賣契約不成立無效或意思表示被撤銷。

1.無法律上之原因仍得善意受讓取得所有權

　　上述之例，丙是否善意取得金錶，雖有認為，應以原因行為有效

---

[231] Wendehorst, 2019, §812 Rn 264.

[232] 107 臺上 811。此外，因德國民法第 816 條第 1 項第 1 句規定引發之法律效果爭議，因現行民法無類似規定，故略過其不須說明。

存在為要件[233]，但學說已正確指出，在此並不須乙與丙之原因行為有效存在，理由是第 801 條及第 948 條之文義體系難謂以原因行為有效存在為要件，而債權行為與物權行為有區別，且物權行為無因性，係現行民法基本原則，在善意受讓亦有其適用，當原因行為不存在而取得所有權，正是不當得利之適用案例，於民法規定體系並無違背之處，最後，若認為善意取得於直接當事人間不適用，而僅在相對於所有人時，始有適用，亦不妥適[234]。

2.何人乃不當得利返還請求權人之問題

其次，則涉及究竟何人（甲或乙）得向丙請求不當得利之問題。德國法下之舊見解係針對有償但無法律上之原因之第三人，主張類推適用德國民法第 816 條第 1 項第 2 句規定，而由本例之甲對丙請求不當得利[235]。但是一般認為[236]，有償但無法律上之原因之第三人例如丙，相較於無償受讓人，應較值得受保護，而非等同二者；尤其第三人丙已對乙為自己之給付情形，若採取甲得直接對丙主張不當得利，無異忽略乙與丙間之給付關係下，丙對乙所得主張之抗辯（例如同時履行抗辯）將無法對甲主張，對丙極為不利，因此宜採甲無從直接對丙請求之見解，反而甲僅能對其相對人即本例之乙主張不當得利，而乙則對丙行使不當得利返還請求權。較特殊的是，因乙對丙係依無法律上之原因之無權處分，並在丙因善意受讓取得所有權下，致甲喪失所有權，故甲得請求乙讓與其（乙）對丙之不當得利返還請求權[237]。當然，

---

[233]　史尚寬，物權法論，頁 506。

[234]　王澤鑑，頁 189–190。

[235]　參見 Looschelders, SBT 2013, Rn 1087 之轉述。

[236]　以下參見 Looschelders, SBT 2013, Rn 1087.

[237]　Looschelders, SBT 2013, Rn 1087.

此一見解下，將導致第 299 條之適用，故未必對甲有利；尤其是丙類推適用第 264 條第 1 項得主張同時履行抗辯權，但丙所為之對待給付卻是對乙且由乙保有，並非甲。因此本書認為較佳之作法仍是乙對丙請求不當得利返還，並由甲因乙之無權處分行為而終止甲與乙間之法律關係例如租賃、使用借貸或寄託契約後，依不當得利請求返還；當然，若乙自始無權占有，甲亦得對乙主張不當得利返還。最後，若乙怠於對丙請求不當得利返還，甲得依第 242 條代位行使之。

此外，仍有爭論的是，乙雖對丙依法律行為讓與合意及交付標的物，但乙乃無權處分人，丙之所以取得所有權係依法律規定（如第 801 條及第 948 條）且致甲喪失所有權。因此德國通說見解認為，乙無從主張超過其先前所享有者，只得請求丙移轉占有予其（乙），並在丙將標的物交付即移轉占有予乙時，物之所有權即重歸於甲[238]。但是亦有不同見解認為，無權處分人乙，得對丙請求返還占有，但無權處分人乙取得占有時，亦取得所有權[239]。本書採前說見解，以免採後說見解下，乙之債權人將因乙取得該物之所有權而得扣押並拍賣該物，致危害甲之所有權。

六、非給付類型不當得利之舉證責任

非給付類型之不當得利，有爭執時，其舉證責任，原則上同於給付類型，亦應由不當得利返還請求權人承擔[240]。但在侵害權益類型，有爭執時，只要債務人未能證明係有法律上之原因，侵害之事實本身

---

[238] Wendehorst, 2019, §812 Rn 265; Looschelders, SBT 2013 Rn 1087; Wieling, Sachenrecht, Bd I, 1990, 397, 398; Braun, ZIP 1998, 1472 bei Fn 15; 王澤鑑，頁 189–190。

[239] Weber JuS 1999, 10.

[240] Palnadt/Sprau, 2015, §812 Rn 79.

即可認為無法律上之原因[241]。對此，105 臺上 1990 亦表示請求權人無庸就無法律上之原因舉證證明，但本判決強調請求權人「仍須先舉證受益人取得利益，係基於受益人之『侵害行為』而來，必待受損人舉證後，受益人始須就其有受利益之法律上原因，負舉證責任」，值得贊同。至於無權處分類型，有爭執時，亦應由請求權人舉證證明處分人無處分權限及處分對其生效等[242]。但民事訴訟法上相關舉證責任減輕之規定（或原則）均得適用。即無權處分類型，權利人應先主張並舉證證明處分人乃無權處分，例如證明自己乃權利人，且未授與相對人處分權。其後，再由處分人證明其乃有權處分，例如證明其乃權利人或經權利人授與處分權而為處分。

肆　不當得利之法律效果

對不當得利之法律效果，以下首先說明第 181 條之不當得利返還請求權之客體；其次，說明第 182 條之返還範圍問題；之後，則說明不當得利返還請求權之相對人，以及直接適用或類推適用第 183 條規定下，不當得利返還請求權人例外得對無償受讓利益之第三人請求返還。對於第 181 條及第 182 條之關係，建議讀者個別思考及適用此二條規定，即前者涉及不當得利受領人應返還之客體，但若受領人得主張第 182 條第 1 項不知無法律上之原因而所受利益全部或部分不存在，即免負返還或償還之責任，或僅負返還現存利益之責任。反之，

---

[241] Palnadt/Sprau, 2015, §812 Rn 79. 101 臺上 1558 表示，「受益人主張其有受領之法律上原因，應由其負舉證責任，始合乎公平之原則」。103 臺上 575 係泛稱，得利如係由受利益人之行為所致時，由受利益人負舉證責任；但精確而言，此一部分應僅針對有無法律上原因而已。

[242] Palnadt/Sprau, 2015, §816 Rn 23.

若受領人係受領時知無法律上之原因，即應負返還或償還價額之責任，且涉及金錢時應附加利息；如有損害並應賠償；又若受領人係其後知無法律上之原因，亦應返還其現存利益，且自其後知之時起，金錢亦應附加利息，且如有損害，亦應賠償。

一、不當得利返還請求權之客體

依第 181 條前段規定，不當得利之受領人，除返還其所受之利益外，如本於該利益更有所取得者，並應返還。又依本條但書規定，但依其利益之性質或其他情形不能返還者，應償還其價額，即不當得利不能返還者，即應償還其價額。

㈠所受之利益

給付類型之不當得利中，不當得利返還請求權人得請求返還者，乃受領人所受之利益。所謂「所受之利益」，如同在第 179 條規定之「受利益」般，無論是財物所有權、占有、取得登記名義、取得債權或勞務、物之使用收益等均屬之。此等利益，依第 181 條前段規定，應加以返還。至於非給付類型不當得利之受利益，依不同類型亦有所不同，例如侵害權益類型，侵害他人所有權之無權占有及使用收益，或侵害他人商標權、專利權、肖像權或姓名權等而製造或行銷商品。其次，無權處分類型則可能是出賣並移轉交付他人之物而取得之請求權或賣得價金；或如以他人土地設定抵押權以取得銀行借款。至於費用型，則是當事人因而節省支出之費用。求償型，例如第三人主動自發代為清償他人債務，則是當事人債務因清償而免除之利益。此外，法定類型，依個別相關法律規定定之。

(二)本於所受之利益而更有所取得之利益

　　所受之利益外，本於該利益而更有所取得之利益，依第 181 條前段規定，亦應返還。在此，若受領人係善意不當得利受領人時，僅限於受領人實際更有所取得之現存利益；反之，若是惡意不當得利受領人，則須對得以取得但實際未取得之利益，對請求權人負賠償責任（第 182 條第 1 項）[243]。

　　第一類，取得物之所有權與（或）占有後，在無法律上之原因下，對受領物加以使用收益之利益[244]；例如標的物係房屋情況下之居住，或汽車之使用；標的物係土地房屋，受領人加以出租而收取租金，或收取土地上之果樹之果實等[245]。第二類，取得之利益係其他權利例如債權，而受領人本於該債權，得請求債務人履行，進而受領給付者，此處可注意受領或取得樂透彩券，而後該彩券中獎，得或已領取之金額，亦係所謂本於該利益更有所取得[246]。第三類，原利益之代替，例如因物毀損，對第三人取得之賠償或保險金，或因物被徵收取得之補償金等，又其請求權本身例如損害賠償、保險金、徵收補償金之請求權等，亦屬應依第 181 條返還者[247]。但轉賣不當得利之標的物而取得之對價，並不屬之，因為不當得利債務人取得之應返還利益，若係所有權，且因轉賣而取得對價，性質上係原利益無法返還，故應依第

---

[243]　Looschelders, SBT 2013 Rn 1105。但 81 臺上 742 概括表示，若事實上無更有所取得者，即無返還義務。

[244]　王澤鑑，頁 237。但最高法院自 61 臺上 1695，即忽視第 179 條及第 181 條，逕認受領人係受「相當於租金之利益」。103 臺上 812，仍同。

[245]　參見 106 臺上 1270，天然或法定孳息。

[246]　王澤鑑，頁 237

[247]　參見 Wendehorst, 2019, §818 Rn 8. 此外，參見 Looschelders, SBT 2013 Rn 1106.

181 條但書償還價額[248]。在此，其對價金額若高於客觀市價，則依第
181 條但書之一般見解，債務人僅須返還依客觀市價計算之價額償還
義務[249]。

本於所受利益而更有所取得之利益		
第一類	取得物之所有權與（或）占有後，在無法律上之原因下，對受領物加以使用收益	占有房屋後收租
第二類	取得之利益為其他利益如債權，進而受領給付	取得樂透獎券，後該獎券中獎
第三類	原利益之替代	物毀損後取得之保險金、賠償金等或其請求權

㈢所謂損害大於利益以利益為準；及利益大於損害以損害為準

有學說引用最高法院 61 臺上 1695 表示，不當得利法上應返還之
範圍，損害大於利益時，應以利益為準，利益大於損害時，則應以損
害為準[250]，但是 61 臺上 1695 涉及無權占有，而有「依不當得利之法
則請求返還不當得利，……，得請求返還之範圍，應以對方所受之利
益為度，非以請求人所受損害若干為準，無權占有他人土地，可能獲
得相當於租金之利益為社會通常之觀念，是被上訴人抗辯其占有系爭
土地所得之利益，僅相當於法定租金之數額尚屬可採」。但本判決所謂
「不當得利之法則」及「相當於法定租金之數額」，均不符民法，應儘
速廢棄，即前者應指明第 179 條及第 181 條；後者，民法根本並無法
定租金之數額；當然其後最高法院判決已更正為原則上應以相當於該

---

[248] 107 臺上 811。

[249] Looschelders, SBT 2013 Rn 1106; Palandt/Sprau, 2015, §818 Rn 19。又此一情
形，不成立上述非給付類型之無權處分類型，理由是債務人有取得所有權，
故係有權處分。

[250] 王澤鑑，頁 246。鄭玉波，頁 122，未引用 61 臺上 1695，但見解同於王澤鑑。

土地之租金額◨，但此仍係不符合民法規定之錯誤概念。

更重要的是，最高法院上述 61 臺上 1695 判決之見解，無從作為上述學說見解之依據。舉例而言，若不當得利受領人所受之利益是物之所有權，因無法律上之原因故應予返還，然而不當得利受領人轉賣該物予第三人，獲得價款，致不能以利益之原狀返還。在此，適用第 181 條但書規定，應償還其價額而受領人出賣價款可能符合客觀價額，亦可能低或高於客觀價額。若是出賣價款等於客觀價額，並無疑問，但若二者發生差額，首先，固應留意客觀價額是否已發生變化，即通常出賣價格得認定為客觀價額之依據◨。其次，若無此等情事，當受領人出賣之價款僅 3 萬元，而客觀價額是 5 萬元，若將上述最高法院判決見解，即客觀價額，適用至此一案例，則受領人應償還之價額即為 5 萬元，而非上述學說所稱之 3 萬元。亦即不能返還原物，應償還標的物之客觀價額 5 萬元（參見第 181 條但書）。換言之，在所謂損害（即物之客觀價額）大於（不當得利之）利益之情形，受領人無論以上述最高法院判決見解或依所謂客觀價額說，受領人均無從主張僅須返還 3 萬元，反而在此適用法律之關鍵，是受領人須得就其賣價 3 萬元與市價 5 萬元之差額 2 萬元，得以主張所受利益不存在（第 182 條第 1 項），才有可能只須就賣價 3 萬元負返還義務◨。上述學說見解僅以 61 臺上 1695 為依據，或其他中文相同見解，均尚有疑問。

又若物之客觀價額 5 萬元，而受領人出賣之價款為 9 萬元，且不能返還原物，適用第 181 條但書規定，應償還價額，即 5 萬元◨。此

◨ 94 臺上 1094。此外，參見 93 臺上 599；89 臺上 2452；88 臺上 262。

◨ Larenz/Canaris, 266.

◨ Palandt/Sprau, 2015, §818 Rn 19 und 43.

◨ 參見 107 臺上 811，「受益人所受之利益若大於受損人所受之損害時，其返還範圍僅能以受損人所受之損害作為計算利益之範圍，以免受損人反而因

等所謂法律行為之交易上所得，並非第 181 條前段所謂之本於該利益更有所取得利益，因為此乃經由不當得利受領人將系爭標的物轉賣第三人而獲得之價款，並非如同上述之賠償金、保險金或補償金或其請求權本身等，係基於標的物所有權本身而有所取得[255]。反而，此等轉賣之情形，受領人係成立第 181 條但書規定之其他情形不能返還，應償還價額，而通說採客觀說，故僅應償還客觀價額即 5 萬元。若不加思索地適用 61 臺上 1695 所謂「應以對方所受之利益為度」[256]，恐將係得請求 9 萬元返還，但是在此超出客觀價額之利益 4 萬元。依學說見解[257]，給付類型之不當得利，固僅得請求客觀價額，但即使是侵害型之不當得利，亦僅得請求客觀價額。理由是不當得利乃在調整無法律上之原因的財產損益變動，並非在取除受領人之得利[258]，亦非在使不當得利返還請求權人獲得利益[259]。此外，修正民法第 177 條第 2 項之立法理由表示，若「明知係他人事務，而為自己之利益管理時，管理人並無『為他人管理事務之意思』，原非無因管理。然而本人依侵權行為或不當得利之規定請求損害賠償或返還利益時，其請求權之範圍卻不及於管理人因管理行為所獲致之利益；如此不啻承認管理人得保有不法管理所得之利益，顯與正義有違，宜使不法之管理準用適法無因管理之規定，使不法管理所生之利益仍屬本人享有，俾能除去經濟

此獲得不當之利益」；Palandt/Sprau, 2015, §818 Rn 19.

[255] Wendehorst, 2019, §818 Rn 8; Looschelders, SBT 2013 Rn 1106.

[256] 參見 95 臺上 2903。

[257] 王澤鑑，頁 246。鄭玉波，頁 122，亦同。

[258] 不同見解，95 臺上 1077 稱，「不當得利乃對於違反公平原則之財產變動，剝奪受益人所受利益，以調整其財產狀態為目的」。但在此使用公平及剝奪等用語，且可能令人以為最高法院將採肯定結論，並非妥適之說明。

[259] 參見 107 臺上 2136；107 臺上 811。

上誘因而減少不法管理之發生，爰增訂第二項（德國民法第六百八十四條第一項參考）」亦得解為乃採相同結論。在此，對本條項修正，我國有學說表示肯定此一見解[260]。

㈣價額償還及其計算時點

1.價額償還

依第 181 條但書規定，即不當得利受領人本應返還其所受之利益及本於該利益更有所取得之利益，但依其利益之性質或其他情形不能返還者，應償還其價額。

所謂依其利益之性質不能返還，乃指所受之利益屬於如獲得勞務之提供，或涉及物之使用收益或消費等情形，性質上無從以利益原狀返還者而言；例如誤取他人蘋果或飲料等，須返還該蘋果或飲料。但是若已進而吃掉或喝掉，即屬於第 181 條但書規定，因其他情形不能返還，應償還價額。而所謂其他情形不能返還，例如受領人雖取得物之所有權，即汽車或房屋等之所有權，但因轉賣或毀損滅失，致不能返還。遇有不能返還利益之情形，適用第 181 條但書規定，即應償還其價額，而不問受領人對不能返還是否有故意過失[261]。

2.償還價額之計算標準

對此，通說採客觀說。第 181 條但書規定之應償還其價額，多數

---

[260] 王澤鑑，頁 246–248。但是應指出者，修正民法第 177 條第 2 項之立法理由所謂「德國民法第六百八十四條第一項參考」，明顯錯誤，正確條文應是德國民法第 687 條第 2 項第 1 句及第 2 句規定；至於德國民法第 684 條第 1 項第 1 句規定僅是相當於我國民法第 177 條第 1 項之規定而已。

[261] 王澤鑑，頁 240。105 臺上 2102 稱，不能與否之判斷，依社會通念。

見解認為，應依客觀說定之[262]。此一見解，基於法院執行認定成本之觀點，值得贊同。

1) 61 臺上 1695

61 臺上 1695 認為，「無權占有他人土地，可能獲得相當於租金之利益為社會通常之觀念，是被上訴人抗辯其占有系爭土地所得之利益，僅相當於法定租金之數額尚屬可採」。最近之 94 臺上 1094 略加更正而表示，「無權占有他人土地，可能獲得相當於租金之利益為社會通常之觀念，是請求人請求無權占有人返還占有土地所得之利益，參照本院六十一年臺上字第一六九五號判例意旨，原則上應以相當於該土地之租金額為限」。相對的，本書認為，此類案例，宜認為無權占有人係取得物之占有之利益，成立不當得利（第 179 條），而且本於占有進而使用收益，乃本於占有利益更有所取得（第 181 條前段），但後者性質上不能返還，故應償還價額（第 181 條但書）。而且，對此，應適用客觀說，以相當租金之利益計算，而非直接逕以「相當於租金之利益」作為不當得利受領人第 179 條下所取得之利益[263]。

又在非給付類型中之侵害型之不當得利，例如未經運動明星授權，即製造印有其肖像或姓名之商品銷售，亦侵害其肖像權或姓名權而有所取得，而不能返還此等權利之使用，故依第 181 條但書規定，應償還其價額；對此，適用客觀說，應以授權金之客觀價額償還之。此外，著作權法第 88 條、商標法第 63 條及專利法第 85 條亦有相關特別規定，故於此等規定之構成要件該當時，應優先適用之。

2) 87 臺上 937

87 臺上 937 涉及甲徵收機關先支付地上物補償費予地主乙，以便

---

[262] 107 臺上 811；鄭玉波，頁 121；王澤鑑，頁 241；Palandt/Sprau, 2015, §818 Rn 19.

[263] 參見王澤鑑，頁 242。

先使用收益其土地，但其後徵收計畫撤銷。本判決表示：「乙放棄耕作以提供土地，係因信賴兩造先行使用土地之約定，得領取系爭地上物補償費，其受領自難謂非善意，雖因徵收計畫撤銷，解除條件成就，致系爭補償費之受領失其權源，然依上說明，其應負返還責任者，僅被上訴人請求返還時之現存利益而已；倘彼時乙有因領取補償而放棄耕作致生果樹之損失，於計算利益時即得扣除之。若此，乙抗辯：其因領取系爭補償費後，已將地上物任由被上訴人處理，多年來已荒蕪，損害甚鉅，被上訴人不得請求償還云云，似非無據。」

　　上述見解之法律依據，似係第 182 條第 1 項，地主得主張因領取補償而放棄耕作致生果樹之損失。相對的，本書認為，地主乙已取得地上物補償金，目的乃在使甲先行使用收益其土地，而乙亦因受領補償而放棄耕作，故乙已不得就其放棄耕作再主張受有損害應予扣除，乙充其量僅得就其受領之金錢主張所受利益不存在，但如下述，金錢原則上不易主張所受利益不存在。

　　其次，甲亦已取得土地使用收益之利益，但因徵收計畫撤銷，無法律上之原因應予返還（第 179 條），但此乃不能原狀返還，故適用第 181 條但書，應償還其價額[264]。然而甲與乙就先行使用土地已約定相關之地上物補償費，即使無效，亦屬客觀行情，故地主依不當得利返還之補償金，與乙使用收益土地依客觀說計算之價額，原則上應屬同額，互相抵銷（第 334 條第 1 項）。此外，即使甲得依第 182 條第 1 項主張所受利益不存在，亦宜適用所謂差額說，或採更正確適當見解而對本條項規定目的性限縮，處理相關問題（對此，參見下述）。亦即本件之乙應返還地上物補償費，而甲亦受有利益且不能原物原狀返還，故應償還價額[265]，但宜認為二者金額相當得互相抵銷（第 334 條第 1 項）。

[264]　自 61 臺上 1695 以來，迄至 103 臺上 812，最高法院均認為，例中之甲獲得所謂「相當於租金之利益」。

[265]　不同見解，王澤鑑，頁 252–253。

3) 101 臺上 9

101 臺上 9 表示：「依不當得利請求返還利益，應以受益人所受之利益為度，……侵害他人著作財產權，……此項利益自得依其使用該著作權所能獲致之交易上客觀價額計算之。」本書認為，本判決一方面稱依不當得利請求返還利益，應以受益人所受之利益為度，另一方面又稱此項利益自得依其使用該著作權所能獲致之交易上客觀價額計算之，但是二者實際有所不同，頗難知悉最高法院究竟如何適用此二不同標準。此外，對此可參見著作權法第 88 條第 2 項第 1 款及第 2 款規定。

3.價額償還之計算時點

對價額償還之計算時點，有認為，應以不當得利返還請求權之權利成立時為準。其次，有以事實審言詞辯論終結時為準。此外，亦有認為應以價額償還的義務成立時為準。本書認為，上述爭議，應以價額償還義務成立時之見解[266]，較為可採。首先，第 181 條但書規定之應償還價額，並未提供具體標準時點，因此宜區分事實情形而論；若受領人受領利益之時即因其性質無從原狀返還利益者，例如受領勞務之給付，或對物加以使用之利益等之情形，應以受利益之時點亦即最早享有價額償還請求權之時點為準。再者，受有利益，例如無法律上之原因而取得物之所有權，其後才因轉賣第三人喪失所有權，致不能返還而應償還價額者，即應以價額償還義務成立時為準[267]。

又依第 182 條第 1 項規定，若不當得利受領人不知無法律上之原因，而其所受之利益已不存在者，免負返還或償還價額之責任。換言之，即使依第 181 條應返還利益或償還價額，但只要得以依第 182 條

---

[266] 107 臺上 811；Wendehorts, 2019, §818 Rn 33；王澤鑑，頁 243。

[267] Palandt/Sprau, 2015, §818 Rn 20.

第 1 項主張所受利益不存在，即免負返還或償還責任，故本條項具有相當重大意義。

二、不當得利返還請求權之範圍

以下說明第 182 條規定。本條第 1 項規定，不當得利之受領人，不知無法律上之原因，而其所受之利益已不存在者，免負返還或償還價額之責任；本條第 2 項規定，受領人於受領時，知無法律上之原因或其後知之者，應將受領時所得之利益，或知無法律上之原因時所現存之利益，附加利息，一併償還；如有損害，並應賠償。

㈠第 182 條第 1 項規定

1.簡　介

1) 立法目的

第 182 條第 1 項之立法目的在保護善意不知無法律上之原因而受利益之受領人，且即使受領人因過失而不知，亦屬不知，故得主張所受利益不存在[268]；本條項性質上，屬於權利消滅之抗辯，且係任意規定[269]。又本條項雖無明文，但對照同條第 2 項之規定可知，不當得利受領人不知無法律上之原因，係針對其「受領時」而言。

2) 適用對象

第 182 條第 1 項規定，除給付類型不當得利外，亦適用於非給付類型之不當得利，且即使是侵害型或無權處分型，亦同[270]，例如甲借

---

[268]　94 臺上 1639；王澤鑑，頁 250–251，頁 267。對信賴保護之說明，參見 Palandt/Sprau, 2015, §818 Rn 26; Looschelders, SBT 2013 Rn 1110.

[269]　Palandt/Sprau, 2015, §818 Rn 26 und Rn 32.

[270]　Palandt/Sprau, 2015, §818 Rn 27. 又對此一問題在英國法之簡要說明，參見

乙某物，乙死亡後，乙之繼承人丙以為該物乃乙之遺產，但丙因自己不擅照顧或用不著該物，便將該物贈與並移轉交付第三人丁。在此，丙當得主張第 182 條第 1 項之所受利益不存在，但也因此甲在丙免返還義務之限度內，得類推適用第 183 條，對丁請求返還不當得利，理由是丙並未取得該物之所有權，反而僅有物之占有，但依丙之無權處分（第 118 條第 1 項），丁仍依善意受讓規定取得該物所有權（第 801 條及第 948 條）；更重要的是，丁乃無償受讓取得，相較於不當得利請求權人甲，較不值得受保護，故得斟酌類推適用第 183 條，使甲對丁請求返還不當得利。

2.適用情形

以下，首先說明受領人所受利益及本於該利益更有所取得之利益不存在之情形。其次說明受領人因受領之利益而有所支出，或遭受特定之財產損失等之情形[271]。最後說明雙務契約不當得利返還之問題。但無論如何，不以受領人有可歸責事由為要件[272]。

1) 所受之利益或本於該利益更有所取得之利益之不存在

第 182 條第 1 項所謂所受利益不存在，首先涉及所受利益或本於該利益更有所取得之利益之不存在[273]。

⑴判斷標準

在此，41 臺上 637、93 臺上 1980 及 93 臺上 1956 均認為，「民法第一百八十二條第一項所謂『所受之利益已不存在』，非指所受利益之原形不存在者而言，原形雖不存在，而實際上受領人所獲財產總額之

Virgo, in Chitty on contracts, 31. ed. 2012, Vol. I, para 29–185.

[271] 此一區分，參見 Loewenheim, 145; 王澤鑑，頁 254、256。

[272] Palandt/Sprau, 2015, §818 Rn 30.

[273] 王澤鑑，頁 255。

增加現尚存在，不得謂利益不存在」[274]。對此，107 臺上 410 亦採相同見解。學說亦認為，判斷受領人是否有所受利益不存在，非針對受利益之原形，而是針對受領人整體財產，比較受利益後和假設未受利益間之財產狀態，以判斷究竟是否財產總額之增加現尚存在[275]；若財產總額增加仍存在，即無所受利益不存在；若財產總額增加不存在，即有所受利益不存在。

⑵例　示

以 41 臺上 637 為例而言，涉及受領人係收受相對人之稻穀。最高法院認為，「除完納稅捐及正當開支外，並無不存在之理由，雖因消費其所受利益而其他財產得免消費，結果獲得財產總額之增加，其利益自視為現尚存在」。此一見解，應予肯定。反之，假設有參加某百貨公司週年慶抽獎者，獲得美加旅遊首獎，旅遊後，百貨公司才通知係作業疏失，百貨公司請求不當得利返還時，即使百貨公司得撤銷贈與，致受領人無法律上之原因受有美加旅遊之利益，但依其性質或其他情形不能返還，應償還價額（第 181 條但書）。但是受領人不知無法律上之原因，而且如果此一受領人，是若非受獎即不可能支出此等費用從事美加旅遊，而僅因受告知中獎因而旅遊美加，則對當事人而言並無節省費用支出之情事，因此仍得主張所受利益不存在[276]。反之，若此一情形仍在受領人旅遊支出之計畫範圍內，即受領人不問有無受中獎之利益原本即會從事此等美加旅遊，則受領人因此一旅遊免於自行支出，有節省費用支出，所受利益現仍存在，故不得主張所受利益不存在。

---

[274]　76 臺上 899；52 臺上 913，亦同。

[275]　參見王澤鑑，頁 253。

[276]　Looschelders, SBT 2013 Rn 1112; HK-BGB/Schulze, 2014, §818 Rn 10.

此外，受領人對於造成所受利益不存在，究竟有無故意或過失，在所不問[277]。又判斷所受利益是否存在，因為在此係以善意不知而受領為前提，故應以受返還請求時為準[278]，而且應由主張所受利益不存在之不當得利受領人負舉證責任[279]。

⑶金　錢

受領之利益為金錢時，有學說認為，因金錢具有高度可代替性及普遍使用性，只要移入受領人之財產，即難以識別，原則上無法判斷其不存在，但受領人若能證明確以該項金錢贈與他人時，則可主張所受利益不存在[280]。93 臺上 1980 及 93 臺上 1956 亦均認為，「如不當得利之受領人所受利益為金錢時，因金錢具有高度可代替性及普遍使用性，祇須移入受領人之財產中，即難以識別。是原則上無法判斷其存在與否，除非受領人能明確證明確以該金錢贈與他人，始可主張該利益不存在」[281]。

本書認為，上段學說及實務見解，並不正確。受領金錢，得否主張所受利益不存在，如上揭 1）之判斷標準所言，並非以具體所取得之利益之不存在或減少為準，反而關鍵在於受領人是否因有所取得金錢而生之購買力之提高，因支出而毫無代替地消耗掉。亦即應視金錢支出後在債務人財產有無可請求返還之等價物或權利，而且債務人其他財產之支出是否有所節省[282]。若受領人有節省支出或取得其他財物，

---

[277]　王澤鑑，頁 257；Palandt/Sprau, 2015, §818 Rn 30.

[278]　參見王澤鑑，頁 254。

[279]　王澤鑑，頁 254；Larenz/Canaris, 297.

[280]　王澤鑑，頁 255–256。

[281]　相似說明，參見 52 臺上 913 及 76 臺上 899。

[282]　Esser/Weyers, 110f.; Looschelders, SBT 2013 Rn 1111; HK-BGB/Schulze, 2014, §818 Rn 10; Birks, 190.

得認為所受利益仍然存在，故不得主張所受利益不存在。因此金錢之利益，是否得主張所受利益不存在，並非如上揭學說或最高法院二判決所言，「除非受領人能明確證明確以金錢贈與他人，始可主張該利益不存在」。因為即使受領人證明確實有以金錢贈與他人，但只要是受領人原本已計畫贈與或已負義務履行贈與等情形，受領人以所受之金錢為贈與或履行贈與義務，即有所節省支出，故所受利益仍然存在，無從解為所受利益不存在。此外，使用受領之金錢清償債務之情形，亦同，例如不當得利受領人受領金錢後，若用以清償對他人之債務，則因債務已清償，不須以自己之金錢清償，有節省支出，故其所受利益仍然存在，不得主張免返還責任。此外，即使受領人未受領此筆金錢時，就已無意清償該債務，亦同，因為既已清償債務，實際上所受之金額之利益仍然存在[283]。反之，若受領人受領金錢，而不知自己無法律上之原因而受利益，致原本不可能從事之支出，例如環遊世界、捐贈慈善團體等，則受領人因受領該金錢而支出，如上述，得主張所受利益不存在。

(4)知或不知無法律上之原因涉及未成年人時

德國實務之著名案例，是 17 歲青少年未購機票，卻混入人群搭乘尚有空位之班機，自漢堡飛往紐約[284]，此一搭機出國之行為，受有航空公司運送及勞務等之利益，故受有利益，雖不能原狀返還，但應償還價額（第 181 條但書）；而且此一青少年係明知而為。但因其為青少年，法律上主張不知無法律上之原因，究竟應以該青少年為準，抑或以其法定代理人為準，不無疑問；而且是否有所受利益不存在，亦須檢討。德國聯邦最高法院在本判決最後是類推適用侵權行為識別能力

---

[283]　HK-BGB/Schulze, 2014, §818 Rn 10; Palandt/Sprau, 2015, §818 Rn 45（但強調不得導致善意之債務人遭受不當財產損失）。

[284]　BGHZ 55, 128; 王澤鑑，頁 236，註 4。

之規定，而認為本件之青少年應支付該航程機票之金額[285]；但是學說通說均反對此一理由，因為即使該青少年在未告知法定代理人下，先行向航空公司購票，並搭機前往紐約，只要法定代理人不知，法定代理人仍得適用行為能力之規定（如我國民法之第 77 條及第 79 條），事後拒絕承認，致無法律上之原因，故航空公司仍須退還機票價款[286]。再者，青少年雖受有搭機之利益，但因青少年原本即不可能有此等奢華支出，得主張所受利益不存在[287]，航空公司亦仍須退還票款[288]。此外，學說亦批評，本判決以侵權行為之價值判斷適用於本案，亦有疑問，因為即使本件屬侵害型之不當得利，甚至成立侵權行為，但是只要涉及不當得利之法律問題，仍應依民法行為能力之相關規定判斷之，因為不當得利根本不以請求權人受有損害為要件，不宜等同二者；又該判決雖稱，未成年人依行為能力規定加以保護，應以侵權行為作為界限，但是學說亦批評此一說明缺乏依據，因為侵權行為目的係損害賠償，而不當得利係利益返還，二者功能不同，毫無關係[289]。因此，即使是非給付類型，例如侵害型之不當得利，涉及未成年人，仍應以未成年人之保護優先，不須顧及侵權行為之規定或原則[290]。當然，在此之外，此一未成年人是否成立侵權行為，以及其法定代理人應否與

---

[285] BGHZ 55, 128; 參見 Looschelders, SBT 2013 Rn 1119 之說明。

[286] Larenz/Canaris, 312; 王澤鑑，頁 269。

[287] Loewenheim, 148–149.

[288] Larenz/Canaris, 312.

[289] Larenz/Canaris, 312; 又王澤鑑，頁 269，亦同，質疑不當得利應類推適用侵權行為關於識別能力規定之見解。

[290] 不同見解，HK-BGB/Schulze, 2014, §819 Rn 3 主張應區分給付類型及非給付類型之不當得利，前者，類推適用德國民法第 106 條以下，後者，仍類推適用德國民法第 827 條以下，故限制行為能力人有識別能力，仍應負不當得利返還義務，且不得主張所受利益不存在。

該未成年人連帶負損害賠償責任，應適用第 187 條第 1 項規定判斷之。

⑸給付類型不當得利涉及未成年人

給付類型不當得利涉及未成年人時，例如限制行為能力人甲向乙購買電動遊戲機，並支付價款。甲締約之意思表示，若未經法定代理人事先同意且經事後拒絕承認（第 77 條及第 79 條），則雙方買賣契約確定不生效力；物權行為部分，遊戲機所有權之讓與合意及交付（第 761 條第 1 項），對甲而言，乃純獲法律上利益，不須法定代理人之同意（第 77 條但書）；至於甲給付予乙之價金，則是效力未定（第 77 條及第 79 條），乙未取得價金所有權。但是乙取得甲支付之金錢可能發生與自己金錢混合，而不能區別，此一情形，原則上仍應適用第 813 條，動產和動產混合，並準用第 812 條；若乙將所收金錢放入營業用之收銀箱，得認為甲支付之金錢，適用本條第 2 項，歸乙所有[291]。若限制行為能力人甲取得標的物之所有權，在經法定代理人承認之前，即已因疏忽致遊戲機滅失，其後法定代理人知悉，才表示反對該買賣契約，通說認為，應依法定代理人知悉無法律上之原因為準[292]；德國法見解之法律依據是類推適用有關行為能力之規定[293]，理由是在此若僅因限制行為能力人甲之知悉，即解為知悉無法律上之原因，不得主張所受利益不存在，即無異要求其承擔法律行為之後果，而與民法行為能力規定目的在保護未成年人之意旨相違[294]。故甲喪失遊戲機時，法定代理人仍是不知無法律上之原因，而且財產總額之增加，亦不存在，故得主張所受利益不存在。換言之，與未成年人交易之相對人，

---

[291]　史尚寬，物權法論，民國 64 年臺北 4 版，頁 133。

[292]　王澤鑑，頁 268，頁 269；Larenz/Canaris, 312; HK-BGB/Schulze, 2014, §819 Rn 3.

[293]　Larenz/Canaris, 312（並表示此係通說見解）.

[294]　Larenz/Canaris, 312.

如本例之乙，基於民法優先保護未成年人之原則，應自行承擔與未成年人交易之不利後果。相反的，若是甲之法定代理人知悉之後，表示反對，命甲攜遊戲機前往乙店退貨還錢，途中該遊戲機才滅失或遭竊，則甲之法定代理人已知悉無法律上之原因，不能主張所受利益不存在。

　　其次，若甲之遊戲機在法定代理人知悉前即已遭第三人丁竊取，而且其後甲之法定代理人丙拒絕承認甲與乙之買賣契約。在此，法律上，甲與乙買賣契約溯及無效，雙方成立第 179 條之不當得利。甲之法定代理人丙得對乙請求返還價金，而乙則得對甲之法定代理人丙請求返還遊戲機之所有權及占有，且二者類推適用第 264 條第 1 項，故雙方除就價金為讓與合意及交付（第 761 條第 1 項）外，就遊戲機亦須雙方為讓與合意，並且由甲之法定代理人丙，依第 761 條第 3 項，將其對行竊者丁之占有返還請求權讓與於乙，以代交付。再者，縱使丙為甲主張第 182 條第 1 項之所受利益不存在，甲對行竊者享有第 184 條第 1 項前段之損害賠償請求權，此係第 181 條下之更有所取得之利益，甲亦須依第 181 條返還予乙，再由乙自行對行竊者主張第 184 條第 1 項前段之權利，並且由乙承擔無從實現此一權利之風險。反之，若係在甲之法定代理人丙知悉甲與乙之交易且對乙表示拒絕承認之後，才發生遊戲機遭丁竊取，因丙已知無法律上之原因受有利益，故適用第 182 條第 2 項，應由丙為甲返還現存利益，即讓與甲對丁之損害賠償請求權予乙，而且若乙無法自丁獲得賠償，仍應由甲負第 182 條第 2 項之如有損害並應賠償之責任。

2) 受領人因受領之利益而有所支出或遭受特定之財產損失

⑴判斷標準

　　受領人得否主張扣除其支出或損失之判斷標準，有認為應以受領人之支出或損失，與無法律上原因之受利益有無相當因果關係加以判斷[295]。但一般認為此一標準過於廣泛，故不少學說主張，須限於正是

因信賴該利益為應得之權益而發生之支出或損失，始得在返還請求時加以扣除[295]。即第 182 條第 1 項之立法理由在保護不當得利受領人善意信賴其受利益有法律上之原因[297]，故須受領人善意信賴下之支出或損失，始得主張扣除[298]。此外，財產支出或損失，亦不限於不當得利事實過程後所生者，即使之前發生者，只要具有必要關聯，亦得主張之[299]。

⑵得扣除之財產支出或損失

受領人得主張扣除者，有主張包括為取得該原始利益所支出之費用（即契約費用），例如過戶、登記費用、運費、關稅，加值稅、仲介費等[300]。本書目前認為，此等費用原則上不得扣除，因為此等費用，若債務人及時知悉無法律上之原因之瑕疵或因其他原因不生財產移轉變動，原本即無從轉嫁至他方反而應由債務人自行承擔；反之，債務人將所受原始利益如標的物所有權移轉讓與他人取得對價，則因此所生之費用，得主張予以扣除[301]。其次，就所受利益所支出之費用，例如受領標的物係小狗一隻而為其支出飼養費或醫療費，宜認為費用即使無增加價值，例如就案例中之小狗餵養較貴飼料，或上較貴之動物醫院之費用，因係信賴取得小狗有法律上之原因之支出，亦得扣除之[302]。

---

[295] Palandt/Sprau, 2015, §818 Rn 29（但同時承認，不夠特定且太過擴大，須加限制）.

[296] Esser/Weyers, 111; 王澤鑑，頁 257。

[297] 參見 Larenz/Canaris, 296 bei Fn. 4 und 297; Palandt/Sprau, 2015 §818 Rn 26.

[298] BGH NJW 1995, 3315ff (3317 unter II 2 c)).

[299] Palandt/Sprau, 2015, §818 Rn 28; Wendehorst, 2019, §818 Rn 64 und 69.

[300] Larenz/Canaris, 298; 王澤鑑，頁 257。

[301] Wendehorst, 2019, §818 Rn 59（附有不同見解）und 56.

[302] Larenz/Canaris, 298–299; 王澤鑑，頁 257。

再者，例如他人為非債清償，致受領人受領清償後，因信賴受領利益有法律上之原因，而拋棄擔保、將債權證書毀棄、對真正債務人之請求權已罹於時效或真正債務人已支付不能或破產，受領人均得在其受損失之限度內，主張第 182 條第 1 項所受利益不存在[303]。又學說認為，受領人因信賴取得利益有法律上之原因，而未為有利益之交易行為，亦得主張扣除[304]；或者因而將自己財產給與他人，亦得主張扣除[305]。

(3)不得主張扣除者

當事人取得利益之對待給付即對價，就非給付類型之不當得利，一般認為受領人向第三人支出之對待給付費用，不得對不當得利返還請求權人主張扣除[306]。例如甲之物遭乙偷竊，乙出賣予第三人丙，並移轉交付，且支付對價。若甲依第 949 條，請求或訴請丙返還，原則上丙不得對甲主張扣除丙自己對出賣人乙所支付之對價；例外，符合第 950 條規定時，甲非經償還丙支出之價金，不得回復其物。又就給付類型之不當得利，若涉及雙務契約雙方之對待給付，固應依下節有關雙務契約之不當得利返還之原則加以處理；但若涉及不當得利債務人對第三人之給付，則應視個案下應由何人承擔對第三人給付之請求返還之風險而定，舉例而言，在第三人融資之交易行為，出賣人不得主張因信賴融資資金之取得而對買受人移轉交付標的物[307]。

---

[303] Larenz/Canaris, 299。值得注意者，王澤鑑，頁 258；鄭玉波，頁 124-125；就誤償他人債務，結論相同，但表示，其方法係由受領人保留受領之給付，而以其對真正債務人之債權讓與予不當得利返還請求權人。

[304] Larenz/Canaris, 299.

[305] 王澤鑑，頁 257-258。

[306] Palandt/Sprau, 2015, §818 Rn 34; HK-BGB/Schulze, §818 Rn 12; 王澤鑑，頁 258。

[307] Wendehorst, 2019, §818 Rn 60.

其次，學說亦認為，諸如不當得利之返還費用，應由債務人負擔（第 317 條），不得扣除，因為此時債務人已屬知悉無法律上之原因受利益，已無從主張第 182 條第 1 項[308]。此外，若受領標的物如小狗，咬壞受領人地毯，無論取得小狗有無法律上之原因，小狗均仍可能咬壞地毯，因此取得小狗與咬壞地毯，雖有因果關係，但與信賴取得小狗有法律上之原因無關，應不得主張扣除[309]。或者，受領標的物小狗有狂犬病，致受領人其他原本正常之犬隻亦染病，亦同，因為此與受領人信賴取得小狗有法律上之原因但實際卻是無法律上之原因，並無關聯，但受領人依其情形，可能得主張侵權行為等請求權之損害賠償[310]。

3) 雙務契約之不當得利返還問題

⑴問題根源

二個獨立的不當得利返還請求權之結果：德國民法第 818 條第 3 項乃第 182 條第 1 項立法時所參考之規定，但德國學說指出，德國民法本條項規定乃一系列錯誤之結果，首先，羅馬法僅承認未成年人及受贈人得主張所受利益不存在；其次，普通法時代之不當得利返還請求權係針對單方無法律上之原因而受給付，但是德國民法起草者卻加以一般化，而未思考到本條項規定適用雙務契約之後果，例如買賣契約無效、不成立或意思表示被撤銷等，而買受人所受領之標的物已毀損、滅失或返還不能，且買受人因不知無法律上之原因而得主張所受利益不存在時，買受人得請求出賣人返還價金，但出賣人卻無從請求

---

[308] Wendehorst, 2019, §818 Rn 77; 王澤鑑，頁 258。

[309] 王澤鑑，頁 258。Looschelders, SBT 2013, Rn 1115; HK-BGB/Schulze, §818 Rn 11.

[310] Wendehorst, 2019, §818 Rn 78; 此外，參見王澤鑑，頁 258–259。Larenz/Canaris, 300.

返還標的物。換言之，依雙方均有獨立之不當得利返還請求權，但一方得主張第 182 條第 1 項之所受利益不存在，而他方卻無從主張，學說認為，德國民法本條項之規定正與危險負擔規定之一般原則相衝突，致標的物在買受人占有中發生毀損滅失或其他不能返還之問題時，原本應由買受人自行承擔者，竟因此改由出賣人負擔危險[311]。此外，亦有學說表示，對此更妥適之思考在於，雙務契約下之不當得利返還，應注意不當得利受領人原則上不應優於契約正常履行下之狀態，因為所受利益不存在規定僅在保護不當得利受領人信賴有法律上之原因而取得；然而若未發生不當得利返還情事，事實上應承擔標的物毀損滅失者，乃買受人[312]。

　　⑵差額說及限縮之二個獨立不當得利返還請求權說

　　為解決上述不公平現象，首先，德國實務在德國民法施行後不久即適用所謂差額說見解，亦即將雙方當事人個別享有之不當得利請求權當成一個，而當事人僅得請求其差額，例如購買中古車之例，假設其市價即客觀價額，是 10 萬元，而雙方約定之價金，其金額依具體情事可能會有 9 萬元、10 萬元或 11 萬元。首先，假設雙方約定之價金是 9 萬元，亦即乙支付 9 萬元價金，取得價值 10 萬元之中古車，因差額為負，故乙不能返還該車之不當得利時，亦不能對甲請求任何價金之返還。其次，假設雙方約定之價金是 10 萬元，因與該車價額相當，故相互之間沒有差額存在，乙不能返還受領之中古車時，乙亦不能對甲請求返還價金 10 萬元。再者，假設雙方約定之價金是 11 萬元，由於客觀價額是 10 萬元，因此乙不能返還受領之中古車時，乙僅能對甲

---

[311] Honsell, MDR 1970, 717 und 718 Fn 22. 正文所謂危險負擔規定之一般原則，依 Honsell 所述，係指 1900 年德國民法第 446 條（買賣）及第 323 條第 1 項（給付不能）。正文說明，併參見 Wendehorst, 2019, §818 Rn 103.

[312] Looschelders, SBT 2013, Rn 1129.

請求返還價金 11 萬元超過標的物客觀價額 10 萬元之差額，即乙對甲僅能請求 1 萬元之返還[313]。

　　相對的，差額說頗受批評，故有學說建議放棄差額說，而回復至二個獨立的不當得利返還請求權，而對第 182 條第 1 項，依價值觀點予以限縮[314]。其原因在於，不當得利之受利益，並非就受領人總體財產，比較受利益後和假設未受利益間之財產狀態，並以其差額，作為受領人所受之利益。反而不當得利受領人所受之利益，乃其原始基於給付行為或非給付行為取得之利益本身，並應返還（第 179 條）；若不能返還，亦應償還價額（第 181 條但書）[315]。其次，差額說將雙方個別享有之不當得利請求權當成一個，且當事人僅得請求其差額，實際並未以受領人所取得之利益為出發點，反而以雙方利益之差額作為一方所受之利益，並不妥適[316]，亦不符民法之規定（第 179 條及第 181 條）[317]。此外，差額說亦過度狹隘，尤其是無法適當解決例如出賣人在未受領買賣價金之前，已先對買受人移轉交付標的物汽車，並且汽車毀損滅失不能返還後，才確認契約無效或不成立等，如何進行不當得利返還之問題，因為此時，買受人所受利益不存在，整體財產並無正數之差額，適用差額說無從提供出賣人任何請求償還價額之可能[318]。

---

[313]　參見 Looschelders, SBT 2013, Rn 1130.

[314]　Larenz/Canaris, §73 III; Medicus/Lorenz, SBT 2014, Rn 1188. 對此，並參見 Looschelders, SBT 2013, Rn 1132.

[315]　對德國帝國法院判決此一見解以及德國聯邦最高法院之修正，參見 MK/Schwab, 2017, §818 Rn 235ff.; Wendehorst, 2019, §818 Rn 104.

[316]　Larenz/Canaris, 322.

[317]　但自 61 臺上 1695，最高法院均採「相當於租金之利益」之錯誤見解，而未分別適用第 179 條及第 181 條。

[318]　Palandt/Sprau, 2015, §818 Rn 46 表示，先為給付之當事人原則上不得請求對待給付（因契約無效等），亦不得請求返還給付（因他方所受利益不存在）。

但亦有認為，上述二說，在實際個案通常結論相同，例外是上段所述先為給付案例；本說認為，差額說對此類案例之見解確實不當，故有必要目的性限縮如第 182 條第 1 項之適用，但此外仍得採所謂限制差額說，而在例外情形，再依相關無效規定之保護目的，針對個別爭議案例排除其限制 ，而回歸雙務契約下二獨立不當得利返還請求權[319]。

(3)類推適用解除契約之價額償還規定

對上述雙務契約之特殊情形，限縮第 182 條第 1 項之依據及標準何在 ，仍有爭議。本書採斟酌雙務契約解除時應償還價額規定 （第 259 條第 6 款，但應強調的是，德國民法解除契約之規定，自 2002 年債編修正後，更不同於現行民法本條款之規定）。即第 259 條第 6 款之危險分配，並不以受領人具有故意或過失為必要，故受領之給付物滅失縱出於意外，應由受領人承擔其危險，不得主張所受利益不存在[320]，亦即第 259 條第 6 款，正是有關雙務契約之規定，且遠比不當得利並未顧及雙務契約性質更為妥適，故對此等問題，並非不當得利之解決方案得類推適用至解除契約之法律效果，而是相反，解除契約之法律效果應當類推適用至不當得利此一問題。

其次，德國學說亦認為解釋論上，適用不當得利之規定，應儘量使其法律效果趨近於解除契約之法律效果[321]，且認為此係類推適用[322]。

相對的，Looschelders, SBT 2013, Rn 1133 認為，應對德國民法第 818 條第 3 項（類似第 182 條第 1 項），進行目的性限縮，而限制其適用。

[319]　Looschelders, SBT 2013, Rn 1133.

[320]　參見 MK/Schwab, 2017, §818 Rn 270ff. 對舊德國民法有關解除契約法律效果轉用到所受利益不存在之說明。此外，王澤鑑，頁 265。

[321]　Esser/Weyers, SBT II/2, 2000, 115 unter §51 II 3 c); SBT II/1, 1998, 47 unter §5 III 1 b)aE; 此外，Larnz/Canaris, 327 und 335, 均以解除契約法律效果規定，評論所受利益不存在規定對標的物意外毀損滅失時，有所不當。

即除非標的物之毀損、滅失，或不能返還，係由於諸如標的物有瑕疵等應由出賣人負責之事由所致，否則標的物既已在買受人占有中，依據第 373 條有關危險負擔所規定之原則，即應由占有標的物之買受人承擔標的物毀損、滅失，或不能返還之危險；又依據第 259 條第 6 款規定，在出賣人解除契約時，標的物毀損、滅失，或不能返還，買受人應償還其價額；且本條之適用，並不須考慮受領人就標的物毀損滅失等，有無可歸責事由。在此，依第 262 條前段規定，僅當標的物受領人係解除權人時，因其有可歸責事由，致其所受領之物有毀損、滅失或其他情形不能返還者，解除權消滅；反之，標的物受領人不可歸責，得解除契約，但不能返還受領物，仍應償還價額。最後，是否有法律上之原因，與受領標的物之毀損滅失，實際並無關係，故亦得如同契約有效般，類推適用上述危險負擔規定，由買受人自行承擔其損失 [323]。此外，得補充之理由是，買賣汽車或房屋（土地）之情形，除標的物係在其占有管領下而享有其利益且得採取可能防範措施，尤其是絕大多數之買受人均已或得投保產物險以分散標的物毀損滅失等之風險，故買受人較諸出賣人，乃更應承擔不能返還風險者，而應依法償還價額或其代替利益（如保險金等或其請求權，對此，參見上揭對第 181 條之說明）。

在此，有不同見解指出，契約無效、不成立或意思表示被撤銷，

---

[322] 參見 Wendehorst, 2019, §818 Rn 103, 116ff. （對相關學說之說明） und 122 aE （結果有別於解除契約之危險負擔規定，須有更好的理由；又在個別案例形成及其評價上，應斟酌解除契約之各價值觀點） ; MK/Schwab, 2017, §818 Rn 270–273.

[323] Wendehorst, 2019, §812 Rn 134 亦同。 又 Honsell, MDR 1970, 718 Text nach Fn 22 認為，舊德國民法有關買賣危險負擔規定之適用，並未限於買賣契約有效。

即不應以契約相關之危險負擔原則解決上述問題，否則，乃未明辯二者之區別；又因買受人須返還其收取之孳息，亦不應再要求其承擔受領物毀損滅失之價額償還等[324]。但應指出者，在此，乃類推適用並非適用，以便妥適解決相關問題；其次，孳息雖應當返還，但債務人未必已收取，且孳息之價值通常難以與標的物之價值相稱，故上述批評並不具說服力。最後，上述不同見解之批評，並不符買受人作為不當得利受領人，依第 179 條及第 181 條，或作為解除契約回復原狀之債務人，依第 259 條第 1 款（或第 6 款）以及第 4 款，均係應當返還原物及其孳息之原則規定。

(4)舉例說明

舉例而言，甲中古車商將某牌中古車出賣予乙。若甲隱瞞該車煞車失靈之瑕疵。

a) 乙駕駛該車，因他人酒駕肇事，致該車毀損滅失

受領人乙因受詐欺而締結契約，並進而給付價金，但是受領之標的物已毀損、滅失或不能返還，其後發現受詐欺並撤銷意思表示時，有認為，受領人係因相對人之詐欺而占有標的物，故無須對其毀損、滅失或不能返還負責[325]；但是詐欺本身與物之毀損、滅失或不能返還，欠缺內在關聯，因此宜認為，僅當標的物毀損、滅失或不能返還係由於該物之瑕疵所致，買受人才可不負償還價額義務，否則買受人對於標的物之不當得利返還義務，仍應目的性限縮第 182 條第 1 項之適用，而須依第 181 條但書規定，償還其價額[326]，因此本案之買受人應償還價額。

---

[324] MK/Schwab, 2013, §818 Rn 240 und 245.

[325] Looschelders, SBT 2013 Rn 1136，贊同 BGHZ 53, 144ff. 見解。

[326] Wendehorst, 2019 Rn 134; 王澤鑑，頁 266。但應注意的是，現行民法第 259 條第 6 款，有別於 2002 年之德國民法第 346 條第 3 項第 1 句之第 3 種情

b) 乙已經或尚未支付價金

甲先給付標的物，而乙尚未給付價金，但契約係無效、不成立或意思表示被撤銷，而標的物已毀損、滅失或不能返還，應由受領人承擔不能返還之結果，受領人不得主張所受利益不存在，仍應依第 181 條但書償還其價額，因為此等情形，出賣人僅須承擔買受人未能支付對價之風險，但難以擴張認為出賣人亦應承擔標的物毀損、滅失或不能返還之危險，故契約無效等情形，標的物之買受人雖尚未給付價金，仍應承擔標的物毀損、滅失或因其他情形不能返還之結果，亦即應依第 181 條但書規定，償還其價額[327]。

c) 乙駕駛該車，因該車煞車失靈致該車毀損滅失

本例係因該車之瑕疵致該車毀損滅失，故具上述之內在關聯，買受人乙不須承擔價額償還之義務[328]。

⑸爭議性判決

93 臺上 910[329]，涉及前土地法第 30 條有效時，私有農地所有權之受讓人是否因無自耕能力而無效之情形，本判決表示，「按買賣契約為雙務契約，雙方之給付，依其經濟上之交換目的構成一整體，是以買賣契約縱然無效，倘當事人雙方事實上均已履行，則給付與對待給付仍應一併觀察計算。若買受人所支付之價金與出賣人所交付物品之價

形，即德國民法對解除契約之價額償還義務，已增訂有法定解除權之人若已盡處理自己事務之同一注意，即不須負責；依學說見解，此係指「非重大過失」時，不須負價額償還義務，但若有重大過失時，則負價額償還義務，參見 Looschelders, SBT 2013 Rn 1137.

[327] Looschelders, SBT 2013, Rn 1133 亦認為，在此，應對德國民法第 818 條第 3 項（類似第 182 條第 1 項），進行目的性限縮，而限制其適用。王澤鑑，頁 266。

[328] Wendehorst, 2019, §818 Rn 133.

[329] 對本判決，參見王澤鑑，〈雙務契約無效與不當得利〉，《臺灣本土法學雜誌》，第 71 期，頁 21–31，頁 27 以下。

額相當，自難謂買受人受領買賣標的物獲有不當得利」。最高法院本判決此一見解，明顯錯誤，因為買賣契約無效，買受人受領標的物，即構成民法第 179 條規定之不當得利，並非如最高法院本判決所言，不構成不當得利[330]。再者，學說係因當事人一方受領之給付物毀損、滅失等無從返還，且得依民法第 182 條第 1 項規定，主張所受利益不存在，無須返還或償還，卻又得請求他方返還給付，致生不公平，故主張應限制民法第 182 條第 1 項規定之適用，但是本判決標的物土地被政府徵收取得補償金，乃「原物的代償」，適用民法第 181 條規定，應予返還[331]，不生應否限制民法第 182 條第 1 項規定適用之問題。但令人錯愕的是，96 臺上 834 竟然再度重複 93 臺上 910 之相同錯誤，其原因極有可能是最高法院寫作判決時，僅複製過去判決電子檔之抽象文句，根本並未對當下應判決之個案事實及法律原則作任何思考。

㈡第 182 條第 2 項規定

1.構成要件

第 182 條第 2 項規定，係以不當得利受領人於受領時，知無法律上之原因或其後知之為要件。94 臺上 2364 指出，第 182 條第 2 項，「係課予惡意受領人附加利息返還不當得利之責任。此項附加之利息應自受領時或知無法律上之原因時起算」[332]。

又如 92 臺上 553 所言，「所謂知無法律上之原因時，係以受領人依其對事實認識及法律上判斷知其欠缺保有所受利益之正當依據時，

---

[330] 參見王澤鑑，雙務契約無效與不當得利，臺灣本土法學雜誌，第 71 期，頁 21–31。

[331] 王澤鑑，頁 237。

[332] 對此，並參見 103 臺上 1785。

既為已足，不以確實瞭解整個法律關係為必要」。此一部分之說明，值得贊同[333]，但本判決後段所謂「知之程度，僅須達於可認識之程度即為已足」，並非妥適，恐令人誤會僅須達於可認識之程度即為第 182 條第 2 項規定之知。又本條項所稱之知，並不包括過失不知[334]。再者，知悉法律行為得撤銷，亦屬知無法律上之原因[335]，但此一情形須法律行為經撤銷，始成立不當得利而得適用第 182 條第 2 項。

此外，不當得利返還請求權人主張受領人有第 182 條第 2 項規定之適用者，於受領人爭執時，應負舉證責任[336]。至於不當得利受領人係未成年人，參見上揭所述。

2.法律效果

依第 182 條第 2 項，受領人應將受領時所得之利益，或知無法律上之原因時所現存之利益，附加利息，一併償還，如有損害並應賠償。對此，106 臺上 1438 指出，該附加利息與現存利益同為不當得利性質，並非法定遲延利息，在受領人返還其所受之利益前，仍應附加利息。

1) 起算時點

第 182 條第 2 項之適用案例，例如 94 臺上 2385，即「上訴人於八十八年五月二十九日已合法終止系爭契約，即知無法律上之原因而受有利益，則被上訴人請求自起訴狀繕本送達翌日即八十八年八月四日起加付法定利息，亦無不合」[337]。但本件之被上訴人未自 88 年 5 月 29 日之翌日起，而是自起訴狀繕本翌日即 88 年 8 月 4 日起，請求加付法定利息，乃自行放棄權利。

---

[333]　參見 Palandt/Sprau, 2015, §819 Rn 2.

[334]　Palandt/Sprau, 2015, §819 Rn 2; 94 臺上 1639。

[335]　Palandt/Sprau, 2015, §819 Rn 2; 王澤鑑，頁 267。

[336]　Palandt/Sprau, 2015, §819 Rn 10.

[337]　此外之案例，參見 93 臺上 1366。

又依 94 臺上 1074，涉及買賣土地移轉登記之訴訟，本判決認為當事人等人究竟何時起知悉其受領之買賣價金為無法律上之原因，應自該事件判決確定時起。本件，首先在法律上至少應類推適用第 959 條，即「善意占有人，於本權訴訟敗訴時，自其訴訟拘束發生之日起，視為惡意占有人」，故本判決謂判決確定時，才知悉無法律上之原因之見解，尚有疑問；其次，若在訴狀送達訴訟繫屬之日之前即已知悉，亦立即成立第 182 條第 2 項[338]。

2) 非金錢，即無利息

第 182 條第 2 項所謂附加利息，一併償還，僅適用於不當得利受領人所受領之利益為金錢[339]，或其係負價額償還義務 （第 181 條但書），而不適用於其他例如受利益並非金錢之情形。受領之利益，非屬金錢者，僅得適用同條項後段之如有損害，並應賠償之規定，請求損害賠償[340]。

3) 損害賠償

第 182 條第 2 項之損害賠償，通說認為係不當得利法之制度，不以受領人對損害之發生有故意或過失為要件[341]；又抽象而言，在此之損害賠償，應適用第 213 條以下規定；具體而言，未經收取之孳息，亦應賠償[342]。

4) 債務不履行之問題

惡意不當得利受領人適用債務不履行規定之問題，目前仍未完全

---

[338] Palandt/Sprau, 2015, §819 Rn 6.

[339] 參見 Looschelders, SBT 2013 Rn 1126 對金錢之債之說明。

[340] 王澤鑑，頁 271。相對的，因德國民法第 819 條規定之內容，德國通說認為，在此之損害賠償須有故意過失，Looschelders, SBT 2013 Rn 1125.

[341] 王澤鑑，頁 271；此外，參見鄭玉波，頁 125。

[342] Looschelders, SBT 2013 Rn 1126.

澄清。首先，惡意不當得利受領人，對其應返還或償還債務之履行，得成立給付遲延（第 229 條以下），即受領人明知無法律上之原因應返還或償還卻不予返還，得成立給付遲延[343]；在此，受領人之惡意，仍有別於債務不履行如給付遲延之可歸責事由，但受領人有惡意，通常對應履行且能履行而不履行，係具有可歸責之事由[344]，（且不可歸責之免責，應由其負舉證責任，第 230 條）。

又依德國通說，亦得適用類如第 225 條第 2 項之德國民法第 285 條，因此債權人得對惡意受領人就其轉賣受利益標的之價金或其請求權，請求讓與或交付等[345]。

三、對第三人之不當得利返還請求權

不當得利返還請求權人，原則上僅得對不當得利受領人請求返還不當得利。受領人不能返還時，適用第 181 條但書規定，應償還價額；但依第 182 條第 1 項，若受領人，不知無法律上之原因，而其所受之利益已不存在者，免負返還或償還之責任。此一結果，對不當得利返還請求權人，極為不利，故除有上揭目的性限縮第 182 條第 1 項之斟酌之外，第 183 條規定，不當得利之受領人，以其所受者，無償讓與第三人，而受領人因此免返還義務者，第三人於其所免返還義務之限度內，負返還責任[346]。學說指出，此性質上乃原本對受領人之不當得利返還請求權延伸至第三人，理由是無償受讓之第三人較無受保護必要[347]。

---

[343] Looschelders, SBT 2013 Rn 1127.

[344] 參考 Palandt/Sprau, 2015, §818 Rn 9.

[345] Looschelders, SBT 2013 Rn 1127.

[346] 參見 102 臺上 1591。

[347] Wendehorst, 2019, §812 Rn 175; §822 Rn 1.

㈠第 183 條規定之直接適用

1.構成要件

第 183 條之適用，首先之要件是請求權人對受領人享有不當得利返還請求權；至於受領人所負之不當得利返還義務究竟是基於給付類型或非給付類型，並無影響[348]。其次，第三人須為基於與不當得利受領人間無償之法律行為而取得權利，例如不當得利受領人贈與第三人標的物所有權，或第三人並非繼承權人而依死因贈與標的物所有權等[349]。再者，不當得利受領人，依第 183 條規定，亦須因為以其所受者無償讓與第三人，而免返還義務[350]。亦即在此，須不當得利受領人得主張第 182 條第 1 項之所受利益不存在，並在其免返還義務之限度內，由第三人負返還責任。因此若不當得利受領人無從主張免返還義務，即無第 183 條之適用[351]。此外，本條規定之目的在於保護不當得利返還請求權人，即在此之第三人係無償受讓，相較於不當得利返還請求權人無從對其相對人（即不當得利受領人）請求不當得利返還，可謂較不值得保護（對此，參見上揭貳、二、㈡1 之說明）。[352]。

2.法律效果

依德國民法第 822 條，不當得利受領人無償將其所取得者，讓與

---

[348] Palandt/Sprau, 2015, §822 Rn 2.

[349] Palandt/Sprau, 2015, §822 Rn 6.

[350] Palandt/Sprau, 2015, §822 Rn 1. 對此，並請參見 102 臺上 1591。又 105 臺上 1504 因借名登記取得股份後贈與第三人之案例，似未特別留意第 183 條適用前提，即是否存在第 182 條第 1 項之適用。

[351] Palandt/Sprau, 2015, §822 Rn 1 und 7；102 臺上 1591。

[352] Palandt/Sprau, 2015, §822 Rn 1.

第三人，於其因而免返還義務之限度內，第三人應如同其無法律上之原因自不當得利債權人而受利益般，負返還責任。相對的，第 183 條僅規定第三人於不當得利受領人免返還義務之限度內，負返還責任，並未繼受「如同其無法律上之原因自不當得利債權人而受利益般」之文句。

雖然如此，德國實務認為（在甲對乙得請求不當得利返還，而乙不知無法律上之原因而讓與予第三人丙時）第三人丙所負之責任，係不當得利受領人乙，未將所取得者讓與第三人丙之時，乙所負之返還義務內容。舉例而言，若受領人乙自債權人甲有所取得利益後，再依法律行為交易取得代替物，其後並再將該代替物無償讓與第三人丙時，法律適用上，因受領人乙並非負返還該代替物義務，而僅負價額償還義務（對此，參見第 181 條，有關法律行為交易所得之說明），故第三人丙亦相同僅針對價額償還負責[353]；反之，不同見解認為，若依德國民法第 822 條之文義，第三人丙係負返還該代替物[354]。上揭以受領人乙所負返還義務作為第三人丙之返還義務，較符第 183 條之文義，應予贊同。又在此之第三人，不知無法律上之原因下，再將其所受領者，無償讓與第四人，亦得適用本條規定[355]。

請求權人主張適用第 183 條時，就其對受領人有不當得利返還請求權、受領人將所受利益無償讓與第三人、受領人免返還義務以及並非明知無法律上之原因之加重責任情事等，應負舉證責任；相對的，第三人對所受利益不存在或減少等，應負舉證責任[356]。

---

[353] Wendehorst, 2019, §822 Rn 11.

[354] 參見 Wendehorst, 2019, §822 Rn 11 之轉述。

[355] Wendehorst, 2019, §822 Rn 12; Palandt/Sprau, 2015, §822 Rn 2.

[356] Palandt/Sprau, 2015, §822 Rn 11.

㈡第 183 條規定之類推適用

1.無償之無權處分

第 183 條之類推適用，則涉及標的物之占有人對第三人為無償之無權處分，且第三人依善意受讓規定（第 801 條及第 948 條），取得標的物所有權。此一情形，德國民法係依第 816 條第 1 項第 2 句明文規定，無償且無權處分下取得權利之受讓人對權利人負不當得利返還義務。對此，現行民法並無明文，但學說認為，應類推適用第 183 條規定[357]，理由是無償取得之第三人，相較於無從請求返還之不當得利返還請求權人，較不值得加以保護[358]。

2.其他可能之類推適用

其他得類推適用第 183 條，如不當得利受領人，並非將其所取得者，而是將其收取之孳息，或所取得者之代替物，或交易行為之對價等，再無償讓與第三人，且得主張所受利益不存在之情形[359]。

3.爭議問題：不當得利受領人無從主張所受利益不存在得否類推適用本條

有爭議的是，若不當得利受領人因係惡意，致無從主張所受利益不存在（第 182 條第 2 項），而須自行負不當得利返還義務，但卻已無返還能力，亦無財產可負責等，有不少德國學說認為宜貫徹相同原則，類推適用德國民法第 822 條規定，使不當得利返還請求權人得以對第

---

[357] 王澤鑑，頁 180–186，尤其頁 186。

[358] 參見 Palandt/Sprau, 2015, §816 Rn 12; Looschelders, SBT 2013 Rn 1086.

[359] Wendehorst, 2019, §822 Rn 8.

三人請求返還，理由是第三人相較於不當得利返還請求權人，較不值得保護[360]。

　　相對的，德國實務與通說仍採取否定見解，認為須不當得利返還義務人基於法律上之原因得主張所受利益不存在免返還或償還義務，才可類推適用本條規定，至於僅因事實上原因如債務人無資力或難以尋獲不當得利債務人等，不屬之[361]；理由是類如第183條之德國民法第822條，目的僅在保護不當得利債權人免於利益遭受善意受領人轉讓第三人之風險，而非在保護其免於任何債權未獲實現之風險，更不在於規避德國破產法撤銷權規定而提供特別受償，致妨礙其他債權人之撤銷權或與其衝突[362]。

四、不當得利返還之其他問題

㈠類推適用同時履行抗辯權

　　依90臺上215，按因契約互負債務者，於他方當事人未為對待給付前，得拒絕自己之給付，第264條第1項定有明文。雖非具有對價關係之雙務契約而生之債務，其兩債務之對立，在實質上有牽連者，基於法律公平原則，應許其準用或類推適用關於同時履行之抗辯。查本件兩造互為主張之不當得利返還請求權，既係基於同一買賣契約溯及無效而生，應可類推適用同時履行抗辯權[363]。106臺上1270，亦採相同見解。

---

[360]　Larenz/Canaris, 195; Wieling, 82.

[361]　BGH NJW 1999, 1026 Leitsatz 2 und 1028 unter I 3 b) bb) mwN; Palandt/Sprau, 2015, §822 Rn 7.

[362]　Wendehorst, 2019, §822 Rn 10.

[363]　對此，參見 Looschelders, SBT 2013 Rn 1128.

㈡消滅時效

1.原則上適用第 125 條十五年消滅時效

不當得利返還請求權之消滅時效，應適用第 125 條之十五年時效期間，且不當得利請求權之原物返還與價額償還，亦適用同一之時效，而自請求權得請求時起算（第 128 條）[364]。108 臺上 26 明確表示，於不當得利返還請求權發生時即得請求返還不當得利，其時效應自斯時起算。受益人處分其所受利益致利益之形態變更，其受益於性質上具有同一性，仍應自原請求權得行使時起算消滅時效。

2.利　息

對第 182 條第 2 項之附加利息，最高法院 95 年度第 17 次民事庭會議則決議採乙說，認為應適用第 126 條之五年時效。

3.所謂「相當於租金之利益」之消滅時效

最高法院在其所謂「相當於租金之利益」下認為，應（類推）適用第 126 條之五年時效[365]。

本書認為，契約未成立，但已交付租賃標的物之情形，若出租人不知契約未成立，由於出租人依其觀念係租賃契約存在，尚得斟酌類推適用第 126 條規定；又若出租人已知契約未成立，由於其已知應行使權利，因此適用本條之五年短期消滅時效，亦不致影響其權利。但是在此以外之其他情形，是否應當將一概將自行認定為涉及相當於租金之利益，均解為應依第 126 條之租金短期消滅時效期間，則不無疑問。

---

[364]　93 臺抗 2080 裁定。

[365]　106 臺上 828；49 臺上 1730；65 年第 5 次決議。

亦即第 126 條，著重在債權人所享有之權利係一年或不及一年之定期給付債權，因此涉及無償使用借貸，根本並無每一年或不及一年即得定期請求給付之債權（參見 94 臺上 1198），不宜類推適用第 126 條規定 ③⑥⑥；其他之無權占有之情形，亦同。

㈢數人受利益不構成連帶返還或償還責任

數當事人受利益，並不成立連帶返還責任，而是各按其個別所受之利益，負返還責任 ③⑥⑦。此一結論，主因是第 272 條規定，成立連帶債務須依明示或法定，而法定之債的不當得利，並無明文，故受利益之數當事人，不成立連帶債務 ③⑥⑧，例如一方對他方數共有人共有之標的物，支出費用而生不當得利時，個別共有人僅按應有部分對請求權人負返還責任 ③⑥⑨；又即使預期成立契約時，數當事人將依契約負連帶責任（參見第 272 條第 1 項），但契約無效、不成立或意思表示被撤銷，而數人受有給付時，亦同，不成立連帶債務，理由是該連帶債務之約定並未發生效力 ③⑦⓿。但在此，仍應再進一步依給付可分或不可分，而分別適用第 271 條或第 292 條等（對此，參見該部分之說明）。

---

③⑥⑥　不同見解，91 臺上 2130；91 臺上 904；92 臺上 2037。

③⑥⑦　92 臺上 1598。又 99 臺上 1399 認為，共同侵害他人權利，成立不當得利，僅「不真正連帶債務」。但在此宜區分成立共同侵權行為部分，乃連帶負損害賠償責任（第 185 條第 1 項）；而不當得利部分，因法無明文，故不成立連帶債務。

③⑥⑧　參見 Palandt/Sprau, 2015, §812 Rn 75 und §818 Rn 31.

③⑥⑨　Palandt/Sprau, 2015, §812 Rn 75.

③⑦⓿　Palandt/Sprau, 2015, §812 Rn 75.

第五章

侵權行為及其損害賠償

關鍵字

壹｜侵權行為之構成要件

一、侵權行為、過失責任原則、舉證責任轉換、絕對權、純粹經濟損失、強制責任險

二、三項基本請求權依據、侵權行為法則、作為、不作為、所有權、瑕疵延伸損害、生產損害、占有、責任成立因果關係、責任實現因果關係、相當因果關係、驚嚇性損害、違法性、阻卻違法事由、有責性、責任能力、故意、過失、背於善良風俗、違反保護他人之法律

三、共同侵權行為、法定代理人之損害賠償責任、僱用人之責任、選任或監督、因執行職務而不法侵害他人權利、僱用人對受僱人之求償權、動物占有人之責任、建築物或其他工作物所有人之責任、商品製造人之責任、商品本身之瑕疵或欠缺、動力車輛駕駛人之責任、「危險製造人」之責任

貳｜侵權行為有關損害賠償之規定

一、損害賠償、損害賠償之方法、回復原狀、回復原狀之必要費用、金錢賠償、損害賠償之範圍、所受損害、所失利益、侵害他人之生命法益、第三人之損害賠償請求權、侵害身分法益之非財產上損害賠償、非財產上之損害之賠償請求權、慰撫金、公司之非財產上損害之賠償請求權

二、物因毀損之損害賠償、物因滅失之損害賠償、受損物之使用收益之賠償

三、侵權行為之消滅時效、損益相抵、與有過失、讓與請求權

壹 侵權行為之構成要件

一、導　論

㈠侵權行為制度之目的

1.損害賠償或行為嚇阻

　　憲法保障人民基本權利及自由，例如生命、身體、財產權等權利與自由（憲法第 15 條等），故傳統認為，民法侵權行為規定之目的在於貫徹憲法之保護，使一方得請求他方賠償因違法有責行為致特定權利或利益受侵害而生之一定損害（參見第 184 條第 1 項前段以下）。相對的，亦有認為，依侵權行為規定即可知個人自由的極限，劃定個人的行為界限，以避免對他人造成侵害，故亦具有嚇阻之功能。簡言之，對侵權行為制度目前略有以下二種不同看法：損害賠償或行為嚇阻。但對於二者之關係，亦有認為得以併存❶。

2.制度目的之界限

1) 行為嚇阻有其極限

　　首先，行為嚇阻有其極限，例如汽車駕駛學員練習道路駕駛時過

---

❶　Looschelders, SBT 2013 Rn 1167. 此外，亦有認為，法律上自始權利分配須顧及公平等規範原則，但規範原則之執行亦須顧及效率，參見 Mark A. Geistfeld, Efficiency, Fairness, and the Economic Analysis of Tort Law in: Theoretical Foundations of Law and Economics, Edited by Mark D. White, 234–252 (2009).

失傷害他人，學員雖符合自己注意義務，但不符通常合理汽車駕駛人之注意義務，仍成立過失侵權行為；在此，對該學員而言，侵權行為規定，恐難有嚇阻可言❷。其次，最常作為嚇阻例示之美國法下之懲罰性損害賠償，加害人承擔超出被害人損害外之賠償，雖得嚇阻潛在加害人，但加害人之懲罰性賠償責任頗有為其他潛在加害人負責之意味，又對獲鉅額懲罰性賠償金之受害人，亦遠超出其應得損害賠償，難具正當性。再者，現代社會責任保險發達，肇事者侵害他人，即由（強制或任意）責任保險人，支付保險金予受害人，縱加害人隔年保費驟昇，但因金額相對不高，故侵權行為制度難以發揮嚇阻功能。

2) 損害賠償的極限

此外，侵權行為之損害賠償本身亦有一定極限，即現行民法並非對任何造成損害之結果均承認應負賠償責任，而是區別不同客體依不同要件加以保護❸；且一般之被害人須證明損害存在及因果關係等，但諸如所謂黑心食品之被害人，若主張自己因而不孕、罹大腸癌、罹乳癌或須洗腎等，其因果關係極難證明。對此，有主張第 191 條之 1 第 1 項之推定因果關係；但此有其界限，參見以下對本條項之說明；即侵權行為損害賠償制度，有其要件與原則而存在界限。

㈡侵權行為制度特色

1.過失責任原則

1) 基本原則

民法以個人主義為出發點，承認個人享有私法自治權限，因此當事人因自己行為致他人受損害時應否負賠償責任，既須顧及行為人之

---

❷　對此及以下說明，參見 Giliker, 2014 para1–007.

❸　英國侵權行為法，亦同，Giliker, 2014 para 1–011, 1–013 and 1–015.

人格及行動之自由，以免其動輒得咎，另一方面亦須顧及被害人權益之保護，故採過失責任原則，原則上僅當加害人有過失才須對自己侵害被害人之行為結果負損害賠償責任，若無過失即不須負責（第184條第1項前段）。其次，被害人對侵權行為各要件應負舉證責任，但被害人對特定要件難以舉證，民法亦有先推定該等特定要件存在，行為人欲免責須自行舉證無過失等，例如第187條第2項、第188條第1項但書。基於同理，第191條之1但書、第191條之2但書及第191條之3但書之性質，均只涉及推定過失等之責任，並非無過失責任。

2) 可能後果及其因應立法

加害人須有過失才成立侵權行為，則加害人無過失或被害人難以證明加害人過失，加害人即不須負損害賠償責任，將導致被害人就其損害無從請求賠償，可能對被害人保護不周，立法上因而對特定情形發展出即使加害人無過失亦應負責之無過失責任制度。例如民用航空法第89條以下之規定❹；又如核子損害賠償法第11條亦同，但是後者之無過失責任規定，有損害賠償金額之42億元上限（該法第24條第1項）。此外，消費者保護法第7條第3項規定，企業經營者舉證無過失，法院僅得減輕其賠償責任，亦即舉證無過失仍可能應負損害賠償責任，故亦屬無過失責任❺；另依同法第51條，企業經營者係故意或過失，消費者得請求損害額三倍或一倍以下之懲罰性賠償金，此亦屬極特殊之規定。

---

❹　思考案例：某航空公司在某地發生空難，不只機組人員及乘客罹難，還有地面上人員死傷與房屋及汽車等受損害，死亡者之父母子女配偶或其他被害人依法得如何請求損害賠償？

❺　相同見解，101臺上803。此外，並參見金融消費者保護法第11條。

2.區分絕對權及純粹經濟損失之保護

1) 區分保護客體而規定不同要件

民法對於侵權行為，分別規定第 184 第 1 項前段，第 184 第 1 項後段，第 184 第 2 項等三項基本請求權依據 [6] 以及特別侵權行為規定（第 185 條以下至第 191 條之 3），故可知乃採 1900 年德國民法立法模式，有別於 1804 年法國民法第 1382 條概括規定「侵害他人權益者，應負損害賠償責任」。德國法期望藉此提供法官較具體明確之法律規定，且避免行為人動輒得咎或無法預見可能損害賠償責任範圍。但缺點是欠缺彈性；反之，法國法則可能是較有彈性，但亦須努力具體化並施加適當限制 [7]。

上述德國式立法之特點是不同客體受不同保護 [8]，即有關絕對權例如所有權或人格權（參見第 18 條第 1 項）等之保護，適用第 184 條第 1 項前段，僅故意或過失不法侵害等即可成立，但對所謂「純粹經濟損失」，即加害人並未侵害他人絕對權性質之權利，但仍致其受有無法獲得利益、債權無法實現、支出金錢，或收入減少等損害 [9]，依第 184 條第 1 項後段，須行為人係故意以背於善良風俗方法加損害於他人，或依第 184 條第 2 項，須行為人之行為違反保護他人之法律才可成立 [10]。但是此一立法方式，對特定情事下之純粹經濟損失，保護不

---

[6] 106 臺上 1895；106 臺上 255；102 臺上 1189；102 臺上 978；100 臺上 1314 等判決明確承認此三基本侵權行為，應予肯定。

[7] Looschelders, SBT 2013 Rn 1172.

[8] 英國侵權行為法，亦同，Giliker, 2014 para 1–011, 1–013 and 1–015.

[9] Giliker, 2014 para 3–002; 類似說明，參見 103 臺上 845；102 臺上 1458。此外，103 臺上 178；101 臺上 496，100 臺上 250 亦提及純粹經濟損失。

[10] 103 臺上 178；102 臺上 1458；101 臺上 496；100 臺上 250。

週，例如所謂締約上過失之案例，被害人通常僅受有費用支出等純粹經濟損失之損害，且因侵害行為發生在契約締約協商階段，亦與契約之債務不履行無關❶❶，被害人實際僅得依據第 184 條第 1 項後段，才可對加害人請求損害賠償，但此一結果，對被害人保護不週；故德國法下因而出現締約上過失之理論與判決，以及自 2002 年 1 月 1 日生效之德國民法第 311 條第 2 項規定❶❷。

106 臺上 239，涉及供電契約及電費計算錯誤，但所收之電費，本可依本判決引用之營業規則第 64 條補收或退還。對此，原審判決認為得成立過失侵權行為；106 臺上 239 係依欠缺不法性而否定之。但在此因涉及純粹經濟損失，僅能依第 184 條第 1 項後段或第 2 項作為請求權依據主張，故構成要件並不成立，而非依違法性要件否定侵權行為。又本判決並未依序先檢討構成要件，再討論違法性，反而是略過構成要件該當性而直接說明違法性。

107 臺上 638、106 臺上 1895 及 106 臺上 1367 分別表示，第 184 條第 1 項前段，原則上限於既存法律體系明認之權利（固有利益），不及於權利以外之利益。本書認為，前者過度抽象且非法律明定用語，宜以民法具體規定之絕對權即所有權及人格權等取代　（107 臺上 638 判決之中有提及）。其次，債權亦係現行法律體系明認之權利，實際卻僅能依同條項後段或同條第 2 項保護。再者，因最高法院用語而探討並非法律用語「固有利益」，並無必要或意義。此外，二判決僅稱純粹

---

❶❶　相對的，孫森焱，債總 2002，頁 683–684，以及參與第 245 條之 1 之立法者，均錯誤認為，契約成立下，一切締約上過失所生之損害均得適用第 227 條之不完全給付。但不完全給付僅適用債之關係發生後之瑕疵履行等，並不適用於債之關係成立前之義務違反所生損害。對細節之說明，參見本書締約上過失單元之說明。

❶❷　對此之簡要說明，參見本書締約上過失單元之說明。

經濟損失，亦建議參考上段敘述或其他最高法院判決例如 103 臺上 845；102 臺上 1458 明示其意義與內容；否則，僅列舉抽象文字，並無助益。

2) 爭議判決

依上段所述，債務不履行，並非當然成立侵權行為，但 43 臺上 752 表示：「侵權行為即不法侵害他人權利之行為，債務不履行為債務人侵害債權之行為，性質上雖亦屬侵權行為，但法律另有關於債務不履行之規定，故關於侵權行為之規定，於債務不履行不適用之」。對此，102 臺上 2051 及 106 臺上 196 亦有類似之說明。但此三判決所稱「債務不履行為債務人侵害債權之行為，性質上雖亦屬侵權行為」云云，均未顧及侵害債權須符合第 184 條第 1 項後段或第 2 項要件才有可能成立侵權行為，故均不正確。其次，在 102 臺上 2051 中，所謂法律另有關於債務不履行之規定，故關於侵權行為之規定，於債務不履行，自非當然適用云云，亦有疑問，即 102 臺上 2051 聲稱，當事人甲雖係有權占有人，但因非房屋所有權人，故在對他方乙終止使用借貸契約後，仍無從對未遷出戶籍並廢止用水用電之乙主張第 184 條第 1 項前段之侵權行為。換言之，依 102 臺上 2051 判決見解，本件此一部分並不成立侵權行為❸，但此一部分，依本判決所述既不成立侵權行為，即不生本判決所謂契約債務不履行與侵權行為競合，更無所謂契約損害賠償賠償請求權應否適用侵權行為規定之問題。即 102 臺上 2051 單純複製 43 臺上 752 上揭文句，自相矛盾卻不自知。

---

❸ 但是，有關「有權占有」人得否主張第 184 條第 1 項前段或同條第 2 項之問題，參見下述壹、二、㈠ 1. 2) ⑸。

3.侵權行為原則上僅特定被害人對加害人得請求損害賠償

1) 原　則

依侵權行為主張損害賠償請求權之人，原則上僅限於因加害人侵權行為致絕對權受有損害之被害人。至於第三人因被害人絕對權受侵害致受有純粹經濟損失，例如甲是乙軟體設計公司之受僱人，遭丙過失撞傷而腦震盪住院，致乙公司未能完成對客戶丁之重要設計工作。依第 184 條第 1 項前段，甲得對丙請求損害賠償，例如所受損害之醫藥費等，及所失利益如完工工作獎金等。但乙公司就其所受損害，例如未能如期完工遭丁求償之賠償金額，或所失利益如設計完成之報酬或盈餘，均屬純粹經濟損失，故乙公司對丙求償時，因丙不符第 184 條第 1 項後段之故意等要件，且無第 184 條第 2 項違反保護他人法律之情事，丙對乙並不負賠償責任[14]。

2) 例　外

例外情事下，第三人得請求損害賠償，首先是第 192 條規定。即不法侵害他人致死，第三人[15]為其支出法定之相關費用等，依本條第 1 項，第三人得對加害人請求賠償；又第三人對被害人有法定扶養請求權，亦得請求加害人賠償。此等請求權，性質上屬純粹經濟損失，且為依法律明文規定得對加害人請求損害賠償之第三人。其次，在此，

---

[14] 若客運公司甲對其司機乙執行職務中遭他人酒駕或闖紅燈撞傷之結果，甲依勞動基準法第 59 條第 2 款補償乙原領工資數額後，甲應當得請求乙讓與對丙之損害賠償請求權（類推適用第 218 條之 1 第 1 項）。然而，現行勞動基準法並無明文保護僱用人之請求權，但受僱人乙無權獲得雙重賠償，而加害人丙更無法因之而免責，因此現行法下宜類推適用第 218 條之 1 解決此一問題。

[15] 第 192 條第 1 項僅稱第三人，但德國民法第 844 條第 1 項規定，須對死亡者負有殯葬義務且支出該費用之第三人。

繼承人亦無從繼承死亡者對加害人致其死亡本身之損害賠償請求權，即被害人死亡，其權利能力消滅（第 6 條），被害人對加害人並未取得因死亡而生之侵權行為損害賠償請求權，故繼承人亦無從繼承之[16]。

其次，依第 194 條，被害人受不法侵害致死，其父、母、子、女及配偶，亦得請求非財產上之損害賠償；對此，第 18 條第 2 項稱之為「慰撫金」，故最高法院不應再另稱「慰藉金」[17]。但是德國民法下，死亡者之父母子女配偶對加害人，並無任何非財產上損害賠償請求權，頗受批評[18]，故已修法增訂德國民法第 844 條第 3 項規定，參見以下貳、一、㈠之說明。

最後，但最重要的是，債編修正新增之第 195 條第 3 項規定，不法侵害他人基於父、母、子、女或配偶關係之身分法益而情節重大者，亦得請求非財產上損害之賠償。本條項之規定及適用細節，頗有爭議（參見以下有關第 195 條第 3 項之說明）。

㈢侵權行為損害賠償請求權之特殊性

1.加害人與被害人之互相影響

侵權行為之加害人與被害人間通常存在交互影響致發生侵權行為以及損害結果，故除應注意加害人是否構成侵權行為之要件外，亦應注意被害人對損害之發生或擴大是否「與有過失」（第 217 條第 1 項）。

---

[16]　54 臺上 951。

[17]　104 臺上 136；102 臺上 856；101 臺上 1393；92 臺上 1629；92 臺上 106；88 臺上 370；66 臺上 2759；62 臺上 2806；56 臺上 1863；51 臺上 223。最高法院應放棄此一不符民法之用語。

[18]　Hoppenstedt/Stern, ZRP 2015 18ff. 說明德國法相較歐洲各國下難以令人接受之法律現況以及德國政府提出之草案。

損害發生之與有過失，例如被害人違規在路口轉角處停車，致超速行駛之加害人轉彎後煞車不及撞上被害人車輛；或如被害人騎機車未戴安全帽，且（或）違規行駛在禁行機車之快車道上，致汽車司機疏忽未注意而擦撞被害人機車，致被害人摔倒頭部受傷。損害擴大之與有過失，例如被害人車禍受傷後未及時就醫，或雖就醫但不願依照醫生指示就醫檢查，或就醫檢查時醫生囑咐應住院觀察是否頭暈嘔吐等現象，卻予以忽略致延誤就醫，而造成更嚴重後果。

2.侵權行為損害賠償請求權不易實現

除非侵權行為與契約債務不履行發生競合，且債權人作為可能被害人已在契約關係事先藉由設定擔保物權或另與保證人締結保證契約等確保債權實現，否則，侵權行為被害人均可能面臨求償困難的窘境，例如難以知悉或尋獲加害人，如酒駕[19]肇事逃逸。又加害人可能當場或事後死亡，或自始無財產，或雖有財產但推卸責任、拖延訴訟，或甚至脫產等，均造成被害人難以實現損害賠償請求權。因此社會生活上，特定情形，由潛在之加害人投保強制責任險，使被害人一定情事發生即得獲得一定之保險給付，例如強制汽車責任保險法[20]之規定；又潛在之侵權行為人擔憂可能因負擔侵權行為損害賠償責任而影響自己財產狀態，亦得投保任意責任險，以分散危險消化損失。相對的，潛在之被害人，顧及上述加害人難以尋獲、死亡、或無能力賠償且未投保責任險，或縱有強制或任意責任險，但保險金額可能仍不足以賠償損害，或甚至被害人因證據等致難以主張損害賠償請求權等，故被害人亦得自行投保意外險等，以求自保。因此對侵權行為法而言，全

---

[19]　臺灣酒駕屢屢發生，令被害人及其家庭痛苦，但行政與立法機關無任何對策，而司法機關又常輕縱犯人，均屬失職。

[20]　本法應感謝柯媽媽柯蔡玉瓊女士等人的努力以及當時立法委員們的協助。

民健康保險法 **21** 及保險法均屬重要相關規定。又犯罪被害人保護法第4條第1項規定，因犯罪行為被害而死亡者之遺屬、受重傷者及性侵害犯罪行為被害人，得申請犯罪被害補償金，亦值得注意。

㈣侵權行為與其他法律規定間之關係

1.侵權行為與不當得利

不當得利制度之重點在於，請求權人對無法律上之原因受利益者，得請求不當得利返還（第179條）。相對的，侵權行為主要目的在於使特定被害人就一定之損害得請求賠償（第184條第1項前段以下）。

2.侵權行為與契約之競合

1) 發生原因

侵權行為與契約發生競合，主要是因為民法對於依契約所成立之債務不履行以及依侵權行為成立之損害賠償等債務個別規定，導致相同社會生活事實得以分別符合不同法律規定之構成要件 **22**。例如公車

---

21 全民健康保險法在損害賠償上之最大問題是，最高法院認為全民健保為被害人支出醫療費用後，被害人仍得對加害人請求該費用金額之損害賠償。對此，參見貳、三、㈡2.。

22 德國法傳統上對二者採自由競合說，但被害人就其損害，僅得獲一次賠償，以使其得主張對其有利之請求權依據，MK/Wagner, 2013 Vor §§823 Rn 67. 又英國法，亦採自由競合見解，參見 Giliker, 2014 para 1–017; Andrews, 2015 at para 17.02 and 1.23（引用 Henderson v Merrett Syndicates Ltd,[1995] 2 AC 145）. 又本書對 106 臺上 472 之結論，及公司負責人依公司法及委任契約相關義務之敘述，均贊同，但本判決表示「依公司法及民法之義務，與民法第 184 條規定之義務，自有不同」，不知用意何在，二者固然不同，但上訴人亦已主張第 184 條第 1 項前段及第 2 項請求損害，若要件具備，亦

司機正常駕駛或因酒駕超速闖紅燈等發生車禍致傷及乘客及路人。就乘客而言，客運公司對乘客應依運送契約負責（第 654 條第 1 項），且客運公司依第 224 條，就司機之故意或過失，負同一責任，但第 654 條第 1 項並非過失責任之規定，而是事變責任，即一切來自債務人及其履行輔助人行為所致之結果，債務人均應負責，但若客運公司能夠證明其係出於不可抗力或因旅客過失所致，則可以免責。例如司機心臟病發，即使已按期依規定體檢仍難以防範，但客運公司對相關事故及損害等仍應依第 654 條第 1 項負責，理由是乘客人數眾多，人身財產損害大，而客運公司得以責任險分散危險消化損失，且在理論上亦得轉嫁成本至運費上，故得規定命其負事變責任。但若發生諸如八堵國道山坡走山沖刷國道致車上乘客受傷，得認為此一情形對客運公司乃屬不可抗力，不必依第 654 條第 1 項負責。其次，司機本身並非運送契約之債務人（第 199 條第 1 項），故司機縱有過失，亦不負運送契約之損害賠償責任。但是，依第 188 條第 1 項，客運公司與司機，亦應對乘客負連帶損害賠償之責。至於就路人而言，因客運公司與路人並無契約關係，故客運公司與司機，僅可能依第 188 條第 1 項，對路人之損害，負連帶賠償責任[23]。

2) 契約與侵權行為之區別實益

契約與侵權行為損害賠償請求權之區別實益，包括(1)非財產上損害之賠償請求權依據（第 227 條之 1；第 194 條及第 195 條）；(2)對第三人行為負責之依據（契約：第 224 條，但本條並非請求權依據；侵權行為：第 188 條第 1 項及第 187 條第 1 項）；(3)舉證責任[24]；(4)消滅

---

[23]　又客運公司載運旅客，應適用消費者保護法第 7 條第 3 項等規定。

[24]　103 臺上 978，被害人主張侵權行為，應負舉證責任；併參見 108 臺上 38。但應指出者，縱構成第 224 條，僅成立可歸責事由，債務人並非即應負債

得成立而競合。

時效；以及最重要之(5)純粹經濟損失之損害賠償。亦即是否所有權或純粹經濟損失，僅對侵權行為之請求權具有重要性，反之，當事人依契約請求損害賠償，並不須斟酌究竟涉及絕對權或純粹經濟損失，而僅須考慮有無因果關係[25]。

3) 競合時之法律適用

當契約與侵權行為之損害賠償請求權競合，二者究竟關係如何，涉及所謂競合之理論[26]，依最高法院 77 年第 19 次決議㈡，約有(1)法條競合說；(2)請求權競合說（又包括自由競合說及相互影響說）；(3)請求權規範競合說。但本決議㈡表示，甲因不法侵害 A 銀行之金錢，致放款債權未獲清償而受損害，與民法第 184 條第 1 項前段所規定侵權行為之要件相符。A 銀行自亦得本於侵權行為之法則請求損害賠償，甲說核無不當。

最高法院對其提案事實之說明，並不可採。首先，僱用人銀行（A銀行）因受其受僱人甲詐欺而同意並移轉交付一定之借貸款項予借款人乙，銀行依此一契約對借款人乙有借款返還請求權，只是其債權無法實現。但債權並非第 184 條第 1 項前段的絕對權；而且銀行意思表示決定自由受侵害，由於第 92 條第 1 項限於故意，亦宜認為意思自由並非第 184 條第 1 項前段所保護之客體，反而只有身體行動自由才是受本條項前段之保護客體[27]。

其次，本決議之提案事實，首先應思考銀行在僱傭契約下對其受僱人甲之損害賠償請求權（如第 489 條第 2 項或第 227 條）；又銀行對

務不履行責任，仍須具備其他要件。

[25] MK/Wagner, 2013, §823 Rn 188.

[26] 對此，請參見[22]。

[27] Looschelders, SBT 2013 Rn 1170, 1200, 1207, 1215; Palandt/Sprau, 2015, §823 Rn 6; MK/Wagner, 2013, §823 Rn 161; Larenz/Canaris, SBT II/2 1994 385.

其受僱人甲之侵權行為損害賠償請求權，並非甲侵害銀行之金錢所有權，反而是受僱人甲乃故意以背於善良風俗方法加損害於銀行，構成第 184 條第 1 項後段規定。而且在此，甲既係故意勾結第三人乙詐欺其僱用人即銀行，得成立第 184 條第 1 項後段結合第 185 條第 1 項前段，並適用第 197 條第 1 項規定之消滅時效。但是本決議並未提及甲與乙應適用第 185 條第 1 項前段成立共同侵權行為。最重要的是，侵權行為法已有明確之個別請求權依據規定，本決議使用「侵權行為之法則」之語，亦屬不當 **28**。綜上所述，最高法院本決議對其案例事實之說明，並無參考價值，宜早日廢棄。

　　107 臺上 398 表示，按債務人違反給付之義務，使債權人之債權無法獲得滿足，乃債務人侵害債權人債權之行為，民法既有債務不履行之特別規定，自應優先適用，而無關於侵權行為規定之適用，並表示參照最高法院 43 年臺上字 639 號、752 號判例。本書認為，所謂特別規定優先適用之前提是債務不履行及侵權行為均成立，若僅成立債務不履行侵害債權，並不當然成立第 184 條第 1 項後段（或第 2 項），因此未確認此一請求權依據，無從表示所謂特別規定及自應優先適用等。若本件不成立第 184 條第 1 項後段等，則僅能適用債務不履行規定，甚至精確而言，後者亦須符合法定要件才有可能，泛言違反給付之義務使債權人之債權無法獲得滿足，亦仍不夠（參見第 220 條第 1 項、第 226 條第 1 項、第 230 條及第 227 條第 1 項之可歸責債務人之事由）。

28　101 臺抗 251 裁定，亦仍稱侵權行為法則。但 102 臺上 978，正確指出原審判決不應使用「侵權行為法則」，反而應精確分別究竟是以第 184 條第 1 項前段、後段或同條第 2 項之何者或全部為依據，並因此而得確定訴訟標的等。本判決之說明，乃侵權行為法上重要論述，應予以肯定與贊同。但是 104 臺上 1080，又有「依民法第 184 條第 1 項前段及第 185 條之規定，基於侵權行為法則，……」之敘述。

4) 責任成立要件

22 年上字 1311 認為：「租賃物因承租人失火而毀損滅失者，以承租人有重大過失為限，始對出租人負損害賠償責任，民法第四百三十四條已有特別規定，承租人之失火僅為輕過失時，出租人自不得以侵權行為為理由，依民法第一百八十四條第一項之規定，請求損害賠償」。

首先，本判決貫徹第 434 條保護承租人之立法意旨，以避免承租人得依租賃契約規定免責之下仍須依第 184 條第 1 項前段規定負損害賠償責任，值得同意。

其次，在上述見解之下，出租人決定是否締結租賃契約時，首先應考慮的是得否藉由契約約定排除第 434 條規定適用而約定承租人應適用抽象輕過失之注意標準。當然，不同見解可能認為本條乃保護承租人之強制規定，不容當事人約定排除，但是第 434 條本身之正當性，仍有疑問，即保護弱勢承租人未必應採其有重大過失始負責之規定，因為抽象輕過失乃民法基本原則，未必須明定第 434 條之例外；而且若有斟酌必要，第 218 條亦已有相關規定；再者，承租人並非全為經濟弱勢者，例如大企業租用商辦或私人承租豪宅均時有所聞，此等承租人同樣獲得責任優惠，並非妥適。又對一般承租人而言，若出租人因此不願出租，致租賃市場供給減少，租金上昇，對一般承租人亦反而不利。

此外，出租人得採取之保護措施是對租賃標的物投保火災險；且依市場供需及雙方協商，可能是出租人投保火災險且自行承擔保費支出，但更有可能的是由承租人承擔（其型態可能是作為租金一部分計算或另計），後者亦可能導致承租人增加租金負擔致不利承租人，故本條規定宜解為任意規定仍得適用契約自由原則，使小心謹慎之承租人約定適用善良管理人注意義務而不須負擔較高租金。當然，亦有可能

出租人與承租人約定後者應負善良管理人注意義務之後，仍決定投保火災險之情況，故較重要的是雙方當事人如何依市場供需等自行決定。

綜上所述，本判決宜認為僅採第 434 條得以限制侵權行為主觀要件之見解，在此之外，當事人依契約自由原則仍得在租賃契約另行約定承租人就例如違反善良管理人注意義務致失火應負損害賠償責任；在此一前提下，承租人僅須其有抽象輕過失即可成立第 184 條第 1、2 項前段之侵權行為。

5) 消滅時效

對此，最高法院採請求權競合說下相互影響之見解，如 95 臺上 218，涉及運送契約下貨物卸貨因過失毀損之求償案，最高法院認為，運送契約之「第 623 條（第 1 項）乃為儘速了結當事人間之關係所特別規定之短期時效，為貫徹立法意旨，並平衡當事人之利益，債權人對債務人縱係依侵權行為之規定請求賠償，仍應受上開特別規定之短期時效限制」。即契約之一年短期時效規定，亦得適用於侵權行為之請求權。

95 臺上 218 之見解，有學說所謂，請求權競合下德國判例與通說認為，契約之短期消滅時效應適用於侵權行為損害賠償請求權㉙作為依據，但應指出者，德國法此一見解有極多例外，尤其，德國聯邦最高法院自 1953 年之判決起，即認為運送契約之短期消滅時效並不適用於因同一事實而生之侵權行為損害賠償請求權㉚。理由是此二請求權之成立要件及責任範圍有所不同，即運送契約之運送人除能證明運送物之喪失、毀損或遲到係因不可抗力、運送物之性質或因託運人或受貨人之過失而致者外，即應負損害賠償責任。換言之，運送人責任加

㉙　王澤鑑，民法學說與判例研究㈠，1978 年 6 月 4 版，頁 403。

㉚　對此，參見 BGH NJW 1992, 1679 (1679f. unter I 3); 此外，依本判決引用之多數文獻可知，德國通說亦同。

重，且須舉證法定情事才可免責，故相對的亦規定一年之短期消滅時效（第 623 條第 1 項），以使運送契約交易迅速確認，並避免加重運送人經營風險。然而，侵權行為損害賠償請求權人應自負舉證責任證明相關要件，但相關細節事實之證據發現、初步鑑定及確認等均頗費時日；而且運送人面臨侵權行為損害賠償請求時，對其受僱人執行職務行為，亦得舉證證明已善盡選任監督等而免責（第 188 條第 1 項但書）。尤其是，責任範圍上，基於第 634 條乃加重運送人責任之規定，故解釋上運送人僅對運送物之實體本身或若干附帶費用負賠償之責，而不須對其他因物之毀損、滅失或遲到等而生之損害負賠償之責**31**；但是侵權行為之損害賠償請求權並無類似之限制，僅須考慮相關要件尤其相當因果關係等是否存在。綜上所述，95 臺上 218 之見解**32**，仍有疑問。

此外，即侵權行為時效規定是否影響契約債務不履行損害賠償請求權之時效，43 臺上 752 採否定見解，即當事人一方主張第 231 條第 1 項之遲延損害之賠償請求權，應適用第 125 條 15 年時效，而不適用侵權行為之第 197 條第 1 項之時效。最後，95 臺上 218，僅涉及運送物毀損滅失之案例，若涉及旅客生命身體之侵害時，因涉及重大法益之保護，亦不宜類推適用第 623 條第 2 項至被害人之侵權行為損害賠償請求權。

---

31 Merkt in: Baumbach/Hopt, HGB, 36. Aufl. 2014, §425 Rn 2; §434 Rn 1; Herber in: MK-HGB 2.Aufl. 2009, §425 Rn 8。此外，值得注意的是，依德國商法第 434 條第 1 項，德國商法有關貨物運送或運送契約規定之責任免除或責任限制，亦適用於託運人或受領人對運送人有關貨物毀損、滅失或遲到之損害所主張之契約外請求權（如侵權行為等）。

32 但是 105 臺上 36，仍採同見解。

二、侵權行為之三項基本規定

侵權行為之三項基本規定是第 184 條第 1 項前段、後段及同條第 2 項[33]，以下分別說明之。

民法第 184 條侵權行為	
§184I 前段	因故意或過失，不法侵害他人之權利者，負損害賠償責任
§184I 後段	故意以背於善良風俗之方法，加損害於他人者，亦同
§184II	違反保護他人之法律，致生損害於他人者，負賠償責任。但能證明其行為無過失者，不在此限

㈠第 184 條第 1 項前段之侵權行為

成立第 184 條第 1 項前段之侵權行為，須行為人之行為侵害他人絕對權等造成損害而有所謂構成要件該當外，並須具備違法性以及有責性等。構成要件該當，指行為人之行為侵害被害人之特定法益致其受有損害。

1.構成要件該當性

1) 行為人之行為侵害他人絕對權等致造成損害

⑴成立侵權行為，須侵害行為乃行為人之意識所支配或可支配[34]。在此之行為人係自然人；即第 184 條第 1 項前段、後段及同條第 2 項，係適用於自然人之侵權行為，第 185 條亦同[35]，因法人之責任，僅有如第 188 條第 1 項、第 28 條，或公司法第 23 條第 1 項等規定[36]。至

---

[33]　102 臺上 978。

[34]　Looschelders, SBT 2013 Rn 1223.

[35]　95 臺上 388。

[36]　Palandt/Sprau, 2015, §823 Rn 77.

於非行為人意識控制下行為，如夢遊、無意識或單純反射動作等造成侵害，原則上並不構成侵權行為，例外僅得依據第 187 條第 4 項規定，或依原因自由行為理論使行為人負責。

士林地院 87 重訴字第 345 判決中之被告，因他人丟入鞭炮進入其車，致被告驚慌失措下撞死一人，仍屬被告意識控制下之行為。又本判決認為被告在本件事實並無過失；當然，此一結論應係被告遭丟入鞭炮下瞬間無法正常控制方向盤，故無過失；反之，若鞭炮已燃放完畢一定時間後被告仍然無法控制車輛致撞上第三人，即可能是被告須負損害賠償責任。因此本件在被告駕駛人不須負責之前提下，應由進香團亂丟鞭炮之人（或其僱用人）對相關被害人（以及駕駛人身體受傷及汽車毀損等）負損害賠償責任。

⑵其次，人的行為包括作為及不作為。作為是指人身體之積極行為，而不作為是指消極不為法所命令當為之行為，而分別導致法益侵害及損害。至於侵權行為究竟是因作為或不作為而生，不無疑問。但舉例而言，首先，甲在道路中央挖洞，使自己仇人乙摔下坑洞而受傷；其次，例如 106 臺上 1148，當事人對自己管領之設施即招牌負維護、管理之責，在其因風災受損壞時，應儘速修復，且在修復前應採取適當措施如固定、隔離、警示等，若路人丙路過因而受害，當事人應負賠償責任。第一例之甲係依作為而傷害乙；第二例則是因不作為而致丙受害。

又對過失不作為致造成他人受害，須行為人負有作為義務防止他人受害，且對行為人而言，防止危害他人結果發生乃是可能的**[37]**。學說表示，作為義務，得因 a) 行為人對危險源之造成或支配而生，例如對一定空間領域或危險物之支配，如道路管理機關應確保安全，避免用路人撞到異物或摔到或滑到，或避免路樹倒塌等。在此，若涉及公

---

[37] Looschelders, SBT 2013 Rn 1224.

有公共設施等，得適用國家賠償法第 3 條或同法第 2 條第 2 項；但若僅係私人所有者，依所謂危險前行為理論，不問當事人是否仍現實支配該危險源，亦得成立侵權行為 **38**。其次，作為義務亦可能因 b) 行為人與被害法益緊密關聯而生之保證人地位，例如親屬法上父母對未成年子女負保護教養義務（第 1084 條第 2 項），或者依事實上（但不必然是契約上）之承擔，如保姆或托兒所人員照顧幼兒亦可。再者，因 c) 緊密之生活或危險共同體，亦得認定負有作為義務，例如同居關係或共同參與探險等 **39**。

　　⑶值得注意的是，102 臺上 745，涉及出租廠房之電表箱及配電箱之檢查問題時，提及公序良俗亦得作為認定作為義務之依據。但是此一見解，極有疑問。首先，公序良俗得限制習慣法得否適用（第 2 條），亦得控制自由限制之效力（第 17 條第 2 項），更得使違反之法律行為因而無效（第 72 條），但性質上均僅消極限制習慣法或法律行為，從未有積極要求行為人負作為義務之規範意義。其次，以公序良俗認定行為人成立作為義務，亦失之空泛；尤其，不作為致有違公序良俗未必得認為法律上即負作為義務；如路人甲不救助車禍傷者乙，縱得認為甲之不救助，有違社會倫理道德或善良風俗應予譴責，但難以肯定甲在法律上負有救助之作為義務；即一般之人，在法律上，並無救助他人之義務 **40**；但依第 175 條及第 176 條第 1 項，可知民法採獎勵

38　Looschelders, SBT 2013 Rn 1181.

39　以上說明，參見 Looschelders, SBT 2013 Rn 1224 und 1179 bis 1181.

40　106 臺上 1148；英國法亦同，Giliker, 2014 para 2–023. 德國法，Looschelders, SBT 2013 Rn 1224; MK/Wagner, 2013, §823 Rn 333, 亦同。但是在德國刑法第 323c 條規定下，最新之德國判決實務係採肯定見解，認為事故現場目睹者負救助義務，且不作為者應負侵權行為責任，參見 BGH NJW 2014, 64.

救助之行為（參見本書無因管理之說明）。再者，傳統作為義務之依據，在本件並無不足之處，最高法院此一判決並不須另行提及公序良俗作為依據。當然，本判決可能僅係隨意提及，但亦可能另有依據；若屬前者，並非妥適；若屬後者，建議最高法院應明示見解出處。

106 臺上 1148 仍同採公序良俗乃作為義務依據之見解，但其個案實際係當事人對自己管領之設施即招牌負維護、管理之責，在其因風災受損壞時，應儘速修復，且在修復前應採取適當措施如固定、隔離、警示等，以免發生危險。即此等情事與公共秩序善良風俗，並無關係，反而涉及危險源之造成及支配。在此，最高法院仍係採取複製錯誤且無關見解之判決寫作方式。

⑷又 90 臺上 2167，涉及甲（中科院）將其事業單位之變電所之油漆工程交由承攬人乙施工，但實際施工時，被害人丙（所謂實際施工者）不幸觸電受傷。本判決認為，依勞工安全衛生法**41**第 17 條第 1 項，事業單位，以其事業之全部或一部交付承攬時，應於事前告知該承攬人有關其事業工作環境、危險因素暨本法及有關安全衛生規定應採之措施。即事業單位依該規定僅負告知義務即為已足，原審認為事業單位應採取必要之安全衛生措施，不無可議云云。

相對的，本書極度懷疑甲（中科院）將其變電所之油漆工程交由他人屬於勞工安全衛生法之規範對象，因為油漆根本不是甲（中科院）之事業或工作。但姑且不論本項爭議，90 臺上 2167，「理由」極度形式，且結論亦不可採，反而高等法院曾在最高法院以上述「理由」發回後，仍判決認為被告應負責，值得尊敬**42**。

首先，在適用該法之前提下，縱使甲曾有員工事先另行告知被害人丙之負責人乙，但僅抽象告知，仍屬不足。事實上，事發當時，甲

---

41 該法目前已改稱職業安全衛生法。

42 即臺灣高等法院 89 年上更㈢字第 399 號判決。

亦另有兩名員工陪同被害人丙前往施工之變電所，但仍發生丙受傷之事故，足見甲先前之告知及二位員工陪同前往，均仍屬不足。而且，變電所乃高危險區域或設施，除應當時及當場確認被害人丙有無施工地點之資料圖說或危險區域之標示圖（記）並且是否已受充分告知之外，亦應向被害人丙說明具體可能發生危險之區域或設施；亦即越危險之工作或設施，告知即應越具體詳細。再者，甲及其到場之二名員工相較於被害人丙，應更為清楚知悉變電所何處危險或不危險，且更能採取各項簡易措施如架設圍籬或以紅黃布條進行標示隔離警告等以防止危險發生；甲或其員工僅單純告知被害人丙之負責人乙，並不足夠；甚至，依本件事實下丙受傷之結果，亦得推論甲之兩名到場員工亦屬不知自己所內高壓電設施之危險性。最後，勞工安全衛生法第 17 條第 1 項本意在於保護勞工，若採 90 臺上 2167 之見解，反而使本法成為事業單位之護身符，僅須告知，而不論其如何告知，或告知內容如何，或告知之外應否再盡其他義務，即均可不負責任，並非妥適。

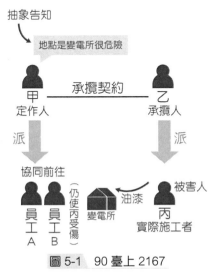

圖 5-1　90 臺上 2167

最後，對上述案件，在請求權依據之思考上，本應優先考慮契約

上之請求權依據，即甲與乙締約，甲在契約關係下，依誠信原則負有保護義務，而且依契約附保護第三人作用原則，甲之保護義務及於乙之員工即本件被害人丙，但甲或其受僱人等（第 224 條）卻因過失未履行該義務致丙受害，故丙得依契約之債務不履行對甲請求損害賠償❸。其次，甲並未適當履行其告知義務，亦未履行其防免他人受害之義務，依第 184 條第 1 項前段、第 188 條第 1 項或第 185 條第 1 項前段，應自己單獨或與其員工連帶負損害賠償責任。最後，本件案例，無論丙依契約或侵權行為對甲請求損害賠償，另外應思考之問題是，對丙之損害，乙與甲之關係如何，即被害人丙之負責人乙，應否與甲對丙負共同侵權行為責任（第 185 條第 1 項）；其次，若丙僅對甲請求損害賠償，則甲得否主張被害人丙應承擔其負責人乙未告知等之與有過失（類推適用第 217 條第 3 項），均仍有待思考。

(5)此外，不作為之情形，亦須留意當事人作為義務與注意義務，有所不同。即作為義務乃指當事人依法應為一定行為以避免侵害結果發生，而注意義務則涉及當事人是否已盡客觀上必要之注意程度。例如住戶修繕房屋，沙石堆置於臨馬路之門前，即負有作為義務及注意義務以避免沙堆散落馬路致影響車輛行駛；住戶應作為卻不作為，即違反作為義務；又依客觀注意程度標準，一般人應且能採取之作為，例如每日清掃以避免自己門前沙石散落於馬路致被害人駕駛機車等滑行失控，故住戶有所違反即可能成立過失。

2) 第 184 條第 1 項前段保護之客體

(1)絕對權與純粹經濟損失

第 184 條第 1 項前段規定之適用，如上述，原則上限於具有絕對權性質之權利受侵害，例如所有權，或如生命、身體、健康、身體行

---

❸ 但最高法院似仍未承認契約附保護第三人作用。或許是因此一情形，導致本件之爭點在侵權行為爭執之上。

動自由❹❹、名譽、信用、隱私、性自主❹❺及肖像等之人格法益（第195 條第 1 項）等。又民法對人格權（第 18 條）及姓名權（第 19 條）個別規定，故可知二者有別，但司法院釋字第 399 號解釋認為姓名權為人格權之一種。無論如何，姓名權乃個人社會生活區別自已與他人之符號，與個人有相當緊密之關係，原則上應享有同於人格權般之第184 條第 1 項前段之保護。在此，103 臺上 848，對第 184 條第 1 項前段保護之權利，仍泛稱私法上之權利❹❻；但此一用語並不精確。

其次，所謂「純粹經濟損失」是指加害人並未侵害他人絕對權性質之權利，但仍致其受有無法獲得利益、債權無法實現、支出金錢，或收入減少等損害❹❼，此並非第 184 條第 1 項前段所保護的客體，反而須以民法第 184 條第 1 項後段或第 2 項規定作為請求權依據❹❽。亦

---

❹❹ Looschelders, SBT 2013 Rn 1170, 1200, 1207, 1215; Palandt/Sprau, 2015 §823 Rn 6; MK/Wagner, 2013 §823 Rn 161; Larenz/Canaris, SBT II/2 1994 385.

❹❺ 第 195 條第 1 項之貞操，乃債編修正立法時之錯誤用語。現代社會，男對女、女對男（如美國女老師誘姦 12 歲男學生案）、男對男，或女對女，均有性騷或性侵之案例。

❹❻ 106 臺上 1895 及 106 臺上 1367 所稱限於侵害既存法律體系所明認之權利（固有利益），參見壹、一、㈡、2.、1) 第 3 段以下。此外，100 臺上 943，亦僅稱「權利」。但 99 臺上 1704 正確指出，債權原則上並非第 184 條第 1 項前段，而是同條項後段之保護客體。

❹❼ Giliker, 2014, para 3–002; 類似說明，參見 103 臺上 845；102 臺上 1458。此外，使用純粹經濟上損失之語，有 103 臺上 178；101 臺上 496，100 臺上 250。

❹❽ BGH NJW 2015 1174（被告運送起重機之車輛撞壞高速公路橋樑，致高速公路封閉且交通改道，原告主張其在封閉區域外之高速公路休息區亦關門，故訴請被告賠償收入損失，遭判決敗訴）．英國法，亦同，Giliker, 2014, para 3–004 引用著名之挖斷電纜案判決 (Spartan Steel & Alloys Ltd v Martin & Co (Contractors) Ltd, [1973] QB 27)。

即債權僅存在於雙方當事人之間（第 199 條第 1 項），無形且無體；至於一般財產利益，包括支出費用或未能取得收入，若無絕對權受侵害作為媒介，僅因加害人過失侵害他人一般財產利益亦須負賠償之責，將導致責任擴大，而限制個人行動自由[49]。

在此，以德國某實務案例[50]說明之。甲男與乙女乃花式滑冰搭擋。某日甲男不幸車禍受傷，致乙女一定期間未能再與甲搭配參賽，獲取獎金，故乙女乃對肇事者之責任保險人求償。乙女之訴訟遭判決駁回確定，理由是乙女並未遭受絕對權侵害，而僅是一般財產利益受害，故須符合第 184 條第 1 項後段或同條第 2 項，乙女才可能請求賠償。即肇事者除對直接被害人甲負責之外，除非法有明文（如第 194 條、第 195 條第 3 項），否則不須對第三人乙負賠償之責。此外，亦得以所謂挖斷電纜案為例而言，例如竹科修路工人曾挖斷電纜致科技工廠停工，又臺北市忠孝東路與復興南路商圈某日因馬路工人挖斷電線致商圈停電而停止營業。此等案例，除臺電公司作為電纜所有權人得請求損害賠償外，其他停工之商家或工廠，因電源供應中斷並未涉及所有權歸屬內容，故無從請求損害賠償；相對的，若因停電致冰箱肉類或海鮮腐壞等請求損害賠償，涉及所有權侵害，仍得請求損害賠償[51]；但是對此仍宜留意臺電公司契約法上修繕復電之可能時間以及被害人本身避免損害結果發生或擴大（第 217 條第 1 項）等因素。此外，並

---

[49] 德國法，參見 Looschelders, SBT 2013 Rn 1170–1172; 1215；王澤鑑，侵權行為法，第一冊，1998 年 9 月；2000 年 9 月初版 8 刷，頁 198。英國法，亦同，原則上不得依侵權行為請求損害賠償，尤其是瑕疵產品本身之純粹經濟損失，參見 Giliker, 2014 para 3–016.

[50] BGH NJW 2003, 1040.

[51] Looschelders, SBT 2013 Rn 1211 und 1212; Giliker, 2014, para 3–004 有關挖斷電纜案判決 (Spartan Steel & Alloys Ltd v Martin & Co (Contractors) Ltd, [1973] QB 27) 之說明。

參見下段對使用收益侵害之說明。

⑵所有權

除單獨所有權外，無論分別共有或公同共有亦均受第 184 條第 1 項前段保護[52]，而且除第三人作為侵權行為人外，亦常見共有人侵害其他共有人之所有權。又所有權之侵害型態可能有，a) 物之實體之毀損或滅失。此較無爭議。其次，則是 b) 無權處分，亦屬侵害所有權型態之一。亦即若受讓人善意受讓動產或不動產，使原所有權人喪失所有權（第 801 條、第 948 條；第 759 條之 1 第 2 項），但亦可能僅是取得動產質權（第 886 條）或不動產抵押權[53]（第 759 條之 1 第 2 項），而使所有權人之所有權之交換價值受有限制或侵害。再者，則是 c) 使用收益之妨礙，例如，德國某實務案例[54]是有四艘船要進港運貨，甲船進港後，乙丙丁三船未進入前，圍牆倒塌致水道封閉，使乙丙丁三船無法進入載貨，而甲船裝載貨物後無法出港。德國聯邦最高法院認為，所有權之歸屬內容包括船舶作為運輸工具之可利用性，甲船之使用收益已受影響，故得依第 184 條第 1 項前段請求侵權行為損害賠償。反之，乙丙丁三艘船舶只是具體運送之實行受影響，但其他之使用可能並未受限制，即船舶之所有權內容未受侵害，故無法依第 184 條第 1 項前段請求損害賠償[55]。類似本件判決案例者，乃 2019 年 10 月 1

---

[52]　分別共有，Looschelders, SBT 2013, Rn 1218; 並參見 41 臺上 611（但最高法院在本判決，至少兩次錯誤表示「賠償不當得利」）；公同共有，參見 100 臺上 1718。

[53]　參見 101 臺上 1722 或 94 臺上 104 之案例事實。

[54]　BGH NJW 1971, 886 (888 unter II 4 a)). 本判決在此明確指出，物之所有權之侵害，非如德國帝國法院判決所謂僅包括物之實體侵害而已。贊同者，MK/Wagner, 2013, §823 Rn 185.

[55]　贊同者，MK/Wagner, 2013, §823 Rn 187 (auch Rn 185); Looschelders, SBT 2013 Rn 1209.

日上午 9 時 30 分時南方澳大橋斷裂事件，除斷裂當場受害人員及所有權受侵害較無爭議外，其他無法入港船舶無從主張所有權受侵害之損害賠償，但計畫出港卻無法出港之船舶，依其情形得主張所有權受侵害依國家賠償法第 3 條第 1 項及第 184 條第 1 項前段請求損害賠償。

最後，d) 房屋承租人將房屋交由第三人使用時，或承租人之受僱人，在出租人出租之房屋自殺使其成為所謂凶宅，是否侵害出租人之房屋所有權，103 臺上 583 維持原審說明，認為僅涉及房屋經濟價值減損，又 103 臺上 584 認為，出租人所有房屋實體並未受侵害，故結論上均否定第 184 條第 1 項前段之適用；又此二判決認為，因自殺者欠缺故意，自殺亦難認有違善良風俗，故亦不成立第 184 條第 1 項後段。本書認為，最高法院之結論及理由仍有疑義，以下區分出租人對承租人依租賃契約以及出租人對第三人依侵權行為請求進行說明。

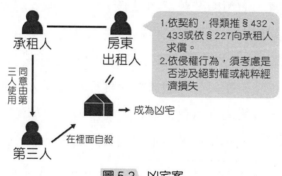

圖 5-2　凶宅案

a) 依租賃契約

首先，有關出租人依租賃契約對承租人主張權利。承租人負保管維持租賃物之義務（第 432 條第 1 項），且應對其允許使用之第三人應負責事由所致結果負責（第 433 條），因此第 432 條及第 433 條之毀損滅失，或許文義上僅指租賃物之實體之毀損滅失，但此一限制不符社會現實發展[56]，故宜認出租人得（結合第 224 條）

目的性擴張第 432 條及第 433 條，或直接適用第 227 條第 2 項，對承租人請求損害賠償。

b) 依侵權行為

其次，出租人對第三人依第 184 條第 1 項前段之請求；在此，出租房屋實體雖未受損，但依第 354 條，房屋是「凶宅」，其價值或效用，依客觀標準，得成立物之瑕疵，該屋之買受人得解除契約（第 359 條）；又出賣人應告知而未告知，買受人亦得主張第 92 條第 1 項及第 88 條第 2 項之撤銷權（此外，參見第 245 條之 1）；但出賣人告知，出賣價格勢必難以與非凶宅相提併論，有爭議者僅具體金額大小。此一情形，在出租人出租房屋時，亦同樣存在而將面臨降低租金或無法出租之結果。尤其，依第 765 條規定，物之使用、收益或處分之價值乃所有權之權能或內容，屬所有權概念下受保護之客體[57]，故宜認為此乃房屋所有權之侵害，但是應強調者，此一「所有權侵害」，僅對侵權行為之請求權具有重要性，若如上揭出租人依租賃契約請求損害賠償，實際並不須斟酌究竟涉及絕對權或純粹經濟損失，而僅須考慮有無相當因果關係[58]。

再者，最高法院所謂自殺者欠缺故意，或自殺難認有違善良風俗，亦有問題，因為自殺者具有使自己死亡之故意，但有無侵害出租人或所有權人之故意，不易認定，但無論如何，第 433 條、第

---

[56] 參見 BGH NJW 1971, 886 (888 unter II 4 a))。本判決在此明確指出，物之所有權之侵害，非如德國帝國法院判決所謂僅包括物之實體侵害而已。贊同者，MK/Wagner, 2013, §823 Rn 185.

[57] 參見 BGH NJW 1971, 886 (888 unter II 4 a)); BGH NJW 1998 1942 (1943 unter II 2 b) aa)).

[58] MK/Wagner, 2013, §823 Rn 188.

224 條或第 184 條第 1 項前段，前二規定，第三人有過失，承租人即應承擔負責，或後者，有過失即得成立所有權侵害[59]。此外，自殺本身雖然並不違反善良風俗[60]，但此僅侷限於自殺者結束自己生命之行為本身，若涉及自殺者對他人房屋（所有權）之侵害，則乃另一回事，而且自殺者並無任何得阻卻違法之事由侵害他人，或相反而言，出租人並無任何理由接受或承擔承租人所同意使用租賃物之第三人自殺結果，故仍應肯定具有違法性。最後，就僱用人租用他人房屋作為營業場所，而承租人之受僱人在工作期間在該場所自殺，若適用最高法院有關第 188 條第 1 項受僱人因執行職務包括職務上給予機會而與執行職務之時間或處所具有緊密關聯見解[61]，則僱用人當亦應依第 188 條第 1 項負連帶賠償責任。

綜上所述，本書認為，出租人得對承租人依租賃契約或第 433 條請求損害賠償，出租人得對自殺者主張第 184 條第 1 項前段請求損害賠償。反之，若依最高法院見解，出租人對承租人無從依租賃契約，對自殺者，亦無從主張第 184 條第 1 項前段；且亦因自殺者欠缺加損害於出租人之故意，亦不成立同條項後段；同條第 2 項亦不可能構成。因此出租人對自殺者，可謂求償無門；並非妥適。無論如何，出租人為免爭議或訴訟不利，建議未來以契約，與承租人事先約定違約金條款等來避免可能之損害。

⑶所謂瑕疵延伸損害及生產損害

瑕疵延伸損害及生產損害[62]，二者相同的是，瑕疵係在產品生產

---

[59] 但 103 臺上 583 似僅針對第 184 條第 1 項後段加以說明。

[60] 參見本書無因管理單元之說明。

[61] 103 臺上 1349；102 臺上 703。

[62] 對瑕疵延伸損害及生產損害之區分，參見 Looschelders, SBT 2013 Rn 1213f.; MK/Wagner, 2013, §823 Rn 189ff.

過程中發生，且原則上係流通市面時才發生損害。不同的是，前者損害係發生在最終消費者，而後者，損害則發生在最終產品或中間產品之製造人，尤其是致其他製造材料喪失價值。

a) 瑕疵延伸損害

若出賣人交付有瑕疵之買賣標的物予買受人，致買受人其他標的物毀損滅失，買受人就此等損害，除買賣契約本身可能之請求權外，亦得依侵權行為請求損害賠償（第 184 條第 1 項前段）。有爭議的是，若買賣標的物危險負擔移轉後（第 373 條），才因物之瑕疵導致標的物本身毀損或滅失，買受人得否依侵權行為主張標的物本身之損害賠償（第 184 條第 1 項前段）。例如出賣人出售裝了後輪不符規格之二手跑車予買受人，致其因駕車失事而跑車毀損，依德國實務見解，侵權行為有關所有權保護之規定，並不適用於「具素材同一」之後輪，此一部分僅得適用買賣契約或買賣法；反之，侵權行為有關所有權保護之規定得適用於與物之瑕疵「不具素材同一」之損害，例如本例毀損之跑車[63]；而且買受人此一部分之損害，涉及第 227 條第 2 項之損害，故不適用不完全給付之瑕疵補正（第 227 條第 1 項）[64]。

b) 生產損害

所謂生產損害，例如甲出賣有瑕疵電容予乙，並經乙焊在控制器，再交由第三人丙組裝製成汽車防煞死裝置案，德國實務認為，瑕

---

[63] Looschelders, SBT 2013 Rn 180 bis 184.

[64] 德國法，在歐盟法院判決，即 EuGH NJW 2011, 2269, 2273 Rn 59 und 62 之下，係區分企業與消費者，以及企業與企業間之買賣契約。前者，出賣人企業負瑕疵修補義務並應負擔拆除、運回瑕疵物及裝上無瑕疵物之費用（參見 BGH NJW 2012, 1073）；後者，則出賣人不須負瑕疵修補義務，故亦不須負擔相關費用（參見 BGH NJW 2013, 220）。

疵電容以及瑕疵電容焊在控制器上無法運作，均僅涉及甲乙間買賣契約之適用，但乙原本無瑕疵之控制器之所有權，在其與有瑕疵之電容相結合不可分，卻無法使用時，即得適用第 184 條第 1 項前段[65]；但是組合之整體，即汽車防煞死裝置不能正常運作之損害，（原則上）僅能依買賣契約請求賠償[66]。其次，若甲出售土地予乙，但該土地地下埋有電爐廢渣。其後不久，因地下所埋的廢渣遇水而擴大，致乙在該土地上新建之建築物出現裂痕。德國實務認為，本件並無建物所有權之侵害，理由是建築物從來不曾無瑕疵地存在。至於建材損害部分，則未作成判斷[67]。但若將上述瑕疵電容案之理由適用至本件個案，至少對買受人施工興建之建材而言，應已構成所有權之侵害[68]。此外，有關標的物本身、對其他之物之損害，以及契約法與侵權行為法之適用，並參見以下對第 191 條之 1 之說明。

(4)限制物權及無體財產權、狩獵權、漁業權等

此等權利，亦屬第 184 條第 1 項前段保護之客體。又限制物權，例如地上權或不動產役權等。

(5)占有之保護

占有僅係對物之事實上管領支配，乃事實行為，即無行為能力人亦得占有，並非絕對權，是否屬於德國民法第 823 條第 1 項之「不法侵害他人生命、身體、健康、自由、所有權或其他權利」中之所謂「其他權利」，極有爭議。

---

[65] BGH NJW 1998 1942ff. (Leitsatz, 1943 unter II 2 b) bb） ; Looschelders, SBT 2013 Rn 1214; Medicus/Petersen, BR 2013, Rn 650i.

[66] Looschelders, SBT 2013 Rn 1214 bei Fn 125.

[67] BGH NJW 2001, 1346 (BGHZ 146, 144).

[68] Looschelders, SBT 2013 Rn 1214; Medicus/Petersen, BR 2013, Rn 650j.

a) 以限制物權為依據之占有

若涉及限制物權作為占有依據之情形，因其係以物權為依據而具絕對權之性質，應受第 184 條第 1 項前段之保護，較無爭議，例如地上權人占有地上權標的之土地。

b) 以債權為依據之占有

除上述 a) 之外，以債權作為基礎之有權占有，自債權人取得占有時起，亦應受第 184 條第 1 項前段之保護；例如已取得物之占有之承租人或買受人 **69**。在此，以債權為依據之有權占有，實際涉及債權之侵害，但因其得以占有作為表徵，與所有權人或用益物權人占有標的物下之受侵害極為相近；而且，在此涉及其依債權而占有使用收益權能之侵害，若對物之「用益損害」作不同之保護，不甚具正當性，例如上述之四船舶案，即使是船舶承租人亦應同受保護；又例如附條件買賣之買受人，取得買賣標的物之占有後，亦應受保護 **70**。但承租人占有租賃標的物之保護，在租賃契約終止後，並因出租人自力取回租賃標的物，即無從再對出租人主張侵權行為損害賠償請求權 **71**。

c) 直接之有權占有人及共同占有人

直接及間接之有權占有人，均受第 184 條第 1 項前段之保護 **72**；有權之共同占有人，亦同 **73**；但間接之有權占有人無從對直接之

---

69 Larenz/Canaris, Sch II/2, 1994, 396; Looschelders, SBT 2013, Rn 1217; MK/Wagner 2013, §823 Rn 220.

70 Palandt/Sprau, 2015, §823 Rn 12. 但在此係以德國實務及通說所謂之物權「期待權」作為依據。

71 MK/Wagner, 2013, §823 Rn 221.

72 Looschelders, SBT 2013 Rn 1217 und 1218.

73 Looschelders, SBT 2013 Rn 1218.

有權占有人主張此一保護，因為二者之債之關係即可處理雙方之權利義務關係[74]；至於共同占有人相互間，亦不得互相請求占有之保護（第 965 條）。

d) 無權占有人

較重要的是，無權占有人，原則上不受第 184 條第 1 項前段之保護，尤其是所有權人剝奪無權占有人之占有時，無權占有人無從對所有權人主張因喪失占有之損害賠償[75]；至於孳息，依第 954 條規定，善意之無權占有人得保有之，且對所有權人或其他第三人，均同。又德國法下，善意有償之無權占有人得否對其他第三人主張保有孳息收益，仍有正反不同見解[76]，有認為在訴訟繫屬前，應加以承認[77]；但無論如何，僅有權占有得作為德國民法第 823 條第 1 項所謂其他權利加以保護[78]。

e) 第 943 或第 960 條以下規定之問題

有認為依第 943 條規定，侵害占有乃侵害法律推定之權利，故受第 184 條第 1 項前段之保護[79]。但是侵權行為法，並不存在所謂受法律推定之權利；且第 943 條僅係舉證責任分配之規定，並非權利保護之終局依據；又依本條規定亦未確定當事人果係有權占有人。此外，所謂第 960 條至第 962 條乃一般侵權行為之特別規定[80]，亦不可採，因為此等規定乃保護占有以免他人自力取得占

---

[74]　Looschelders, SBT 2013 Rn 1217 und 1218; Schwarz/Wandt, 2009, §16 Rn 47.

[75]　Looschelders, SBT 2013 Rn 1217; Schwarz/Wandt, 2009, §16 Rn 43 mit Fn 84.

[76]　Looschelders, SBT 2013 Rn 1217 mit Fn 135.

[77]　Medicus/Petersen, 2013 Rn 607.

[78]　MK/Wagner, 2013, §823 Rn 221; Brox/Walker, SBT 2015 Rn §45 Rn 13.

[79]　孫森焱，債總上冊，頁 211。

[80]　孫森焱，債總上冊，頁 211。

有，故雖係保護他人法律規定，但不生使用收益「權」，亦即依第954條，善意之無權占有人就占有物已取得孳息，固得保有之，但即不得向回復請求人請求償還通常必要費用；至於若未收取孳息，依第954條之文義，亦仍難以解為其有收取權。尤其，如上所述，僅限於有權占有，才可能受第184條第1項前段保護[81]，故無權占有人，依第960條至第962條結合第184條第2項規定主張權利，例如對權利人（如所有權人）請求損害賠償，亦應同受限制，無從主張[82]；例如小偷竊取所有權人之標的物，所有權人自力取回該標的物，若小偷得依第960條至第962條結合第184條第2項對所有權人請求損害賠償，乃荒謬結論[83]。

此外，無權占有人依第960條以下提起占有返還訴訟，無從澄清究竟何人乃有權占有，故目前德國實務亦已容許相對人得提起反訴主張（並舉證）其自己乃有權占有人，而且德國實務在占有保護及有權占有反訴二者同時可為判決之時，甚至在反訴判決尚無既判力之前即已類推德國民法第864條第2項而駁回占有保護之訴[84]。因此占有人單純訴請返還占有，德國法院並非一概判決同意，故亦難認該等規定乃侵權行為之特別規定。綜上所述，有權占有才有可能是第184條第1項前段，或第184條第2項結合第960條以下所要保護之對象。

f) 最高法院96臺上188

---

[81] MK/Wagner, 2013, §823 Rn 221; Looschelders, SBT 2013 Rn 1217.

[82] Looschelders, SBT 2013 Rn 1217; Schwarz/Wandt, 2009, §16 Rn 43 mit Fn 84 und §17 Rn 8.

[83] Brox/Walker, SBT 2015 Rn §45 Rn 13; 又 Palandt/Grüneberg, 2015, §249 Rn 42 亦同（引用德國實務判決）。

[84] HK-BGB/Schulte-Noeke, 2014, §§861–864 Rn 4.

本判決對違章建築買受人對毀損房屋之人請求損害賠償時，曾表示「縱令為無合法法律關係之無權占有，然其占有，對於物之真正所有人以外之『第三人』而言，依同法第九百六十二條及上開法條（本書註，即第 943 條及第 944 條）之規定，仍應受占有之保護。此與該物是否有真正所有人存在及該所有人是否對其『無權占有』有所主張，應屬二事。是真正所有人以外之『第三人』對其占有倘有侵害，占有人非不得依侵權行為法則請求該『第三人』賠償其損害」云云[85]。

首先，本判決僅稱侵權行為法則，而不知究竟以何具體規定作為請求權依據，並不符最高法院目前較新判決見解[86]。其次，本件之損害賠償請求權人係由原始起造人而受讓系爭房屋，故即使該不動產未辦理保存登記而無從移轉登記，但受讓人基於其與讓與人間之契約仍得對抗原始起造人即讓與人，故受讓人乃有權占有人，或甚至應當是系爭違章建築房屋之所有人[87]，因此若第三人侵害房屋實體致生毀損，宜認為受讓人基於有權占有或甚至所有權，得依第 184 條第 1 項前段，對侵害之第三人請求損害賠償。再者，第 943 條（第 1 項）、第 944 條第 1 項以及第 952 條，僅推定占有人之占有類型及內容，目的乃在解決因占有而生之爭議，不宜認為係第 184 條第 2 項之保護他人法律之規定。最後，本判決上揭敘述僅複製抽象見解，並未顧及本件事實乃有權占有或甚至已取得所有權之特性，而且本件案例事實乃違章建築房屋實體

---

[85] 此外，參見 71 臺上 3748；91 臺上 969。

[86] 103 臺上 1979、103 臺上 178、102 臺上 1189、102 臺上 978 及 102 臺上 343 等判決。

[87] 不同見解，103 臺上 609、86 臺上 2272、86 臺上 225、69 臺上 696 及 50 臺上 1236。又 96 臺上 188，對本例之請求權人，亦仍僅承認其係占有人。

之毀損滅失，並非第 960 條以下之侵奪或妨害占有，亦無從適用第 184 條第 2 項結合第 960 條以下。96 臺上 188，明顯錯誤。

(6)侵害生命法益

死亡者本身對加害人並無請求權；即 54 臺上 951 正確指出，人的權利能力始於出生，終於死亡（第 6 條），故被害人死亡，本身對加害人並無侵權行為損害賠償請求權，故繼承人無從繼承；但被害人生前至死亡時間隔較長之下，對其所受損害如醫藥費支出或喪失工作收入等，仍得由繼承人繼承之[88]。又被害人身體或健康受侵害之非財產上損害賠償請求權，具有專屬性，依第 195 條第 2 項，限於加害人已依契約承諾，或被害人已起訴，才可繼承或讓與。但無論如何，被害人死亡時，死亡被害人之父、母、子、女及配偶，依第 194 條，得就其非財產上損害，請求賠償相當之金額。

(7)子女之撫養負擔等作為損害

以子女之撫養負擔等作為損害[89]，案例包括母親因醫生結紮手術失敗等致其意外懷孕，或者母親懷孕進行產檢，但因醫生疏忽等未能發現胎兒異常致仍生下子女，而生之撫養費用。對此，有認為此係涉及所謂純粹經濟損失[90]。以下區分母親或雙親對非其所欲之胎兒與子女所生之請求權，及子女本身之請求權，加以說明[91]。

a) 母親或雙親對醫院與（或）醫生之請求權。德國法下首先出現

---

[88] Looschelders, SBT 2013 Rn 1201; 英國法，亦同，Giliker, 2014 para 17–046.

[89] 德國實務認為，不應以子女本身作為損害，而應以子女撫養費用作為損害，參見 BGH NJW 1980 1452 (1453f. bei"2. Revision der Bekl"zu 1 II der Entscheidungsgründe).

[90] Looschelders, SAT 2015 Rn 1088 und 1090 bei Fn 224.

[91] 參見 BeckOK/Spindler, Ed. 35 Stand: 01. 11. 2013, §823 Rn 750ff.; MK/Wagner, 2013, §823 Rn 150.

之案例是母親與醫生締約，由醫生對母親進行結紮手術，但不幸失敗，致母親仍然懷孕而生育產下健康子女[92]。雖然在此之判決均係以契約之請求權為依據，但德國實務仍認為，母親非自願之懷孕及生產所生身體負擔，乃對其身體之侵害（第 184 條第 1 項前段）[93]；且即使結紮失敗者係其夫或伴侶，而且母親在生產時並無特殊困難，亦得請求非財產上損害賠償[94]。

其次，已生下一肢體不全且精神障礙子女之母親，在懷孕前尋求醫生檢驗及諮詢，以免再生下相同情況之子女[95]，但因醫生疏忽仍告知極不可能存在缺陷，致母親仍然懷孕，且產下肢體不全且精神障礙子女，本件亦係以契約之請求權為依據[96]，但對子女撫養負擔，本判決認為，並無必要侷限於增加負擔之費用，而是對該子女完整之扶養費用，因為契約之目的即在於避免再生下疾障之子女[97]。

再者，母親在懷孕後與醫院締約產檢，但醫生疏忽未能檢出子女

---

[92] BGH NJW 1980 1450 und BGH NJW 1980 1452 分別涉及一名已生育三次，兩婚生子女存在，而先生另須扶養一名子女之婦女，而另一名婦女則是正懷第六胎之婦女，但二者之結紮手術均失敗之案例。此外，其配偶在德國法下，得依所謂契約附保護第三人作用而主張契約之請求權，NJW 1980 1452 Leitsatz 2 und unter"2. Revision der Bekl. zu 2 I und BGH NJW 2002 2636 (2637 unter II 1).

[93] BGH NJW 1980 1452 (Leitsatz 3 und 1453 bei"1. Revision der Erstkl zu c) 2 der Entscheidungsgründe).

[94] BeckOK/Spindler, Ed. 35 Stand: 01. 11. 2013, §823 Rn 750; MK/Wagner, 2013, §823 Rn 151.

[95] BGH NJW 1994 798.

[96] BGH NJW 1994 798 (790 unter II 3 c) aa)).

[97] BGH NJW 1994 798 (792 unter II 4 und II 4 b)).

相關疾病致母親未合法墮胎仍繼續懷孕，並產下肢體殘缺或智能不足子女 **98**，本判決稱，醫生應負之損害賠償包括因未能墮胎而生之扶養子女費用負擔；此外，本判決亦承認母親得請求非財產上損害之賠償 **99**。綜而言之，德國法下，因醫生義務違反，未對父母告知尚未出生胎兒疾障風險，或尚未受胎前未告知其受孕時可能孕育疾障兒之風險，致其後生下疾障子女，德國通說並未局限在因疾病所致之增加費用上，反而是撫養子女之費用，但前提是相關契約之保護目的包括防止因疾障子女出生之撫養費用，例如德國實務即曾對婦女因皮膚出疹求診於家庭醫生，但後者卻未診出該婦女係德國麻疹，即採否定見解 **100**。

值得注意的是，英國法較為保守 **101**，英國上議院在 2000 年時在 Mcfarlane 案之結論是結紮手術實際失敗但被告知成功，致母親懷孕且生下健康子女，母親並無侵權行為損害賠償請求權，理由是生下健康子女乃一項祝福而非造成損害。其次，若母親計畫外懷孕，且生下肢體或智能失常子女時，英國上訴法院 2002 年在 Parkinson 案判決表示，母親得請求因扶養身體智能失常而超出扶養一般正常子女以外之費用。稍後，2004 年，在 Rees 案，涉及母親是失明者但因結紮手術失敗而生下正常子女，母親請求因自己乃失明者致扶養正常子女所須增加之費用，上議院以四比三判決表示，母親得獲得 1 萬 5 仟英鎊之賠償，以確認確實發生法律上之侵害並賠償父母決定家庭成員人數之權利，但不同意見法官分別表示，法官並無權限賦予個人諸如喪失決定（不懷孕）此類

98　BGH NJW 2002 2636.

99　BGH NJW 2002 2636 (2639 unter II 5; II 5 b) und II 6).

100　Looschelders, SAT 2015 Rn 1093.

101　參見 Giliker, 2014, para 2–047.

無形想法之賠償；尤其，若此一金額係賠償之性質，則為何母親不能請求超出該金額之賠償。此外，上議院七位法官中，有三位支持 2002 年 Parkinson 案判決，另有三位認為該判決有誤，最後一位則不表示意見，保持開收態度。對此，學說認為，若母親意外懷孕而生下肢體或智能不正常之子女時，英國法下，仍可能得請求 Parkinson 案判決所承認之損害賠償[102]。此外，學說表示[103]，上揭英國判決中之被告係預算有限之地方健康主管機關，故法院對公共預算支出用於賠償原告損害，極為謹慎。但應指出者，若醫療機構不須對過失行為「結果」負責，實難發揮侵權行為制度之嚇阻效果。

b) 子女對第三人尤其醫生之請求權。德國法院對身體等有障礙之子女自行訴請醫生賠償損害時，係採取否定見解[104]。英國法，即 1976 年之先天失能（民事責任）法，亦同[105]。相對的，有關請求財產上損害，若干德國學說主張肯定說，首先，即契約法上，身體等有障礙之子女對其生活上超出正常人之需要，亦在母親與醫生契約之保護範圍內（即其得依契約附保護第三人作用主張契約之請求權）；其次，醫生對胎兒潛在之人格權，亦負有一般性之侵權上之法律上義務；而且在此亦根本不涉及到將原告之生命評為無價值[106]。此外，若健康之第三人如父母得以獲得金錢賠償，則為何直接之當事人即身體等有障礙之子女卻反而無從獲得賠

---

[102] 參見 Giliker, 2014 para 2–047.

[103] 參見 Giliker, 2014 para 2–047 針對 McFarlane 案之說明。

[104] BGH NJW 1983 1371（1373 unter B 2, 引用英國上訴法院及美國加州上訴法院之判決）.

[105] Looschelders, SAT 2015 Rn 1094 bei Fn 232.

[106] Spickhoff, in Spickhoff, Medizinrecht, 2. Aufl. 2014, BGB §253 Rn 18.

償[107]。

反之，若因第三人造成事故，致母親所懷之胎兒受傷，而在生產後確認其受傷害，該子女本身得對加害之第三人請求損害賠償[108]（第 184 條第 1 項前段）。

c) 92 臺上 1057，涉及孕婦甲赴乙醫院產檢，但因乙之婦產科主任丙明知檢驗人員丁不符法定資格未能正確判讀羊水，仍任由其進行檢驗，致甲生產後才知子女罹患唐氏症。

首先，甲與乙具委任契約關係，且乙應承擔丙及丁履行債務之故意或過失（第 224 條），甲對乙得依第 544 條請求損害賠償，但92 臺上 1057 之原審在此僅稱不完全給付之債務不履行，最高法院並未更正之[109]。其次，92 臺上 1057 之原審引用優生保健法第11 條所謂告知義務規定進行理由說明，但若醫院或醫生或檢驗人員未能檢驗出症狀致不知情，即根本無從告知，故本件似不須引用本條規定[110]。再者，92 臺上 1057 之原審認為，民法上侵權行為之被害客體為權利或利益，只要係權利或利益，即得為侵權行為之被害客體，但此一說明並不符精確適用侵權行為三項基本請求權依據之要求[111]。又優生保健法第 9 條規定，在特定情事下，婦女得自願決定墮胎，故 92 臺上 1057 之原審認為，本件亦構成侵害婦女對本身得決定施行人工流產之權利，但是僅因本規定即

---

[107] Zuck, in Quaas/Zuck, Medizinrecht, 3. Aufl. 2014, §68 Rn 129.

[108] BGH NJW 1972 1126；或者例如醫生在母親生產時，傷害到出生之胎兒，BGH NJW 1989 1538.

[109] 在另外一件醫療契約之訴訟，103 臺上 774，亦僅引用第 227 條，而未正確適用第 544 條。

[110] 同理，90 臺上 468 之相關說明，恐亦難認係正確。

[111] 102 臺上 1189；102 臺上 978。

認為此乃婦女依第 184 條第 1 項前段受保護之自由權，仍尚有疑義，即如上所述，意思決定自由，德國法下係第 184 條第 1 項後段或同條第 2 項受保護之客體⑫；再者，優生保健法第 9 條得以承認係第 184 條第 2 項所稱之保護他人之法律，故亦不須僅因優生保健法第 9 條即認為婦女另有一項受第 184 條第 1 項前段保護之權利，否則推而廣之，任何情事，均可謂當事人有決定自由權而得成立第 184 條第 1 項「前段」。此外，乙醫院及丙及丁，應依第 188 條第 1 項，且甚至可能是依第 185 條第 1 項，對甲連帶負損害賠償責任。最後，本件是民法債編增訂第 227 條之 1 之前之案例，且民法債編施行法亦無本條溯及適用規定，故若甲欲請求非財產上損害賠償，須依侵權行為規定主張才可（第 195 條第 1 項），但本件當事人並無此等請求項目之爭執。

綜合上述，本件之甲與乙醫院，有契約關係，在修法增訂第 227 條之 1 後，侵權行為依據，較無重大意義。尤其醫院通常較有資力，且可投保責任險等，當事人應係傾向以醫院為被告。但若請求權人係無契約關係之第三人例如本例甲之先生，對醫院請求損害賠償，在實務不承認契約附保護第三人作用之下，因增加扶養費用涉及純粹經濟損失，才須進而考慮侵權行為規定；尤其依 92 臺上 1057 之原審曾表示，乙醫院之婦產科主任丙醫師係明知檢驗人員丁不合格，但其後卻仍僅稱其過失；但丙係明知，即可能成立第 184 條第 1 項後段。此外，若懷孕婦女知悉所懷胎兒有唐氏症等，且得合法人工流產之下，卻仍繼續懷孕且生產，似宜斟酌適用第 217 條第 1 項⑬。最後，此類案件得請求之損害賠償其實

---

⑫ Looschelders, SBT 2013 Rn 1170, 1200, 1207, 1215; Larenz/Canaris, II/2 1994, 385; Palandt/Sprau, 2015, §823 Rn 6.

⑬ 相對的，BGH NJW 1980 1452 (1454 unter II 2 a))，因當時德國法對人工流產

亦可能包括懷孕婦女若得知實情後決定實施人工流產即不須懷孕至生產階段之財產上損害（如購買孕婦裝等），以及非財產上損害（如懷孕期間之身體不適等）⓾；此外，父母親之一方親自照顧該子女，而須放棄工作等，亦有親屬照護之問題（對此，參見第193 條第 1 項之說明）。

⑻侵害名譽或其他人格法益

93 臺上 851 認為，大法官會議釋字第 509 號係針對刑法誹謗罪所作之解釋，未必能套用在侵害名譽之民事訴訟；107 臺上 1276 亦區別刑法誹謗及民法侵害名譽。本書贊同此一見解，理由是誹謗乃故意才成立之犯罪，但第 184 條第 1 項前段之侵權行為僅須過失不法侵害即可，因此過失要件下亦可能成立侵害他人名譽之侵權行為⓯。當然，對事實真實與否之案例仍應在民法規定各要件上適度斟酌以平衡保障言論自由與保護個人名譽，因此若新聞報導「未加合理查證率予報導，或有明顯理由，足以懷疑消息之真實性或報導之正確性，而仍予以報導，致其報導與事實不符」，既無從阻卻違法，且有過失⓰。反之，若新聞「報導前已經合理之查證，並作平衡之報導，應認其已盡善良管理人之注意義務，縱事後證明其報導與事實並非相符，亦不能令其負侵權行為損害賠償之責任」⓱；又依 107 臺上 1276，合理查證義務之舉證責任，係由行為人承擔；但「不須證明報導與客觀事實相符」⓲。

　　採較嚴格規定，故曾認為，懷孕婦女並無進行人工流產以防止損害發生或擴大之義務。

⓮　後者，參見 Giliker, 2014 para 2–047.

⓯　106 臺上 1907；104 臺上 703；103 臺上 1975；103 臺上 231；100 臺上1903

⓰　101 臺上 545。此外，參見 104 臺上 567。

⓱　100 臺上 1903。

⓲　104 臺上 567。106 臺上 52 指出，陳述事實有侵害他人名譽之虞者，應就論

此外，針對網路服務業者對其利用者發表之言論侵害第三人名譽，應盡到何等防範措施，或應否負責或在何等要件下負責，亦屬重要議題[119]。其次，第 195 條第 1 項之其他人格法益，得以 106 臺上 993 為例說明，本判決認為，位居政府高位之要員，若他人就公共議題發表評論，「其言行縱涉入私領域亦難謂與公共利益全無關涉，是其當以最大容忍，接受公眾檢視，以隨時供人民為價值取捨」。本件涉及「特殊性關係男妓」、「混帳」、「王八蛋」、「敗類」、「蠢材」、「賤貨」、「人渣」、「男妓」等，不僅刑法上誹謗罪、公然侮辱罪無罪確定，且民事原審應負損害賠償責任之判決亦遭 106 臺上 993 廢棄發回。本書認為，最高法院本判決忽略刑法係施加刑罰較為嚴重故要求較高而與民法有別，而且單就本件民事個案而言，除蠢材、混帳之外，行為人係故意為上述與評論無關亦非就事論事之羞辱被害人用語；其次，該等用語亦與公共利益無關，或對他人之侮辱貶抑已完全取代實際有意表示意見之事物本身，無從作為民事免責之依據[120]。此外，最高法院本判決並未顧及本判決對社會及個人行為在將來之影響；若貫徹最高法院本判決見解，其後任何人對位居政府高位之要員，只要涉及公共議題均採相同或其他類似風格或更卑劣之言語文字或圖畫等問候，將均不侵害他人人格權下在名譽之外之其他人格法益。本書認為，個人在人格權下享有不受他人以低俗言語文字圖畫等侵害之人格法益，而且本件之行為人係故意為之，且已逾越言論自由保障界限，或根本只是假言

述內容為合理查證，始得免責，且查證應以善良管理人之注意義務為具體標準；又 106 臺上 777 認為，大法官會議釋字第 509 號解釋之合理查證於民事法亦適用。

[119] Palandt/Sprau, 2015, §823 Rn 203; A. Speker and F. McMahon in Clerk and Lindsell, 2014 para 22–60; Kelvin Hiu Fai Kwok, 2014 (130) LQR 206–211.

[120] 參見 Palandt/Sprau, 2015, §823 Rn 103.

論自由之名行侮辱他人之實（至於第 195 條第 1 項之情節重大，僅涉及非財產上損害賠償之請求）。因此建議最高法院宜採取原審判決成立侵權行為之結論，至少依原告請求判令行為人公開道歉，以樹立國民的行為標準與界限。

⑼個人資料保護

網路發達後，個人資料儲存在自己或他人電腦硬碟，或使用電腦、手機或平板等裝置透過網路發送電子郵件或進行交易等，均極有可能遭受駭客攻擊，如植入病毒軟體癱瘓硬碟或盜取諸如照片、信用卡等資料。若當事人硬碟等設施因而無法使用，所有人或有權使用人（例如依其情形，可能是以租賃或使用借貸契約為依據），得主張所有權或使用收益權受侵害；但個人對自己之個人資料，尤其是儲存在他人伺服器之情形，雖然個人與系統提供者間僅有債之關係，並依約定帳號及密碼進行存取等，但個人對相關資料亦享有所有權。目前常見案例，是被害人將個人私密照片或影片儲存在須個人帳號及密碼才可進入讀取之網路伺服器上，卻遭他人盜取並散布流傳[121]。對此，宜認為，即使駭客僅自己觀賞而無散布流傳之行為，仍屬侵害被害人對相關資訊之所有權及被害人之隱私；若有流傳散布致第三人取得，依其情形，亦侵害被害人之隱私[122]。此外，網路搜索服務業者，對當事人之特定公開資訊（如新聞報導），提供不特定第三人得依關鍵字搜索，當事人有無請求業者依程式設定避免出現相關資訊之權利，亦值得注意[123]。對隱私之說明，參見 106 臺上 2674。

---

[121]　著名受害者之一，乃某奧斯卡影后在 2014 年遭公布私密照。

[122]　參見 Steve Hedley, Cybertrespass-A Solution in Search of a Problem? in: JETL 2014, 5(2), 165–181.

[123]　Jeffrey Rosen, the right to be forgotten, 64 Stan. L. Rev. Online 88 (2012). 對此，參見原名施建新者訴請 Google 一案（仍在進行中）。

⑽特定身分而生之權利

90 臺上 205 表示，基於特定身分而發生之權利，乃民法第 184 條第 1 項前段規定之權利。監護人對受監護人之財產，依民法第 1113 條準用第 1100 條規定之財產管理權，亦包括在民法第 184 條第 1 項前段規定之內云云。本判決此一見解，頗有疑問。基於特定身分而生之權利，不宜歸類為第 184 條第 1 項前段規定之權利（參見下述有關第 195 條第 3 項之說明）。尤其，90 臺上 205 判決僅涉及監護人依第 1113 條準用第 1100 條，對禁治產人之財產管理權，僅係依特定身分所衍生之財產上權利，不應解為第 184 條第 1 項前段所保護之對象。此外，本件之監護人既已提示禁治產宣告裁定通知並請求相對人交付相關權狀及財產，卻仍遭拒絕，若因而有生財產上損害，相對人可能應已構成第 184 條第 1 項後段之侵權行為。

2.被害人法益受害乃行為人之行為所應承擔之結果

1) 責任成立與責任實現之因果關係

行為人應就被害人法益受害加以負責，至少須行為人之侵害行為與被害人法益受害間具有關聯性，此乃所謂責任成立之因果關係；而法益受害與損害結果間之關聯性，則涉及責任實現之因果關係[124]。例如甲持刀砍傷乙，甲之砍殺行為與乙身體受傷之因果關涉及責任成立之因果關係，而乙因身體受傷與乙因而支出醫藥費、無法工作減少收入及精神心理情緒痛苦等損害結果，則涉及責任實現之因果關係。

相對的，101 臺上 443 稱，「侵權行為以有侵權之行為及損害之發生，並二者間有相當因果關係為其成立要件（即『責任成立之相當因果關係』）」云云；又 103 臺上 851 亦有類似之文句[125]；二者均有疑問，

---

[124] Looschelders, SBT 2013 Rn 1224; Looschelders, SAT 2015 Rn 972. 對此二名詞，王澤鑑譯為責任成立與責任範圍之因果關係。

因為最高法院在此均省略「侵權行為致侵害法益並進而造成損害」中間之法益侵害，而直接說明侵害行為與損害之關係，實際並不符合上揭所謂「責任成立之因果關係」之意義；且在此逕稱責任成立之相當因果關係，亦不符一般（參見下述）在相當性說外，仍適用其他理論限制條件說之見解。

2) 條件說

行為人應對自己行為造成之他人法益侵害負責之首要前提是侵害行為與法益受害間存在所謂條件說之因果關係。條件說採自然科學意義之因果關係[126]，並依當事人之行為是否係侵害法益不可想像其不存在之條件而定。

⑴就作為而言

若不可想像侵害行為不存在，否則法益受害便不會發生，即得肯定侵害行為與法益受害間具有條件說之因果關係。例如甲對丙下毒，而乙亦對丙下毒，但甲與乙下毒劑量個別均不足以造成丙死亡結果，而二者加總卻足以造成丙死亡結果，故甲與乙之下毒均屬丙死亡不可想像其不存在之條件，適用第 185 條第 1 項前段之行為關聯共同，即便甲與乙雖無意思聯絡，仍應對丙死亡結果負連帶賠償責任。

⑵就不作為而言

若不可想像當事人為法律上應為之行為，否則侵害被害人法益之結果即有可能不會發生，即得肯定不作為具有條件說之因果關係[127]。例如工程公司挖馬路施工，未妥適作好警告防護等措施，致機車騎士

---

[125]　98 臺上 1729 亦有類似說明。

[126]　Looschelders, SBT 2013 Rn 1225; Looschelders, SAT 2015 Rn 971. 英國法，亦以條件說為出發點 (Giliker, 2014 para 6–004)，但稱（英國）法採取現實或普通常識觀之因果關係，Giliker, 2014 para 6–003.

[127]　Looschelders, SBT 2013 Rn 1225; Looschelders, SAT 2015 Rn 977.

摔入坑洞受傷，但若作好警告防護等措施，被害人極有可能不致摔入受傷，故該不作為具有因果關係。反之，甲喝了被下了砒礵毒物之飲料，前往乙醫生處就醫，乙未診治即告知甲另找自己之醫生就醫，結果其後甲毒發身亡；乙醫生未診治甲，乃違反義務，但若證據顯示即使乙醫生對甲進行救治，甲仍然會毒發身亡，則乙醫生未救治甲，對甲之死亡並無因果關係，不須負責[128]。又如甲下毒在即將出發穿越沙漠之乙之水壺，第三人丙則是將乙之水壺的水全倒光，致乙在穿越沙漠時，口渴致死；在此，因乙是口渴死亡，故甲之下毒並未發生效果，可想像其不存在，反而丙之行為才是乙致死之條件[129]。

3) 條件說之缺失與修正

條件說僅係行為人對自己行為所致法益侵害應當負責之最低限度要求。條件說之缺失首先在於涉及雙重或多重獨立條件，適用條件說即有疑問，例如甲過失致失火，且乙過失亦致失火，結果火勢結合下才導致丙屋被燒毀[130]。適用上述條件說，因均可想像甲或乙失火行為不存在而結果仍然會發生，甲及乙均不須對結果負責，故在此須修正條件說，而認為甲與乙之行為均為結果發生之條件[131]，且本例之甲與乙亦應適用第 185 條第 1 項前段，負連帶賠償責任。再者，若丁或戊分別下毒殺庚，而個別之劑量即足以致庚死，雖丁或戊之下毒均得想像其不存在，但丁與戊無從因而不須負責，故二者縱無意思聯絡，仍應適用第 185 條第 1 項前段或後段，對庚死負連帶賠償責任[132]。

---

[128] Giliker, 2014 para 6–004 citing Barnett v Chelsea and Kensington Hospital Management Committee, [1969] 1 Q.B. 428.

[129] Giliker, 2014 para 6–011.

[130] Cane, 2013 para 5.2.4 citing Kinston v Chicago & NW Railway, 22 NW 913 (1927).

[131] Cane, 2013 para 5.2.4; Looschelders, SAT 2015 Rn 979.

其次，傳統指責條件說的是條件關聯無限，例如甲與乙生下丙，扶養長大後，丙坐丁之計程車到戊刀店買菜刀，砍死己，依條件說，甲乙丁戊等之行為，均屬不可想像其不存在，否則結果不會發生，故亦具因果關係，因而在此亦須依價值判斷認定個別當事人應否承擔其行為之後果[132]。

(1)相當性說

條件說之限制，首先涉及所謂「相當性說」，即「相當性說」僅係限制條件說之標準之一。消極而言，本說在排除極度不尋常且對最適當觀察者而言亦屬不可預見情況下引起法益受害之條件[134]，在此，有認為相當性說並未涉及固有自然科學意義下之因果關係理論，反而是依價值觀點限制損害結果之歸責[135]。又積極而言，相當性說要求條件對結果之發生方式，須非屬無關緊要地提高其可能性[136]；而且，相當性說與加害人主觀認識或預見亦無關，而僅客觀事後判斷[137]。

對相當性說之批評，有認為，相當性說僅對責任實現之因果關係具有獨立意義，至於責任成立之因果關係，即使是欠缺可預見性之法益侵害，亦仍須在有責性之過失判斷上，認定法益侵害是否一般人或專業成員客觀注意標準下可預見之結果，故在（責任成立之）因果關係即預先判斷相當性，並無意義[138]。又相當性說所謂最適當觀察者具

---

[132] Looschelders, SAT 2015 Rn 979.

[133] Looschelders, SBT 2013 Rn 1226; SAT 2015 Rn 982. 對上述兩項缺失，並參見 McBride/Bagshaw, 2012, 272.

[134] Palandt/Grüneberg, 2015 vorb v §249 Rn 26 und 27; Looschelders, SAT 2015 Rn 983.

[135] Looschelders, SBT 2013 Rn 1226; SAT 2015 Rn 983.

[136] Palandt/Grüneberg, 2015 vorb v §249 Rn 26.

[137] Palandt/Grüneberg, 2015 vorb v §249 Rn 27.

[138] Looschelders, SAT 2015 Rn 984; SBT 2013 Rn 1226.

有何種特質與認知並不明確，而法律適用者亦可能任意操縱結果究竟相不相當，且適用本說事實上隱藏了認定上所依據之價值判斷。例如甲傷害乙致乙住院進行手術；乙不幸又遭受院內感染，致延長住院期間。或者，乙住院期間，乙之錢包遭小偷竊取。若依相當性說，僅能表明乙住院手術，通常會有遭感染之可能，反之，乙住院通常未必會導致錢包被偷。但後者是否符合生活經驗，仍有疑問。因此或許認為，住院尤其手術患者存在較高之遭感染危險，故甲傷害乙致乙住院手術，對乙之遭感染亦應負責；反之，錢包遭竊，其他時間場所均有可能，並非在醫院即屬特別高風險，甲對此一部分並不須負責。因此有認為應改採規範目的說，探討義務違反下之義務是否在於保護現存狀況下之法益以免其侵害或損害，並主張應放棄相當性說 **139**。此外，相當性說並未提供排除極度不尋常損害結果之規範根據，而且必要之概然性之程度實際僅能依據個別規範判斷，因此相當性說僅是判斷侵權行為規範之保護目的或範圍之不完整因素而已。尤其是危險責任，乃在保護因特定風險之特定結果所生之一切損害，根本不適用相當性理論 **140**。然而，至今德國實務判決仍然適用相當性說 **141**。

(2)規範目的說

條件說之另一項限制乃規範目的說 **142**，本說認為，規範本身不在提供一般性保護而防止侵害事件之發生，而是防止特定法益受害與損害。當然，在此，須解釋個別規範認定之，且有疑問即須權衡被害人受保護利益及加害人行為自由而適當限制其責任風險，或探討究竟相關規範是否有用、必要且妥適之工具以防止該現實發生之法益受害或

---

139 Looschelders, SAT 2015 Rn 986.

140 Looschelders, SAT 2015 Rn 986.

141 Palandt/Grüneberg, 2015 vorb v §249 Rn 28.

142 Palandt/Grüneberg, 2015 vorb v §249 Rn 29.

損害。當然，即使是體質特殊之被害人所生之法益受害或損害，行為人亦須負責[143]，因為即使有病、殘疾或無或較低抵抗力之人仍然受現行法律制度保護，但行為人必須對具體之法益受害或損害創設不被允許之風險，而非僅是實現一般生活風險或多或少具可代替性之原因。肯定之例如，甲騎腳踏車撞到乙，致乙受傷，但乙係血友病患者，故復原過程較久。對此，如上述，乙仍係受侵權行為規範保護之對象，故乙增加之醫療費用，甲須負賠償責任，而無從主張此等損害對最適觀察者乃不可預見而免責。即過失責任領域，規範保護目的亦可能包括事後判斷下概然性極低之損害[144]。否定之例，如甲在醫院不注意下踩了乙一腳，但因乙患有嚴重動脈出血症致乙須截肢，甲應否對乙截肢之結果負責，有認為甲之行為並無相當性，甲不須負責；亦有認為，在此僅涉及極為輕微之侵害行為，且並未創設嚴重如截肢後果之特定風險，又相同情事在其他情況例如道路擁擠或大眾交通工具等亦可能發生，故甲之行為僅係引發一般生活風險之偶然因素，故甲不須負責[145]。

⑶最高法院判決

最高法院判決一般並未說明條件說而後再對個案依相當性說或規範目的說予以限制[146]，反而多數僅依所謂「相當因果關係」作為判斷有無因果關係之依據[147]。最高法院所謂相當因果關係，係指若無此行

---

[143]　英國法亦同，參見 Giliker, 2014 para 6–031 對英國法下有關蛋殼頭骨案規則之一系列判決說明。

[144]　Looschelders, SAT 2015 Rn 987 und 990.

[145]　Looschelders, SAT 2015 Rn 990.

[146]　但是 101 臺上 443，係先依條件說，再依相當因果關係說。

[147]　104 臺上 85；103 臺上 2585；103 臺上 2252；103 臺上 1616；103 臺上 738；48 臺上 481

為人之行為，雖必不生此損害；有此行為，通常足以發生損害，則有相當因果關係；若無此行為必不生損害，有此行為，通常亦不生此結果，則無相當因果關係[148]。但是實際上對加害人行為之歸責基礎乃是條件說；且相當性說僅在排除極度不尋常之引起法益受害之條件，另外尚有規範目的說等得加以適用。以 90 臺上 401 為例，本判決表示，被害人之一因儲氣槽爆炸受傷，存活率僅百分之十，但非必死，若其後因醫院失火而死亡，即與前儲氣槽爆炸行為無相當因果關係。但適用上述說明，其理由或許是，依條件理論，被害人若非因儲氣槽爆炸受傷送醫，不可能住院並因醫院失火而死亡，故得認為儲氣槽爆炸屬於不可想像其不存在否則結果不發生之條件。但是住院治療之人通常並不致於因醫院失火而死亡，或者相反而言，住院治療並未提高被害人因醫院失火而死亡之風險，對儲氣槽爆炸應負責之人，並不須對醫院之失火負責，故因儲氣槽爆炸應對被害人受傷住院負責之人，並不須對被害人其後因醫院失火死亡結果負責。

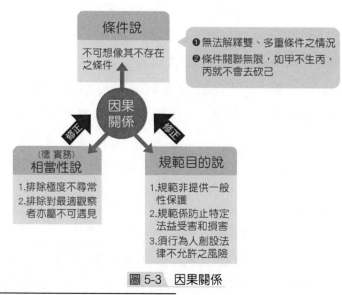

圖 5-3 因果關係

---

[148] 除前註解外，參見 94 臺上 1225；104 臺上 2081。

3.特殊之歸責問題

1) 假設性因果關係

加害人之行為造成被害人法益受侵害，加害人可否主張稍後另有其他原因（所謂保留原因）同樣可能導致法益侵害結果而影響其損害賠償義務，極有爭議。對此，宜依損害賠償義務之意旨與目的個案判斷之[149]。(1)首先，人身侵害或物之毀損滅失，在被害時點，已存在所謂保留原因，且在短期之內將導致同一之損害，該保留原因將影響損害賠償義務之範圍，例如夫甲在車禍事故死亡，妻乙及子丙對加害人丁請求死亡之損害賠償時，丁抗辯甲罹患癌症且數月後將死亡，則乙丙主張第 192 條第 2 項之法定扶養請求權，將受到甲生命預估存續期間之限制。又物之毀損或滅失之情形，亦同[150]。(2)其次，若保留原因導致第三人應負損害賠償責任時，並不影響加害人之責任，例如 12 歲之甲踢足球毀損乙房屋之玻璃，但在甲或其法定代理人（第 187 條第 1 項）履行回復原狀義務前，乙屋因丙電工設置電線瑕疵失火而燒毀。在此，甲及其法定代理人不能主張丙之過失行為而免責，因為丙只對自己造成之實際損害負責，而不須對遭甲毀損之玻璃負損害賠償責任；且若認為甲得因丙之行為而免責，乙將無從獲得該片玻璃之賠償，故甲仍應負責[151]。(3)此外，德國通說亦區分客體本身之損害及其他結果損害，作為判斷依據，例如甲過失打破乙飯店某客房之玻璃，但不久之後，乙飯店因爆炸事故玻璃全破。甲對乙飯店應賠償玻璃之損害，但是有關因玻璃破損無法使用該客房例如出租之損害，在時間上僅限於甲打破時起至爆炸時止[152]。

---

[149] Looschelders, SAT 2015 Rn 992.

[150] Looschelders, SAT 2015 Rn 993.

[151] Looschelders, SAT 2015 Rn 994.

2) 所謂合法行為亦將發生結果之抗辯

加害人抗辯即使其為合法行為亦將導致被害人之損害，是所謂保留原因之特殊形式 [152] 。對此之案例及相關說明，參見下述有關第 184 條第 2 項對 92 臺上 2406 之評論。

3) 所謂間接因果關係

法益侵害或損害並非加害人直接造成，而是因其他非加害人可支配情況而引起，例如驚嚇性損害、被害人自傷行為，或第三人媒介因果關係。

⑴首先，驚嚇性損害，例如夫或妻在場目睹他方死亡事故，遭受精神情緒心理打擊須接受心理治療等。對此，德國法採相對嚴格之見解 [154] ，即損害賠償請求權之前提，首須請求權人遭受性質與嚴重程度之影響已超出因親人之喪在經驗上可能發生之痛苦。其次，直接被害人須為請求權人之親近親屬。但若請求權人係事故之直接參與者，不在此限，例如汽車駕駛甲因路人乙之輕率行為致甲撞死乙，甲因此事故遭受驚嚇並喪失工作能力，得請求乙之繼承人相關損害之賠償 [155] 。再者，請求權人健康受影響亦須確係源自直接被害人受害事故。又若直接被害人對自己受害與有過失，加害人之損害賠償責任，宜類推適用第 217 條第 1 項規定，予以減輕或免除 [156] 。目前臺灣最慘痛之驚嚇性損害案例應當是汐止凶殺案被害人吳姓夫婦兒子在犯案現場目睹父母被害慘狀致生之身體健康損害；反之，2012 年 11 月中下旬在建國

---

[152] Medicus/Petersen, BR 2013 Rn 850; Looschelders, SAT 2015 Rn 995.

[153] Looschelders, SAT 2015 Rn 997.

[154] 英國法亦同，Giliker, 2014 para 4–022–4–030.

[155] Looschelders, SAT 2015 Rn 1002; 例子源自 BGH VerR 1986 240.

[156] Looschelders, SAT 2015 Rn 1001; 1003 und 1004; Palandt/Grüneberg, 2015 vor §249 Rn 40.

花市當場目睹凶殺案之一般路過民眾，僅涉及一般生活風險，且與被害人欠缺緊密親屬關係，故無從對行為人請求損害賠償[157]。

⑵其次，涉及加害人之行為促成被害人有意識地去做對自己危險或傷害行為並因而受有損害。例如警員甲前往無照駕車之 17 歲乙家中逮捕乙，乙藉故上廁所自窗戶跳下逃逸，甲為追捕亦自窗戶跳下因而踵骨斷裂數月無法服勤，醫療及治療費用均由邦政府支付，邦政府轉而對乙求償相關費用。加害人負責之前提是，被害人之行為須顯得合理，即涉入之危險與追求之目的處於相當之關係。本例之甲雖對環境不熟，但自甲觀點而言，追捕風險不高，且乙逃逸並無值得保護之利益，故德國判決仍肯定乙乃可歸責[158]。其次，丙過失造成失火，並由消防人員滅火，之後消防員丁用左腳折疊已用過之消防水管時，踝關節因而受傷，因相關之損害並非源自於丙所創設較高之危害風險，故丙並不須對丁之受傷結果負責。此外，以上所述之原則與緊急協助或救助之案例，亦有相關，例如德國某件外科醫師甲對事故受害少女乙，過失移除其惟一之一顆腎，致少女母親丙其後表示願捐一顆腎給乙案件，法院判決丙得依第 184 條第 1 項前段對甲請求因捐腎而生損害之賠償，理由是丙同意捐腎乃是因甲對乙治療時之醫療疏失所誘發[159]。

⑶第三人媒介因果關係，是指法益侵害是由第三人自由意識下之意思決定而生，例如貨車司機甲過失造成事故，致車道遭阻塞，汽車

---

[157]　英國法亦同，Giliker, 2014 para 4–007 說明 Bourhill v Young, [1943] AC 92.

[158]　Looschelders, SAT 2015 Rn 1005–1007。但是亦有認為，既已知其姓名及住址等，且其後極易追捕下，應否由例中之乙承擔追捕風險之後果，不無疑問，參見 Medicus/Petersen, 2013, Rn 653（對 BGHZ 63, 189 之評論）。相對的，該書則肯定 BGH NJW 2012, 1951，對逃避警員臨檢而高速逃逸，致傷害一名女警且經追逐才遭強制攔下之行為人，應對數輛警車之損害，負損害賠償責任。

[159]　Looschelders, SAT 2015 Rn 1009 引用 BGHZ 101, 215.

駕駛人丙丁戊不耐久等，即將車開上車道旁之人行道及自行車道離去，嚴重毀損該人行道及自行車道。道路所有權人乙對甲請求此部分損害之賠償時，德國實務判決否定其請求，理由是在此之汽車駕駛人丙丁戊等均為自行決定開上人行道或自行車道，甲之車禍阻礙車道僅是外在狀況，而給予丙丁戊等駕駛擅自不再遵守道路安全之動機[160]。此一見解，值得贊同[161]。

4) 機會喪失

對所謂機會喪失，英國法至今仍採否定說，即原告主張因醫生過失致其延遲九個月治療癌症，並宣稱其治癒生存機會由百分之 42 降至百分之 25，但英國上訴法院及上議院（3 比 2）認為原告對此無從主張損害賠償，即在此原告有百分之 58 的機率是無法痊癒，故在因果關係上，原告並無法證明，被告醫師無過失下原告即可治癒[162]。

5) 因果關係舉證責任轉換

106 臺上 227 指出，醫療常規，僅為醫療處置之一般最低標準外，更表示過失之醫療行為與病人之死亡間因果關係，原則上雖應由被害人負舉證責任，惟苟醫師進行之醫療處置具有可歸責之重大瑕疵，導致相關醫療步驟過程及該瑕疵與病人所受損害間之因果關係，發生糾

---

[160] Looschelders, SAT 2015 Rn 1010 引用 BGHZ 58, 162.

[161] 贊同者，如 MK/Oetker, 2016, §249 Rn 160；不同見解，Looschelders, SAT 2015 Rn 1010.

[162] Giliker, 2014 para 6–013（說明 Gregg v Scott, [2005] UKHL 2）；又澳洲最高法院在 Tabet v Gett [2010] HCA 12 一案，亦採否定見解。其後，英國上訴法院判決 Wright v Cambridge Medical Group [2011] EWCA Civ 699, para 84 亦同，稱不應擴張機會喪失至醫療過失領域，但承認在未來，由英國最高法院對此一棘手問題再作考慮才是適當的。反之，M A Jones in Clerk & Lindsell, 2014 para 2–82, 2–89, 2–90 and 2–92 指出，特定情事下，當事人仍有可能得主張「機會喪失」之損害。

結而難以釐清之情事時，該因果關係無法解明之不利益，本於醫療專業不對等之原則，應歸由醫師負擔，依民事訴訟法第 277 條但書規定，即生舉證責任轉換（由醫師舉證證明其醫療過失與病人死亡間無因果關係）之效果（本判決涉及病人身體生命，卻未對第 184 條第 1 項前段之權利明確指出乃絕對權）。

4.違法性

依第 184 條第 1 項前段，行為人除上述構成要件該當之侵害行為外，仍須具備不法（即違法性）才可能成立侵權行為，例如適法無因管理之行為阻卻違法，管理人不負損害賠償責任。

1) 結果不法說與行為不法說

結果不法說是傳統見解，即行為人依作為而發生上述責任成立因果關係而侵害特定法益，並依責任實現之因果關係造成損害，原則上即因構成要件該當而表徵存在違法性，例外僅當具有阻卻違法事由，才否定違法性；此一情形，尤其適用於所謂直接侵害行為[163]。反之，行為不法說認為，違法性並非單依侵害結果而表徵，而是須行為人之行為違反特定行為義務才具有違法性；例如所謂間接侵害行為及不作為之情形[164]。

結果不法說	重視侵害結果的發生。行為人之行為侵害特定法益，並與損害有因果關係
行為不法說	非僅重視侵害結果，亦著重在行為人之行為是否違反特定義務

舉例而言，駕車符合交通規則之甲，在山路轉彎處，遇有違規跨越雙黃線超車之乙，致二車相撞，不僅甲車受損，連帶乙車受損及乙

---

[163]　Looschelders, SBT 2013 Rn 1174 und 1175.

[164]　Looschelders, SBT 2013 Rn 1175.

身體受傷，依行為不法說，因甲已盡必要之注意，或稱交通上正確之行為，故損害乙汽車及傷害乙身體等之行為，不具違法性。反之，依結果不法說，甲損害乙汽車及傷害乙身體等之行為，雖係交通上正確之行為，但仍無權侵害乙，不過此處應注意，由於甲已盡必要之注意，並無有責性[165]。

雖然二說結論上均否定甲對乙之損害賠償責任，但行為不法說係在違法性上否定甲之責任（而不須再檢驗有責性要件），而結果不法說則是在有責性上否定甲之責任。但現行法下，依第 184 條第 1 項前段以及第 187 條第 1 項，對不法以及識別責任與故意或過失等之區分，宜採結果不法說見解，即是否盡交易上必要之注意，並非違法性，而是有責性要件下有無過失所應檢討者[166]。

2) 德國法的交易安全義務

德國法，對直接侵害絕對權等客體之行為，採結果不法說，也就是行為人構成要件該當即得表徵違法性，例外僅當具有所謂阻卻違法事由，才否定違法性[167]。相對的，對於間接侵害與依不作為而侵害，則須行為人有違反特定行為義務（所謂交易安全義務）才肯定違法性存在；即對此等有爭議之案例，並非單純只看結果就認定存在違法性，反而仍須行為人之行為違反交易上安全義務。

但應指出者，目前似無接受德國法所謂交易安全義務之必要；至於對不作為成立第 184 條第 1 項前段之構成要件之作為義務，參見上揭貳、二、㈠1. 1)。其次，直接侵害與間接侵害，難以嚴格區分；差別僅在於直接侵害的危險行為與結果之間較為緊密，故義務違反較為明確而已，但直接侵害之違法性亦可能並非如此明確，例如球賽時球

---

[165] Brox/Walker, SAT 2015, §45 Rn 48–49.

[166] Brox/Walker, SAT 2015, §45 Rn 49.

[167] Looschelders, SBT 2013 Rn 1174 und Rn 1175 bei Fn 27.

員間之傷害行為與結果，可能難以認定，故仍須留意加害人須有違反一定行為義務才可認定具備違法性[168]；再者，在此之義務違反，體系上亦宜採構成要件之見解，即其涉及構成要件該當行為之具體化要件，並因而維持上述構成要件該當即表徵違法性存在之結果不法說見解[169]。

　　以下之例，並不須依所謂「交易安全義務」亦可說明，如施工挖馬路或道路坑洞未維修，致機車騎士摔傷，或如公園設施年久失修致使用者受傷。前者，當事人對自己行為所造成之危險，相較他人，乃最低成本即得防止之人，故須採取一定防範措施。後者，公有公共設施之管理機關則是因為負有避免相關設施對他人造成危險之義務。因此，違反相關義務均得認為構成要件該當。其次，如農藥製造人在農藥之使用、保管、包裝、說明亦均須盡到交易上通常客觀合理期待達到之標準，若未盡到義務以防止風險而造成他人損害，亦表徵違法性存在。再者，如屋主請油漆工至家中施工油漆，但是屋主一方面請油漆工喝可樂，卻又使用空可樂瓶裝清洗浴室之強酸，而且又未妥適放置，致油漆工因誤取而喝下強酸受傷，即有違反注意義務之情事。反之，若小偷深夜進入屋主家偷竊，因口渴自行飲用屋主以空可樂瓶裝清洗浴室之強酸而受傷，屋主並不負侵權行為損害賠償責任，因為屋主對擅自闖入自己屋入且自行取用其家中「飲料」之小偷，並無防止其受害之義務。此外，舉辦大型演唱會等之主辦者，應安排防火、逃生或停電時之出入及照明等應變設施及措施（例如八仙樂園塵爆案）；若違反，且因相關事故造成觀眾受傷，亦應負損害賠償責任。最後，

---

[168]　Looschelders, SBT 2013 Rn 1176.

[169]　Looschelders, SBT 2013 Rn 1177. 此外，學說認為，德國實務曾出現之「交通上正確行為之阻卻違法」，並不可採，Looschelders, SBT 2013 Rn 1191; MK/Wagner, 2013, §823 Rn 25.

如觀賞職棒賽，因內野場地未設置網狀圍籬或有所破損，致觀眾遭界外球或球員脫手之球棒等打傷，對此宜認為，球賽主辦單位違反義務應加負責；反之，若有人在外野遭全壘打球擊中，目前宜認為主辦單位並無在外野架設攔網之義務，但對此，仍應留意主辦單位有無其他防止觀眾受傷之措施，例如入場時或場地周邊提示可能危險、有無工作人員吹哨提醒注意或協助接球等。

3) 阻卻違法事由

阻卻違法之事由，依刑法之相關規定，如依法令之行為、業務上正當行為、正當防衛及緊急避難，均屬阻卻違法事由；對後二者，並參見民法第 149 條及第 150 條。此外，民法第 151 條尚有自助行為。又正當適法之無因管理，亦屬阻卻違法事由[170]。

其次，民事實務上重要者，尚有「得被害人之同意」，例如病人同意醫生之開刀治療行為。對此，法律上宜注意以下各項情事，首先，契約法上，得被害人同意，原則上亦屬侵權行為之阻卻違法事由；其次，被害法益須屬被害人得以處分者，例如病人有權選擇安寧或緩和醫療，故醫生不得強制治療病人；相對的，被害人同意，亦須未違反公序良俗，才阻卻違法[171]。再者，被害人有無同意之能力，尤其是被害人未成年之情形，宜斟酌第 77 條以下之規定，例如未成年人接受整型手術，應由法定代理人行使同意權，若未得法定代理人同意，行為人仍構成傷害行為[172]。再者，被害人是否經充分適當告知相關情事如後遺症、可能風險及可能替代措施等。有關醫師之告知後同意法則之

---

[170] Looschelders, SBT 2013 Rn 1186.

[171] Looschelders, SBT 2013 Rn 1187.

[172] Palandt/Sprau, 2015, §630d Rn 3 表示，原則上雙親同意，但緊急情形，獲得聯絡到者之同意即可，但特別重大且具特別危險之措施，除已在場者外，醫生仍應另取得不在場者之同意。

說明，參見 106 臺上 505。又家屬之代理同意下，106 臺上 2418 表示，醫師仍應參酌病人之身分、年齡、病史、病況，曾表示之意見等情，基於「理性病人」之推測同意，以病人之最大利益做成合於醫療倫理之決定，值得重視。

又父母對子女負有保護教養之權利及義務（第 1084 條第 2 項）。但父母得否體罰子女、或限制子女行動自由，宜認為僅得在必要範圍內才可，若超出或過度，並不阻卻違法[173]；學校老師對學生，亦同。

至於被害人自甘冒險之行為，原則上得針對被害人之與有過失（第 217 條第 1 項）加以斟酌。但諸如被害人自行逗弄鄰犬，且將該犬口罩取下，致遭咬傷，宜認為鄰犬之占有人不負損害賠償責任[174]（參見第 190 條第 1 項）。

5. 有責性

1) 責任能力

責任能力，即行為人應否對自己侵害他人之行為負責。在此，並非以年齡為判斷依據，而是以有無識別能力（即侵權行為能力）而判斷。對此，參見以下對第 187 條第 1 項之說明。有無識別能力，均須對具體個案之行為人個別認定；相對的，德國民法 2002 年修正時，已於第 828 條第 1 至第 3 項分別規定，未滿七歲者對加諸他人之損害不負責任；滿七歲但未滿十歲人，過失依動力車輛等侵害他人，不負責任，但故意時，仍須負責；未滿十八歲之人，若未依前二項規定排除

---

[173] 德國民法第 1631 條第 2 項明定，子女享有在無暴力下受教成長之權利，故父母對未成年子女，無從依行使體罰等身體接觸之方法管教子女。當然，合法管教下之身體強制措施，仍受允許，例如自未成年子女身上取走火柴等危險物品，Looschelders, SBT 2013 Rn 1186.

[174] Looschelders, SBT 2013 Rn 1189.

責任，在其為加害行為時無識別能力者，對加諸他人之損害，不負責任。

其次，成年人亦須具有識別能力才須對自己侵權行為結果負責。而且成年人原則上有識別能力，例外僅當行為人行為當時是無意識或精神錯亂，致無辨別是非或判斷自己行為之能力，才屬無責任能力，但在此仍須注意行為人是否過失構成此等不須負責之狀態（參見德國民法第827條第2句），即行為當時之無意識或精神錯亂是行為人過失所造成，並因而藉以加害被害人或造成財產上侵害；若是，行為人仍應負責。反之，涉及僅故意才成立侵權行為者，則須行為人作故意造成此等不須負責之狀態而發生侵害行為才可 [175]。

2) 責任條件即故意或過失

責任條件之故意或過失，僅與責任成立之因果關係有所關聯，而與責任實現之因果關係以及損害，並無關聯 [176]。

⑴故　意

故意有直接故意與間接故意之分。前者，即行為人對構成要件事實明知並有意使其發生。後者，即行為人對構成要件事實認識其發生且其發生不違背其本意。例如2014年9月，有報導稱某醫院女護理師甲因感情糾紛對男醫師乙下毒，但在目睹另外一位男醫師丙食用遭下毒之食物時未加阻止，此得認為成立間接故意。

⑵過　失

過失要件在民法上具重要性，主因是過失即得成立第184條第1項前段之侵權行為。在此之過失，性質上係指抽象輕過失（此在契約法上稱為善良管理人之注意標準，第535條；106臺上1048係二者併

---

[175] Palandt/Sprau, 2015, §827 Rn 2a.

[176] Looschelders, SBT 2013 Rn 1228; 1193 und 1231; Looschelders, SAT 2015 Rn 974.

用而說明），即客觀之過失標準，並以社會一般人抽象平均之注意程度標準，但涉及各行各業之專業注意程度時，如醫師[177]、會計師、律師等之侵權行為時，即應以各行業專業人士本身之抽象注意程度為標準，而非以一般人注意程度作為標準[178]。例如土地登記代理人為他人辦理拋棄繼承案件，卻忽略其中一位繼承權人，致其仍然繼承債務；或律師未為當事人在法定上訴期間提起上訴致相關案件因而確定，並非以一般人之注意程度為標準，反而應以個別行業人員之抽象注意程度判斷之。

在此採抽象輕過失而非具體輕過失（後者參見第 223 條，指行為人處理自己事務之同一注意標準）之理由，在於後者將導致法院執行成本增加，且將因個別行為人而異致法院判決認定之注意義務標準無法成為社會成員未來行為之注意標準；反之，採抽象輕過失，相對降低法院執行成本，且相關判決採取之認定標準亦得以在未來成為他人行為時之注意標準。

至於一般人之情形，如士林地院 87 重訴字 345，女駕駛因打開車窗通風行駛在山區道路上，致遭對向沿路放鞭炮進香團車上人員將鞭炮丟入其車內，致其驚嚇而肇事案。此一案例，如上述，原則上應斟酌一般駕駛人面臨他人丟鞭炮進入車內後可能反應時間，及其發生事故之時間之間隔，是否夠長而足使其能冷靜控制車輛。若是一般人均將因而短暫措手不及，宜認為本件之女駕駛並無過失，不須負責，反而亂丟鞭炮之人應對被害人死傷及女駕駛之身體及車輛等損害，負賠償之責。

又若涉及未成年人時，有關其有無過失之認定，95 年上更一字 6 認為，被告係青少年，其注意義務程度「應以同年齡、具有相當智慧

---

[177] 對此，參見 106 臺上 1048；106 臺上 227；104 臺上 700。

[178] Looschelders, SBT 2013 Rn 1192.

及經驗之未成年人所具注意能力為標準」，應予贊同[179]。

最後，2014 年間曾發生夫妻甲與乙返家發現闖空門小偷丙，夫甲扭打下勒死小偷丙，此一情形乃過度防衛，並不阻卻違法，故行為人甲仍應負侵權行為損害賠償責任，但本例被害人丙先前侵入他人住宅行為得認為係「與有過失」，故依其情形得減輕加害人之損害賠償責任（第 217 條第 1 項）[180]。

故意與過失		
故意	直接故意	行為人對構成要件事實明知並有意使其發生
	間接故意	行為人對構成要件事實認識，且其發生不違其本意
過失	原則上以社會一般人抽象平均之注意程度為標準	

㈡第 184 條第 1 項後段

1.概　說

依第 184 條第 1 項後段，行為人故意以背於善良風俗方法加損害於他人者，亦應負損害賠償責任，故本條項乃獨立之請求權依據。其次，本條項規定之損害賠償責任可能限制潛在加害人之行動自由，但立法者在本條項亦同時明定須行為人係「故意」且以「背於善良風俗方法」加損害於他人之要件，期望得加以平衡。又被害人主張本條項之請求權，在相對人爭執時，應就本條項之要件事實負舉證責任。

---

[179] 採類似見解，英國法，Giliker, 2014 para 5–017; 德國法，BGH NJW 1963 1609 (unter 2 b). 此外，參見無因管理對第 175 條之說明。

[180] Looschelders, SBT 2013 Rn 1199.

2.構成要件

1) 致他人受損害

(1)本條項主要保護純粹經濟損失

第 184 條第 1 項後段所謂之損害，應廣義理解，除侵害他人之絕對權外，並包括純粹經濟損失之損害 [181]，即非絕對權受侵害，亦非違反保護他人法律之情形，本條項具有所謂攔截規定之意義，但仍係獨立之請求權依據 [182]。又加害人是否有加損害於被害人之情事，應依上述之因果關係等判斷之 [183]。但是在故意以背於善良風俗之方法加損害於他人（而涉及純粹經濟損失）之情形，故上述有關責任成立或責任實現之因果關係之區分，在此並無意義 [184]。

(2)肯定之例

94 臺上 104，涉及將他人委託辦理土地分割登記之印章、身分證及土地所有權狀等，擅自另行辦理土地抵押權借得款項，致他人負有返還借款義務 [185]。本件之特殊處在於，當事人並未依 70 臺上 657 見解主張不須負責；又當事人亦非依諸如委任契約請求損害賠償。無論如何，就侵權行為部分，本判決認為損害包括財產積極減少及增加債務之負擔。所謂增加借貸債務之負擔，乃被害人依第 184 條第 1 項後段規定之損害，但在此之外，本件之損害亦包括被害人之土地遭加害人設定抵押權部分（第 184 條第 1 項前段及後段；第 765 條）。

---

[181] 101 臺上 282。但如正文所述，絕對權，亦受本條項後段之保護。但依 107 臺上 1409，似限於權利以外之財產上利益。

[182] Looschelders, SBT 2013 Rn 1288 und Rn 1289 bei Fn 344.

[183] Looschelders, SBT 2013 Rn 1289.

[184] Looschelders, SAT 2015 Rn 975.

[185] 但此類案例，依 70 臺上 657 之見解，應否定委任人之契約責任。

(3)否定之例

例如二手車商甲，惡意隱瞞車輛係事故車而出售並移轉交付予買受人乙，但其後該車因乙本身之過失在車禍事故中全毀。對此，有認為第 184 條第 1 項後段（第 184 條第 2 項及刑法之詐欺取財罪）之保護目的，包括該車之損害，而僅不包括該車人員之損傷。相對的，在此宜認為上述規定之保護目的，並不包括車輛損害，而根本欠缺保護目的關聯，理由是該車之瑕疵並未實現在本件車禍事故；且甲之故意亦未包括該車之全毀；此外，本件車禍事故之人員受傷，亦不可歸責於甲[186]。

2) 背於善良風俗

善良風俗乃不確定法律概念，德國民法立法理由及德國實務判決均曾提到，應以所有公平合理思考者的正當感受為準。但是多元社會不可能存在單一經驗上可確定之所有公平合理思考者之正當感受。其次，究竟何人是屬公平合理思考者，亦僅當已知何謂公平合理思考才有可能；但如此思考，已陷於循環論證。再者，法官對何謂善良風俗，若直接依據法律之外之社會道德作判斷，亦恐有疑問，因此宜認為本條項後段之善良風俗乃規範性概念[187]，應以已在法律秩序具體呈現之社會倫理評價為準，尤其是憲法基本權利及其他基本法律原則所形成之客觀價值秩序，作為解釋民法抽象條款之斟酌因素，而在個案判斷上進行廣泛利益衡量，且應一併考慮加害人之動機[188]。此外，原則上僅當屬於可得對任何人要求者才可作為善良風俗之要求，故背於善良風俗，局限於違反法律倫理上最低限度之要求[189]，因此諸如債務人單

---

[186] 參見 Looschelders, SBT 2013 Rn 1289 對 BGHZ 57, 137 之說明。

[187] Larenz/Canaris, 1994 450; Looschelders, SBT 2013 Rn 1291; Rehbinder, Rechtssoziologie, 6. Aufl. 2007 13–14.

[188] Looschelders, SBT 2013 Rn 1291 und Rn 1292.

純違約，並非已違反善良風俗[190]。值得注意的是 106 臺上 1693 表示，所謂背於善良風俗，在現代社會，不僅指行為違反倫理道德、社會習俗及價值意識，並包括以悖離於經濟競爭秩序與商業倫理之不正當行為，惡性榨取他方努力之成果在內。因此，如企業員工於企業經營或商業活動中，利用職務機會取得企業之資源，合謀與該企業為不正當之營業競爭，致使企業流失其原有之客戶，而遭受損害者，亦屬背於善良風俗。

3) 故　意

行為人須係基於故意而為侵害行為，即行為人至少須間接故意，至於重大過失並不符本條項之要件；又行為人之故意必須包括對損害之認識與意欲或容忍，但行為人是否預見被害人為何人、精確之因果關係及損害之具體範圍等，並無必要[191]；此外，有關背於善良風俗，加害人僅須認識得以被評價為背於善良風俗之事實狀況即可，加害人並不須具備違法性意識[192]。例如歌手甲和表演主辦公司乙簽約登臺表演，已出售門票、租借場地且進行廣告等，但因丙開車撞傷甲，丙除了賠償甲身體所受之損害或因無法工作減少之收入及非財產上損害賠償外（第 192 條以下），丙應否對乙所受之財產損失，例如租金、廣告等支出以及應有之盈餘等，負損害賠償責任，原則上宜認為，雖然乙對甲享有債權可請求其登臺表演，但此屬純粹經濟損失，故為避免被害人損害賠償責任之擴大[193]，丙僅須對被害歌手甲負損害賠償責任，而不須對表演主辦公司乙負賠償責任。相對的，若丙乃爭取歌手甲登

---

[189]　Larenz/Canaris, 1994 451; Looschelders, SBT 2013 Rn 1292.

[190]　Larenz/Canaris, 1994 451.

[191]　Looschelders, SBT 2013 Rn 1294.

[192]　Looschelders, SBT 2013 Rn 1295.

[193]　Giliker, 2014 para 3–007.

臺之競爭者，因乙作梗致未能如願，丙為使乙受損害，而故意撞傷甲，對此，乙得對丙請求損害賠償。此外，如上述，第 184 條第 1 項後段之故意，須丙是針對乙而有意使乙受害，例如加害人丙是競爭簽約者但卻失敗，致懷恨報復乙，則此一情形得成立第 184 條第 1 項後段要件，丙對乙應負損害賠償責任。反之，若丙係因甲橫刀奪愛，而故意對甲為傷害行為，因丙欠缺對乙之侵害故意故不須對乙負賠償責任。

4) 具體案例

⑴ **88 臺上 1549 通姦案**

本判決認為，有配偶與人通姦者，乃違反因婚姻契約之誠實義務而侵害他方之權利，屬「故意以背於善良風俗之方法加損害於配偶之他方」，應負損害賠償責任。其與相姦者，應依民法第 185 條，負連帶損害賠償責任。對於本判決後段，即成立第 184 條第 1 項後段之敘述，應當贊同。至於「其與相姦者」，亦須有故意，才成立第 184 條第 1 項後段，並因之而可能與通姦人成立第 185 條第 1 項前段之共同侵權行為。

⑵ **72 臺上 599 第三人毀損滅失買賣標的物**

本判決涉及第三人毀損滅失買賣標的物，而出賣人免責（第 225 條第 1 項），本判決認為，買受人非不得依侵權行為法則請求損害賠償責任。但以「侵權行為法則」為依據，並不精確。其次，買受人尚未取得標的物所有權，而僅有得請求出賣人移轉標的物所有權之債權（第 348 條第 1 項），並不構成民法第 184 條第 1 項前段規定 **194**。充其量，買受人僅能依第 184 條第 1 項後段請求。再者，若第三人之毀損滅失行為不符合第 184 條第 1 項後段要件，買受人對第三人亦無侵權行為損害賠償請求權，只能依第 225 條第 2 項，請求出賣人讓與其對第三人之損害賠償請求權，但此一情形，買受人仍應支付價金；或者買受

---

194 Looschelders, SBT 2013 Rn 1297 und Rn 1215.

人不主張此一權利，故出賣人依第 225 條第 1 項免給付義務下，買受人依第 266 條第 1 項，亦免對待給付義務。

⑶發起杯葛行為

當事人發起拒看某報或拒吃某速食，宜認為此乃言論自由，既未背於公序良俗，亦無不法；其次，相關業者實際是否受有損害，或相關損害是否因行為人發起行為所致，亦均有疑問；尤其在因果關係上，因係由社會之個別消費者依自由意思決定是否消費等，亦難認為銷售不佳乃可歸責於行為人。

㈢第 184 條第 2 項

1.概　說

德國法雖亦有違反保護他人法律而成立侵權行為損害賠償責任之規定，但並無推定過失而行為人得舉證無過失免責之規定，故在德國法之適用上，係區分⑴保護他人法律是否僅在防止一定侵害結果發生，例如刑法上保護個人法益之結果犯，此等情形第 184 條第 2 項規定，並無意義，尤其是涉及故意才成立犯罪規定之情形，即損害賠償請求權人，在有爭執之時，仍須舉證證明行為人具備故意之主觀要件[195]。其次，⑵保護他人之法律本身涉及所謂危險犯，且已對相關違反行為具體加以規範，例如禁止酒駕即屬此等情形（德國刑法第 316 條）。在此，行為人責任之主觀要件，僅與此一違反保護他人法律有關，行為人並不須對諸如酒駕致侵害有關他人身體或財產之結果亦具備故意或過失[196]。又行為人客觀違反相關保護他人之法律即已表徵其違法性[197]；

---

[195]　Looschelders, SBT 2013 Rn 1279 und Rn 1287.

[196]　Looschelders, SBT 2013 Rn 1280 und Rn 1287; Palandt/Sprau, 2015, §823 Rn 61 und 81.

行為人雖得主張阻卻違法事由，但涉及刑法之情形，違法性已在違反保護法律本身加以檢討。至於舉證責任上，德國實務認為，請求權人須舉證證明加害人有客觀違反保護他人法律、對違反保護他人法律符合責任條件以及違反與損害間之因果關係，但若已確定有違反保護他人法律，行為人即須舉證證明自己無過失而免責，但前提是保護他人之法律對行為有具體描述，僅禁止特定結果，並不足夠；又對因果關係亦適用所謂表象證據（但並非舉證責任轉換之）原則[198]。

相對的，舊民法規定之第 184 條第 2 項，僅規定違反保護他人法律推定有過失，故有認為此僅係過失推定；但亦有認為此乃獨立損害賠償請求權依據。目前，依第 184 條第 2 項前段規定，已明確可知係獨立之請求權依據。其次，本條項較重要之意義在於保護純粹經濟上損失，亦即第 184 條第 1 項後段，亦得作為此等損害之請求權依據，但限於故意，且方法上須有背於善良風俗，然而第 184 條第 2 項並無此等嚴格之要件[199]。

2.構成要件

1) 侵害行為違反保護他人之法律

保護他人之法律，乃第 184 條第 2 項之適用關鍵。首先，在此所稱法律，係指實質意義之法律，並非侷限於形式意義下立法院通過總統公布之法律，故法規命令或地方自治規章亦屬之[200]。至於須依行政機關之裁決而實現或補充之規定，亦具有規範之性質，原則上亦得認為係保護他人法律[201]。

---

[197] Looschelders, SBT 2013 Rn 1279 und Rn 1287.

[198] Palandt/Sprau, 2015, §823 Rn 81; Looschelders, SBT 2013 Rn 1287.

[199] Looschelders, SBT 2013, Rn 1281.

[200] Larenz/Canaris, SBT II 1994, 433; Looschelders, SBT 2013 Rn 1282.

其次，第 184 條第 2 項明定「保護他人之法律」，故符合本條項之法律，至少亦須以保護個人而非僅保護大眾或公共利益才可，而且有疑問時，須按規範之內容、目的及立法史等依解釋而定，尤其須考慮在整體責任體系中創設個別之損害賠償請求權是否可行，以免因而破壞立法者制定第 184 條第 2 項時並無意對一般財產損害創設普遍性賠償責任之決定[202]。刑法上之竊盜罪、詐欺罪、背信罪等，較無疑問。至於偽造文書罪，有認為亦涉及保護個人；即偽造文書罪原則上涉及法律交易之安全與信賴，但此一犯罪規定亦涉及保護參與交易之個人[203]。又不法侵奪或妨害他人占有，例如將汽車停放在他人土地上，所有權人或直接占有人得依第 767 條或第 962 條，依自力救濟方式將該車由拖吊業者拖走移置，並對其請求拖吊費用作為損害賠償[204]。

再者，相關法律除具有保護他人之性質外，尚須被害人、被害法益以及侵害方式乃該保護他人之法律加以規範者，以免第 184 條第 2 項之責任無限擴大[205]。例如德國道路交通法規明定動力車輛持有人不得讓無駕照者駕駛其車輛，目的乃在保護其他參與交通之人，而非該無照駕駛者本身，故車輛持有人讓無駕照者駕車，致其發生車禍事故受傷，無照駕車者對車輛持有人，不得主張類如第 184 條第 2 項之損害賠償請求權[206]。又如貨車載貨空間禁止載人，目的乃在避免被載者

---

[201]　Larenz/Canaris, SBT II 1994, 433.

[202]　Larenz/Canaris, SBT II 1994, 436; Looschelders, SBT 2013 Rn 1283.

[203]　Looschelders, SBT 2013 Rn 1283；不同見解，BGHZ 100, 13.

[204]　Looschelders, SBT 2013 Rn 1283 引用 BGH NJW 2009, 2530 之說明；此外，參見 Palandt/Sprau, 2015, §823 Rn 65.

[205]　Dagmar Coester-Waltjen, JURA 2002, 103 unter II 3. 此外，參見 Looschelders, SBT 2013 Rn 1284.

[206]　Looschelders, SBT 2013 Rn 1284. 當然，無照駕駛者駕車肇事傷害第三人時，被害人因而得對車輛持有人與無照駕駛之肇事者請求損害賠償，二者間，

之生命身體安全危險，故若載貨空間之被載者受凍感冒，並非得依本條項請求賠償之損害[207]。107 臺上 267 稱，保護他人為目的之法律，意在使人類互盡保護之義務。但此乃錯誤說明，本條項係在促使社會個人避免違反保護他人之法律而侵害他人，並非如本判決所稱使人互盡（主動積極）保護（他人）之義務。亦即二者有別。

2) 實務見解

⑴88 臺上 1862 曾指出，第 184 條第 2 項所保護之客體必須具備二個要件，一為被害人須屬於法律所欲保護之人之範圍，一為請求賠償之損害，其發生須法律所欲防止者[208]；即被害人甲主張相對人乙未依工廠法及勞工安全衛生設施規則之規定設置警報系統等，但因被害人甲乃鄰房之承租人，並非相對人乙工廠之受僱人或工人，並非其所主張前揭法律所欲保護之人之範圍。本判決此一見解值得贊同。

⑵其次，實務上較無爭議，認為屬「違反保護他人之法律」包括，a) 雇主違反勞工保險條例第 10 條及第 11 條未為受僱勞工辦理加入勞保[209]。b) 道路交通管理處罰條例禁止無照駕駛，或汽車所有人允許未領有駕駛執照之人駕駛其汽車，若因而肇事，亦屬之，以免因而侵害任何使用道路之車輛駕駛人或路上行人[210]。c) 第 794 條，土地所有人開掘土地或建築時使鄰地地基動搖或使鄰地之建築物受損害[211]。d) 刑法上之不能安全駕駛罪規定（刑法第 185 條之 3），若駕駛人因而肇

仍可能成立第 185 條第 1 項前段之共同侵權行為，而負連帶損害賠償責任。

[207] Dagmar Coester-Waltjen, Jura 2002, 104 unter II 3.

[208] 對此，參見 Looschelders, SBT 2013 Rn 1284 bei Fn 329.

[209] 70 臺上 2970。

[210] 101 臺上 821，除道路交通安全規則外，亦引用道路交通管理處罰條例第 21 條第 1 項第 1 款，及同條第 5 項之規定。

[211] 100 臺上 1012；72 臺上 3823。

事侵害他人生命、身體或財物，亦屬違反保護他人法律。e) 刑法第193 條關於違背建築術成規罪、建築法及建築技術規則⓬。f) 性別工作平等法第 26 條規定⓭。g) 消防法、設置標準及回收管理手冊有關資源回收場設置滅火器之規定（108 臺上 1351）。

⑶實務見解中尚有爭議者如下：

a) 銀行法第 29 條

本條規定非銀行不得收受存款，91 臺上 1221 認為，本條亦屬第184 條第 2 項之保護他人法律。93 臺上 2107 亦同，但認為本件既無損害，亦無相當因果關係。其後，103 臺上 1198 亦認為，銀行法第 29 條第 1 項規定，乃第 184 條第 2 項之保護他人規定。但與上述不同的，101 臺抗 143 裁定認為，「銀行法第二十九條、第二十九條之一規定，係在維護國家有關經營銀行業務，應經許可之制度，貫徹金融政策上禁止非法經營銀行業務，以直接維護國家正常之金融、經濟秩序，至於存款人權益之保障，尚屬衍生及間接之目的，其縱因此項犯罪而事後受損害，亦僅屬間接被害人，應不得附帶民事訴訟」，似採不同見解；本書亦持否定見解，理由是銀行法第 29 條規定，性質上宜認僅係取締規定性質，當事人間之契約關係仍屬有效，收受存款者無法返還存款予相對人，乃債務不履行；而且應強調者，在相關案例，依銀行法第 29 條第 2 項後段，如屬法人組織，其負責人對有關債務，應負連帶「清」（而非「賠」）償責任，故當事人已得依據契約關係主張權利，因此違反本條，宜認為並不生同條第 2 項之侵權行為。又自然人之行為人有數人之情形，亦極可能因故意詐欺而成立第 184 條第 1 項後段結合第 185 條第 1 項（而非僅第 188 條第 1 項）之連帶損害賠

⓬　101 臺上 1012。但參見以下有關保護對象或範圍之說明。

⓭　100 臺上 1062。

償責任。

b) 醫師法第 21 條

99 臺上 2014，涉及病人就醫，但醫師未適當診治致病人死亡之問題，本判決認為醫師法第 21 條規定，乃第 184 條第 2 項所稱之保護他人之法律，醫師違反該條規定之義務，得認為具有過失。其次，本判決認為，基於公平之衡量，依舉證責任轉換之原則，就有關責任成立因果關係，不具有相當因果關係，應由醫師負舉證責任。就後者而言，德國民法第 630h 條第 1 項規定，若實現一般性之治療風險，且此一風險對治療者乃完全可支配，而導致侵害病人之生命、身體或健康，則推定治療者之瑕疵存在。又依德國民法第 630h 條第 5 項規定，係在有重大治療瑕疵，且此一瑕疵原則上足以導致實際發生生命、身體或健康之損害時，才推定法益侵害之因果關係。又依該規定立法理由所述，所謂重大，例如重大診治錯誤或錯誤摘除正常而非有病痛之器官[214]。雖然最高法院本判決與上述德國法出發點略有不同，但均對特定醫療疏失採舉證責任轉換，仍值得肯定。又 106 臺上 227 表示，苟醫師之醫療處理具有可歸責之重大瑕疵，導致相關醫療步驟過程及該瑕疵與病人所受損害間之因果關係，發生糾結而難以釐清之情事時，該因果關係無法解明之不利益，本於醫療專業不對等之原則，應歸由醫師承擔，……由醫師舉證證明其醫療過失與病人死亡間無因果關係。亦採類似見解。

但是上述 99 臺上 2014 引用醫師法第 21 條作為判決理由，恐有疑問。理由是本條規定醫師對危急之病人，應依其專業能力予以救治或採取必要措施，不得無故拖延。即本條立法目的應係在於要求醫師不得無故拖延救治病人，但 99 臺上 2014 案之病人與醫院

---

[214] Looschelders, SBT 2013 Rn 617a und 617c.

間早已順利締結醫療契約並由醫師治療，並不存在病人危急而無故拖延情事。因此本件案例並非醫師拒絕治療，反而是治療瑕疵，故本案可謂與醫師法第 21 條並無關係，99 臺上 2014 以本條作為醫師診治義務之具體依據，尚有疑問，反而在此應以醫療契約下醫院之醫師未能依醫療專業與知識醫治病人作為出發點較為妥適。

c) 建築改良物之興建

92 臺上 2406 認為，建築改良物之興建，建築法就起造人、承造人等所為規範（參見該法第 13 條、第 39 條、第 60 條及第 70 條），乃保護他人為目的之法律。此之損害，不以人身之損害為限，亦包括建築改良物應有價值之財產損害在內[215]。如上述，有關商品本身瑕疵之修繕或重建等費用損害，乃純粹經濟損失[216]，僅得依第 184 條第 1 項後段或同條第 2 項請求損害賠償，但是抽象而言，涉及住戶之生命、身體或其他財產權如停放在地下停車場之汽車等之損害，得認為相關建築法等規定作為保護他人法律所保護之客體，被害人得主張第 184 條第 2 項請求損害賠償。相對的，就房屋本身之損害，宜解為係由雙方之契約關係等加以規範[217]；亦即建築法相關規定在確保建築安全，相對的，規範出賣人與買受人有關房屋交易之權利義務主要乃契約或民法買賣之規定，而非刑法或建築法等。

其次，本件之房屋係自始有瑕疵，被害人未曾取得無瑕疵之房屋所有權，能否認為上述之人侵害被害人之房屋所有權，亦尚有疑

---

[215]　相同見解，並參見 96 臺上 118；95 臺上 1174；95 臺上 657 等。

[216]　Giliker, 2014 para 3–002.

[217]　參見 92 臺上 2406 之第二審法院判決，即臺灣高等法院臺中分院 91 年度重上字第 15 號判；Giliker, 2014 para 3–006.

問。此外，設計人是否必定應負責任，並非全然確定，而須其設計房屋結構等不符房屋建築專業標準且有故意或過失，才有可能要求其負責；監造人亦須視個案情形判斷其是否知情或勾結，或依一般監工情形是否得以發現承造人不符建築成規施工之情事而定。至於承造人，亦須有故意或過失等違背建築法或建築技術成規等情形。換言之，若承造人、設計人及監造人是故意，宜認為不僅可能構成第 184 條第 2 項，而且亦構成第 184 條第 1 項後段，（而以不確定及間接）故意以背於善良風俗之方法加損害於房屋買受人或次買受人等，而應負損害賠償責任[218]。

相對的，對本件具體個案而言，縱使本件之承造人、設計人、監造人屬建築法上應負責之主體，但若建築房屋即使完全符合當時建築技術成規規範等，在遭遇如九二一大地震之強度仍無可避免房屋倒塌之結果，亦即無論建築物有無瑕疵，房屋均將倒塌，而僅因是否在九二一地震經過之地帶而有所不同，法律上宜認為欠缺相當性或不可歸責相關當事人等。例如 92 臺上 2406 判決中之第二審判決提及，當時 1999 年時建築規範之抗震強度乃四級，而建商在買賣契約約定抗震強度六級，而實際建築之房屋卻僅能抗震五級，則本件房屋雖符合當時建築規範，但不符契約約定，故仍屬有瑕疵，但九二一大地震卻是最大達七級以上之地震，因此若房屋所在地區遭受之地震強度是七級致房屋全倒，宜認為欠缺相當因果關係[219]；不過對房屋本身之瑕疵，如上所述，並非侵害

---

[218] 第 184 條第 1 項後段之故意，行為人須對違反義務及損害有所認識並且有所意欲或容忍，但不須對被害人何人、精確之因果關係或損害之範圍等亦有所預見，而且亦僅須對背於善良風俗之事實情況有所認識即可，而不須具有背於善良風俗之意識；參見 Looschelders, SBT 2013, Rn 1294–1295.

[219] 對此，並參見 98 臺上 1729 對地震與房屋倒塌間之因果關係之懷疑。此外，

房屋所有權，但因建商不符買賣契約約定，買受人仍得主張約定或法定之權利（尤其第 354 條及第 359 條）。當然，在此涉及之請求權人，可能多數是第二或輾轉之買受人而與建商出賣人並無直接之契約關係，而僅得對契約相對人即第一買受人主張契約上之請求權，致第二或輾轉之買受人僅得對建商出賣人依侵權行為請求損害賠償；但對房屋本身之損害，如上段所述，充其量，僅得以第 184 條第 1 項後段請求損害賠償，而非同條第 1 項前段，或同條第 2 項為依據。

d) 公平交易法第 25 條

103 臺上 1242 判決，將公平交易法第 25 條誤載為第 24 條外，並將公平交易法第 25 條之「事業不得為其他足以影響交易秩序之欺罔或顯失公平之行為」解為亦屬保護他人之法律，理由是不問直接或間接以保護個人權益為目的者，均屬之。但適用公平交易法之前提，依本法之性質，須涉及交易秩序之維護，但本件既僅涉及當事人遭相對人以積極欺瞞或消極隱匿重要資訊引人錯誤之方式或其他顯失公平之手段，使其權益遭受損害，實際根本與交易秩序無關。其次，現行法制下，亦已有民法第 88 條第 1 項或第 2 項、第 92 條第 1 項、第 245 條之 1 第 1 項第 1 款、第 184 條第 1 項前段、後段及同條第 2 項，足以處理本件當事人與相對人私法上之紛爭，不須再將公平交易法第 25 條解為第 184 條第 2 項之保護他人之法律。再者，間接保護個人者亦屬保護他人之法律，宜謹慎認定，否則若採本判決見解，則無數法條均得認為間接與個人權益保護有關而成為保護他人之法律。

參見本書有關因果關係之說明。

3.違法性

違反保護他人法律之行為已表徵違法性。行為人雖可主張阻卻違法事由，但許多案例（特別是涉及刑法），違法性已在違反保護法律之要件有所判斷[220]。

4.有責性

若相關之保護法律本身對行為人之主觀要件有所規定，例如刑法有關保護個人法益之規定多數須行為人具有故意，像刑法第 352 條以下毀損罪，行為人故意才可以成立本條項之侵權行為，而且依刑法通說之故意，欠缺不法意識亦不影響故意[221]。因此被害人主張行為人有刑法第 352 條毀損罪而依民法第 184 條第 2 項規定請求損害賠償時，仍應先主張並且在有爭執時，證明行為人已成立刑法之毀損罪，亦即行為人具故意而毀損。理由首先在於第 184 條第 2 項，文義上僅得推定行為人有過失而非故意。其次，行為人有無成立刑法故意毀損罪，乃本身須加證明之事項，被害人應先證明此等要件事實存在，才可進而依民法第 184 條第 2 項，請求行為人負損害賠償責任；未證明之前，無從適用本條項規定。

若保護法律本身未規定主觀要件，行為人至少亦須具有過失，才可成立第 184 條第 2 項之損害賠償責任[222]。理由是因民法以過失責任為原則，故本條項雖無明文，行為人仍須有過失而違反保護他人之法律才可成立侵權行為責任[223]。此外，本條項後段規定「但能證明其行

---

[220] Looschelders, SBT 2013 Rn 1286.

[221] Looschelders, SBT 2013 Rn 1287.

[222] Looschelders, SBT 2013 Rn 1287.

[223] Palandt/Sprau, 2015, §823 Rn 61.

為無過失者，不在此限」，故宜認為行為人違反保護他人法律而推定行為人有過失，被害人不須舉證證明行為人有過失。例如僱主沒有為受僱人辦理加入勞保，致受僱人未能受勞保之保護時，被害人不須舉證證明僱用人有過失，反而依據民法第 184 條第 2 項，行為人須舉證無過失才可免責。

再者，行為人成立第 184 條第 2 項，在有責性之故意或過失，僅涉及行為人對違反保護他人法律；即只要對被保護法益之侵害及其可預見性等並非保護法律規定本身之要件，行為人之故意或過失即不須一併包括此等要件[224]。此外，舉證責任上，參見上揭㈣ 1.對德國法之說明。

三、特別侵權行為

第 185 條以下至第 191 條之 3，涉及特別侵權行為規定，行為人適用此等規定負責，原則上應同時符合上述三種基本侵權行為類型之一之要件。以下分別說明之。

㈠第 185 條之共同侵權行為等

數人侵害被害人時，究竟應如何決定數行為人之責任，宜區分外部關係，即數加害人與被害人之關係，以及各該數加害人內部間之關係[225]。前者，分別涉及第 185 條第 1 項及第 2 項規定；後者，則涉及第 188 條第 3 項及第 272 條以下等規定。

1.第 185 條第 1 項前段

首先，數人有意思聯絡及行為分擔而共同侵害被害人權利，得成

---

[224] Palandt/Sprau, 2015, §823 Rn 61 und 81; Looschelders, SBT 2013 Rn 1287.

[225] Looschelders, SBT 2013 Rn 1387.

立共同侵權行為[226]，例如數人結夥搶劫銀樓或數人共同圍毆傷害被害人。對此，暫稱為狹義共同侵權行為人。

2. 第 185 條第 2 項

若當事人係造意人或幫助人而促成或幫助他人對被害人之侵權行為，依第 185 條第 2 項，亦視為共同行為人，但適用本條項前提是加害人對被害人存在侵權行為。

在此，狹義共同侵權行為人，因相互間有意思聯絡及行為分擔，故須對共同侵權行為之結果負連帶損害賠償責任[227]；而造意人或幫助人，係基於故意[228]促使他人為侵權行為，或幫助加害人為侵權行為，故亦須對侵權行為結果，連帶負損害賠償責任。在此，並不問各共同侵權行為人、造意人或幫助人之行為對結果之貢獻或因果關係如何[229]；即造意人或幫助人之責任依據乃在於當事人故意對侵權行為人之行為加以造意或幫助之行為。反之，過失之幫助人，若應對侵權行為人之行為全部後果負連帶責任，乃過度嚴重，反而僅得依第 184 條第 1 項前段或充其量第 184 條第 2 項，負其責任。但 107 臺上 2436；105 臺上 682，均認為過失幫助，即可。

3. 依所謂行為關聯共同而適用第 185 條第 1 項前段

日常生活極常見的是，數加害人，並無意思聯絡，而獨立為個別

---

[226] 55 臺上 1789。Looschelders, SBT 2013 Rn 1386.

[227] Looschelders SBT 2013 Rn 1388 und Rn 1390.

[228] HKBGB/Staudinger, 2019, §830 Rn 6, 13 und 14; Looschelders SBT 2013 Rn 1391 und Rn 1392; Palandt/Sprau, 2015, §830 Rn 4。對此，101 臺抗 493 裁定，雖未明言須故意才可成立幫助，但本件之相關當事人均具有幫助故意。

[229] Looschelders SBT 2013 Rn 1390 und Rn 1391.

侵權行為（參見 108 臺上 38），且可得確定數人之行為均對被害人之損害具有共同原因力（反之，若無法確定何人對損害之原因力，即適用下述 4 之第 185 條第 1 項後段）**230**，例如甲過失致失火，乙也因過失致失火，結果二股火勢結合導致丙屋遭燒毀**231**。對此，依 55 臺上 1789 見解，因甲與乙並無意思聯絡，故甲與乙並非共同侵權行為人。但 66 例變 1，改採「行為關聯共同」觀點，故各加害者之過失行為，若均為被害人受害結果之共同原因，即具有行為關聯共同，得成立共同侵權行為，應連帶負損害賠償責任，而不須有意思聯絡**232**。後一見解，得以避免被害人難以證明個別加害人對法益侵害及損害原因力及其細節如何，且法律效果上亦因成立連帶責任，適用第 273 條，被害人亦較易實現損害賠償請求權。相對的，加害人之一，亦須對非其行為所致之結果，對被害人負責，並在賠償被害人後，自行對其他加害人求償；至於個別加害人相互間究竟如何判斷個別應負責之範圍，原則上應優先類推適用第 217 條第 1 項之原則，依相關行為人之行為原因力及故意過失程度等而定**233**；亦即第 280 條性質上僅係補充規定由各加害人平均分擔。

---

230 依 HKBGB/Staudinger, 2019, §830 Rn 2, 4 und 26; Looschelders SBT 2013 Rn 1388; 1389 und Rn 1395; Palandt/Sprau, 2015, §830 Rn 1 und §840 Rn 2，德國民法第 830 條第 1 項第 2 句（類似第 185 條第 1 項後段），仍有別於在此之同時有數侵權行為人造成損害之情形。

231 Cane, 2013, para 5.2.4.

232 106 臺上 349；101 臺上 2140；101 臺上 1767；67 臺上 1737；66 臺上 2115 亦同；又本判決所稱只須各行為人之行為合併主要侵權行為後，同為損害發生之原因，且各行為與損害結果間有相當因果關係為已足，值得注意。

233 HKBGB/Staudinger, 2019, §830 Rn 19; Looschelders SBT 2013 Rn 1402.

4.第 185 條第 1 項後段

1) 第 185 條第 1 項後段規定，乃獨立之請求權依據[234]

即若數人在具備其他基本侵權行為之要件下，且各人之行為均足以造成損害，但不能確知究竟何人之行為造成損害，才適用第 185 條第 1 項後段[235]。此一規定，涉及推定各行為人之行為足以造成被害人損害之結果，因此若得確定數人中之一人應對整體損害負責，即不適用此一規定[236]。例如甲駕車撞上騎摩托車之丙，致丙摔倒躺臥在車道上，稍後乙駕車經過時因太晚發現丙，致乙車緊急煞車仍撞上丙並將丙拖行 13 公尺，其後，丙死亡。在本件案例事實下，德國實務認為，若非甲撞倒丙，致丙倒臥在車道上，乙即不致因而撞上丙致其死亡，故甲應對丙死亡結果負責，而乙不須依德國民法第 830 條第 1 項第 2 句規定與甲負共同侵權行為責任，乙僅對得確實證明係乙撞上丙致丙受侵害部分負責[237]。再者，第 185 條第 1 項後段，須參與者中之一人，具責任成立因果關係而造成損害[238]（至於責任實現之因果關係，被害人難以舉證者，參見民事訴訟法第 222 條第 2 項）；而且，參與之個別當事人，舉證證明自己行為並未導致損害或未造成特定部分之損害，即得免責[239]；又德國實務認為，其中一人證明行為不具違法性時，其

---

[234] Looschelders SBT 2013 Rn 1388; Medicus/Petersen, BR 2013, Rn 785 bis Rn 789.

[235] Looschelders SBT 2013 Rn 1396; 1393 und Rn 1395 bei Fn 608 mwN. 相對的，不同見解認為，須數人行為在事實、時間及空間上，與侵害形成事實上相關單一之過程，如 Palandt/Sprau, 2015, §830 Rn 7.

[236] Looschelders SBT 2013 Rn 1396 bei Fn 611; Rn 1388; 1389 1395.

[237] BGHZ 72, 355; 並參見 Medicus/Petersen, BR 2013 Rn 792a; Looschelders SBT 2013 Rn 1396.

[238] Looschelders SBT 2013 Rn 1397.

他諸人亦同免責❷；此外，同理亦適用於被害人可能是自行造成損害結果之情形❷。最後，第 185 條第 1 項後段，並無主觀要件，故亦適用於危險責任❷。

2) 英國之石綿案

英國法院在 2003 年之 Fairchild 判決，涉及數名工人因長期暴露在石綿之下而導致肺癌，本案工人就業期間經歷數名僱用人。而僱用人均承認違反注意義務以防工人們暴露在石綿下，但工人們無法證明究竟是何一僱用人使其暴露在特定石綿因而致病。其次，醫學證明肺癌不必然因持續暴露石綿下而增加，反而可能隨時突然發生或因單一石綿即導致病變，因此全體僱用人雖均增加工人們病變的風險，但難以認定全體僱用人累積地造成工人們之肺癌，更難以認定何一僱用人應為特定石綿突然引發工人們肺癌負責。結論上，法院判決認為，數僱用人均增加工人們罹癌風險，故均應對工人們罹癌結果負責❷。換言之，在特定情形，原告僅須證明風險實質增加即足以免除有關因果關係之舉證責任❷。但 Fairchild 案判決並未明示個別僱用人對工人受

---

❷ Palandt/Sprau, 2015, §830 Rn 11.

❷ Palandt/Sprau, 2015, §830 Rn 11; Looschelders SBT 2013 Rn 1397.

❷ Looschelders SBT 2013 Rn 1397.

❷ Looschelders SBT 2013 Rn 1398. 在此，Looschelders 甚至認為，同理得適用於違反保護義務違反而成立之契約上損害賠償請求權。HKBGB/Staudinger, 2019, §830 Rn 3 稱，類推適用。

❷ Fairchild v Glenhaven Funeral Services Ltd, [2003] 1 A.C. 32. 此外，依當時參與判決之法官之一，即 Lord Hoffman，事後表示，其與 Lord Roger 接獲卷宗後，即談論到可否適用源自羅馬法之原則，Digenst 9.2.22.2（德國民法第 830 條第 1 項第 2 句；類如民法第 185 條第 1 項後段之文義），參見 Lord Hoffman, Fairchild and After, in Judge and Jurist, ed. by Andrew Burrows u.a. 2013, at 63.

害結果，應負全部賠償責任抑或僅比例負責，亦未處理工人若僅受僱單一僱用人時之求償問題[245]。

對全部或比例賠償問題，其後 2006 年之 Barker 案判決認為，數僱用人係按工人受僱期間暴露風險、暴露強度及石綿類型等比例承擔[246]，而非全體對對個別工人之全部損害負責；但此一見解仍飽受批評，因為工人們須對全體僱用人起訴，但僱用人是否仍然存在且有資產賠償，均有疑問，故英國工黨政府火速通過 2006 年賠償法之第 3 條，明定僱用人對工人因暴露石綿而罹肺癌，應負全部責任。

針對受僱人僅受僱於單一僱用人之情形，2011 年之 Sienkiewicz 案判決認為，適用上述 Fairchild 案判決並結合 2006 年賠償法第 3 條規定，僱用人須對受僱人因石綿致肺癌結果，負全部責任，僱用人僅得舉證證明自己使受僱人暴露石綿之極小而無關緊要或甚至無致癌風險而不須負責，或證明工人因過失使自己暴露在（其他）石綿下而得依與有過失而減輕責任。此外，本判決亦明示，此等因不確定性障礙而生之例外，僅適用於石綿致癌案[247]。

3) 兩個獵人開槍案[248]

即獵人甲與乙，一起出門打獵，二人同時聽到草叢有動物發出聲響而同時開槍，致丙腳中了一槍，但鑑識分析無法確定究竟是甲或乙開槍射中丙。英國法下有認為，適用上述 Barker 案判決，甲與乙僅須對丙之損害個別負百分之五十之責任[249]。相對的，對此一案例，現行

---

[244] Giliker, 2014 para 6–015.

[245] McBride/Bagshaw, 2012, 285–287.

[246] Barker v Corus UK Ltd (2006), [2006] 2 A. C. 572, at para [48].

[247] McBride/Bagshaw, 2012, 287–291. 此外，英國已有 2014 年之 Mesothelioma Act; 又英國最新判決，參見 [2015] UKSC 33.

[248] Cook v Lewis [1951] SCR 830.

法下，適用 ²⁵⁰ 第 185 條第 1 項後段規定，甲與乙對丙連帶負損害賠償責任。即丙雖僅中一槍，致僅有一人造成被害人之受害，但甲與乙均有開槍，僅不知究竟何人開槍射傷丙；但依上述，甲與乙均有開槍之行為，且均屬製造被害人丙中槍風險之人，故因果關係舉證之不確定性，不應由被害人丙承擔。

4) 近年案例

其中之一是有數人在河堤直接對民宅發射沖天炮，但不知何人所發射之沖天炮射入被害人屋內引發火災。對此，宜認為所有在場對民宅發射沖天炮之人均應適用第 185 條第 1 項後段規定連帶負責。

第二個案例是丙與丁二人中之一人駕駛車輛而另一人在副駕駛座，發生車禍肇事，傷害被害人戊，但因丙與丁均否認駕駛，且證據亦難以確定丙或丁中何人乃駕駛肇事者，甚至丙及丁亦先後刑事判決無罪確定。但民事責任上，本書認為宜類推適用本條項，丙與丁應連帶負損害賠償責任，即汽車僅一人駕駛，而非二人駕駛，且在此具有非此即彼應負責之關係，故不應因而致被害人無從求償，宜類推適用 ²⁵¹ 第 185 條第 1 項後段。且消滅時效上，因丙丁二人均否認且先後無罪判決確定，宜認為被害人戊僅知損害，而不知何人為加害人，不適用第 197 條第 1 項之知有損害及賠償義務人之二年時效，充其量，自戊得主張第 185 條第 1 項後段時，起算兩年時效，但無論如何仍應適用同條項之白有侵權行為時起之十年時效。

---

²⁴⁹　McBride/Bagshaw, 2012 284–285, 290.

²⁵⁰　在此，係因二人均有開槍，僅不知何人開槍擊中被害人。

²⁵¹　僅得類推適用之原因在於，本例僅一人駕駛，並無共同侵害被害人之可能。

㈡第 186 條公務員之侵權行為

1.概　說

第 186 條涉及公務員個人之侵權行為責任[252]，且有認為本條係特別規定，排除第 184 條以下之適用[253]，這種情況下，本條保護之客體（包括權利與利益），不須具備第 184 條第 1 項後段或同條第 2 項之要件；但亦有認為，第 186 條僅具補充性，即依第 186 條第 1 項，故意之公務員須自行負責，但過失時，以被害人不能依他項方法受賠償時[254]，公務員才須負責。此外，第 186 條第 2 項亦規定，被害人得依法律上之救濟方法除去損害，卻不為之，則公務員不須負損害賠償責任，此一情形類似第 217 條第 1 項之與有過失，但在此係根本否定被害人之請求權。

相對的，公務員違背其應執行之職務，若涉及公權力之行使，仍由公務員個人負責，並不符現代法治下國家應自行負責賠償之情形（憲法第 24 條第 2 句），故有國家賠償法第 2 條第 2 項及第 3 條第 1 項等明文規定，且依該法第 2 條第 3 項，國家僅當公務員係故意或重大過失，才有求償權[255]。

2.構成要件

本條第 1 項所稱之公務員，宜認為係指依公務員任用法所任用之公務員[256]。又公務員只須因故意或過失違背應執行職務之行為，致侵

---

[252] Looschelders SBT 2013 Rn 1355; Palandt/Sprau, 2015, §839 Rn 1.

[253] Palandt/Sprau, 2015 vor §823ff Rn 8; §839 Rn 3.

[254] 對此，參見 100 臺上 1467 之說明。

[255] 參見 Palandt/Sprau, 2015, §839 Rn 88.

害他人即可，故公務員違背公法上應執行之職務行為，固可成立[257]，而涉及所謂國庫行為，即國家之私法行為，亦同[258]。反之，公務員之個人行為，因無違背應執行職務之行為可言，僅其個人依第 184 條第 1 項前段以下規定負責，例如報載某刑警為停車與人發生糾紛，而毆傷他人。

在此，依作為之情形，例如警察執行搜索進入民宅，卻要求並取走住戶鑰匙[259]，或早期較常見之警察刑求犯罪嫌疑人案；不作為之情形，則如行政機關限制人民出境，但實際上卻是作業錯誤之結果，致當事人無法即時出境。又如報載未成年少女遭性侵，相關機關之人員已知悉，但未採取法定必要措施，致其仍持續受侵害。

3.法律效果

第 186 條第 1 項，僅涉及公務員個人之侵權行為責任[260]。公務員與其所屬機關間，並無如第 187 條及第 188 條等連帶損害賠償之規定，故公務員所屬之機關，不須負連帶損害賠償責任[261]。此外，公務員相對於其所屬機關，並非第 188 條第 1 項之受僱人，故亦無從類推適用本條項[262]。但涉及公權力行使之情形，得適用國家賠償法第 2 條等規定[263]。

---

[256] 參見 Palandt/Sprau, 2015, §839 Rn 3 und 14; Looschelders SBT 2013 Rn 1358.

[257] 67 臺上 1196。

[258] Looschelders SBT 2013 Rn 1357; Palandt/Sprau, 2015, §839 Rn 1.

[259] 中時電子報 2009/03/30。

[260] Looschelders SBT 2013 Rn 1355.

[261] 71 臺上 476。

[262] 100 臺上 1821 稱，自無第 188 條第 1 項之適用。

[263] 對國家賠償法，讀者應閱讀專門著作。

⊜第 187 條法定代理人之損害賠償責任

1.概　說

第 187 條涉及法定代理人對受其監護之無行為能力人及限制行為能力人所為侵害他人權利之行為應否或如何負責之問題，例如飆車之青少年傷人且毀損他人財物等。

1) 依　據

本條之依據在於法定代理人（即父母或監護人等），對無行為能力人（包括未滿七歲之人及經監護宣告之人，以及限制行為能力人），負有保護、教養及監督等之義務，具有社會生活上重要之教化與監督之功能，故應對其不法侵害他人權利之行為負責。且本條採推定過失，須其舉證證明監督並無疏懈等，才可免責。

2) 法條結構

⑴第 187 條第 1 項前段

雖未明確表示無行為能力人或限制行為能力人亦須具備構成要件該當、違法及有責等要件而不法侵害他人權利，但此乃有意省略，否則第 187 條第 1 項前段無從明定無行為能力人或限制行為能力人應與法定代理人連帶負損害賠償責任。也就是說無行為能力人或限制行為能力人，應具備構成要件該當、違法且有責等要件，才須與其法定代理人連帶負責，但法定代理人得依第 187 條第 2 項舉證免責。又法定代理人有數人時，如父與母，均應連帶負賠償責任[264]（第 185 條第 1 項前段，尤其是依所謂「行為關聯共同」），但僅一方係法定代理人或監護人時，僅該人應依第 187 條第 1 項單獨負責，或與行為人連帶負責。

---

[264] Palandt/Sprau, 2015, §832 Rn 14.

⑵第 187 條第 1 項後段

（參見下述 2.）。

2.識別能力

本條第 1 項之識別能力，依德國通說，係指抽象能力，即個人足以認識自己行為可能會侵害他人之危險，並認識對自己行為結果應加負責[265]；但是識別能力，並不須行為人在具體情況下得依此認識而為行為，而僅在個案對依其年齡之過失判斷，加以斟酌[266]（對此，參見以下 5）。若無行為能力人或限制行為能力人有識別能力，而因故意或過失不法侵害他人權利（包括第 184 條第 1 項前段、後段及同條第 2 項三者），即應與其法定代理人負連帶損害賠償責任；反之，若無行為能力人或限制行為能力人無識別能力，即不須對自己故意或過失不法侵害他人權利之結果負責，但依本條第 1 項後段，仍由其法定代理人單獨負損害賠償責任（但法定代理人依同條第 2 項，得舉證其監督無過失等而免責）。即法定代理人對於無行為能力人或限制行為能力人負保護、教養、監督之責任與義務（第 1084 條第 2 項；第 1112 條），故法定代理人須對其所為故意或過失不法侵害他人權利之行為負責。

此外，若行為人係無意識或精神錯亂（參見第 187 條第 4 項），宜認為乃無識別能力，故行為人不須負責。但僅識別能力減損，如精神耗弱，因為依第 187 條第 1 項規定，無識別能力才不須負責，故行為人仍應負責，而可能與法定代理人連帶負損害賠償責任（第 187 條第 1 項及第 2 項）。此外，行為人依自己行為造成自己無識別能力而加害他人，仍須對結果負責（德國民法第 827 條第 2 項）[267]。

---

[265]　BGH NJW 1963 1609 (1610 unter 2 b).

[266]　Looschelders SBT 2013 Rn 1194; Palandt/Sprau, 2015, §828 Rn 6.

[267]　Looschelders SBT 2013 Rn 1196.

3.法定代理人

本條第 1 項規定之法定代理人，除父母之外（第 1086 條第 1 項），亦包括未成年人之監護人（第 1091 條）及成年人之監護人（第 1110 條、第 1113 條及第 1098 條第 1 項）。

此外，德國民法第 832 條第 2 項規定，基於契約而承擔監督義務者，亦負前項之同一責任，例如保母或精神病療養收容中心等，但前提是契約有效；至於青少年未經法定代理人同意而締約擔任保母，若法定代理人拒絕承認，即無從適用本條項規定[268]。現行民法，對此並無類似之相關規定，但可參見第 1092 條。

4.舉證責任轉換而推定法定代理人監督疏失等

依第 187 條第 2 項，法定代理人之損害賠償責任仍屬過失責任，但推定其監督有疏失及其因果關係[269]，故被害人僅須舉證證明無行為能力人或限制行為能力人本身有構成要件該當且違法（而有責）侵害其權利等即可，而不須舉證證明法定代理人監督有疏失或其因果關係，反而法定代理人依舉證責任轉換規定，應自行舉證其無疏失，或縱加以相當監督仍不免損害發生才可免責。即法定代理人如何履行義務監督無行為能力人或限制行為能力人，被害人乃局外人，難以舉證證明[270]；且被害人與法定代理人相較，被害人縱支出費用時間等，亦不易獲悉相關事實資料，反而法定代理人較易舉證證明第 187 條第 2 項之事實；此外，被害人既已得舉證證明無行為能力人或限制行為能力人有構成要件該當且違法（而有責）侵害其權利等，初步亦已得推論，

---

[268]　Looschelders SBT 2013 Rn 1337.

[269]　即在此存在兩項推定，Palandt/Sprau, 2015, §832 Rn 1.

[270]　Looschelders SBT 2013 Rn 1334.

若非法定代理人監督有疏失，當不致發生無行為能力人或限制行為能力人之侵害行為。

5. 第 187 條第 3 項之公平責任

第 187 條第 3 項明定「被害人不能依前二項規定受損害賠償」，故其前提係被害人遭行為人不法侵害，卻因行為人係無識別能力，且法定代理人又得舉證證明監督並無疏失等，致二者均不須負責。換言之，若無本條第 3 項規定，行為人及其法定代理人並不符損害賠償責任要件，不須負責，但顧及到若非法定代理人監督下之無行為能力人或限制行為能力人對被害人有不法侵害權利之行為，被害人不致遭受損害，故基於公平性之考慮而規定，法院得因被害人聲請斟酌三者經濟狀況，令行為人或其法定代理人[271]為全部或一部之損害賠償。換言之，經濟狀況乃主要斟酌因素。在此，舊法規定僅斟酌行為人與被害人，但行為人是無行為能力人或限制行為人時，可能經濟狀況較差，若僅斟酌其財產狀況，被害人可能還是無法獲得全部或一部之損害賠償，因此新法規定斟酌行為人或其法定代理人和被害人，使被害人較能獲得損害賠償。

其次，德國通說認為，若行為人有識別能力，但因年齡相關之過失程度標準而不符過失要件時，且對法定代理人因法律上理由（例如適用第 187 條第 2 項），或因事實上理由無從請求時[272]，得類推適用德國民法第 829 條[273]（類似第 187 條第 3 項）。即識別能力與故意過失有別，分屬有責性之不同要件，因此無行為能力人或限制行為能力人可能有主觀、抽象之識別能力，卻在具體行為上，無故意或過失，致不

---

[271]　此一情形，有別於德國民法第 829 條僅由行為人負賠償責任之規定。

[272]　Palandt/Sprau, 2015, §829 Rn 3.

[273]　Looschelders SBT 2013 Rn 1198 mit Fn 93.

法侵害他人，例如某德國判決之行為人乃青少年，經認定有識別能力，但適用同年齡之人相同之注意標準，卻被認定為無從譴責其有過失[274]；依德國實務見解，此一情形，得類推適用德國民法第 829 條規定[275]。

　　相對的，玻璃娃娃案之被告陳姓同學，雖其有識別能力但無過失，仍不宜採上述見解而類推適用第 187 條第 3 項，理由是陳姓同學，依本書見解，即使適用成年人之標準，亦係無過失，並非單純因同年齡之人相同之注意標準而無過失；此外，本件亦不應類推適用第 187 條第 4 項（並參見下述 6、2）；此外，參見無因管理單元之說明）。

6. 第 187 條第 4 項

1) 本條項之適用

　　第 187 條第 4 項規定乃針對「其他之人」，故應係指第 1 項無行為能力人或限制行為能力人以外之成年人。其次，成年人若已為其聲請監護宣告，而其仍有不法侵害他人權利之情事，雖無識別能力，仍得適用第 187 條第 1 項至第 3 項之規定，而不須適用第 187 條第 4 項。換言之，第 187 條第 4 項之重要性在於，「成年人且無監護人等法定代理人之情形」；即成年人為侵害行為時，係無意識或精神錯亂致被害人受損害時，而因無識別能力，不須負損害賠償責任，且無監護人等法定代理人，致被害人須自行承擔損害結果。而且，臺灣社會似忌諱對自己親人聲請監護宣告，致更有可能發生行為人並無「法定代理人」應依第 187 條第 1 項負責之結果。此外，依第 187 條第 4 項規定，準用同條前項規定，既係準用，應留意第 4 項之成年之行為人並無法定代理人，故似僅能聲請法院斟酌行為人與被害人之經濟狀況，令行為人負全部或一部之損害賠償。當然，此等行為人有無財產足以補償被

---

[274]　BGH NJW 1963 1609 (1609 unter 2 a).

[275]　Palandt/Sprau, 2015, §829 Rn 2a; BGH NJW 1963 1609 (1610 unter 2 b)).

害人，亦有疑問。雖然如此，現行法制下尚有「犯罪被害人保護法」或其他社會救助制度，得使被害人或其家屬獲得部分補償。

2) 得否類推適用第 187 條第 4 項之問題

若成年人不法侵害他人權利，有識別能力，卻因無故意過失，致不負損害賠償責任，被害人求償無門下，得否主張類推適用第 187 條第 4 項規定，聲請法院斟酌行為人與被害人經濟狀況，而令行為人負一部或全部之損害賠償責任。此一問題，宜採否定說[276]，即第 187 條第 4 項乃過失責任原則之例外規定，且第 187 條第 4 項係以行為人無識別能力為前提（參見第 187 條第 1 項後段），而在此之情形是行為人有識別能力，故不宜類推適用，致擴大其適用範圍。

7. 法定代理人之求償權問題

討論法定代理人有無求償權之重要前提是無行為能力人或限制行為能力人與法定代理人依第 187 條第 1 項前段，連帶負責，且法定代理人已對被害人賠償。對連帶債務人之求償關係，依第 280 條及其但書，宜認為原則上應依各連帶債務人對損害結果原因力之強度及其故意過失之程度而定[277]。在此，行為人構成要件該當且違法而有責侵害他人之行為，較諸法定代理人（或僱用人）推定過失下之責任更為嚴重，故應由其單獨負責[278]；反之，若法定代理人（或僱用人），對損害之發生，經證明有故意或過失，宜目的性限縮法定代理人（或僱用人）之求償權[279]。

具體而言，法定代理人對受其監督之行為人之求償權，依德國民

---

[276]　參見 BGH NJW 1963 1609 (1610 unter 2 b)) 對德國立法草案規定之說明。

[277]　Looschelders SBT 2013 Rn 1402.

[278]　Looschelders SBT 2013 Rn 1403.

[279]　Looschelders SBT 2013 Rn 1404.

法第 840 條第 2 項，對第 187 條與第 188 條之情形，係明文規定法定代理人或僱用人對受僱人等有求償權。相對的，現行民法分別在第 187 條及第 188 條規定二者，卻僅在第 188 條第 3 項明定僱用人賠償被害人後對受僱人有求償權，而第 187 條未明文規定，故有認為，得推論第 187 條乃有意不規定求償權；且極可能是立法時重視家庭和諧關係使然。相對的，亦有肯定求償權存在，但依據仍有不同；有認為法無明文下，應適用第 280 條，即法定代理人與行為人係平均分擔義務。但此一見解，未必符合第 280 條之但書明示之原則。其次，有認為應類推適用民法第 188 條第 3 項，即無行為能力人或限制行為能力人外，若有其他繼承人，因法定代理人之財產在賠償被害人後減損，造成某一繼承人之損害賠償責任實際是由其他繼承人共同承擔，並非妥適，故主張應類推適用民法第 188 條第 3 項之規定，由侵權行為人承擔最終責任。此外，相反之情形，即侵權行為人賠償被害人後，對法定代理人並無求償權。

㈣第 188 條之僱用人責任

1.概　說

1) 比較法

僱用人對受僱人因執行職務不法侵害他人權利，於英國法採取僱用人無過失責任制度[280]。而在德國法及我國現行民法均採取推定僱用人選任監督有過失等，但得舉證免責（第 188 條第 1 項但書）。

2) 性　質

僱用人選任監督受僱人執行職務縱有疏失，但若非受僱人執行職務不法且有責侵害他人，不可能發生被害人受侵害結果，故本條項雖

---

[280]　[2006] UKHL 34, [2007] 1 A.C. 224 para [9].

規定僱用人因選任監督受僱人之疏失等，應與行為人連帶負損害賠償責任，但性質上仍屬為他人即受僱人侵權行為負責[281]。只是成立要件上，依法推定僱用人選任監督受僱人有過失，而且此一過失對結果發生有因果關係。但僱用人得舉證而免責，且縱使僱用人賠償被害人，對受僱人亦有求償權（第 188 條第 3 項，並參以下 3. 2)）。又受僱人並不限於成立第 184 條第 1 項前段，即使成立同條項後段或同條第 2 項之侵權行為，亦可[282]。

3) 第 188 條第 1 項與第 185 條第 1 項前段之區別

僱用人與受僱人二人依第 188 條第 1 項連帶負損害賠償責任，與其二人依第 185 條第 1 項前段適用所謂行為關聯共同或依意思聯絡與行為分擔而負連帶損害賠償責任之差別在於，僱用人在自己行為上是否僅止於選任監督受僱人上有疏失。若僱用人在此之外，另有其他義務違反行為而構成不法侵害他人之共同原因，例如貨運公司負責人甲僱用無照駕駛乙，且（或）指示其違法超速完成運送工作致肇事傷害路人丙，則甲與乙並非單純僅適用第 188 條第 1 項，而是負責人甲亦成立第 184 條第 1 項前段等，尤其第 185 條第 1 項或第 2 項規定[283]。

---

[281] Giliker, 2014 para 7–022; Mcbride/Bagshaw, 2012, 865. 但德國學說認為，第 188 條第 1 項乃僱用人為自己　（選任或監督受僱人）　之過失行為負責，Looschelders, SBT 2013 Rn 1320; Deutsch/Ahrens, Deliktsrecht, 6. Aufl 2014, Rn 444 und 445.

[282] Looschelders, SBT 2013 Rn 1320.

[283] 英國法下，有限公司負責人或股東，不須為其公司之受僱人侵權行為責任負責，反而僅當其本身另有符合侵權行為護求權依據之要件時，負責人才須負責，Murphy in Clerk and Lindsell, 2014 para 5–76; 又負責人過失不實陳述，負責人個人若無「承擔責任」情事，亦仍不須負責；但故意欺騙時，則負責人個人應負責，同書，para 5–78 and 79。此外，母公司之情形，參見同書，para 5–80；對此，並參見 102 臺上 1528。

此外，貨運公司對其負責人之行為亦應適用公司法第 23 條第 2 項。此一區別實益，主要在於求償權部分，即適用第 188 條第 1 項，僱用人對受僱人有求償權（第 188 條第 3 項；公司法第 23 條第 2 項，亦同）；反之，第 185 條第 1 項或第 2 項，則得補充適用第 280 條。

4) 依 據

受僱人因執行職務不法侵害他人權利，僱用人應與受僱人連帶負賠償責任，其可能理由在於，僱用人經濟生活上利用受僱人擴大自己經濟或業務範圍，並因之得利[284]，故應為其侵權行為負責。但對此應注意的是，非營利機構作為僱用人對其受僱人亦得適用第 188 條第 1 項規定。其次，僱用人在因果關係上乃促成受僱人執行職務致侵害被害人之人，故僱用人應對受僱人因執行職務不法侵害他人風險加以負責。第三，受僱人乃基於僱用人之選任、監督與指揮而執行職務，僱用人一定程度上得以避免或防範受僱人因執行職務侵害他人之風險[285]。此外，僱用人屬較有資力者，由其負連帶責任，可加強對被害人之保護。最後，僱用人對受僱人因執行職務之侵權行為，亦得投保第三人責任險，以分散危險，並得藉由商品或勞務之價格，或控制固定成本如受僱人薪水等而分散保費成本[286]。

---

[284] 103 臺上 1349；99 臺上 1596；88 臺上 1596。

[285] 94 臺上 2243 甚至認為，僱用人在客觀上可得預防之限度內，即足當之。

[286] Giliker, 2014 para 7–035 ；又在 The Catholic Child Welfare Society v Various Claimants and the Institute of the Brothers of Christian Schools [2012] UKSC 56, Lord Philips at para [35], 指出五點依據：僱用人口袋較深（即較有資力）、受僱人侵害行為係為僱用人執行職務之結果、受僱人之活動可能是僱用人企業活動之一部分、僱用人僱用受僱人製造了風險、受僱人由僱用人監督。但是在 para [34]，亦另提及僱用人得依（責任）保險分散風險。

2.構成要件

1) 受僱人成立侵權行為

第 188 條第 1 項，雖僅規定「受僱人」因執行職務不法侵害他人權利，但本條項明定僱用人與受僱人負連帶責任，故在此之前提是受僱人成立基本侵權行為規定之要件，其中可能包括第 184 條第 1 項前段，或同條項後段，或同條第 2 項之要件[287]。

德國民法第 831 條第 1 項之規定，德國實務認為，受僱人僅須不法侵害他人權利等，且不須受僱人具有責性要件，僱用人即應對被害人負損害賠償責任[288]。因此若受僱人欠缺侵權行為能力，僱用人亦應負責，但是諸如第 184 條第 1 項後段之故意，或同條第 2 項保護他人法律係刑法如故意犯罪規定，受僱人仍須具備故意[289]。惟此一見解，在我國現行民法之下難以成立，即第 188 條第 1 項前段規定受僱人因執行職務不法侵害他人權利，似採相同見解，但第 188 條第 1 項之法律效果是僱用人與受僱人連帶負損害賠償責任，故本條項實際是以受僱人具備構成要件該當違法且有責等要件而應負賠償之責為前提。若受僱人不具備有責性要件，僱用人即不須單獨對被害人負損害賠償責任（對此，請比較第 187 條第 1 項後段）。

2) 僱用人與受僱人間存在僱傭關係

⑴第 188 條第 1 項明文規定受僱人與僱用人，故二者具有僱傭關係，僱用人才可能依第 188 條第 1 項對受僱人行為負責。但現行民法

---

[287]　Looschelders, SBT 2013 Rn 1320 a.E und Rn 1323.

[288]　BGH NJW 1956, 1715; 1996, 3205 (3207). 但在此，若受僱人如同小心謹慎挑選與監督之人而行為，僱用人即不須負賠償之責，參見 Looschelders, SBT 2013 Rn 1325.

[289]　參見 Looschelders, SBT 2013 Rn 1324.

規定文義，過度限縮其適用對象；即德國民法第 831 條第 1 項第 1 句規定之用語僅涉及指定他人處理事務，並未局限於「受僱人」，故只要受指示拘束，即使是受當事人委託之律師，因疏忽而對與債務人同姓名者進行強制執行，當事人亦應對律師之行為負責🔟290；又英國法下，僱用人或受僱人，亦僅係所謂「為他人行為負責」下一項最常適用案例而已🔟291。

第 188 條第 1 項之受僱人，係指居於指示拘束及從屬地位下，依僱用人之知與欲為其服勞務之人🔟292。獨立之承攬人，雖可能是第 224 條之履行輔助人，但原則上並非指第 188 條第 1 項之受僱人🔟293（參見第 189 條）；對德國法而言，僱用人之指示權並不須涉及細節問題，故醫師在專業及經驗下享有較大決定空間，仍係所謂事務處理人🔟294，僱用人應依第 188 條第 1 項負責；反之，英國法則認為專業程度越高者，僱用人對受僱人之監督可能即越低，例如醫院對受僱醫師之過失診療行為，亦即在此之僱用人僅能指示受僱人做什麼，而非受僱人如何做🔟295，但無論如何，醫院全職員工乃醫院之受僱人並無疑問🔟296。又例

---

290 Deutsch/Ahrens, Deliktsrecht, 6. Aufl 2014 Rn 446 （引用 BGH LM [Hb] Nr.5）．相對的，德國學說批評，律師並非當事人之「受僱人」，例如 MK/Wagner, 2013, §831 Rn 16; Erman/Schiemann, 2014, §831 Rn 6; Jauernig/Teichmann, 2014, §831 Rn 6.

291 Giliker, 2014 para 7–022; Mcbride/Bagshaw, 2012 867–868.

292 BGH NJW 2013 1002 Leitsatz 4 von der Redation und Rn 15 und 16. 此外，參見 Looschelders, SBT 2013 Rn 1321; MK/Wagner, 2013, §831 Rn 14.

293 BGH NJW 2006, 3628 Rn 8; Looschelders, SBT 2013 Rn 1321 bei Fn 416 und Rn 1322. 英國法，原則上亦同，J. Murphy in Clerk & Lindsell on Torts, 21th ed. 2014, para 6–59.

294 MK/Wagner, 2013, §831 Rn 14.

295 J. Murphy in Clerk & Lindsell on Torts, 21th ed. 2014, para 6–10.

如計程車之乘客，相對於計程車司機而言，雖有指示權，但乘客並非司機之僱用人，反而計程車公司才可能是司機之僱用人[297]。108 臺上 650 及 107 臺上 42 明示，本條項之受僱人，非僅限於僱傭契約所稱受有報酬之受僱人，凡客觀上被他人使用為之服勞務而受其監督者，均屬之。此一見解值得贊同，但已超出第 188 條第 1 項之文義，涉及法官造法。

(2) 45 臺上 1599，涉及貨車司機臨時助手乙，因司機甲不在，臨停又遭警察驅離，致助手乙逕自駕駛而肇事之案件。最高法院認為，第 188 條第 1 項係以事實上的僱傭關係為標準，僱用人與受僱人間已否成立正式契約在所不問云云。但是若如本判決所稱，本件之受僱人乙在僱用人公司擔任司機，並於肇事之貨車擔任臨時助手（實際已得認定雙方有僱傭契約關係），且乙有駕車之權限，則僱用人依第 188 條第 1 項對受僱人乙駕車因而肇事之行為負責。換言之，本判決之理由已超越個案事實之必要範圍。反之，真正僅須雙方有事實上僱傭關係之例，如滿 18 歲而離家出走之甲，受僱於乙公司擔任貨車駕駛，若其後甲開車送貨撞傷路人，縱使甲父事後拒絕承認未成年人甲與乙訂立之僱傭契約（第 79 條），亦不影響乙應依第 188 條第 1 項負連帶損害賠償責任。在此之關鍵是僱用人對受僱人存在選任、監督與指揮等下，由受僱人從事一定職務之執行，至於雙方間之契約是否有效或有無經過法定代理人之同意或承認，不影響第 188 條第 1 項之適用[298]。

(3) 94 臺上 2243，涉及甲保險公司之保險業務員乙在形式上雖於 85 年 4 月 23 日辦理離職，但甲並未向乙所招攬保險之客戶通知乙已離職，致乙仍繼續為甲招攬保險，且甲亦收受乙於離職登錄後所繳交

---

[296] J. Murphy in Clerk & Lindsell on Torts,21th ed. 2014, para 6–19.

[297] MK/Wagner, 2013 §831 Rn 15.

[298] MK/Wagner, 2013 §831 Rn 14 bei Fn 48.

之保險費。本案在客觀上足使外人相信乙仍係以甲之業務人員身份執行職務，致乙得以利用此執行職務之機會詐取客戶所繳納之保險費，而此又與甲原所委辦之職務具有相當之關聯性，且在甲之內部機制有預防之可能，故甲自應依第 188 條第 1 項之規定，與乙連帶賠償相關客戶所受損害。對此，最高法院認為，按在客觀上為他人使用，從事一定之事務，而受其監督者，不問有無契約關係或報酬，及名稱為何，均屬第 188 條第 1 項之受僱人 ⑱。本件之甲保險公司應負連帶責任，值得贊同。但最高法院後段之見解，已超出第 188 條第 1 項文義，實際乃法官造法，尤其，若無報酬，宜稱係類推適用第 188 條第 1 項前段 ⑳。在此，102 臺上 18 表示，第 188 條第 1 項所規定之受僱人縱不以僱傭契約之受僱人為限，亦須在客觀上有被他人使用為之服勞務而受其監督者，始足當之。惟在此亦難以再稱其為本條項之「受僱人」，反而係類推適用第 188 條第 1 項 ㉑。

　　⑷非典型之「受僱人」或「僱用人」。依第 188 條第 1 項規定之受僱人或僱用人，目前面臨最大挑戰是勞動關係或人力運用之改變。尤其是僱用人因工作或計畫之期間不定、僱用人員之過程及成本、或勞健保負擔及退休金準備等因素，而影響其決定不與他人成立僱傭契約，反而選擇外包並與他人成立承攬契約，或經由人力派遣取得必要勞務者。當然，也有少數勞務提供者係自行決定不成為他人之受僱人，而

---

⑲　103 臺上 346；101 臺上 1789；93 臺上 247；93 臺上 2059，均同。

⑳　對此，英國法承認，教會主教與教士並非僱傭關係，但主教對教士之職務，有一定程度之監控，且教士須服從主教指示等，故教士執行職務時之濫權行為，教會仍應加負責，並稱其此乃「類似」僱傭關係。The Catholic Child Welfare Society v Various Claimants and the Institute of the Brothers of Christian Schools [2012] UKSC 56, Lord Philips at para [47]; Giliker, 2014 para 7–028（但 Giliker 在此並未引用該判決）.

㉑　103 臺上 346，亦宜稱類推適用第 188 條第 1 項。

成為所謂「自僱者」[302]。

　　a) 90 臺上 1204

本判決涉及肇事計程車靠行之終止及更換靠行公司。最高法院認為，在此應以駕駛人肇事時，實際係以靠行之公司為僱用人，而非以尚未變更靠行登記之名義人為僱用人。但 92 臺上 779 之原審認為，應以靠行登記之公司為僱用人，且最高法院認為，經審核於法並無不合。

在此宜認為，靠行關係並非第 482 條以下之僱傭契約關係，即靠行關係下之車輛，乃靠行者自行（貸款）購買且駕駛，除由自己出資維修保養車輛外，營運之盈餘或虧損亦由靠行者自行承擔。相對的，車行對靠行者除收取一定靠行費外，該車輛須符合法規對車行要求之外觀。尤其車行亦有一定選擇權接受靠行與否及監督其執行職務之可能，而車行亦得在強制險外，投保任意責任險並加以轉嫁在靠行費上，因此仍得肯定類推適用第 188 條第 1 項之規定[303]。計程車運輸合作社之社員駕駛計程車肇事案例，參見 108 臺上 650，質疑原審採否定見解之說明。

此外，在某件計程車司機加入某無線電計程車隊之案件中，103 臺上 345 採類似見解認為，司機有意加入公司車隊者，公司有一定標準選擇是否接受，簽約後司機亦須配合相關車輛外觀要求，且公司得為調度或派遣之。故在司機車禍肇事時，能否謂客觀上

---

[302]　在此，宜以僱用人應對其受僱人行為負責規定（第 188 條第 1 項），而定作人原則上不對承攬人及其受僱人行為負責規定（第 189 條）作為出發點。對此，參見第 189 條之說明。

[303]　英國判決 Ready Mixed Concrete (Suoth East) Ltd v Minister of Pensions and National Insurance [1968] 2 QB 497, 在類似案件，因爭點係涉及國家保險之保費負擔，而認為該類司機，係所謂自僱者，而非受僱人。

不足使他人認為受僱人係為公司服勞務而受其選任監督，自非無疑，而廢棄原判決。107 臺上 42 亦表示，計程車隊轄下司機對乘客有不當行為或重大糾紛時，得強制其退隊，司機在客觀上是否係受公司選任、指揮、監督，足使他人認司機係為公司服勞務之人，法院應詳查細究，不得遽謂兩者間無僱傭關係存在。

b) 人力派遣之問題

人力「派遣公司」將「派遣員工」派遣至「要派機構」（公司或政府機關等），提供一定勞務時，關鍵法律問題是，契約關係僅存在於派遣公司與派遣員工間，以及派遣公司與要派機構（包括公部門及私營企業）間，但是要派機構與派遣員工之間，並無契約關係[304]。因此對於派遣員工在要派機構下提供勞務，是否或如何成立第 188 條第 1 項所謂之受僱人因執行職務不法侵害他人權利，須連帶負責者究竟是派遣公司或要派機構，抑或二者均成立第 188 條第 1 項，值得探討。

首先，2012 年德國某邦高等法院判決涉及當事人甲將特殊機具（本件乃起重機）出租予乙，並同時提供操作者丙，因丙操作缺失致該機具受損。判決認為宜區分究竟甲之機具及操作者丙，係為乙完成一定工作，或甲之機具及操作者丙，係供乙一定或不定期間之運用，且原則上依乙之監工等指示而進行一定工作。若是前者，宜歸類為承攬契約；若為後者，宜認為雙方成立機具租賃契約及勞務提供契約。在本件案例，第一審及第二審法院均認定，本件並非前者，而是後者，涉及機具租賃契約及勞務提供契約之混合契約[305]。其次，有關丙操作而損害機具部分，因第一審及第

---

[304] BecKOK ArbR/Kock Stand: 01 09 2015, ed.:37, AÜG §1 Rn 1 und 7.

[305] OLG München, Urteil vom 12. 01. 2012–14 U 489/10, BeckRS 2012, 07197, Rn 3.1.2. und 3.1.3.

二審法院均認為，在此涉及高價且極複雜之機具，操作上更須技術專業及能力證明等，故甲雖出租機具予乙，但乙並不負維護或操作等相關義務，且乙亦不具有指示監督等權限[306]。因此甲仍對出租機具之選擇、位置或負重等具有決定性影響，故丙在乙工地操作機具致其受損之結果，乙不須依第 224 條對丙之行為負責。綜上所述，乙對甲並不成立租賃契約之債務不履行（第 432 條第 2 項），而且乙對機具所有權人甲，亦不須依第 188 條第 1 項就機具受損負賠償之責[307]。

其次，德國法中亦有關於出租特殊機具並提供操作員之案例，並認定操作員並非出租人而是承租人之「受僱人」。例如 1995 年之德國某邦高等法院判決，涉及丁將挖土機並附帶提供操作員戊出租予己，因戊之操作疏失致己之受僱人庚受傷，庚主張戊乃丁之「受僱人」，故依類似第 188 條第 1 項規定訴請丁與戊應連帶負賠償責任。但該邦高等法院判決廢棄一審有利原告庚之判決而駁回其訴，且原告庚上訴第三審法院，亦經德國聯邦法院裁定不受理[308]。關鍵在於，法律上經認定在租用機具期間，承租人己對操作員戊之工作得隨時限制、禁止，或對其工作之種類與範圍加以指定，且亦認定在戊參與己之相關工作，已列入承租人己之營業，並在此一關聯下接受己之指示權限[309]。

---

[306] OLG München, Urteil vom 12. 01. 2012–14 U 489/10, BeckRS 2012, 07197, Rn 3.2.

[307] OLG München, Urteil vom 12. 01. 2012–14 U 489/10, BeckRS 2012, 07197, Rn 3.1.4.3.

[308] OLG Düsseldorf, NJW-RR 1995, 1430f.

[309] OLG Düsseldorf, NJW-RR 1995, 1430f (1431). 此外，派遣公司選擇派遣員工有過失，應對要派機構依不完全給付負賠償之責，參見 BGH NJW 1971, 1129f (1129 unter II 2).

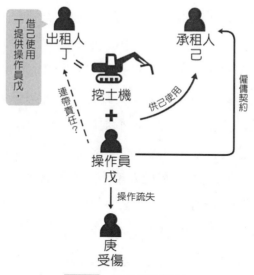

圖 5-4　出租特殊機具

對此，英國法判決曾認為，甲僱用乙操作碼頭之吊車，而將吊車連同該操作員乙出租予丙裝卸貨公司使用，且契約約定丙公司乃乙之僱用人，但實際薪水由甲支付予乙。若乙工作時操作失誤致傷害丁，雖然丙公司有指示乙應當做那些工作，但丙公司無從指揮乙如何操作吊車，反而甲才有如何監督或指示乙如何操作吊車之可能，且甲乃實際支付薪水予乙之人，故甲乃乙之僱用人，甲應對乙侵害第三人丁負責❿。亦即本例之甲與丙，雖約定名義上丙乃乙之僱用人，並不影響甲應對乙侵害丁之行為負責，尤其，實際是甲支付薪水予乙。

其次，英國上訴法院 2005 年某一判決，涉及甲工廠空調裝配工程，經主承攬人乙轉包管道工程予次承攬人丙後，次承攬人丙再轉包予另一次承攬人丁，但丙與丁約定，丁僅限於提供（裝配）

---

❿　Giliker, 2014, para 7–029 (Mersey Docks and Harbour Board v Goggins and Griffith (Liverpool) Ltd, [1947] A. C. 1).

勞務，故丁派出所屬之裝配工戊及其同伴庚，並同時在丙之裝配工辛（實際上辛係以自僱者身分與丙成立契約）監督下，在定作人甲之工廠進行空調設備裝配，但庚在工作時因過失造成甲工廠自動滅火灑水設備啟動並因而致甲工廠遭受重大損害。對此，法院（罕見只有二位法官組成審判庭）破除原先一般認為二者擇一之假定，反而認為丙與丁應同時作為庚之僱用人而負責。但具體理由，一位法官認為庚除受丁之監督故丁應負責之外，庚亦併受丙之受僱人辛監督，故丙亦應負責**311**，而且助手庚，實際上不曾發生勞動派遣即庚自丁移轉予丙而為丙提供勞務之情事**312**；但另一位法官認為，因庚同時是丁與丙二者之工作、事業或組織之一部分，故應由丁與丙共同為庚負責**313**。亦即本判決結論是丁與丙應共同為庚對甲之損害負賠償責任。英國學說對本判決之雙重（或多重）僱用人負責之見解，有較積極接受者**314**，但亦有強調應謹慎看待避免過度運用者**315**。

---

311 [2005] EWCA Civ 1151 para 49 per May LJ.

312 [2005] EWCA Civ 1151 para 16 per May LJ. 雖如本判決指出，並無借用或借出受僱人庚，但 Paula Giliker, Torts, 5th ed. 2014, para 7–025 仍列在借出受僱人標題下討論本問題。

313 [2005] EWCA Civ 1151 para 55 and 79 per Rix LJ. 其後，英國最高法院，在 The Catholic Child Welfare Society v Various Claimants and the Institute of the Brothers of Christian Schools [2012] UKSC 56, Lord Philips at para [45]，稱思考此等問題，應採 Rix LJ 之見解而非 May LJ；即行為人乃相關當事人之工作、事業或組織之一部分，且致侵害第三人時，當事人即應負責。對此，德國法，亦有類似結合二者之說明，參見上揭 OLG Düsseldorf, NJW-RR 1995, 1430f. (1431); MK/Wagner, 7. Aufl. 2017, §831 Rn 22 bei Fn 88.

314 Giliker, 2014 para 7–029.

315 J. Murphy in Clerk & Lindsell on Torts, 2014, 21th ed., para 6–25.

本書認為，在現行民法下，除非有上段案例之雙重監督（或雙重組織）而存在第 185 條第 1 項前段之因素，或諸如未來「勞動派遣法」明文規定派遣公司及要派僱主應連帶負責⓷⓵⓺，否則，原則上仍宜認定單一享有選任監督指示者應負「僱用人」責任⓷⓵⓻。但無論如何，派遣公司與要派機構雙方間之內部約定或安排，不應影響被害人之保護。即派遣公司係選任派遣員工並將其提供予要派僱主之人，通常存在事前訓練、指示及配合要派機構加以監督之可能，故原則上宜由其負責，但若對具體工作之執行已喪失實際指示監督之可能，即難以令其負責，反而應由要派機構負責⓷⓵⓼。例外情事下，派遣公司及要派機構應連帶負責。即若派遣員工並未完全脫離派遣公司，例如後者仍得隨時召回並調派他人，且（選任）監督並非當事人應否負責之惟一斟酌因素，而須斟酌行為人是否已是要派機構工作、事業或組織之一部分⓷⓵⓽時，最後，若派

⓷⓵⓺ 對此，併請參見德國民法第 831 條第 2 項，即前項賠償責任，亦適用於依契約而為僱用人承擔本條第 1 項第 2 句（即有關選任及監督）事務之人。對此，有認為，僱用人與本條項所稱之人，得分別依本條第 1 項及第 2 項負責，而成立連帶賠償責任，Palandt/Sprau, 2015, §831 Rn 17. 請參見下一註解後段之說明。

⓷⓵⓻ Detlev W. Belling in Staudinger's Komm zum BGB, Neubearbeitung 2008, §830–838, §831 Rn 65. 但 Belling 在此亦提及，派遣公司之選任，以及要派機構之監督，各有義務違反時，亦可能個別依德國民法第 831 條負責而成立連帶債務（參見德國民法第 840 條）。

⓷⓵⓼ Palandt/Sprau, 2015, §831 Rn 6.

⓷⓵⓽ 德國法，有類似結合二者之說明，參見 MK/Wagner, 2013, §831 Rn 21 bei Fn 85; OLG Düsseldorf, NJW-RR 1995, 1430f. (1431). 相對的，英國法，目前單純依行為人乃相關當事人之工作、事業或組織之一部分，且致侵害第三人時，即可成立「僱用人」責任。The Catholic Child Welfare Society v Various

遣公司之選任，以及要派機構之監督，各有義務違反時，亦可能個別依德國民法第 831 條（類似第 188 條第 1 項）負責而成立連帶賠償責任❸❷⓪（對此，參見第 185 條第 1 項前段之行為關聯共同）。

3) 因執行職務而不法侵害他人

依第 188 條第 1 項，受僱人之行為，除須成立侵權行為外，更須受僱人係「因執行職務，不法侵害他人之權利」，僱用人才須與受僱人連帶負賠償責任。

⑴何謂「因執行職務」，實務上並不易認定。無論如何，不應因受僱人係違反僱用人指示而為，或逾越職務界限，即認為非因執行職務而使僱用人不須負責❸❷①。又即使是受僱人之故意侵權或犯罪行為，只要得認定仍係「因執行職務」，僱用人亦應依第 188 條第 1 項負責，例如受僱人係成立第 184 條第 1 項後段之情形；但若非「因執行職務」，僱用人不須負責❸❷②。前者例如守衛監守自盜❸❷③；後者例如駕駛與他車相撞後，毆打他車駕駛❸❷④。

⑵德國通說認為，受僱人之侵權行為須與執行職務有所謂「直接內在關聯」，因此受僱人在其活動範圍內單純偶然與被害法益接觸並利用機會而為侵權行為，即否定其關聯性❸❷⑤；但少數說認為，僱用人負

Claimants and the Institute of the Brothers of Christian Schools [2012] UKSC 56, Lord Philips at para [45].

❸❷⓪　Belling in Staudinger's Komm zum BGB, Neubearbeitung 2008, §830–838, §831 Rn 65.

❸❷①　Looschelders, SBT 2013 Rn Rn 1326; Larenz/Canaris, SBT 1994 480; Palandt/Sprau, 2015, §831 Rn 9.

❸❷②　MK/Wagner, 2013, §831 Rn 25; Larenz/Canaris, SBT 1994 480.

❸❷③　Palandt/Sprau, 2015, §831 Rn 9.

❸❷④　Larenz/Canaris, SBT 1994 481.

有義務確保其利用受僱人執行職務，不致造成特殊之增加風險 [326]。對此，有贊同並引伸為使受僱人因而容易為侵權行為即可 [327]。

英國法，亦認為僱用人無從以受僱人並非受僱為侵權行為為由，而主張受僱人所為乃非「因執行職務」。其次，傳統認定標準是受僱人所為之行為經僱用人授權，或受僱人以未經授權之方式而履行職務，但後者極難說明，故其後判決實務係採侵權行為與職務間緊密關聯之見解 [328]。但英國判決本身亦承認，此一標準並未提供指引有關緊密關聯之類型或程度，而得將受僱人侵權行為之風險或造成之損失歸諸於僱用人 [329]。最後，另有判決進一步指出，僱用人責任係當僱用人僱用受僱人執行事務或促進其利益，而創設或重大增加被害人受害之風險 [330]。

而我國最高法院一向採取所謂客觀說，即在客觀上足認為與其執行職務行為有關，而不法侵害他人權利，縱令其係為自己利益所為，亦應包括在內 [331]。99 臺上 1596 亦表示，受僱人之行為在客觀上具備

---

[325] Palandt/Sprau, 2015, §831 Rn 9.

[326] Larenz/Canaris, SBT 1994 480.

[327] Looschelders, SBT 2013 Rn 1327; MK/Wagner, 2013, §831 Rn 27 bei Fn 114. 對此，請參照下述英國判決之說明。

[328] Lister v Hesley Hall Ltd [2001] UKHL 22; Dubai Aluminium Co Ltd v Salaam, [2002] UKHC 48 at para 23 亦同。又前一判決 (at para 27)，提及乃參考加拿大最高法院判決，即 Bazley v Curry (1999) KLR (4th) 45 and Jacobi v Griffiths (1999) 174 KLR (4th) 71.

[329] Dubai Aluminium Co Ltd v Salaam, [2002] UKHC 48 at para 25.

[330] The Catholic Child Welfare Society v Various Claimants and the Institute of the Brothers of Christian Schools [2012] UKSC 56 at para 87. 對此，請參照上述德國學說見解之說明。

[331] 106 臺上 2660；104 臺上 977；92 臺上 591；42 臺上 1224。

執行職務之外觀而侵害第三人之權利時，僱用人即應負連帶賠償責任。故第 188 條第 1 項所謂受僱人因執行職務不法侵害他人之權利，不僅指受僱人因執行其所受命令，或委託之職務自體，或執行該職務所必要之行為而言，亦包含濫用職務或利用職務上之機會，及執行職務之時間或處所有密切關係之行為。因此只要受僱人之行為在客觀上足認為與其執行職務有關，而不法侵害他人之權利者，就令其為自己利益所為之行為，亦應包括在內（108 臺上 792；106 臺上 1742 亦同）。又受僱人之行為在客觀上具備執行職務外觀之見解下，107 臺上 856 表示，上市上櫃公司之庫藏股僅得轉讓予員工、股權轉換及辦理銷除股份，一般客戶尚無從向公司買受，故公司經理即無為公司執行出售其庫藏股之職務。從而投資人私自投資公司經理之認購庫藏股，而遭該員詐騙，自難認在客觀上與公司經理執行公司之職務有關，則判決認定公司無須負賠償責任，於法自無違誤。值得注意的是，108 臺上 2195，對其案件事實，明確指出「倘僱用人難以預見及事先防範，為交易之第三人復非僅信賴僱用人之商譽，而係與受僱人先有一般往來，建立相當之信賴關係後，始為爭議之交易行為，是否仍有因保護交易安全之必要，令僱用人負連帶賠償責任，即有商榷之餘地」。

(3)肯定之例，如十九歲之未成年人受僱為貨車司機而撞傷路人，或裝潢工人工作時，鐵鎚掉落傷到路人，均為因執行職務而傷害他人。否定之例，如司機因搶佔車道與人爭執而下車毆傷其他駕駛人，難以認定與執行職務有關係，宜歸類為受僱人私人領域之行為[332]；或如受僱人與人通姦[333]。前一否定之例，即使是職務上給予機會之侵害行為，亦得依上述區分有無創造或重大增加被害人受害之風險而說明，即臺灣人駕車好勇鬥狠之眾多事例，宜認為並無增加。又如承攬人之裝潢

---

[332] Larenz/Canaris, SBT 1994 480 und 481.

[333] 67 臺上 2032。

工人進入定作人屋內從事裝潢，順手牽羊拿走定作人之古董或現金等，亦得肯定係「因執行職務」[334]；反之，若承攬人之裝潢工人進行工作，偷走定作人停放在屋外之機車或腳踏車，並非「因執行職務」，因此等情形，任何小偷均可能下手，並未因裝潢工作而製造或重大增加風險。結論上，受僱人駕駛汽車，且因事故而毆打他車駕駛，或受僱人與人通姦，均係一般生活風險，而屬受僱人私領域範圍，難以要求僱用人應當負責；反之，若如報導所稱公車駕駛執行職務中對女乘客性騷擾或與乘客爭執而毆打乘客，則僱用人應負責。

⑷過去數十年爭議不斷案例是有關證券公司之營業員盜賣客戶股票案。對此，有採肯定得成立第 188 條第 1 項之僱用人責任者[335]；反之，亦有採反對見解者[336]。在此應強調者，個案事實千變萬化，以下抽象說明，並非批評肯定見解。本書採否定說，並認為越到後期，更應採否定見解[337]。理由是對於顧客與證券公司而言，二者相較，顧客乃較能防止遭盜賣股票致損害發生之人，只要顧客不將證券及銀行存摺及印鑑章等交付營業員即可避免上述侵害情事，故顧客實際乃最能以最低成本防止危害發生之人。其次，主管機關自有相關案件發生起即三令五申向一般民眾宣導上述觀念，而證券公司亦依命令為告示並警告顧客切勿將證券及銀行存摺及印鑑章等交付予營業員。若仍有上述情事發生，恐係涉及丙種借貸墊款或代操等情事，才有交付證券及銀行存摺及印鑑章之舉，因此同上述，顧客本身才是最能防止此類侵害之人。最後，即使採肯定見解，但顧客依第 188 條第 1 項之損害賠償請求權，亦應適用第 217 條第 1 項，解為對損害之發生或擴大，與

---

[334] 79 臺上 2136；73 臺上 450。

[335] 98 臺上 854；90 臺上 1235。

[336] 98 臺上 763。

[337] 104 臺上 821，在其個案，否定第 188 條第 1 項，值得贊同。

有過失 [338]，故法院得減輕僱用人賠償金額，或甚至免除之（但粗略而言，似少有法院在此等案例，適用第 217 條第 1 項者）。

4) 僱用人未能舉證免責

僱用人得舉證證明選任受僱人或監督其職務之執行已盡相當之注意，或縱加以相當之注意仍不免損害之發生而免責。首先，選任部分，涉及僱用人與受僱人成立僱傭契約前，僱用人對受僱人是否具備擔任相關工作或職務所必備之專業、工作資格或證照、技術或經驗等之斟酌。特定職務，亦須斟酌性格、謹慎度或責任感等，以免危害交易或他人。大致來說，越涉及大眾或他人生命、身體及財產安全者，僱用人即越應注意 [339]。若不符法規要求之基本證照要求，例如大貨車駕駛應具備大貨車駕駛執照等，僱用人卻僱用無證照者或屢次肇事者，乃選任有疏失。其次，監督部分，包括受僱人任職後對相關工作之教育訓練考核甚至體檢等，以及具體執行職務時之紀錄、（祕密）檢查與指示等，例如客運公司在駕駛出勤前，檢查有無喝酒時僅虛應故事致酒駕者駕駛上路，乃監督有疏失。

於德國實務上，係採相對嚴格之注意要求 [340]，針對大企業舉證免責之問題，若存在所謂組織上之過失，或其機關及董事，或其他法定代理人有相關疏失，即無從主張舉證免責 [341]。相較之下，代表我國實務之最高法院及下級法院，對僱用人之舉證免責，亦可謂係採極嚴格標準，致第 188 條第 1 項但書下，少有僱用人得舉證免責之案例。

---

[338] 90 臺上 1235。

[339] Palandt/Sprau, 2015, §831 Rn 12.

[340] Looschelders, SBT 2013 Rn 1329.

[341] Looschelders, SBT 2013 Rn 1331.

3.法律效果

1) 連帶賠償責任

第 188 條第 1 項，僱用人應與受僱人負連帶賠償責任。對此，除下述同條第 3 項外，參見第 272 條以下、第 280 條與第 281 條。

其次，第 188 條第 2 項[342]，對於被害人不能依同條前項但書之規定受損害賠償時，法院因其聲請，得斟酌僱用人與被害人之經濟狀況，令僱用人為全部或一部之損害賠償。本條項之適用前提是受僱人應負賠償責任，且僱用人得舉證免責（否則，若受僱人不須負賠償責任，僱用人根本不須舉證免責），但被害人無從受損害賠償。故若被害人已由受僱人賠償，即無本條項之適用。此外，對本條項類似於第 187 條第 3 項，請參見該處之說明。

2) 第 188 條第 3 項僱用人之求償權

僱用人對受僱人因執行職務不法侵害他人權利而賠償被害人後，若二者間有僱傭關係，則僱用人得依僱傭契約，對受僱人之債務不履行，請求損害賠償（第 489 條、第 227 條）。此外，第 188 條第 3 項本身亦規定僱用人對受僱人之求償權，而成為第 280 條之特別規定。

⑴受僱人之地位。因實務判決傾向保護被害人而適用第 188 條第 1 項，判決命令僱用人應與受僱人負連帶賠償責任，且法院亦常促使僱用人儘可能與被害人達成和解賠償被害人。因此若未具體斟酌受僱人是否有故意或過失、因果關係等相關事實，而只知盡量讓受害人能獲得賠償，致未顧及僱用人對於受僱人有求償權，於實際求償下，恐將導致經濟上弱勢之受僱人承擔損害賠償責任，或由受僱人承擔非其應負責之損害賠償責任，致受僱人因而受害。尤其，受僱人之資力通常有限或較差，加上執行職務之行為乃職務上為僱用人而為，又受僱

---

[342] 參見 91 臺上 1099。

人所得報酬相較於僱用人之獲利，通常亦極為有限。相較之下，僱用人較有資力，亦較有可能投保責任險以分散風險，因此由受僱人負終局之損賠責任，並非全然妥適，而須適度限制。

⑵首先，依德國民法第 840 條第 2 項雖規定僱用人對受僱人有求償權，但涉及勞動關係時，若勞工僅係最輕微之過失，則勞工完全免責。至於通常過失，須個案斟酌受僱人罪責之程度、活動之危險性、損害之大小、任職之期間及勞動報酬之高低等，判斷僱用人得否對勞工求償。但大致而言，勞工係故意之情形，即無責任減輕之優惠。同理亦適用於勞工有重大過失之情形，除非利益衡量下有相反結論❸。再者，勞工之責任減輕，當然無從對抗被害之第三人，仍應依一般原則負責❹，但勞工在其與僱用人之內部關係上，若依前述得享有責任減輕，則受僱人有請求權使僱用人令其免於負損害賠償責任❺。此外，勞動派遣關係下，派遣員工對第三人應負侵權行為損害賠償責任，而派遣員工依上述說明對內不須負責時，派遣員工對要派機構亦享有上述免於令其負損害賠償責任之請求權❻。

其次，英國法及美國法亦均同稱，少有僱用人對受僱人求償之案例❼。美國法之可能原因在於，僱用人對過失之受僱人求償，將影響僱用人與受僱人以及其他受僱人之關係，故僱用人傾向不對受僱人行

---

❸ Looschelders, SBT 2013 Rn 569 bis Rn 570.

❹ BGH NJW-RR 1995, 659 (unter I 3).

❺ Looschelders, SBT 2013 Rn 573.

❻ Wank in Erfurt Komm zum Arbeitsrecht, 15. Aufl. 2015, Einleitung zum AÜG Rn 31

❼ 英國法，參見 Giliker, 2014 para 7–022（但 Giliker 在此，以及 McBride/Bagshaw, 2012, 891 均舉出僱用人依契約對受僱人求償之判決，Lister v Romford Ice and Cold Storage Co Ltd (1957)）；美國法，參見 Schwartz, Gary T., 69 S. Cal L Rev. 1739 (1996), 1753 at Fn 82.

使求償權，尤其工會組織亦不太可能接受公司對工會成員之受僱人求償[348]；而在英國法中，僱用人投保責任險時，僱用人與保險公司甚至會事先約定所謂君子協定，明定保險公司不對受僱人求償[349]。

(3)立法論上，為促使受僱人善盡注意義務以避免侵害他人[350]，不宜一概認為僱用人對受僱人無求償權，但亦不宜如同第 188 條第 3 項一概由受僱人承擔最終責任，反而僅當受僱人係故意或重大過失，才宜承認僱用人對受僱人有求償權。對此，國家賠償法第 2 條第 3 項，亦同，即限於公務員有故意或重大過失，國家賠償義務機關才有求償權。又解釋論及現行法下，第 188 條第 3 項本身之正當性，尚有疑問。且對照國家賠償法第 2 條第 3 項，竟單獨明定不利受僱人之規定，亦非妥適。而司法實務之運作，更可能造成無或較少資力之受僱人承擔最終責任。綜上所述，本書建議宜目的性限縮第 188 條第 3 項，即僅當受僱人係故意或重大過失，僱用人才對受僱人享有求償權。

4.其他相關之法律規定

1) 第 224 條

債之履行，債務人須對為其履行債務之代理人或使用人之故意或過失負同一責任，但前提是債務人在債之關係之下，履行債務係使用代理人或使用人；若無契約關係，僅得適用第 188 條。即第 188 條第 1 項乃侵權行為之請求權依據，而第 224 條僅係使債務人對於為其履

---

[348] Schwartz, Gary T., 69 S. Cal. L. Rev. 1739 (1996), 1753 Fn 82 and 1764（此外，尚有三點理由）.

[349] Giliker, 2014 para 7–022，但並參見其在 para 7–035 之說明。

[350] Giliker, 2014 para 7–035 認為，僱用人責任，在英國法下無從使受僱人負終局損害賠償責任，既不符更正正義之想法，亦使侵權行為法對受僱人缺乏嚇阻。

行債務之履行輔助人之故意或過失行為負責之規定，本身並非請求權依據，因此二者前提完全不同。而且依第 188 條第 1 項後段，得舉證免責，但第 224 條須契約另有訂定，債務人才可以免責。尤其，受僱人並非債之關係當事人，被害人依債之關係僅得對其相對人求償；對行為人本身，被害人僅得依第 184 條第 1 項前段等結合第 188 條第 1 項對受僱人（及僱用人）求償，而僱用人通常得依僱傭關係（第 489 條第 2 項或第 227 條），或第 188 條第 3 項，對受僱人加以求償。

2) 第 28 條（或公司法第 23 條第 2 項）

第 28 條（或公司法第 23 條第 2 項）乃法人（或公司）為其董事或代表人等之侵權行為負責之規定，而非第 188 條第 1 項。

依第 28 條[351]，法人之董事或有代表權之人因執行職務所加於他人之損害，法人須與該行為人連帶負責。本條之適用前提是法人之董事或有代表權之人，符合第 184 條第 1 項前段等之相關要件[352]。對此，73 臺上 4345 號判決曾認為，不須法人董事有故意或過失為必要。但此一見解並不正確，101 臺上 994 中明確表示：「法人之侵權行為（民法第二十八條、公司法第二十三條第二項），其構成要件不完備之處，仍應依民法第一百八十四條一般侵權行為之構成要件補充之。」即該等行為人亦應具備第 184 條第 1 項前段、第 1 項後段或同條第 2 項規定等之要件才可。此外，有認為合夥亦得類推適用第 28 條規定[353]。

再者，第 28 條規定僅適用於侵權行為責任[354]，尤其第 28 條並未涉及董事是否應為法人債務不履行負連帶責任[355]。在此，類似本法第

---

[351]　95 臺上 338。此外，參見 91 臺上 1009。

[352]　Palandt/Ellenberger, 2015, §31 Rn 2.

[353]　Looschelders, SBT 2013 Rn 1321.

[354]　101 臺上 803。

[355]　91 臺上 1009。

28 條之德國民法第 31 條，其學說認為，適用於契約責任[356]。但應說明者係德國民法第 31 條僅規定法人應為其董事等因執行職務加於他人之損害負責，故雖類似第 224 條，但有別於德國民法第 31 條之連帶負賠償責任。並且若法人係契約關係之債務人，而法人之董事或有代表權之人未為法人履行該契約之債務，則此乃法人發生債務不履行。至於法人之董事或有代表權之人並非債務人，不成立債務不履行之責任，自亦無連帶責任可言。當然，法人之董事或有代表權人，依明示而成為連帶債務人，自應連帶負責（第 272 條第 1 項）。

105 臺上 1895，提及職員執行職務不法侵害他人權利成立侵權行為，其公司依第 188 條第 1 項應負損害賠償責任，在引用公司法第 23 條第 2 項下，表示公司負責人不須負連帶責任，固係正確，值得同意。但是本件若果真是職員侵權行為，性質上即非屬公司負責人之侵權行為，亦非本判決所稱公司代表機關之侵權行為，根本不成立公司法第 23 條第 2 項，故實際即與公司負責人個人無關，因此公司雖應依民法第 188 條第 1 項負連帶賠償責任，亦與公司負責人個人無關，本判決根本不須以誇張之大篇幅敘述法人實在說及公司法第 23 條第 2 項。

㈤第 189 條

1. 第 189 條之性質

第 189 條並非請求權依據，而僅涉及判斷定作人與承攬人之責任標準。首先，承攬人依承攬契約完成工作，係依其專業、技術、經驗及知識等而獨立履行債務，因此承攬人履行債務過程中所發生之侵權行為，原則上定作人不須負責（參見 108 臺上 1049）。例如大樓所有人交由承攬人承攬工作，對其大樓外牆拉皮或維修，而承攬人所搭建

---

[356] Palandt/Ellenberger, 2015, §31 Rn 2.

之大樓鷹架，若因綑綁不牢等而掉落而傷到路旁汽車或路人，應係由承攬人依第 184 條第 1 項前段以下規定負責，而定作人並不須負責（第 189 條）。又正在建築之大樓之吊車掉落而毀損他人車輛之情形，原則上亦由承攬人負責。

其次，若定作人定作或指示有過失或錯誤，而承攬人對定作人之定作或指示原則上具有判斷能力，且有疑義時，亦負有義務告知定作人，以免定作人受害或發生侵害他人之結果。若承攬人依交易上必要之注意得發現定作人之錯誤，但未發現或發現卻未告知定作人，承攬人與定作人可能須依第 185 條第 1 項前段之行為關聯共同而成立共同侵權行為。又內部關係上，亦宜依其原因力而認定互相應分擔之賠償金額（280 條）。

2.第 188 條及第 189 條之區分

二者區分之理由在於社會勞務分工，承攬人應為自己或自己之受僱人行為負責，且定作人在信賴原則之一定限度內，亦得信賴承攬人將盡其侵權法上之注意義務[357]。尤其，承攬人依其專業、技術及經驗等履行職務，定作人雖有選擇可能，但實際上仍難以履行第 188 條第 1 項之選任及監督。

適用此一區分，原則上承攬人應自行對其受僱人不法侵害他人權利之結果負責（第 188 條第 1 項），而非由定作人負責[358]。亦即定作人既非「僱用」承攬人，更未僱用承攬人所僱用之受僱人，故定作人依第 188 條第 1 項，不須對承攬人或其受僱人，或甚至次承攬人之侵權

---

[357] MK/Wagner, 2013, §831 Rn 16.

[358] BGH NJW 2006, 3628 Rn 8; Looschelders, SBT 2013 Rn 1321 bei Fn 416 und Rn 1322. 英國法，原則上亦同，Giliker, 2014 para 7–033; J. Murphy in Clerk & Lindsell on Torts, 21th ed. 2014, para 6–59.

行為，負連帶賠償責任。

例外情形，首先，依第 189 條但書規定，定作人定作或指示有過失者，定作人適用第 184 條第 1 項前段等應自行負責[359]。依 108 臺上 1049，所謂定作有過失，係指定作之事項具有侵害他人權利之危險性。但此一說明宜加上違反交易必要之注意義務。其次，德國法認為，當事人對本身所負之義務，選擇外包而由承攬人負責處理時（特別是工業廢棄物對環境的危害），且對承攬人之處理越少影響時，授權他人處理者即須負有較高之注意義務，故當事人應對受其選任監督者因執行職務不法侵害他人權利負責。即此一情形，不應因當事人之契約安排致適用第 189 條，而使其不須負責[360]，但德國判決亦明確承認，因承攬人具獨立性，且不受指示拘束，因此當事人之此一義務仍有極限[361]。

類似之理，英國法中，若當事人對被害人負有所謂不可移轉之義務，則當事人並非僅負注意義務，而是當事人負有義務確保（受託人）已採相關注意措施，故若（受託人）有未加注意之情事，當事人即違反義務[362]。但此一情形，似宜解為當事人本身成立契約或（及）侵權行為之責任，而非單純為他人行為負侵權行為責任[363]。例如甲之工廠

---

[359] 英國法，見解類似，J. Murphy in Clerk & Lindsell on Torts, 21th ed. 2014, para 6–59.

[360] MK/Wagner, 2013, §831 Rn 17 認為，應適用第 184 條第 1 項前段（、後段或同條第 2 項），而對諸如當事人將工作外包給獨立承攬人時，判斷其有無善盡選任、監督及調查等義務。英國法，見解類似，J. Murphy in Clerk & Lindsell on Torts, 21th ed. 2014, para 6–59.

[361] BGH NJW 2006, 3628 Rn 11; 英國法，見解類似，J. Murphy in Clerk & Lindsell on Torts, 21th ed. 2014 para 6–59.

[362] J. Murphy in Clerk & Lindsell on Torts, 21th ed. 2014, para 6–60. 對此，並參見 Jonathan Morgan, Liability for Independent Contractors in Contract and Tort (2015) 74 Cambridge Law Journal 109–139.

有員工將飲料灑在員工餐廳地板上，甲即指示員工乙清除水漬以免有人滑倒，但乙並未清除且致另一員工丙因水漬而滑倒受傷。在此，因乙對丙並無義務（違反）可言，而是甲對丙應自行負賠償責任（參見第 483 條之 1 結合第 227 條及第 227 條之 1，或第 184 條第 1 項前段），而非甲（與乙）依第 188 條第 1 項，對丙負賠償責任。但甲對乙仍可能有求償權（參見第 489 條第 2 項，或第 227 條第 2 項）❸❻❸。

在 [2017] UKSC 60 一案，涉及甲地方政府將置於其監護下之庚，在庚約 7 至 8 歲時，託付予照顧家庭夫妻乙及丙；又在庚約 9 至 10 歲時，託付予照顧家庭夫妻丁及戊，但乙之妻丙，戊之夫丁，分別在不同時期施暴或性騷庚。英國最高法院在本判決認為，本件之被告甲地方政府應成立（廣義之）僱用人侵權行為責任；反之，本件並不因為甲與乙丙或丁戊之間不存在僱傭契約或其類似關係，致甲地方政府係對被害人庚違反所謂「不可移轉義務」而應負侵權行為責任。即英國最高法院對本件選擇適用類如第 188 條第 1 項之原則，而非對第 189 條創設例外。但是對此，有英國學說認為，本件應當適用後一見解，故質疑英國最高法院是否係以錯誤的途徑達到正確的結果❸❻❺。本書亦傾向採取此一見解。依現行法第 188 條第 1 項規定，難以將本件之照顧家庭及其成員解為乃地方政府之受僱人，反而性質上接近第 189 條之獨立承攬人，故原則上難以依第 188 條第 1 項要求地方政府應為照顧家庭成員對受照顧者之侵害，負連帶賠償責任；反而，在此僅可能對第 189 條創設例外，令其負責；此一途徑在英國法乃上述所謂不可

---

❸❻❸ Mcbride/Bagshaw, 2012 866–867 and 868 Fn 14; Merkin/Steele, Insurance and the law of obligations, 2013, 308.

❸❻❹ Mcbride/Bagshaw, 2012, 866–867. 但是該書在此僅說明過失侵權行為，並未說明契約債務不履行之責任。

❸❻❺ Simon Deakin, C.L.J. 2018, 77(1), 15–18, 18.

移轉之注意義務。

㈥第 190 條動物占有人責任

第 190 條第 1 項規定有關動物占有人責任，係採舉證責任轉換，即動物侵害他人所致損害，由其占有人負損害賠償責任。但依動物之種類及性質，占有人已為相當注意之管束，或縱為相當注意之管束而仍不免發生損害者，不在此限。在此之動物占有人，一般認為限於直接占有人，並不包含間接占有人在內（參見第 941 條）。又占有輔助人（參見第 942 條），亦不包括在內。故僅有事實管領力之人才是本條之占有人，而應負責。

其次，動物除一般常見家庭寵物外，包括黑熊、鱷魚、山豬、老鷹或毒蛇等動物，均可能適用本條規定，但並不包括醫院或研究單位培養之細菌或微生物。例如新聞偶有養殖鱷魚走出養殖池之報導，若因而侵害他人，得適用本條第 1 項規定。另外，常見案例如郵差或民眾遭他人家犬咬傷等。但無論如何，本條第 1 項係涉及動物之侵害他人行為；反之，若是主人訓練動物而利用其侵害他人，應適用第 184 條第 1 項前段等規定。再者，常有團體或個人放生毒蛇在山區，因放生後已非當事人占有下之動物，並不適用本條第 1 項規定，但行為人縱放危險動物致他人死傷之行為，仍可能成立第 184 條第 1 項前段等規定。惟被害人恐難以舉證證明特定毒蛇乃行為人所縱放者。

又動物之加損害於他人，係由其他動物或第三人之挑動，占有人仍應負責，且僅對該第三人或該他動物之占有人，有求償權（第 190 條第 2 項）。即此等情形，原則上由傷人之動物占有人負損害賠償之責，但其對該第三人或該他動物之占有人，有求償權。此外，無主之野生動物挑動自己占有之動物而侵害他人，動物占有人仍須負責，且因涉及無主動物，故賠償被害人後，占有人無從求償。

㈦第 191 條

　　第 191 條係涉及土地上之建築物或其他工作物所致他人權利之損害，由工作物之所有人負賠償責任之規定。但在此若涉及公有公共設施設置或管理有欠缺時，應優先適用國家賠償法第 3 條第 1 項（無過失責任）。又第 191 條雖是請求權依據，但同時採舉證責任轉換規定，即當事人得舉證證明就其設置或保管並無欠缺，或損害非因設置或保管有欠缺，或於防止損害之發生，已盡相當之注意，而免責。105 臺上 1289 表示，設置係指建造之初；而保管係指建造後未妥善保管致其物有瑕疵；又 105 臺上 2320 指出，設置或保管有欠缺，不以本體之崩壞或脫落瑕疵為限，舉凡建築物或工作物缺少通常應有之性狀或設備，以致未具備可合理期待之安全性者，均應包括在內，並依建築物或工作物之所在地及其種類、目的客觀判斷之。

　　其次，第 191 條第 1 項規定包括建築物或其他工作物。常見案例，如大樓電梯致人受害，宜認為電梯乃建築物之成分[366]，而非建築物以外之其他工作物；又建築物外牆磁磚脫落，或建築物之窗戶或紗窗掉落傷人，亦同。至於建築物上附著設置之招牌、水塔、鴿屋或無線電話基地臺，甚難解為建築物之成分，故宜歸類為建築物外之其他工作物。而較無疑義之其他工作物，包括橋樑、隧道、高壓電塔及其電線或停車塔等。因此，諸如土地設定地上權供他人建築高壓電塔，或大樓出租予承租人，而承租人占有建築物一部分或設置其他工作物如上舉之招牌、水塔、鴿房或無線電話基地臺等，若高壓電塔、招牌、水塔、鴿房或無線電話基地臺等倒塌造成他人受害，均應由工作物所有人而非建築物所有人負賠償之責。

　　又有關舉證責任轉換，所謂工作物設置有欠缺，係指建造之初即

---

[366]　95 臺上 310。

存在瑕疵；保管有欠缺，係指建造後未善為保管致其物發生瑕疵**367**，故工作物所有人應舉證證明其對於設置或保管並無欠缺等而免責。

107 臺上 1611 指出，機器或設備未安裝於土地而易於移動者，非土地上之工作物。

因而，若有人在大樓或住宅窗臺等處所放置的盆栽因強風吹落而傷人時，因盆栽並非建築物之成分，亦非工作物，因此此一情形與該當事人是否建築物或工作物所有人無關，故並不適用第 191 條第 1 項，反而應適用第 184 條第 1 項前段等。

最後，101 臺上 1610，涉及房屋失火致生損害於他人之問題，本判決提及，建築物保管之欠缺，不必為損害發生之唯一原因，其與第三人之行為相結合而發生損害之結果者……，該第三人如具備侵權行為要件，……此時該第三人與建築物所有人對被害人負不真正連帶債務責任云云。但若二者均係造成被害人受害之共同原因，宜適用第 185 條第 1 項前段之行為關聯共同，二者成立連帶賠償責任，而非僅不真正連帶債務而已。

㈧第 191 條之 1

第 191 條之 1 第 1 項及消費者保護法第 7 條第 1 項均使用「商品製造人」一詞，故以下之說明，即使涉及外國法，亦使用同一用語。其次，本書主要說明第 191 條之 1，無法完整說明消費者保護法，請讀者務必自行參考該領域之專門著作。

1.比較法

1) 對商品製造人責任，若被害人與出賣人或商品製造人有契約關係，得依契約關係主張債務不履行尤其不完全給付，但買受人僅與出

---

367 102 臺上 2238；50 臺上 1464。

賣人有契約關係，買受人之家人或友人或鄰居等與出賣人並無契約關係；至於買受人與其家人等亦與商品製造人並無契約關係，而僅得依侵權行為規定請求損害賠償，但勢須面臨舉證困境，即商品瑕疵之被害人乃商品製造之局外人，不易舉證證明商品製造究竟是設計、原料、生產或加工何一環節致商品有瑕疵致生損害於被害人等。對此，最值得一提的是美國加州最高法院 ESCOLA v. COCA COLA BOTTLING CO. OF FRESNO, 24 Cal.2d 453, 150 P.2d 436, (1944) 判決中， Justice Roger Traynor 之協同意見主張公共政策或公共利益要求商品製造人應負「無過失責任」，因為商品製造人乃最能有效降低進入市場商品內在瑕疵對他人生命身體之危害，且其得預期某些危害並採措施避免其再發生，而大眾卻無能為力。其次，大眾受害者面臨鉅大且不必要之損害，而商品製造人得投保責任險，並轉嫁保費到價格由消費者承擔。再者，商品瑕疵致生危害，乃持續性且一般性風險，而製造人亦最能提供持續及一般之保護（參見 24 Cal.2d 453, 462 (1944)。作者註，最後者例如產品觀察、警告、召回等）。

2) 德國法

被害人須舉證證明商品在客觀有瑕疵狀態下脫離製造人，且有設計、生產及說明等之欠缺，並且該瑕疵商品對損害具有原因力。相對的，若被害人已證明商品客觀瑕疵造成法益侵害，則被害人不須再舉證證明製造人違反客觀義務，亦不須舉證證明其故意或過失，反而是製造人須舉證證明其並未違反交易安全義務，且主觀上亦無故意或過失，才可免責[368]。

再者，德國商品責任法，乃採無過失責任[369]。該法之商品，限於

---

[368]　Schwarz/Wandt, Gesetzliche Schuldverhältnisse, 3. Aufl. 2009, §21 Rn 64; Looschelders, SBT 2013 Rn 1257.

[369]　Looschelders, SBT 2013 Rn 1255; Schwarz/Wandt, Gesetzliche

動產或電力（德國產品責任法第 2 條）。又所謂損害，除生命、身體或健康外，物之損害限於商品外之其他物品損害（德國產品責任法第 1 條第 2 項第 2 句），即商品瑕疵所生之純粹經濟損失，無從依本法請求損害賠償[370]。而且被害人無論企業或私人均可，但須在通常係私人使用而致受損害[371]。又被害人須舉證證明商品有瑕疵與受有損害二者間有因果關係（德國商品責任法第 1 條第 4 項第 1 句）；而製造人得舉證證明相關排除責任事由而免責（德國商品責任法第 1 條第 2 項及第 3 項、第 1 條第 4 項第 2 句）。此外，本法亦有責任範圍之配套措施，如生命身體之損害，責任金額上限為 8500 萬歐元（德國商品責任法第 10 條），超出之金額僅得依侵權行為規定主張[372]；而對商品以外之其他之物之損害須超出 500 歐元者才可請求（德國商品責任法第 11 條）[373]。針對身體及健康之損害，被害人得請求非財產上損害之賠償（德國商品責任法第 8 條第 2 句、德國民法第 253 條第 2 項）[374]。此外，其他得適用者，尚有與有原因力或與有過失之規定[375]。

最後，德國商品責任法並不影響民法侵權行為損害賠償請求權，後者之適用例如營業性使用商品而受上述絕對權損害之情形[376]。

Schuldverhältnisse, 3. Aufl. 2009, §21 Rn 49.

[370] Deutsch/Ahrens, Deliktsrecht, 6. Aufl. 2014 Rn 392.

[371] Looschelders, SBT 2013 Rn 1269.

[372] Looschelders, SBT 2013 Rn 1273.

[373] 對此，Looschelders, SBT 2013 Rn 1274 認為，此一規定，將迫使被害人另依侵權行為規定請求損害賠償，於訴訟經濟上，尚有疑義。

[374] Looschelders, SBT 2013 Rn 1273. 應注意的是，德國法並無如我國民法第 194 條規定，故被害人死亡，其父、母、子女或配偶，對加害人並無非財產上損害賠償請求權。

[375] Deutsch/Ahrens, Deliktsrecht, 6 Aufl. 2014 Rn 394.

[376] Palandt/Sprau, 2015, ProdHaftG §15 Rn 7.

3) 英國法

於 1987 年之前的英國法下，若商品有瑕疵，被害人原告得依英國買賣法對出賣人主張權利，或依侵權行為對製造人依過失侵權行為訴請賠償，但前提是製造人對商品之欠缺有過失，且可得合理預見被害人將遭受人身或其他財物之損害[377]。但被害人主張產品欠缺之侵權行為訴訟，須證明因果關係[378]。被害人，除生命、身體及商品以外其他之物之損害外，諸如商品標的物之修繕費用及其他商品瑕疵所致之純粹經濟損失等，均無從依侵權行為對製造人請求損害賠償[379]。

此外，英國 1987 年之消費者保護法規定所謂嚴格責任，即製造人無過失仍應對商品之欠缺負責[380]。而所謂商品，包括一切動產及電力[381]。但本法亦同於上述原則，僅限於因商品之危險性有瑕疵之結果造成生命、身體或商品以外其他之物之損害，並限於商品係供私人使用或消費。且本法亦未規定使用或消費之人死亡，其家屬得否主張同於第 192 條第 2 項之權利。最後，本法對商品以外其他之物之損害目前限於超出 275 英磅。

2. 第 191 條之 1 第 1 項

1) 規範內容

第 191 條之 1 第 1 項規定，商品製造人對其商品之通常使用或消

---

[377] Mcbridc/Bagshaw, 2012, 381 以下。

[378] A. Tettenborn, in Clerk/Lindsell on torts, 21. ed., 2014, para 11–35.

[379] Giliker, 2014 para 9–024 and para 3–002.

[380] Mcbride/Bagshaw, 2012 381, 382. 又所謂嚴格責任，是指行為人不須具有過失，但仍要求被害人證明製造人或供應商之商品欠缺，而且該欠缺導致侵害，故仍有別於所謂絕對責任，參見 Kerr v Corning Glass, 169 N.W. 2d 587 (Minn. 1969).

[381] A. Tettenborn, in Clerk/Lindsell on torts, 21. ed., 2014, para 11–49.

費致他人受損害應負賠償責任，且推定其過失等之要件，但製造人得舉證證明商品並無欠缺，或損害非因該項欠缺所致或於防止損害之發生已盡相當之注意而免責。94 臺上 338 認為：「本諸保護消費者權益之法理，此規定於八十九年五月五日民法第一百九十一條之一增訂施行前所生之債，即得予以斟酌適用。」但對此，宜表明係適用第 1 條之法理，依法律補充而類推適用之。

2) 第 191 條之 1 第 1 項與買賣契約及消費者保護法之關係

第 191 條之 1 第 1 項，涉及製造人就商品瑕疵對被害人之侵權行為損害賠償責任。商品有瑕疵，買受人對出賣人，得主張瑕疵擔保請求權（第 354 條、第 359 條），但契約上其他權利，原則上須出賣人有可歸責事由。然而出賣人通常並非商品製造人，故出賣人通常可能得證明自己乃不可歸責（例如不知他人製造之商品有瑕疵而加以出賣，對此，並請參見消費者保護法第 8 條第 1 項）。相對的，商品之通常消費或使用之人若非買受人，則依債之關係相對性原則，無從依契約對出賣人主張契約之損害賠償。而理論上，商品製造人與出賣人間之契約亦難以解為具有契約附保護第三人作用，更遑論最高法院至今未承認此一制度。在此亦不生所謂第三人損害賠償請求權之情形（例如第 374 條之情形，但此制度本身應否承認，仍有爭議），因為欠缺損害異常分擔。且商品製造人亦非第 224 條所謂出賣人之履行輔助人。綜上所述，被害人對製造人就商品瑕疵，請求侵權行損害賠償，具有重要性。

其次，在消費者保護法明文規定後，民法仍然新增第 191 條之 1 規定，主要原因在於，首先，二者適用對象有別，即消費者保護法係限於企業經營者與消費者間，依消費關係所成立之消費、使用行為，而保護依本法第 7 條第 3 項包括消費者及第三人等對象。相對的，第 191 條之 1，則擴大至其他例如企業與企業間之商品瑕疵，以及無消費

關係之第三人，但前提均是使用、消費商品致生損害。其次，第 191 條之 1 第 1 項，採舉證責任轉換之原則，而消費者保護法第 7 條係採無過失責任原則 [382]。此外，二者均涉及非財產上損害賠償之請求。本書保守認為，因消費者保護法第 7 條第 3 項係無過失責任，且欠缺法律明文規定（參見第 18 條第 2 項），故無從單純依消費者保護法之本條項規定主張消費者保護法下之被害人當然享有非財產上損害賠償請求權，而須依契約結合第 227 條之 1，或主張侵權行為如第 191 條之 1 等結合第 194 條等規定，才可主張，以免負無過失責任者承擔過重之責任。當然，依消費者保護法第 50 條，消費者保護團體得受讓消費者依第 194 條、第 195 條第 1 項非財產上損害賠償權 [383]，但此乃消費者基於民法規定而得主張民法上之請求權，即消費者本身須已具有民法規定之請求權才能讓與消費者保護團體，無從僅因消費者保護法第 50 條規定其得讓與即當然認為消費者依消費者保護法享有非財產上損害賠償請求權。最後，消費者保護法因係無過失責任，故宜限於動產或相類之「物」；反之，第 191 條之 1 第 1 項，得適用於不動產 [384]。此外，計算消費者保護法第 51 條之懲罰性賠償金，依 108 臺上 1750 及 104 臺上 358，於消費者或第三人死亡之情形，作為基礎之損害額僅包括死亡之消費者或第三人原得請求之基礎損害數額如醫療等費用，不包括間接被害人請求扶養費、慰撫金等損害額在內。

---

[382]　101 臺上 803。

[383]　在此，立法者可能認為消費者保護法第 50 條規定本身已明示其乃民法第 195 條第 2 項之例外（或根本並未注意到）。

[384]　A. Tettenborn, in Clerk/Lindsell on torts, 21. ed., 2014, para 11–10.

	民法第 191 條之 1	消費者保護法
適用對象	1.商品製造人與消費者 2.商品製造人與其他企業 3.商品製造人與無消費關係之第三人	屬商品製造人之企業經營者與消費者或第三人之間
責任分配	舉證責任轉換	無過失責任
非財產上損害賠償請求權	得適用於不動產	限於動產或相類似之物

3) 商品製造人

除第 191 條第 1 項之製造人外，依第 191 條之 1 第 2 項，商品製造人，謂商品之生產、製造、加工業者。在商品上附加標章或其他文字、符號，足以表彰係其自己所生產製造、加工者，視為商品製造人，例如擁有通路之業者經常委託他人製造生產加工再附加自己之標章即是。又第 191 條之 1 第 4 項規定，商品輸入業者，應與商品製造人負同一之責任。

4) 商品及其通常使用或消費

本條項之商品，最典型者乃動產，如飛機、船舶[385]、汽機車等交通工具，或各種家電或電子產品。其次，藥物[386]與食品，亦屬本條項之商品，後者例如使用感染黃麴毒菌之花生製成之花生醬。農、漁產品，亦同[387]，如蔬菜或水果等使用超量之農藥或殺蟲劑，或撈捕或養殖之水產魚蝦蟹等，係受有毒物如汞之污染，或經餵食超量抗生素致有害人體健康。又農場養育之動物或家畜，亦同[388]。此外，煙草、香煙或各種酒類，亦屬商品，但製造人已配合政府法令對消費之人警告

---

[385]　A. Tettenborn, in Clerk/Lindsell on torts, 21. ed., 2014, para 11–49.

[386]　但參見藥害救濟法及依其設置之藥害救濟基金。

[387]　A. Tettenborn, in Clerk/Lindsell on torts, 21. ed., 2014, para 11–53 （para 11–53, Fn236 指出，歐盟於 2000 年 12 月 4 日修法才將之包括在內）。

[388]　MK/Wagner, ProdHaftG §2 Rn 4.

該商品可能傷害身體或可能致癌等時，宜認為消費之人乃自甘冒險或與有「故意」，而限制或排除其依本條項之損害賠償請求權。反之，以甲醇製成假酒販售，致消費者飲用後眼睛失明或甚至死亡等，得適用本條項規定。

　　有爭議的是，商品是否包括人的血液，英國 2001 年之判決曾肯定因輸血之血液帶有 C 型肝炎之被害人，得主張適用 1987 年英國訂定之消費者保護法[389]；亦有學說因而推論移植之器官亦屬之[390]。又電腦軟體或應用程式，若有實體載具，例如隨機已安裝者或以光碟片提供者，得認為係商品，並無疑問；但若單純由網路下載，並無實體載具，是否本條項所稱之「商品」，不無疑問。對此，有英國見解認為其消費者保護法係採否定說[391]，但美國學說認為若係軟體程式之設計欠缺，而非涉及實體內容者，宜採肯定見解[392]。後一見解，足以因應現代社會科技發展下之交易規範需要，較值得贊同。此外，導航設備、其軟體與其提供之路況資訊，較無疑問的是，導航設備本身乃商品，而其軟體涉及程式設計瑕疵亦同，尤其是伴隨機具出售並定期或隨時更新之情形。但其因而提供之路況資訊本身是否為第 191 條之 1 第 1 項之商品，仍有疑義，理由是其僅係機具與程式運作之最終結果；又縱使認為提供路況資訊乃消費者保護法第 7 條之服務，但使用者因使用導航設

---

[389]　Mcbride/Bagshaw, 2012 384 (citing A v Natioanl blood Authority, [2001] 3 AII ER 289).

[390]　A. Tettenborn, in Clerk/Lindsell on torts, 21. ed., 2014, para 11–49.

[391]　A. Tettenborn, in Clerk/Lindsell on torts, 21. ed., 2014, para 11–51.

[392]　David G. Owen, Products liability law, 2005, 1061–1062 說明，美國肯德基州校園槍殺案被害人之父母對遊戲軟體或線上遊戲製造人或供應者提起侵權行為訴訟，主張其暴力內容乃有欠缺及異常危險，即其內含之想法、觀念及訊息具危險性，被告負有義務提出警告。但法院認為遊戲機或軟體或線上遊戲所包含之無體之想法、觀念及訊息並非商品，而駁回其訴訟。

備提供之資訊致迷路等，僅時間上之浪費並不易符合侵權行為之不同保護客體有不同規定之特色。且若當涉及人身受有侵害時，有無因果關係，仍有疑義，惟至少被害人亦須係「與有過失」（第 217 條第 1 項）。

而所謂通常使用或消費，原則上宜依商品本身之作用、功能或目的而定。例如電暖器乃依電力發熱提昇溫度之設備，供取暖之用，並非烘衣機具，故若使用者以電暖器烘衣致阻礙熱能釋放致機件失靈或甚至失火，並非通常使用或消費，無從依本條項請求損害賠償。

5) 製造、生產或設計之欠缺及其舉證責任轉換

製造或組裝欠缺方面，若製造人能證明，在商品發展、組裝階段迄至流通進入市面，已運用一切合理注意，亦無法發現該等瑕疵，即得免責；又在設計欠缺方面，例如住戶走在磁磚地上滑倒，主張該磁磚防滑設計有瑕疵，若製造人能舉證證明係因行走多時後才發生，自始至合理使用期間仍具一定止滑能力而得免責。至於商品觀察義務之舉證責任，即商品流通進入市場後，被害人須舉證證明，製造人在商品流通進入市場後，可得而知商品危險性，並因而負有義務警告商品之消費者，例如已知汽車安全氣囊設計製造有瑕疵，製造人即應公告通知召回車輛更換；或已知食用油摻雜有害人體健康之添加物，亦應公告回收並警告勿再食用。

6) 推定因果關係及其界限

第 191 條之 1 第 1 項明定舉證責任轉換，其文義上除包括商品製造人舉證證明「其損害非因該項欠缺所致」，似亦包括推定因果關係，但此一規定針對若干近年眾所矚目之黑心食品案例仍然難以解決問題。例如臺灣大腸癌患者人數日見高昇，原則上此似涉及眾多不同毒素侵害或影響人體，即使製造人製造黑心食品或商品，亦未必能證明其損害是因特定製造人之瑕疵商品所造成。尤其每個人曝露在日常生活中之致癌因子極多，且個人身體、基因或抗癌性亦不同，科學上極

不易證明乃係因特定食品或商品引起特定個人身體健康之損害。

再者，一般性規定因果關係之推定，乃比較法上罕見之規定 **393** ，恐遠超出規範商品製造人應對自己商品欠缺致生損害之必要範圍，故實務上似宜謹慎適用本條項但書規定。若商品製造人舉證證明商品欠缺或瑕疵與所謂之損害，並無或欠缺科學上之因果關聯性時，宜認為已舉證推翻推定。因此無論民法或消費者保護法之損害賠償規定，涉及損害及其因果關係部分，均不易保護當事人。但若是業者故意違法且隱瞞，其乃惡性重大，仍應在食品安全衛生管理法等，斟酌依商品營業額及經營時間長短計算而加重其罰鍰，且宜思考專款專用作為全民健康保險經費來源。

又受保護之人，依據文義，只要是通常使用或消費所致他人之損害即可。例如因汽車設計製造之欠缺，於行駛中造成事故，致買受人或駕駛人或車上乘客受傷；或因汽車煞車有欠缺，致駕駛人撞上他人民宅或屋主或其家人，該等被害人亦受保護（參見第 191 條之 1 第 1 項前段）。即買受人或消費使用人尚有機會檢驗汽車有無瑕疵，而無關之第三人作為被害人則毫無機會；且製造人得投保責任險分散風險轉嫁保費至所有買受人，仍屬相同，故並無理由使其劣於買受人或消費使用人等，故至少應承認其享有相同之保護 **394** 。同理，亦得適用於諸如電視爆炸等，不僅致買受人或消費使用者，其他訪客或甚至鄰居之同時受害時，亦同。

7) 法律效果

第 191 條之 1 第 1 項或消費者保護法第 7 條第 3 項之保護範圍，

---

393 參見上揭德國法及英國法之簡介，但美國法亦同，被害人須證明商品欠缺導致其受害之因果關係， Kerr v Corning Glass, 169 N.W. 2d 587 (Minn. 1969).

394 Elmore v American Motors Corp., 70 Cal. 2d 578 (1969).

有認為商品本身之瑕疵，屬於契約之瑕疵擔保或債務不履行之問題，故不包括商品本身之瑕疵或欠缺[395]。亦有認為，除瑕疵結果損害外，該等規定之保護客體亦包括商品本身之瑕疵或欠缺[396]。本書認為，商品本身之瑕疵或欠缺，屬於契約瑕疵擔保之問題，故消費者保護法或第 191 條之 1 第 1 項等規定，均僅針對生命、身體或健康以及商品以外之其他標的物才可適用相關規定請求損害賠償。

臺中高分院 97 建上 44，曾引用 78 臺上 200；78 臺上 200 案件事實涉及甲生產磁磚瑕疵致經銷商乙出售予建商丙使用於其新建房屋之外牆，致須拆除重貼等。法院認為，丙因磁磚龜裂遭客戶索賠，丙得「本於侵權行為之法律關係，請求損害賠償，……（製造人甲，稱買受人丙請求製造人甲）就買賣標的物之瑕疵負賠償之責，於法無據，自屬誤會。」但是 78 臺上 200 本段敘述之疑問在於，就買賣標的物之瑕疵即磁磚之瑕疵，買受人丙自始未曾取得無瑕疵之磁磚，故在此稱製造人甲侵害丙之磁磚所有權，並非妥適。其次，丙得對甲請求侵權行為之損害賠償，應僅限於建商丙新建房屋之其他建材因與磁磚黏合，致其他建材所有權受侵害（及上述之建商因而可能對房屋買受人之損害賠償金額等）。至於瑕疵磁磚本身，非丙得對製造人甲請求損害賠償之標的，而係丙依買賣契約得對乙主張瑕疵擔保請求權之對象（乙亦得再對甲求償）。此外，買受人係商人時，就此等「損害」得藉保險分散，並無特別保護之必要，此外，若允許買受人就一切可預見之「純粹經

---

[395] 就消費者保護法第 7 條，106 臺上 1 指出，並不包括商品本身瑕疵之損害。96 臺上 2139，此外，參見上揭比較法簡介之德國法及英國法。

[396] 98 臺上 1729 之原審法院，即臺灣高等法院臺中分院 97 年建上字第 44 號。此外，本判決曾引用 78 臺上 200。但 98 臺上 1729 於廢棄臺灣高等法院臺中分院 97 年建上字第 44 號判決文中並未對此表示意見，故不知最高法院本判決對 78 臺上 200 之意見如何。

濟損失」 均得對製造人請求損害賠償 ， 製造人將負擔鉅額之賠償責任[397]。

　　尤其，上述臺中高分院 97 建上 44，更嚴重誤會此乃德國法之特有見解，但事實上，英國法及美國法均持相同看法[398]。此外，97 建上 44 僅引用 78 臺上 200 之支持見解，卻忽略 96 臺上 2139 較新且否定之見解，亦不妥適。最後，針對消費者保護法第 7 條第 3 項而言，97 建上 44 中被害人中之一人係華南銀行，且該大樓亦非供私人使用或消費，反而是供辦公廳使用。且更重要的是在此僅涉及瑕疵標的物之不動產本身之欠缺，但主張消費者保護法第 7 條第 3 項之無過失責任包括不動產，實屬極為罕見之見解[399]；反之，就第 191 條之 1 第 1 項之適用，因僅規定轉換舉證責任，故得適用於建築物[400]。

　　此外，第 191 條之 1 並未規定商品之相關當事人之連帶賠償責任，

---

[397] East River Steamship Corp v Transamerica Delaval, 476 U.S. 858 (1986), at 871–2 and 874.

[398] 英國法，不包括瑕疵標的物本身所致之純粹經濟損失，Giliker, 2014 para 9–020; 9–024; 3–002. 美國法，亦同，當事人依預期使用瑕疵標的物，或修繕瑕疵之費用等，僅得依契約對如出賣人（或有表示擔保條款之製造人）請求，East River Steamship Corp v Transamerica Delaval, 476 U.S. 858 (1986).

[399] 英國法，其消費者保護法不適用於建築物，侵權行為之判例法，亦同，Giliker, 2014 para 9–020; 9–024; 美國法，侵權行為法下所謂嚴格責任之商品責任，不適用於不動產，且無過失之商品責任之制定法，亦多數排除適用於不動產，David G. Owen, Products liability law, 2005, 1049–1050（但 1050 以下有提及著名之例外判決 Schipper v Levitt, 207 A.2d 314(N.J. 1965)）. 德國商品責任法第 2 條，明文僅限於動產及電力，故不包括不動產，又被害人亦無從主張瑕疵標的物本身之損害，Palandt/Sprau, 2015, ProdHaftG Einf. Rn 5 und §2 Rn 1.

[400] A. Tettenborn, in Clerk/Lindsell on torts, 2014, para 11–10.

結論上似採單一主體負責，即通常情形，所謂商品製造人係指商品之生產、製造、加工業者（第 191 條之 1 第 2 項前段），而僅由最終商品之製造人應負本條第 1 項之損害賠償責任。例如車輛煞車有瑕疵，商品製造人乃車輛製造商，至於零件、原料或半成品等供應商並非商品即車輛之製造人；但內部關係上，商品製造人依其情形得依契約關係等對該供應商求償 [401]。雖然如此，商品製造人及其零件供應商，亦應斟酌是否得依「行為關聯共同」，或甚至狹義共同侵權行為而成立第 185 條第 1 項前段規定。

㈨第 191 條之 2

本條規定涉及機車、汽車等動力車輛之駕駛人 [402]，在使用中加損害於他人，應負賠償責任。本條亦採推定過失之舉證責任轉換，故性質上乃請求權依據。

人力腳踏車不適用本條。又依軌道行駛者，例如捷運、火車或高速鐵路等，應分別適用大眾捷運法（第 46 條）及鐵路法（第 62 條）。又高速鐵路亦適用鐵路法（參見第 2 條第 3 款），而不適用本條規定。上述特別法規定，原則上優先於消費者保護法第 7 條之服務責任規定。

其次，本條之損害賠償義務人係駕駛人。又本條之「在使用中」，除引擎仍然發動或行駛中等，較無疑問外，在駕駛人引擎熄火停車後遽開車門致其後車輛撞上，得否稱為「在使用中」，不無疑問。本書認為，此等情形於文義上，動力車輛無論有無啟動引擎，只要是準備或結束使用動力車輛之行為，仍屬在使用中，故得適用本條之推定過失責任。

---

[401] 在此，可能發生供應商無過失，致商品製造人無從依第 227 條第 1 項或第 2 項請求損害賠償；反之，依英美法，契約涉及物品時，債務人須負無過失責任，故製造人得對供應商求償。

[402] 德國道路交通法第 7 條及第 18 條係分別規定車輛持有人及駕駛人責任。

再者，在駕駛人停車但引擎仍在發動中，車上乘客未注意後方即遽開車門，致其後車輛撞上使他人之身體或財產受損害者，因乘客不符本條駕駛人之定義，故乘客應依第 184 條第 1 項前段，負損害賠償責任。且乘客亦無從抗辯稱係駕駛人違規停車致其無法注意之下而開門，因為乘客本得請求駕駛符合法規下靠邊停車；亦無從抗辯因位於後座而無法使用後照鏡，致無法注意後方來車，因為乘客得轉頭向後觀察注意有無人車接近。

最後，第 191 條之 2 並非駕駛人應為乘客行為負責之規定，但駕駛人對車上乘客遽開車門致他人受害，應否在乘客之外，亦一併對被害人負責，仍應思考得否適用第 185 條第 1 項前段之行為關聯共同。

德國道路交通法，區分動力車輛之持有人及駕駛人，對動力車輛因使用中所生之損害，持有人係負所謂危險責任，但因不可抗力所致者，不在此限（該法第 7 條）；駕駛人係如同第 191 條之 2 規定（該法第 18 條）。此一規定下，車輛持有人務須投保事故責任險，以免因而以自己財產承擔責任，亦避免在我國發生之案例，即動力車輛持有人將車輛交由第三人如子女朋友使用而肇事時，駕駛人無財產可承擔賠償責任，但被害人除強制汽車責任險之保護外，難以對動力車輛持有人求償之難題；亦即德國法下，除非是不可抗力所致之事故，持有人仍須對駕駛人使用車輛致被害人所生之損害，負賠償責任。

㈩第 191 條之 3

1.性　質

本條亦屬推定過失之規定，並非危險責任或無過失責任規定。99臺上 680 認為，本條乃經營者之自己責任，而與第 188 條第 1 項之僱用人責任無關。亦即若經營者之受僱人因執行職務致不法侵害他人權

利，則被害人除第 191 條之 3 外，亦可同時主張第 188 條第 1 項。

2.構成要件

所謂經營一定事業或從事其他工作、活動之人，其工作、活動之性質或使用工具、方法有生損害於他人之危險，針對醫療行為是否受本條規定規範，96 臺上 450 認為「醫療行為並非從事製造危險來源之危險事業或活動者，亦非以從事危險事業或活動而獲取利益為主要目的，亦與民法第一百九十一條之三之立法理由所例示之工廠排放廢水或廢氣、桶裝瓦斯廠裝填瓦斯、爆竹廠製造爆竹、舉行賽車活動、使用炸藥開礦、開山或燃放焰火等性質有間，並無民法第一百九十一條之三之適用。」本判決之說明，應予以肯定。

其次，涉及經營一定事業者，如核電廠（核子損害賠償法）、捷運（大眾捷運法）、高速鐵路（鐵路法）、遊樂場、動物園、馬戲團、加油站、煉油廠等，對於已有特別法規定者，如民用航空器、火車或核電廠等，分別有民用航空法、鐵路法或核子損害賠償法之特別法規定，除係採無過失賠償責任外，多設有損害賠償總額的上限。除是否包括非財產上損害賠償尚不明確外，仍得適用民法侵權行為此一規定。此外，營業性質之動力車輛，並不適用第 191 條之 3，但依其情形得適用第 191 條之 2。

3.舉證責任轉換

被害人依本條主張損害賠償，不須證明行為人有故意過失，亦不須證明危險實現致生損害之間有相當因果關係。在此，有關因果關係，100 臺上 2286 認為，傢俱工廠因使用木材及油漆包含各種可燃性液體物質致失火之情形，得適用第 191 條之 3。亦即被害人只須證明加害人之工作或活動之性質，或其使用之工具或方法，有生損害於他人之

危險性，而在其工作或活動中受損害即可，不須證明其間有因果關係。反之，行為人須舉證證明無過失或無因果關係才可免責。對本條規定，亦得依所謂低成本危險防止者及投保保險者之觀點說明之。例如使用炸藥開礦開山，當事人掌控炸藥用量、爆炸範圍、安全距離、隔離設施或公告公眾周知等，故相較於潛在之被害人，乃低成本危險防止者及投保保險者，故由其承擔過失之舉證責任轉換，仍屬妥適。

貳　侵權行為有關損害賠償之規定

對損害賠償之法律效果，第 213 條以下有相關基本規定，不僅適用於侵權行為之損害賠償，亦適用於契約之債務不履行；此外，亦有其他損害賠償請求權及法律效果之規定（例如第 91 條、第 245 條之 1、第 247 條）。至於侵權行為之法律效果，民法在第 192 條至第 198 條，亦有特別規定。因此涉及侵權行為之損害賠償，須同時注意第 192 條以下與第 213 條以下之相互關係。但被害人得請求之損害，適用第 216 條第 1 項；而所失利益，參考同條第 2 項，難稱為被害人實際所受損害[403]。

一、侵權行為對侵害人格法益或身分法益之規定

以下分別說明侵害人格法益及身分法益之損害賠償。

---

[403] 但 103 臺上 2375，似採不同看法。又 103 臺上 641 稱，未實際發生之損害，及不確實發生之損害，均不得請求損害賠償。此等見解，未必符合第 216 條第 2 項；在此，本書較贊同 100 臺上 2100 之說明，即凡依外部客觀情事觀之，足認……，即為所失利益，應由債務人賠償，不以確實可取得之利益為限。

㈠侵害人格權或人格法益之損害賠償

1.侵害他人之生命法益

　　侵害他人致死，乃侵害他人之生命法益，理論上，若被害人死亡前，已因其受傷支出救護車、醫藥費、手術費或看護費等費用，或因受傷致未能取得相關收入等，因係被害人死亡前已發生之損害，被害人得自行請求；被害人嗣後死亡時，因請求權已發生，故亦得由其繼承人依法繼承而請求此一部分之損害（第 1148 條第 1 項）[404]。但此等情形之外，依第 6 條，人之權利能力始於出生，終於死亡，故若事故致被害人死亡，被害人就自己被害之事實，已因死亡而無請求損害賠償之權利，因此其繼承人自亦無從主張「被害人如尚生存所應得之利益」[405]。在此，第三人充其量僅得依第 192 條第 1 項或第 2 項或第194 條，就法律明定之損害請求賠償。即第 192 條及第 194 條乃有關不法侵害他人致死之特別規定，而使被害人以外之第三人得以對加害人請求損害賠償[406]。

　　1) 第三人得請求之損害

　　⑴第 192 條第 1 項

　　本條項係針對第三人為死亡被害人支出醫療及增加生活上需要之費用或殯葬費，承認第三人得對加害人請求損害賠償之規定。德國民法第 844 條第 1 項係限於負有殯葬義務之第三人；至於無義務之第三人，則依無因管理。

---

[404]　Palandt/Sprau, 2015, §844 Rn 1 und 4.

[405]　54 臺上 951；Looschelders, SBT 2013 Rn 1415.

[406]　Palandt/Sprau, 2015, §844 Rn 1.

⑵第 192 條第 2 項

依本條項，受被害人法定扶養之第三人，對加害人，亦得請求未能受被害人扶養所產生之損害。對此，須分別斟酌被害人受侵害死亡時，及受被害人法定扶養之第三人之年齡，而計算至其不須受扶養之年齡，並計算其每年扶養費用，例如生活、教育費用及其他生活上必須支出；此外，若其有共同扶養義務人時，是否須再依法計算其負擔金額或比例，立法論上尚有疑問，宜採否定見解⓵。又是否屬於受被害人法定扶養之第三人等，依民法親屬編規定。例如被害人死亡時僅 18 歲無工作能力，宜肯定其父母得就將來年老後，被害人若未死亡時須對父母盡扶養之義務而請求損害賠償，並依將來被害人有扶養能力時，第三人可受扶養之期間長短、金額等來計算。在此，因涉及對未來之預測，故具不確定性。此外，依第 192 條第 3 項準用民法第 193 條第 2 項，第三人得聲請採支付定期金的方式，但加害人須提供擔保。

2) 第 194 條

德國法原本不承認如同第 194 條之請求權⓶，頗受批評；尤其是 2015 年 3 月某廉航副機長駕機撞山致乘客死亡案，特定親屬就親人死亡無法主張非財產上損害賠償，故德國修訂民法。自 2017 年 7 月 22 日起生效之德國民法第 844 條第 3 項已規定，加害人對死亡被害人之特別親近關係人，就其因被害人死亡所生精神痛苦，應給付金錢之相

⓵ 德國民法第 843 條第 4 項（身體及健康侵害）及第 844 條第 2 項第 1 句末段（致人於死之情形），均明定賠償請求權不因另有扶養義務人而受影響。即基本想法是，不應因此而使賠償義務人免責。

⓶ Palandt/Grüneberg, 2015, §253 Rn 11. 又 Hoppenstedt/Stern, ZRP 2015 18ff., 說明德國法相較歐洲各國下難以令人接受之法律現況以及德國政府提出之草案。

當補償；死亡者之配偶、同居人、父母或子女，推定有特別親近關係。對此，Gerhard Wagner, NJW 2017, 2641ff., 指出，⑴本條項係指非財產上損害之金錢補償，⑵且僅限於死亡，不包括受傷之情形。⑶契約法之損害賠償請求權不適用本條項。⑷又每個人請求之金額大約是一萬歐元。

第 194 條涉及被害人受侵害死亡，其父、母、子、女或配偶得請求非財產上損害之相當金額賠償。但加害人不得抗辯因被害人之未成年子女年幼或僅為胎兒或無法感覺到痛苦等而不得請求非財產上之損害賠償 ⑳，即第 194 條之非財產上損害賠償主要在於法定之第三人因被害人死亡而可能發生之精神、心理或情緒上痛苦，而幼兒、胎兒將來成長過程中均仍極有可能感受被害人死亡而發生痛苦，故應肯定之。至於主張第 194 條之第三人係植物人或精神有障礙之人時，原則上亦仍應肯定之，因只要是人，即享有權利能力（第 6 條），不應因其係植物人或精神障礙受任何影響。

其次，第 194 條之非財產上損害賠償請求權，亦應類推適用第 195 第 2 項之規定 ⑳。

2.侵害他人身體或健康

加害人侵害被害人身體或健康，除可能須負財產上損害之賠償責任外（第 193 條第 1 項；第 213 條以下），亦可能須負非財產上損害之賠償責任（第 195 條第 1 項）。

1) 第 193 條第 1 項

被害人身體或健康遭受侵害，一切客觀合理已支出或預期應支出

---

⑳　66 臺上 2759。

⑳　84 臺上 2934，稱「適用」第 195 條第 1 項。此外，參見 104 臺上 358 亦同（但涉及消保法）。

之費用，或應取得但因受侵害致未取得之收入，例如住院治療支出之醫藥費、復健費，或收入減少等，得請求損害賠償（參見第 213 條以下）[411]。在此之外，第 193 條第 1 項特別規定，加害人對被害人因此喪失或減少勞動能力[412]，或增加生活上之需要，應負損害賠償責任。對前者，依德國通說，在此並非涉及抽象損害，故被害人喪失或減少勞動能力本身，無從請求損害賠償，而須具體影響被害人之收入結果[413]；最高法院 93 臺上 1489 則認為，喪失或減少勞動能力本身即為損害，得請求損害賠償。又尚無謀生能力之幼兒或青少年，雖暫無此一請求權，但成長後可預期有此請求權，故得依確認之訴確定之，且不確定性之不利益，亦不應由此類被害人承擔[414]。此外，在此亦有所謂操持家務損害，即若被害人身體或健康受侵害，而無法自行照料本人生活須求，即屬增加生活上需要；反之，若係涉及照顧其他家庭成員者，即屬喪失或減少勞動能力[415]。增加生活上需要之定義，如身體受傷致無法行走，須使用輪椅、電動車，或者看護人員及機器維生設備等。至於被害人是否確須依賴他人長期看護，應以最後事實審言詞辯論終結時之事實狀況為認定之標準[416]。

此外，依第 195 條第 1 項之損害，涉及被害人因身體或健康受侵害，致精神心理或情緒之痛苦。

---

[411] Looschelders, SBT 2013 Rn 1410.

[412] 對被害人喪失或減少勞動能力之計算，參見 91 臺上 750；91 臺上 413；89 臺上 2772；89 臺上 2964；88 臺上 2930 等。

[413] Looschelders, SBT 2013 Rn 1408 mwN; Palandt/Sprau, 2015, §842 Rn 2 und §843 Rn 2.

[414] Palandt/Sprau, 2015, §843 Rn 2 und 12. 對此，並參見 101 臺上 803；104 臺上 441。

[415] Palandt/Sprau, 2015, §843 Rn 2 und 8.

[416] 88 臺上 1771。

2) 第 193 條第 2 項

第 193 條第 2 項。有關一次給付或支付定期金，最高法院表示，被害人對增加生活上之需要，依第 193 條第 1 項規定訴請加害人賠償損害，並非提起將來給付之訴，不待被告有到期不履行之虞，即得起訴。又同條第 2 項雖明定法院得因當事人之聲請定為支付定期金，惟此並非賦予被害人有要求支付定期金之權利，被害人聲請支付定期金，法院是否准許，仍有自由裁量之權[417]。

3) 親屬看護之問題

涉及親屬看護時，88 臺上 1827 之原審認為，按被害人受傷，而由親屬代為照顧起居，固係基於親情，但親屬看護所付出之勞力，並非不能評價為金錢，只因兩者身分關係密切而免除支付義務，此種親屬基於身分關係之恩惠，自不能加惠於加害人。故由親屬看護時，雖無現實看護費之支付，但應衡量及比照僱用職業看護情形，認被害人受有相當於看護費之損害，得向加害人請求賠償，乃現今實務上所採之見解，亦較符公平正義原則。

值得注意的是，英國不同判決間之爭執在於，親屬看護究竟何人得請求損害賠償。即若由被害人請求，可能遭加害人抗辯被害人實際並無支出，並無「損害」[418]；且被害人取得相關費用後，通常似亦未支付予看護之親屬。反之，若由看護之親屬直接對加害人請求，因僅涉及勞務及時間等之付出，亦可能遭抗辯此乃純粹經濟損失，須符合第 184 條第 1 項後段才可。其後，英國上議院判決認為，此乃第三人即親屬之損害，而由被害人依信託而為第三人請求，且負有義務支付予第三人[419]。自結論而言，只要被害人由第三人看護乃客觀合理，究

---

[417] 88 臺上 2355。

[418] 例如 90 臺上 2167 之被告，即如此抗辯。

[419] Burrows in: Clerk & Lindsell, 2014 para 28–27 說明 Hunt v Severs, [1994] 2 A

竟係由有給職之看護人員，或被害人親屬擔任看護，宜認為並無區別；且外國判決中，不少係親屬因被害人受害而辭去工作自行看護被害人；又由親屬看護，通常對被害人復原等較有幫助，故不應因親屬看護而認為加害人不須承擔此部分損害賠償，上述實務見解之結論仍值得贊同。

4) 第 195 條第 1 項

第 195 條第 1 項規定，「不法侵害他人之身體、健康、名譽、自由、信用、隱私、貞操⓴，或不法侵害其他人格法益而情節重大者，……」。本書認為，本條項第二次出現之「不法侵害」乃多餘，即侵害他人身體、健康、名譽、自由、信用、隱私、「性自主」亦須情節重大，而非僅其他人格法益受侵害才須情節重大，以便排除非情節重大侵害之非財產上損害賠償請求。例如走在路上被腳踏車刮傷，被害人須打破傷風針、包紮及治療等之醫藥費支出得請求損害賠償，但恐不符「情節重大」要求，故不得請求非財產上的損害賠償。此外，日常生活上尚有買到內有異物之啤酒，而要求高額損害賠償之案例，此雖係有關第 227 條之 1，但亦宜認為，非屬情節重大。反之，如某富少之性侵案或某名人之光碟案，均屬情節重大。此外，依本條項規定，原告須主張（並在必要時舉證證明）侵害情事確屬情節重大。

5) 寵物受害之問題

侵害財產權標的，如寵物狗遭撞死或甚至遭狗肉店屠殺販售，主人亦可能發生精神心理或情緒上痛苦。但因第 18 條第 2 項明定，須人格權受侵害，且法律有特別規定，被害人才可請求慰撫金。故因財產權標的受侵害作為媒介，致被害人之人格權受侵害，宜認為不符法定要件，被害人無從請求非財產上損害，而須係人格權作為直接侵害客

C 350 HL.

⓴　本書建議使用「性自主」。貞操之用語竟出現在當今民法規定，民法債編修正極有問題。

體，被害人才可請求非財產上損害之賠償。舉例而言，加害人知悉被害人愛惜家傳古董花瓶字畫，為侵害被害人之人格權而加以毀損，可能得成立人格權之侵害（第 184 條第 1 項後段）。其次，值得思考之案例是 92 臺上 164。本判決認為，侵害所謂居住安寧之人格法益，得請求慰撫金。本書認為，在此似宜儘可能適用第 195 條第 1 項明示列舉之身體或健康，而解為被害人之身體或健康，因住屋不得安寧，致受侵害而得請求慰撫金，而非如本判決所稱之居住安寧之人格法益受害。即若無人格權如身體或健康之侵害及具體損害，不宜判決承認個人對物之使用收益受影響亦得請求慰撫金。

6) 公司或法人名譽受侵害

62 臺上 2806 認為，公司係依法組織之法人，其名譽遭受侵害，無精神上痛苦可言，登報道歉已足回復其名譽，自無依第 195 條第 1 項規定請求精神慰撫金之餘地。相對的，90 臺上 2026 則認為，原審因認登報仍不足回復其名譽，且因認定僅有 3 百萬元之非財產上損害，請求並無不妥。

本書認為，90 臺上 2026 原審所謂被害人公司商譽受害，故判賠三百萬元非財產上損害之賠償，恐係矛盾，因為在此既涉及商譽損害，宜歸類為財產上損害賠償；又縱使被害人公司不能或難以具體證明損害賠償之數額，但民事訴訟法第 222 條第 2 項亦已有明文規定，可供參考。此外，在此似係因 62 臺上 2806 表示「登報道歉已足回復其名譽，自無依第 195 條第 1 項規定請求精神慰藉金之餘地」，致後一判決反面推論，若登報道歉不足回復名譽，即得請求非財產上損害之賠償，但此一結論在 90 臺上 2026，恐係錯誤推論，因為本件涉及之公司乃依法組織之法人，有別於自然人，並無精神、情緒或心理痛苦可言，不宜享有非財產上損害賠償請求權。最後，此一問題，宜認為亦與法人之理論依據如法人實在說等根本無關，即依第 26 條規定，法人於法

令限制內，有享受權利、負擔義務之能力，但專屬於自然人之權利義務，不在此限，故法人依本條無從請求專屬自然人之非財產上損害賠償請求權。無論如何，100 臺上 1420 及 104 臺上 599 等判決對公司名譽受侵害，已改採公司不得請求非財產上損害賠償之相當金額見解，應予肯定。附帶而言，第 195 條第 1 項後段所謂其名譽被侵害者，並得請求回復名譽之適當處分，以著名之新新聞案 **421** 為例，原告僅得對被告請求回復名譽之適當處分 **422**，無從過度或漫無限制。

7) 姓名權受侵害

在此，被害人得請求法院除去其侵害或防止侵害（第 19 條）。又成立姓名權之侵權行為，若涉及姓名權主體之人格貶抑，例如將他人姓名取不雅之諧音，四處宣揚，就非財產上損害，被害人亦得請求賠償相當金額（第 195 條第 1 項）；至於姓名權之財產上侵害，如未經同意使用他人姓名行銷廣告，被害人僅得請求財產上損害賠償，但無從主張非財產上損害賠償。

3. 第 195 條第 2 項之限制

第 195 條第 2 項，明定非財產上之損害賠償請求權不得讓與或繼承。主因當係在於人格或身分法益受侵害，只有被害人才會痛苦（且係例外而得請求金錢賠償），故具有一身專屬性，原則上不得讓與或繼承。但依第 195 條第 2 項但書規定，以金額賠償之請求權已依契約承諾或已起訴者，即得讓與或繼承。

421　93 臺上 851。

422　103 臺上 664。

㈡侵害身分法益之非財產上損害賠償

1.立法規定及理由

依第 195 條第 3 項，加害人不法侵害他人基於父、母、子、女、配偶關係之身分法益而情節重大，亦得請求非財產上損害賠償。本條項之立法理由提及擄略他人未成年子女，其父母監護權受侵害，得請求身分法益受侵害之非財產上損害賠償；其次，配偶一方被強姦，配偶他方亦得請求非財產上損害賠償。比較法上，德國法對死亡者之父母子女配偶，未規定有慰撫金請求權，亦無如同第 195 條第 3 項之規定 ❹。其次，英國雖有規定配偶等之間，於一方被害死亡時，他方對加害人有慰撫金請求權 ❹，但亦無如第 195 條第 3 項之規定。反之美國法，應是第 195 條第 3 項之主要支持者，即配偶相互間對一方被加害人侵害，致持續影響互相陪伴與親密關係等，得對加害人請求損害賠償 ❹；又父母對未成年子女受第三人重大傷害，而影響其可享有之陪伴與安慰，亦同 ❹。但父母對成年子女之被害則無請求權；成年子女對父母被害，亦無請求權。但本條項立法理由並未提及參考美國法。

---

❹ 又德國民法雖有第 845 條，對配偶（女性）及子女死亡、身體或健康或身體行動自由受侵害而未能依法服家務等，明定第三人（即先生或父母）有喪失勞務之損害賠償，但亦非涉及非財產上損害賠償。

❹ Giliker, 2014 para 17–53.

❹ 例如 Mary Anne Rodriguez v Bethelhem Steel Corp. ed al, 12 Cal. 3d 382 (1974).

❹ 例如 United States of America v Loren Dempsey, 635 So. 2d 961 (Flo. 1994).

2.法律適用

　　第 195 條第 3 項，宜認為乃損害賠償請求權依據，且其法律效果準用同條第 1 項，即加害人不法侵害他人基於父、母、子、女或配偶關係之身分法益，情節重大時，亦應負賠償相當金額之責任。但綜合而言，因本條項未明定主觀要件，尤其並未明示究竟應當如何結合既有民法侵權行為規定，故仍有賴最高法院判決實務，在解釋適用上多方斟酌。

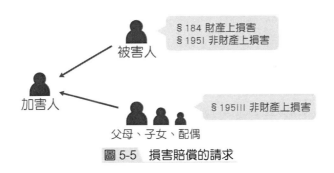

§184 財產上損害
§195I 非財產上損害
被害人
加害人
§195III 非財產上損害
父母、子女、配偶

圖 5-5　損害賠償的請求

1) 第 195 條第 1 項與第 3 項之差異

　　首先，適用第 195 條第 1 項之前提是，加害人侵害被害人之人格法益成立侵權行為（第 184 條第 1 項前段以下），因而在財產上損害賠償請求權外，亦賦予被害人於情節重大時，得請求加害人賠償非財產上損害之相當金額。此一規定，對加害人或被害人，均較具有正當性[427]。反之，第 195 條第 3 項規定，不法侵害他人基於父、母、子、女或配偶關係之身分法益，情節重大時，亦應負賠償相當金額之責任。但對加害人而言，究竟其應成立何基本侵權行為規定才成立此侵害他人身分法益之侵權行為，依本條項規定，完全難以得知。

---

[427]　但應指出者，在英國法，縱已明文立法，但仍被指稱係極令人難以接受，Cane, 2013, 89; 且經英國最高法院引用，參見 [2014] UKSC 22 at para 10.

2) 第 195 條第 3 項立法理由之兩項例示

第 195 條第 3 項之身分法益，立法理由之二項例示，即擄略他人未成年子女，其父母監護權受侵害，或配偶一方被強姦，他方亦得請求非財產上損害賠償，二者雖均以故意為前提，但仍宜重新思考其妥當性。立法理由所謂配偶一方被強姦，他方得主張非財產上損害賠償之相當金額，恐有疑義。即配偶一方被強姦，他方得請求強姦者非財產上損害之依據究竟何在，不無疑問；被強姦之一方配偶乃直接主要且當下持續之被害人，而他方乃間接、次要、事後且附帶之「被害人」。其次，強姦者當然是故意侵害被強姦者，但單純僅因被強姦者係有配偶，其配偶即得依第 195 條第 3 項主張身分法益受侵害之非財產上損害賠償，似過度間接且浮濫。再者，婚姻關係存續中，配偶一方被強姦，他方基於雙方婚姻關係，本應盡力安慰被害之配偶，共同克服難關；若因配偶一方被強姦，他方得主張非財產上損害賠償，勢必主張或暗示其因其配偶被強姦，而影響雙方感情或共同生活，但如此無異顯示「未盡責」或甚至「失職」之配偶他方，竟得依第 195 條第 3 項請求非財產上損害賠償；此外，婚姻關係問題多端，雙方關係未能融洽和諧，是否必然是因配偶一方被強姦所導致，因果關係亦有疑問。最後，更重要的是，配偶一方被強姦，被害人無疑將歷經身體、心理或精神上之無比痛苦，故可能因而影響其與他方之共同生活關係，致他方亦遭受痛苦且影響配偶相互間之生活關係或甚至婚姻關係。但賦予此類間接被害人非財產損害賠償請求權之規定，立法上或適用上，應更為慎重，尤其加害人強姦被害人，若果真因而影響被害人及其與他方配偶間之生活關係甚至婚姻關係，實際應當是判決加害人賠償被強姦之配偶一方更多非財產上損害金額，而非考慮加害人亦應賠償被害人之他方配偶，致影響直接被害人之可能賠償金額。同理，亦應適用於第 195 條第 3 項之其他案例之請求權人。

其次，所謂父母之「監護權」，究竟是何等權利，且為何未成年子女受擄略，其父母監護權即當然受侵害，甚至是否父母失職；又若父母監護權受侵害，為何父母即得請求非財產上損害賠償之相當金額，均待思考。雖然父母對未成年子女有保護及教養之權利義務（第1084條第2項），且民法亦有監護權之規定（第1091條以下），但此均僅單方面涉及父母或監護權人之權利（義務），並未涉及父母與未成年子女間或監護人與被監護人間之身分關係，故立法理由在此僅因未成年子女受擄略，即逕解為父母所謂監護權受侵害，並不妥適。在此，充其量僅宜解為未成年子女受擄略，將因而致其父母與未成年子女間之親密相處、照顧與情感等受侵害，故父母可能得請求非財產上損害之相當金額；但此一主張，恐亦係擴張非財產上損害賠償至間接且附帶受害之人，而非果真其有遭受法律上應受保護之「身分法益」之侵害。

3) 以身分權為依據之疑問

在此，依所謂身分權係絕對權為依據，似過度概念化，且難以與人格權相提並論，並不具說服力。即人格權或人格法益之侵害，加害人依侵權行為侵害被害人之生命、身體、健康、名譽、信用、自由、隱私或其他人格法益，加害人均明知或可得而知涉及侵害被害人之人格法益，而應對被害人（或於其死亡時，對其父、母、子、女或配偶）負非財產上損害賠償責任。此等責任，自加害人應為自己行為負責，尤其是侵害他人致死，加害人應對被害人之父、母、子、女或配偶，負非財產上損害賠償責任（第194條），無論其嚴重性以及要求加害人負責等因素，在法律上較具正當性[428]。

反之，第195條第3項，雖係準用同條第1項規定，但實際卻係將加害人之非財產上損害賠償責任，在侵害他人致死外（第194條），擴大至所謂侵害被害人之父母子女配偶之「身分法益」，但生命權乃最

---

[428] 同前註。

重要之法益，故第 194 條之規定，較無疑問。反之，因一定身分關係而生之「身分法益」，根本難以與生命權相提並論；又第 195 條第 3 項雖有附加情節重大要件，但此等不確定法律概念，對司法實務幫助不大。

其次，第 195 條第 3 項明定，不法侵害他人基於父母子女配偶關係而生之「身分法益」而情節重大，被害人就非財產上之損害，得請求賠償相當之金額。自本條項乃保護身分法益之獨立請求權而言，極有可能發生不法侵害被害人致死，或不法侵害被害人身體、健康或隱私等，加害人除應依第 194 條或第 195 條第 1 項，負非財產上損害賠償責任，亦可能同時存在不法侵害他人基於父母子女配偶關係而生之「身分法益」而情節重大之非財產上損害賠償責任。亦即，所謂生命權，或身體、健康、名譽、信用、自由、隱私等，均僅涉及加害人對直接被害人侵害之客體，反之，身分法益乃他人基於父、母、子、女或配偶關係而生，因此自法條規定與受害客體而言，均可能同時並存。因此加害人不法侵害直接被害人致死或侵害其身體、健康或隱私等，直接被害人之父、母、子、女或配偶，極有可能既得主張第 194 條，且得同時主張第 195 條第 3 項之請求權❽❾。

再者，上段之加害人不法侵害被害人身體、健康或隱私等，除直接被害人得主張第 195 條第 1 項之請求權外，直接被害人之父、母、子、女或配偶，亦有可能得同時主張第 195 條第 3 項。舉例而言，自第 195 條第 3 項施行以來，目前常見之最高法院判決適用本條項之案例包括加害人過失侵害未成年之被害人致其一眼失明，其父母主張第 195 條第 3 項（96 臺上 802），或過失侵害被害人致其成為植物人，其子女或配偶主張第 195 條第 3 項（94 臺上 2128；100 臺上 992）。但此等肯定案例之判決，最高法院在上揭判決從未探討其個案究竟成立第

---

❽❾　例如瑞士最高法院，對瑞士債務法第 47 條及第 49 條之請求權，在 1992 判決，即採此一見解，參見 BGE 118 II 404 (409).

184 條第 1 項前段、後段或同條第 2 項，反而只要加害人過失侵害被害人身體或健康，即依被害人之主張肯定加害人已同時侵害被害人之父、母、子、女或配偶之身分法益。相對的，最高法院 92 臺上 1507 及 99 臺上 1207，面對被害人因車禍事故受害，或被害人受他人傷害致食道及胃潰爛之損害，仍質疑或否定被害人之配偶子女或父母，依第 195 條第 3 項之非財產上損害之請求，可謂較為謹慎妥適，應予肯定。

4) 植物人案得成立第 195 條第 3 項

雖然如此，在植物人之案例，本書仍然贊同最高法院之結論，主要理由是直接被害人成為植物人，雖偶有復甦之例，但已形同或近乎死亡，而影響其與父母、配偶與子女之家庭共同生活，較接近第 194 條不法侵害他人致死之事實，而得認為在此僅須第 184 條第 1 項前段作為請求權依據即可。對此，分別參見 94 臺上 2128（夫因妻成為植物人）及 100 臺上 992（父母因子女成為植物人），後者，尤其涉及未成年子女成為植物人時，亦值得贊同。

5) 未成年子女一眼失明案並不成立第 195 條第 3 項

反之，96 臺上 802，涉及加害人過失侵害未成年子女致其一眼失明，本書認為，其父或母並無身分法益受侵害可言，或至少並非情節重大。蓋人格權或人格法益得依第 184 條第 1 項前段受保護，係因其涉及個人絕對權受侵害，故加害人僅係過失亦得成立；反之，加害人過失侵害被害人之身體或健康，若因而即當然肯定其同時附帶地對被害人之父、母、子、女或配偶成立身分法益侵害，致應賠償非財產上損害之相當金額，可謂係擴張加害人之損害賠償責任至與被害人具有特定身分關係之人，恐難以認為加害人已實際侵害被害人之父、母、子、女或配偶之身分法益。換言之，加害人過失侵害被害人之身體或健康對被害人成立侵權行為是一回事，但加害人有無另外侵害被害人之父、母、子、女或配偶之身分法益，乃另一回事，不宜混為一談。

尤其，身分法益，係以被害人之父、母、子、女或配偶與被害人之身分關係為依據，雖然名目及人數均有限，或乃加害人合理可得預見 **⑩**，但因涉及被害人以外之第三人得對加害人請求非財產上損害之相當金額，故仍宜侷限在加害人對被害人之父、母、子、女或配偶已成立基本侵權行為規定；尤其，顧及在此係涉及以身分關係為依據而賦予特定第三人非財產上損害賠償之請求，且依上述，實際亦難以與第 194 條之生命權以及僅以第 184 條第 1 項前段為依據相提並論，故宜斟酌 88 臺上 1549 之通姦案例，即明知而侵害他人之身分法益才可請求非財產上損害之相當金額之賠償；亦即除生命（第 194 條），或被害人成為植物人形同死亡之外，其他所謂身分法益之侵害，原則上宜解為僅得依第 184 條第 1 項後段作為請求權依據，被害人才享有第 195 條第 3 項之非財產上損害之相當金額之賠償。

6) 情節重大與相當金額

此外，在此亦宜留意第 195 條第 3 項之情節重大與相當金額。所謂情節重大，文義上包括加害人之侵害行為以及主張第 195 條第 3 項之人所受身分法益之侵害，二者均須情節重大，亦即適用第 195 條第 3 項，不宜僅因父、母、子、女或配偶與被害人具有此等身分關係，即一概成立第 195 條第 3 項之請求權。尤其現代社會生活，不少父母棄養（凌虐）未成年子女而由祖父母、親屬或地方政府安置撫養照顧，或者相反，（孫）子女棄養或凌虐（祖）父母之情事，而且夫妻間亦不少有名無實、已分居、遭家暴或已進行離婚之談判或訴訟，甚至亦有配偶一方被害成為植物人且取得保險金，卻遭他方配偶揮霍之實例；故在此不宜如本條項立法理由所謂僅因未成年子女被擄略或配偶一方被強姦或父母受害而當然賦予其父母子女或配偶得對加害人請求賠償非財產上損

---

⑩ Mary Anne Rodriguez v Bethelhem Steel Corp. ed al, 12 Cal. 3d 382 at 399–400 (1974).

害，而忽略請求權人究竟得請求相當金額之依據應係因其與被害人之身分關係而實際發生之精神、情緒或心理之痛苦；但此等斟酌因素，實際造成法院判決認定上諸多困難、不確定性及增加訴訟成本。無論如何，請求非財產上損害賠償之金額，不宜流於僅以訴狀上動人詞句為依據，因此實務上建議宜判決較多非財產上損害賠償金額予直接被害人，而適度限制第 195 條第 3 項之請求權人得以獲得之非財產上損害之相當金額；尤其，除植物人案例外，如上述，宜僅當加害人係故意背於善良風俗方法加損害於身分法益之情形，才較有依據肯定被害人主張身分法益受害且情節重大之非財產上損害賠償請求權。

㈢慰撫金之斟酌標準

51 臺上 223，慰撫金**431**之賠償須以人格權遭遇侵害，使精神上受有痛苦為必要，其核給之標準固與財產上損害之計算不同，然非不可斟酌雙方身分資力與加害程度，及其他各種情形核定相當之數額。其次，92 臺上 1629 亦表示，法院對於非財產上之損害（精神慰撫金**432**）之量定，應斟酌兩造身分、地位及經濟狀況，以及被害人所受痛苦之程度，為衡量之標準。

又 76 臺上 1908 表示**433**，受僱人因執行職務，不法侵害他人致死者，被害人之父、母、子、女及配偶受有非財產上之損害，依第 194 條及第 188 條第 1 項規定，請求受僱人及其僱用人連帶賠償相當金額之慰撫金時，法院對於慰撫金之量定，應斟酌該受僱人及應負連帶賠償責任之僱用人，被害人之父、母、子、女及配偶之身分、地位及經

431　如上述，依第 18 條第 2 項，宜稱慰撫金，而非慰藉金。但 104 臺上 136，仍同使用慰藉金之用語。

432　同前註。

433　並參見 103 臺上 664。

濟狀況等關係定之，不得僅以被害人與實施侵權行為之受僱人之資力為衡量之標準。此外，涉及第 194 條之情形，92 臺上 106，按不法侵害他人致死者，被害人之父、母、子、女及配偶，依第 194 條規定，得請求賠償相當數額之精神慰撫金[434]。而精神慰撫金[435]之數額如何始為相當，法院應斟酌加害人及被害人之父、母、子、女及配偶之身分、地位及經濟狀況等關係定之。

二、侵害他人之物之損害賠償

對不法侵害他人之物，侵權行為法律效果規定僅第 196 條對物之毀損有特別規定，但其他情形則無，而須適用第 213 條以下規定。其次，若因不能回復原狀或回復顯有重大困難，即適用第 215 條之規定，被害人僅得請求金錢賠償，並係以物未經侵害前之價額及物經侵害後之價額而計算其差額[436]，且應以請求時或起訴時之市價為準[437]。因此第 196 條究竟有無存在必要，值得思考。以下區分物之毀損及滅失說明之。

㈠物因毀損之損害賠償

首先，不法毀損他人之物，可能之請求權內容極多，如依第 213 條第 1 項及第 3 項，被害人得請求回復[438]原狀或其必要費用；又依第 196 條，被害人得請求物因毀損所減少之價額。

---

[434] 同前二註。

[435] 同前二註。

[436] Palandt/Grüneberg, 2015, §251 Rn 10.

[437] 92 臺上 2196；102 臺上 242。

[438] 102 臺上 1888，誤稱「回覆原狀」。

1. 第 196 條

第 196 條,係以標的物遭受毀損之前與之後之價值而計算其差額作為加害人應賠償之金額;例如物之價值在毀損前乃 100 元,因毀損而剩下價值 60 元,被害人即得請求物因毀損所減少之價額即 40 元之損害賠償,而不須請求第 213 條第 1 項及第 3 項之回復原狀,或回復原狀所必要之費用 **439**。但此等適用前提是標的物在毀損之前或之後,均有客觀市價存在。

2. 第 196 條與回復原狀(必要費用)之關係

物因毀損所減少之金額,可能與回復原狀之必要費用相同,但並非必然。例如中古車被撞,回復原狀,若難以取得相關零組件,其金額(例如須 10 萬元),即可能高於物因毀損所減少之差額(例如 7 萬元)。反之,亦有可能回復原狀時,損害賠償債務人負擔較輕,即回復原狀可能只須 5 萬元;相對的,依物之毀損所減少之差額計算損害賠償,卻可能是較高之 7 萬元。

其次,在此宜認為,物遭毀損之被害人,依侵權行為損害賠償請求權,得主張優先適用第 196 條;即本條性質上乃第 213 條、第 214 條及第 215 條之特別規定,而不須先主張回復原狀、定期催告等(第 214 條),亦不須有不能或難以回復原狀(第 215 條)才得適用第 196 條。但相對的,被害人亦得選擇請求回復原狀,或請求回復原狀之必要費用(第 213 條第 1 項及第 3 項)。在此,若被害人請求回復原狀或其必要費用,可能造成加害人重大負擔時,如德國實務一向認為,車輛之修繕費用,若達到購置相同車輛費用之百分之 130 之上限 **440**,即

---

439 即第 213 條第 3 項,乃有別於第 214 條及第 215 條之金錢賠償,係依回復原狀所必要之費用計算;Looschelders, SAT 2015 Rn 1033;

宜類推適用第 215 條[440]，解為難以回復原狀，被害人僅能就損害依客觀價額，請求金錢賠償。

㈡物因滅失之損害賠償

不法侵害他人之物致其滅失，因不能回復原狀，故僅得金錢賠償被害人；又雖僅係物之毀損，但不能回復原狀或回復顯有重大困難者，亦僅應以金錢賠償之（第 215 條）。除不能回復原狀外，因回復顯有重大困難，乃為債務人利益而設之規定，故其主張及舉證責任，由損害賠償債務人承擔[442]。又依德國實務，第 215 條，並不適用於人身侵害之損害賠償，但或許得適用於昂貴之整型手術[443]，且醫療費用之賠償請求亦須在相當性之界限內才可[444]。

最後，無論第 196 條或第 215 條，均可能涉及無市場價值，或標的物僅對被害人具有主觀價值之情事，前者如已超過報廢年限汽機車，雖仍可使用，但經他人肇事毀損時，可能既難以回復原狀，亦無市價可言；後者如情書、家人照片或先人遺物等。

---

[440] 最新判決，參見 BGH NJW 2015 2958 (Rn 6).

[441] Palandt/Grüneberg, 2015, §249 Rn 25 （und §251 Rn 6；且強調，此一原則僅限於汽車修繕）.

[442] Palandt/Grüneberg, 2015, §251 Rn 5 und 1.

[443] Palandt/Grüneberg, 2015, §251 Rn 5.

[444] Palandt/Grüneberg, 2015, §249 Rn 8; §251 Rn 6. 又是否相當，參見上述百分之 130 之說明。

㈢其他爭議問題

1.新換舊

1) 發生原因

回復原狀時，尤其是對已使用之物之賠償，若以新物賠償舊物，或以新零件代替舊零件，此一損害賠償之方法將致被害人獲得利益，而違反損害賠償禁止獲利之原則，而須斟酌扣除其利益[445]。在此之前提是，新物或更換之物，對被害人有較高之價值可言；若無可得計算之財產增加，即無新換舊之問題；其次，財產增加亦須對被害人發生有利之影響，例如以新建之建築物、屋頂、穀倉、圍牆等而賠償，因其耐用年限較高且節省維修費用，故得肯定之[446]；此外，此等使被害人不因損害賠償而獲利，亦須屬對被害人可得期待[447]。

2) 法律依據

新換舊之情形，德國法似係認為此乃被害人獲超出損害之賠償，故須返還加害人[448]。但因第 216 條之 1 之法條文義，侷限於「基於同一原因事實受有損害並受有利益」之要件，然而在此之情形，則是為損害賠償之回復原狀時才使被害人而而獲利，故尚有不同。二者雖有不同，但為避免損害賠償請求權人因而獲得超出其應受賠償範圍，故宜斟酌類推適用第 216 條之 1，以免被害人因損害賠償方法獲得超出應獲賠償之範圍[449]。

---

[445] MK/Oetker, 2016, §249 Rn 348; 對此，並參見 100 臺上 502。

[446] Palandt/Grüneberg, 2015, Vorb v §249 Rn 98 und 99.

[447] Palandt/Grüneberg, 2015, Vorb v §249 Rn 100; MK/Oetker, 2016, §249 Rn 348.

[448] MK/Oetker, 2016, §249 Rn 344 bei Fn1351 und Rn 348 bei Fn 1358.

[449] 100 臺上 502 稱，如係以新品換舊品，應予折舊；又 101 臺上 240，似亦同

2.技術性貶值與交易性貶值

1) 意 義

所謂技術性貶值，係指標的物遭毀損，縱經專業修繕，仍有技術上無法完全回復之結果，或被害人基於自己減輕損害之義務，僅能接受技術上未盡完善之修繕[450]。其次，所謂交易性貶值[451]，乃標的物遭毀損，雖經技術上完整修繕，但在市場上之價值與未經毀損時，仍然有所差距之損害。例如汽車因事故而毀損，經修繕之後，市場上對事故車均會再折價，而與同類未受碰撞之汽車之價值有別；或如房屋因他人挖地基傾斜，即使修繕，亦影響價值。又即使被害人保有標的物而未出售轉讓第三人，仍同受有此項損害[452]；且未來轉售第三人時，此即為物之「瑕疵」[453]。此外，此一損害之判斷時點，在汽車上係以重新使用之時為準[454]。

2) 法律依據

德國通說，係在類如第 215 條之德國民法第 251 條討論上述問題。當然，此一問題，若涉及實際進行回復原狀（第 213 條第 1 項）時，較明確的作法係在回復原狀 （第 213 條第 1 項） 外，再適用諸如第 215 條規定。其次，較複雜的是，在被害人依第 213 條第 3 項，主張回復原狀必要費用時，對上述技術性貶值或交易性貶值之損害，須否

認，此有別於第 216 條之 1；103 臺上 578 之原審見解，亦同。但三者並未明示其法律依據。

[450] Palandt/Grüneberg, 2015, §251 Rn 13.

[451] 參見 104 臺上 523。但 91 臺上 1114 曾稱之為心理因素減價。

[452] Palandt/Grüneberg, 2015, §251 Rn 14.

[453] Palandt/Grüneberg, 2015, §251 Rn 14.

[454] Palandt/Grüneberg, 2015, §251 Rn 14.

再結合適用第 215 條；因理論上，上述技術性貶值或交易性貶值，均係針對回復原狀之修繕仍無法達到物未受侵害前之結果，而依金錢賠償補充賠償被害人，故文義上仍屬第 215 條之不能回復原狀或有重大困難，仍得適用本條規定。再者，因技術性貶值或交易性貶值之損害係回復原狀後不能除去之損害，故若所謂回復原狀之必要費用 （第 213 條第 3 項），已包括技術性貶值或交易性貶值之損害而不須另行適用第 215 條，則此一部分可能已超出其基礎之回復原狀。因此結論上，宜併行適用第 215 條。

3. 受損物之使用收益之賠償

1) 營業用之物

不法侵害他人之物，無論毀損或滅失，迄至回復原狀止，被害人均無法使用收益原物，因此若受損物本身係供營業之用，被害人在獲得受損物之修繕（或其必要費用）（第 213 條第 1 項或第 3 項）或金錢賠償（第 215 條）之前，均另得依第 216 條第 1 項，請求所失利益之損害賠償[455]。在此，亦應適用第 216 條之 1，扣除未營業時節省之費用與成本等。

2) 供私人使用之物

受損物係供私人使用，如汽車或房屋受損，致被害人在修繕期間，須租車或租屋之費用，只要客觀合理相當，得作為損害，對加害人請求賠償（第 216 條第 1 項）[456]。

有爭議的是，在修繕或金錢賠償之前，若被害人未租車或未租屋，而是利用大眾交通工具或使用自己或他人汽車，或者居住自己其他房屋或借用他人房屋等，則被害人是否仍得就喪失使用可能本身請求損

---

[455] Looschelders, SAT 2015 Rn 1065; MK/Oetker, 2016 §249 Rn 61 (BGHZ 98, 212).

[456] Looschelders, SAT 2015 Rn 1066.

害賠償。對此，德國實務已肯定被害人之損害賠償請求權，但原則上僅限於對維持生活具核心意義之物，如家庭日常用車；同理，亦適用於自住房屋及特定不可缺之物如廚具及電視。反之，奢侈品如私人游泳池或皮草，不屬之[457]。此一見解，涉及法律補充之法官造法[458]；至於可能理由在於後者可有可無，故予以限制。

在此之要件，除被害人喪失使用可能外，尚須使用之侵害達到有感程度。即被害人須有使用意思及假設性之使用可能，故若被害人受傷住院不能使用，即不能主張本項損害賠償，但若另有家人可能使用並有意使用，則仍可主張；又被害人在受損之休閒用摩托車外另有汽車，或非用於每日通勤用的露營車，均不得主張之[459]。又即使被害人租用車輛超過其受損車輛之水準，但只要有實際支出租金，仍得主張受損車之無法使用之損害賠償[460]；因僅涉及使用可能之賠償，故應扣除出租人出租車輛之利潤，即此一部分並非被害人得對加害人請求賠償部分[461]。此外，德國實務僅承認汽車之通常租賃費用，故不得主張汽車出租人所主張之較高之事故代替車輛之租賃費用[462]。

3) 104 臺上 504

104 臺上 504，涉及被害人未能使用房屋之損害，值得重視，尤

---

[457] Looschelders, SAT 2015 Rn 1069; Palandt/Grüneberg, 2015, §249 Rn 40; MK/Oetker, 2016, §249 Rn 62–63. 又生活必要之物及奢侈品，界限極難劃分，且後者之被害人為何不應受保護，亦有爭議；參見 Looschelders, SAT 2015 Rn 1069.

[458] Palandt/Grüneberg, 2015, §249 Rn 40; MK/Oetker, 2016, §249 Rn 65 und 69.

[459] Palandt/Grüneberg, 2015, §249 Rn 42 und 40; Looschelders, SAT 2015 Rn 1070.

[460] Looschelders, SAT 2015 Rn 1070.

[461] Looschelders, SAT 2015 Rn 1071; MK/Oetker, 2016, §249 Rn 79.

[462] Palandt/Grüneberg, 2015, §249 Rn 32.

其，本判決表示，僅得算至受償房屋價值損失之時為止，值得贊同[463]。但所謂「被害人所受不能使用房屋之相當於租金之損害」，真意究竟係指不能出租或不能使用，不無疑義。尤其，本判決既稱被害人受不能使用之損害，但涉及自用房屋，若果真另有租屋暫住，在客觀合理必要範圍內，其租金本即得作為損害而請求賠償。反之，若被害人未租賃替代房屋，而僅針對不能使用房屋之損害而言，即不宜逕依租賃替代房屋之租金作為認定損害標準，至少應扣除假設果真租賃替代房屋時出租人之利潤[464]；又必要時，得適用民事訴訟法第 222 條第 2 項。

三、侵權行為損害賠償之其他規定

㈠侵權行為損害賠償之消滅時效及其他特別規定

1.消滅時效

1) 概　說

第 197 條第 1 項有關侵權行為損害賠償請求權之消滅時效，區分被害人知有損害及賠償義務人時起，消滅時效為二年，又自有侵權行為時起，為十年。對期間之計算，應適用第 119 條以下，尤其第 120 條第 2 項。

第 197 條第 1 項，相較於現行德國民法，對被害人而言，可謂較為嚴苛，即德國民法係自被害人明知或若無重大過失將可得而知成立損害賠償之相關事實及賠償義務人之年結束後，起算三年；或自請求權發生時起十年，或自損害賠償事件發生時起三十年[465]。

---

[463]　MK/Oetker, 2016, §249 Rn 81.

[464]　Looschelders, SAT 2015 Rn 1071; MK/Oetker, 2016, §249 Rn 79.

[465]　Looschelders, SBT 2013 Rn 1425.

2) 知有損害及賠償義務人

首先，被害人知有損害及賠償義務人時起，消滅時效為二年。在此所謂之知，係指明知[466]，故當事人僅「懷疑」或「覺得」受詐欺，其損害賠償請求權之時效期間仍無從進行[467]。又所謂知有損害，通常只須被害人知其受有損害即可，並不須確定知悉實際受害金額。其次，知有賠償義務人，通常至少須達可得確定賠償義務人為何人才可，例如知有車禍肇事逃逸者，在未確定駕駛人之前，仍非明知。若已知具體侵害行為，且其行為主體姓名已可確定，得認為知有損害及有賠償義務人。

其次，依上述，被害人知有損害及賠償義務人起算之消滅時效為二年。但在日常生活中，亦常有被害人受騙而不知之情況，故並不符合本條項之知有損害及賠償義務人。又如連環車禍，何人係加害人應負侵權行為損害賠償責任，尚不確定時，因此車禍事故經鑑定確定特定人應負責任之日之後（第 120 條第 2 項），才是被害人實際知悉加害人之起算日。故若自此時計算，尚未滿二年，加害人即無從抗辯二年時效已滿[468]。

此外，若涉及加害人數人成立連帶損害賠償責任，依第 197 條第 1 項，須被害人知有損害及賠償義務人才起算二年消滅時效，且一般認為連帶債務人之消滅時效係個別分開起算[469]，故若被害人僅知悉自己所受損害及加害人中之某一人，則被害人對該已知損害及賠償義務

---

[466] 106 臺上 1878：「實際知悉損害及賠償義務人時起算」；100 臺上 943；103 臺上 1786。又針對無權占有持續之情形，亦係以知悉受占有之損害及賠償義務人時起算時效，不因無權占有之持續而有不同。

[467] 88 臺上 66。

[468] 89 臺上 485。

[469] MK/Wagner, 2013, §831 Rn 12 bei Fn 41.

人之消滅時效仍適用第 197 條第 1 項開始起算二年，但被害人對其不知之其他連帶賠償義務人之損害賠償請求權，因不符第 197 條第 1 項，即仍未開始進行起算，但自侵權行為時起仍僅十年消滅時效（對此，並參見第 276 條第 2 項）。

最後，負證明侵權行為損害賠償請求權之要件者，乃損害賠償請求權人，但對消滅時效有爭執時，應由賠償義務人舉證證明賠償請求權人知悉損害及賠償義務人已超過二年[470]。

3) 自有侵權行為時起十年

此一部分，係自加害人之侵權行為時起算。例如被害人因他人車禍肇事受傷，但加害人肇事逃逸，致不知損害賠償義務人，於侵權行為時起滿十年，罹於時效。

又車禍後經治療，其後再發生損害，若此等損害乃受害當時無法預見其發生，宜認為損害賠償請求權人之消滅時效尚未完成，且被害人原則上依其後知悉受有損害（及賠償義務人）之時點起算。但因第197 條第 1 項之限制，故最長亦僅自侵權行為時起算之十年。

4) 公司法第 23 條第 2 項之問題

公司法第 23 條第 2 項之連帶賠償責任，雖係基於法律特別規定而來，但性質上宜認為乃侵權行為責任，故仍應適用第 197 條第 1 項之時效期間[471]。

2. 侵權行為被害人在時效完成後仍有拒絕履行權

1) 意　義

第 198 條規定，因侵權行為對於被害人取得債權者，被害人對該

---

[470] 106 臺上 1150；90 臺上 390。

[471] 不同見解，102 臺上 944 稱，非侵權行為之責任，故適用第 125 條之 15 年時效。

債權之廢止請求權，雖因時效而消滅，仍得拒絕履行。在此所謂之廢止請求權，係指被害人依其侵權行為損害賠償請求權，依第 213 條第 1 項，得請求回復原狀，以廢止被害人依侵權行為所取得之債權。

2) 立法目的

第 198 條立法目的在於保護被害人，不致因侵權行為消滅時效完成，致加害人得以請求被害人履行債務，以保護被害人不因時效完成而遭受不利益 ， 另一方面亦避免加害人主張自己不法行為而行使權利⓰，即本條之前提是加害人成立侵權行為⓱。

例如甲詐欺或脅迫乙締結雙務契約，而取得請求乙履行給付標的物或款項之債權。即使第 93 條之除斥期間經過，且第 197 條第 1 項之消滅時效完成，於甲請求乙依該契約履行債務時，乙依第 198 條，得拒絕履行⓲，但前提是乙須證明甲係依侵權行為（詐欺或脅迫）而取得該債權。但若除斥期間已經過，而消滅時效期間尚未完成，則被害人仍得依侵權行為之損害賠償請求權，請求廢止被害人之債權，而確定加害人（債權人）甲並無債權。

3) 性　　質

第 198 條規定之權利性質上是抗辯權，須當事人主張，法院才可加以斟酌，且沒有時效的限制，因為本條係侵權行為損害賠償請求權之時效已經過，而法律仍賦予其拒絕履行的權利。

4) 爭議判決

依 88 臺上 2507，倘被害人因被害而與加害人訂立雙務契約，且已受領加害人全部或部分之對待給付時，本判決認為，應視為「已承

⓰　Palandt/Sprau, 2015, §853 Rn 1：禁止不容許之權利行使。

⓱　100 臺上 1766。

⓲　但是，Palandt/Sprau, 2015, §853 Rn 1 表示，須有特殊情事，才仍可適用第 198 條。

認該雙務契約之效力」，不得再援引民法第 198 條規定，否則被害人一方面受領被害人之給付，另一方面又主張拒絕履行，顯非事理之平。

本判決，明顯有誤。即被害人須知悉自己受害而仍為契約之履行並受領加害人之給付，才可解為被害人事後承認契約效力。其次，最高法院上述見解，無異強制被害人遵守該雙務契約，並應履行給付義務，亦屬有誤。此外，被害人主張第 198 條拒絕履行自己之給付義務時，被害人就其依雙務契約已受領加害人之給付，亦應返還加害人，否則反而是被害人本身乃惡意而行為[475]。即被害人行使第 198 條之權利拒絕履行時，應依誠實及信用方法（第 148 條第 2 項），故被害人依第 198 條主張拒絕履行，已顯示無欲維持該雙務契約之效力，因此亦負有義務返還其所受領之給付予加害人。

3. 第 197 條第 2 項之不當得利規定

1) 意　義

消滅時效完成，被害人若尚未履行其對加害人之債務，依第 198 條，得拒絕履行。其次，依第 197 條第 2 項，損害賠償之義務人，因侵權行為受利益，致被害人受損害者，於前項時效完成後，仍應依關於不當得利之規定返還其所受之利益。但是被害人即請求權人，對加害人依不當得利請求返還，仍須遵守不當得利請求權之消滅時效（第 125 條）。

2) 性質之爭議

有認為本條項乃闡釋性質之規定，故侵權行為被害人依本條項請求不當得利返還，須具備不當得利之要件才可；最高法院採取此一見解[476]。反之，亦有認為，本條項之不當得利乃法律效果準用之規定，

---

[475]　Palandt/Sprau, 2015, §853 Rn 1.

[476]　106 臺上 1062；101 臺上 1411；99 臺上 1399，亦同，但本判決稱，本條項

故不須具備不當得利之要件，即可請求[477]。

上述問題，主要涉及到「無法律上之原因」之要件。即若涉及非給付類型之不當得利，較無問題，因為原本即須認定存在無法律上之原因，例如侵佔他人款項，侵權行為損害賠償請求權已罹於時效，仍應具備不當得利要件，即無法律上之原因等要件，才可請求返還[478]。

反之，若是涉及給付類型之不當得利，如受詐欺脅迫而為意思表示締結契約，並進而為給付，若第 197 條第 1 項規定之二年及十年時效已完成，且第 93 條之一年或十年除斥期間也經過，因無法行使撤銷權，亦無法依損害賠償請求權之回復原狀請求權，使債之關係消滅，故其法律上之原因仍然繼續存在，並不符合「無法律上之原因」之要件。

在此，若採闡釋性質規定之見解，被害人無從請求不當得利返還。但若採法律效果準用之見解，則被害人仍得依第 197 條第 2 項，請求不當得利之返還。自結果而言，採取前一見解將造成加害人得保有其侵權行為下所取得之利益；反之，若採後一見解，則可保護被害人。因此第 197 條第 2 項規定之關鍵問題在於，究竟是應當保護加害人或保護被害人。本書認為，二者相較之下，應選擇保護被害人，而非讓加害人仍可取得並保有其因侵權行為而取得之利益。

對此，雖有認為，若除斥期間經過，或侵權行為之消滅時效完成，仍可主張不當得利，將破壞其制度之要件等，但若採取此等見解，則第 197 條第 2 項對此一情形無異形同具文。反之，本條項具有之意義應當正是在於提供侵權行為被害人，在侵權行為消滅時效完成後，即

規定旨在賠償義務人因侵權行為受有利益時，得發生損害賠償請求權與不當得利返還請求權之競合云云，但二者之競合，本不待民法明文規定，而且亦忽略「於前項時效完成後」之特殊性。此外，參見以下正文說明。

[477] 德國通說，Looschelders, SBT 2013 Rn 1426; Palandt/Sprau, 2015, §852 Rn 2.

[478] 參見 95 臺上 458。

使未撤銷或廢止契約致仍有法律上之原因，仍可對加害人依不當得利請求返還；當然，此一不當得利返還請求權，應適用第 125 條之 15 年之消滅時效，逾期，加害人得拒絕返還（第 144 條第 1 項）。

㈡其他損害賠償之債規定之適用

以下分別說明侵權行為損害賠償請求權適用損益相抵（第 216 條之 1）、過失相抵（第 217 條）及讓與請求權（第 218 之 1）等。

1.損益相抵

1) 沿革與依據

⑴沿　革

第 216 條之 1 乃債編修正時所增訂，本條體系上涉及損害賠償之債，而且本條僅限基於同一原因事實受有損害並受有利益，而非侵權行為，故可知本條適用於一切損害賠償之債。

⑵依　據

損益相抵之依據，首先可能在於避免被害人因侵權行為損害賠償而獲利。又要件上，雖須係與侵權行為具相當因果關聯之利益才可扣除，但在此亦應注意損害賠償之目的，進而斟酌相關利益應否予以扣除。舉例而言，只要是法律明定被害人受賠償後，其損害賠償請求權即依法由賠償之第三人承受等，即為重要表徵而可知，相關利益並非在於使加害人免責或減輕賠償責任，故不適用損益相抵[479]，對此，參見諸如第 218 條之 1、保險法第 53 條或全民健康保險法第 95 條。

2) 要　件

依第 216 條之 1，被害人基於同一原因事實而受有損害並受有利益者，其請求賠償之金額，應扣除所受之利益。在此，無論積極有所

---

[479] Looschelders, SAT 2015 Rn 1011–1013.

取得或消極免於支出 480，均可能適用損益相抵，須自請求賠償損害額中扣除。

(1)物之損害

物之實體毀損致須修繕而妨礙請求權人之使用收益，例如甲之汽車遭乙駕車撞壞而送修，致甲一個月無法使用車子，甲只能搭乘其他交通工具並支出費用，甲除汽車修理費用外，就搭乘其他交通工具並支出費用，原則上亦得請求損害賠償，但甲因未使用自己汽車所減省之費用支出，須適用損益相抵規定扣除之。

(2)人身受害

否定之例，如侵權行為致被害人死亡，人壽保險公司之死亡保險給付，非因侵權行為所取得之利益，而係保險人基於保險契約所生之給付義務，並非基於同一原因事實 481；且此等給付，其意旨與目的，均非在於使加害人因而免責 482。同理，亦適用於諸如第三人對繼承人致贈奠儀或慰問金，即此並非被害人因侵權行為而取得之利益，反而係基於第三人之贈與，故非屬基於侵權行為之同一原因事實而有所取得。此外，勞工職業災害，受領如勞工保險失能給付或傷病給付，係依保險契約而生之給付，亦非出於同一原因 483。

肯定之例，加害人為被害人所締結之責任保險或事故保險之給付，例如汽車所有人為車上乘客投保之責任險或意外險之給付，於賠償損害時，應予扣除 484。

480　MK/Oetker, 2016, §249 Rn 229.

481　63 臺上 2520；103 臺上 2491（公務人員死亡之撫卹金）；68 臺上 42（勞工死亡之勞工保險給付）。

482　Looschelders, SAT 2015 Rn 1013; Looschelders, SBT 2013 Rn 1418; MK/Oetker, 2016, §249 Rn 254 und 258.

483　106 臺上 2031；103 臺上 1121。

⑶爭議性判決

91 臺上 857，涉及國家賠償法下，被害人已依全民健保受領醫療給付，被害人得否再對加害人主張全民健康保險局對醫院給付之醫療費用 43 萬多元。本判決認為，按保險制度，旨在保護被保險人，非為減輕損害事故被害人之責任。保險給付請求權之發生，係以定有支付保險費之保險契約為基礎，與公有公共設施因設置或管理有欠缺所生之國家賠償請求權，並非出於同一原因。後者之損害賠償請求權，殊不因受領前者之保險給付而喪失。依全民健康保險法之規定，於繳清保險費前，健保局暫不予保險給付，故全民健康保險之保險給付與保險費間具有對價關係，與一般之保險契約並無差異。對此，102 臺上 2013 亦同，不僅同樣涉及國家賠償案件，而且同樣認為，除依修正前全民健康保險法第 82 條得代位行使權利外，被害人仍得對加害人請求侵權行為損害賠償，即所謂 189 萬元中由全民健康保險局所支付之約 186 萬多元。

首先，英國法下，傳統上人壽與人身意外險之外之一切保險契約均得適用保險代位原則，例如醫療費用支出或傷殘之保險，即損害保險[485]。美國法，亦同，若被害人已自加害人獲得醫療費用賠償，即不得再對醫療費用保險人請求保費支付[486]；而且醫療費用支出保險乃損害保險，故保險人為被保險人支出後得以代位對加害人求償之代位條款，於法有效[487]。

---

[484]　MK/Oetker, 2016, §249 Rn 258.

[485]　Malcolm A Clarke, The Law of Insurance, 6th ed., 2009, para 31–3A and 31–3A2. 值得注意的是，德國法，私人醫療保險，並非可適用損益相抵而扣除之項目，MK/Oetker, 2016, §249 Rn 260.

[486]　Ida Silinsky v State-wide insurance Co., 289 NYS 2d 541, 546 (para [5][6][7]).

[487]　Ida Silinsky v State-wide insurance Co., 289 NYS 2d 541, 548 (para [15]), 在

其次，德國法，則係明定社會保險之保險人得承受被保險人對第三人之損害賠償請求權，其目的包括加害人不應因社會保險給付而免責，因其乃應負最終賠償責任之人，而且被害人亦不應雙重獲償[488]。相似的，英國 1997 年之社會保險（利益返還）法，亦明定賠償義務人應返還法律明定之社會保險提供予被害人之相關給付。

本書認為，最高法院上揭二判決表示，被害人仍得分別請求健保給付部分之醫療費用各約 43 萬元或 186 萬元，均有疑問，反而 102 臺上 2013 之原審判決，見解正確，因為此一費用乃全民健康保險局所為之給付，應由全民健康保險局自行請求被害人讓與對加害人之損害賠償請求權（類推第 218 條之 1[489]），以避免被害人雙重受償反而受有不當利益[490]，另一方面亦得藉此使加害人負最終損害賠償責任。即最高法院上述二判決，其實均在慷全民之概；被害人受傷害之醫療費用部分，係依全民健保而接受醫療給付，此外，被害人卻又得以地方政府[491]為對象求償但實際承擔者卻又是支出稅金等之全體國民。最高法院見解，極為不當[492]。

此，並引用美國多數州判決見解。

[488] Looschelders, SAT 2015 Rn 1013; MK/Oetker, 2016, §249 Rn 516, 對德國社會法典 §116 SGB X 之說明。

[489] 參見 Palandt/Grüneberg, 2015, §255 Rn 3. 在此，類推適用而非直接適用，係因全民健康保險局並非第 218 條之 1 第 1 項之損害賠償責任人。且全民健康保險乃強制性之社會保險（大法官會議釋字第 524 號），是否得逕行適用或類推適用保險法第 53 條規定，尚有疑問。

[490] MK/Oetker, 2016, §255 Rn 1.

[491] 即 91 臺上 857 及 102 臺上 2013 二件判決，均涉及地方政府之國家賠償責任。

[492] 相對的，自英國上議院迄至現今之英國最高法院，英國最高法院對涉及其國家健康機構（或其他公部門機關）之求償訴訟，均可謂極為保守慎重處

更重要的是，全民健康保險法第 95 條第 1 項規定正是因為醫療給付支出乃財產損害之保險，故明文規定全民健康保險局得代位行使。但有爭議的是，本法第 95 條第 1 項規定，僅針對特定情事之責任保險人或加害人，明定得代位求償。不幸的是，102 臺上 2013，僅依修正前全民健康保險法第 82 條明示得代位之規定，即反面推論其他未明示規定者，均得由被害人對加害人請求賠償全民健康保險局所支出之費用。但是現行全民健康保險法第 95 條第 1 項規定，應當是考慮到資訊成本及執行求償成本等因素而明定僅針對法定情形而得代位求償，實際並無任何依據得自該等規定推論未明示規定者被害人即仍得對加害人求償全民健康保險支出之費用。而且肯定被害人仍得就健保已支出之醫療費用再對加害人求償，亦根本違反損害賠償法無損害即無賠償之基本原則。因此解釋論上，最高法院實際宜逕行否定被害人就健保已支付之醫療費用再對加害人求償，並由全民健康保險局請求被害人讓與對加害人之請求權（類推適用第 218 條之 1 第 1 項；對此，並參見全民健康保險法第 1 條後段），以避免被害人二度受償，且超出其損害外另行不當獲利。但最高法院僅形式複製舊判決要旨，即作成上述二錯誤判決，故立法論上，恐仍有必要對全民健康保險法之代位求償部分作一般性規定，而非列舉，以免最高法院法官們至今仍然一再誤會相關被害人得針對同一財產損害重複求償。

106 臺上 816 表示，某被害人「因搭乘系爭船舶發生系爭事故，以全民健康保險提供保險給付之日起，一個月內給付總額逾十萬元者，該當修正前全民健康保險法第八十二條第一項第三款所稱『其他重大之交通事故』，其由全民健康保險所提供醫療給付費用之請求權，即已法定移轉予中央健康保險局，不得再由被上訴人請求賠償。原審未先查明本件情形是否合於上開規定，率認被上訴人得請求賠償全民健保

理。參見 Giliker, 2014 para 2–046–2–047，或 2–041 以下。

給付之醫療費用，非無可議。」

(4) 92 年度第 5 次民事庭會議決議，父母對子女之扶養請求權與未成年子女對父母之扶養請求權各自獨立，父母請求子女扶養，非以其曾扶養子女為前提。且損益相抵原則旨在避免債權人受不當之利益，未成年子女遭不法侵害致死，其父母因而得免支出扶養費，依社會通常之觀念亦不能認係受有利益，故父母請求被害人賠償損害時，自無須扣除其對於被害人至有謀生能力時止所須支出之扶養費。此一見解，值得同意，以免賠償義務人因而免責。

(5) 最後，因被害人死亡，繼承人繼承被害人之遺產，並同時對加害人請求損害賠償（第 192 條及第 194 條），加害人可否主張因其加害被害人死亡，致繼承人即損害賠償請求權人提早繼承遺產受有利益，而得適用損益相抵。對此，雖然被害人遲早將死，但若因其被害死亡而認為繼承人受有提早繼承之利益，德國法認為，並不妥適，故採否定見解而不適用損益相抵原則 [493]。

3) 法律效果

成立損益相抵之要件，應由賠償義務人負舉證責任；相關標準時點，係事實審最後言詞辯論終結時。其次，在法律效果上，若屬同類之金錢給付，則自損害賠償金額中扣除即可（第 216 條之 1），並不須賠償義務人為任何形成意思表示；但若損害與利益非屬同種類，宜類推適用同時履行抗辯權規定，雙方互負對待給付義務 [494]。此外，被害人原本可取得之應扣除之利益，若未加收取，宜適用第 217 條第 1 項，解為損害賠償義務人不須負賠償責任 [495]。

---

[493] Looschelders, SBT 2013, Rn 1418.

[494] 以上參見 MK/Oetker, 2016, §249 Rn 279. 在此， 德國民法有第 273 條及第 320 條，但現行民法僅第 264 條第 1 項，故僅得類推適用。

[495] MK/Oetker, 2016, §249 Rn 229 bei Fn 991.

2.與有過失

第 217 條第 1 項規定之意義與範圍較廣，包括英國法下所稱之狹義與有過失，即被害人對損害發生之與有過失，以及被害人違反其減輕損害義務。以下在侵權行為損害賠償請求權之必要範圍內，說明其意義、依據及適用範圍等；其次，說明本條之構成要件，而後再說明其法律效果。

1) 依據、意義與適用範圍

⑴意　義

依第 217 條第 1 項，損害之發生或擴大，被害人與有過失者，法院得減輕賠償金額，或免除之。即原則上，被害人單純與有原因力，並不符本條項之規定，反而須其與有「過失」[496]；但此一名詞亦不精確，因為原則上實際係被害人有責之行為才可能對損害發生或擴大與有「過失」，且精確而言，係違反對己義務[497]。

首先，加害人與被害人均適用平等原則，即加害人原則上須有過失才對行為結果負責，故被害人亦須有過失而對其行為造成或擴大損害結果負責；同理，涉及危險責任之情形，類推相同原則，被害人亦不須有故意過失即應對其造成或擴大損害結果負責[498]。

其次，第 217 條第 1 項之適用，係依加害人及被害人對損害應負責之程度而分配各自負擔之比例，而非如普通法時代之全有或全無原則[499]。但現行法下仍有若干特別規定，係被害人有過失等情事即排除損害賠償請求權，如第 91 條但書，第 169 條，第 186 條第 2 項，及第

---

[496]　Looschelders, SAT 2015 Rn 1096.

[497]　Looschelders, SAT 2015 Rn 1105.

[498]　Looschelders, SAT 2015 Rn 1096 und 1110.

[499]　Looschelders, SAT 2015 Rn 1097.

247 條第 1 項。

⑵依　據

德國實務通說認為，第 217 條第 1 項係以誠信原則為依據，即被害人對自己與有過失造成之損害對加害人求償，乃有違「矛盾行為禁止」原則[500]。但亦有認為，該見解可能因而誤導致僅單依公平[501]而斟酌，反而本條項如上述，係以加害人與被害人之平等原則為依據，即各人應為自己行為結果負責[502]。

⑶性　質

第 217 條第 1 項之與有過失，乃對己義務性質，即當事人是否遵守，由其自行決定；違反時，亦不生損害賠償義務，而僅須自行承擔不利後果。因此加害人之故意過失，雖係針對自己本身之不法行為；相對的，被害人之行為造成損害發生或擴大，並無所謂不法可言，被害人僅對在其應負責範圍內未能防止損害發生或擴大部分，應自行承擔後果而已[503]。

⑷適用對象

第 217 條適用於侵權行為損害賠償請求權外，亦適用於法律行為尤其契約之損害賠償賠償請求權，且亦適用於未以過失為要件之損害賠償請求權[504]。但本條並不適用於履行請求權[505]。

---

[500] Palandt/Grüneberg, 2015, §254 Rn 1. 對此，參見 93 臺上 1899。

[501] 參見如 88 臺上 929；90 臺上 1044；107 臺上 1441。

[502] Looschelders, SAT 2015 Rn 1098.

[503] Looschelders, SAT 2015 Rn 1099; 1100 und 1101; MK/Oetker, 2016, §254 Rn 3.

[504] 88 臺上 2187；88 臺上 1386。

[505] Looschelders, SAT 2015 Rn 1103.

2) 構成要件

⑴損害之發生

首先，被害人須受有損害，且因其自己作為或不作為，而對損害之發生與有原因力，又此等損害係客觀可歸責於被害人[506]。其次，被害人之行為須違反「對己義務」。有無義務違反，須衡量加害人與被害人雙方利益定之，即加害人之責任風險宜有適當限制，至於被害人亦不應因第 217 條第 1 項而過度限制其行為自由。例如德國最近某判決涉及腳踏車騎士受傷案，即否定其負有配戴安全帽之義務[507]；又被害人體質特殊或疾障等，加害人亦無從主張被害人與有過失，如血友病患者因事故被害受傷，致增加醫療或痊癒費用，加害人不得主張被害人與有過失[508]。再者，被害人違反對己義務須係可歸責，即違反客觀注意義務（類推適用第 220 條第 1 項）[509]；又被害人亦應具備所謂「識別能力」（類推適用第 187 條第 1 項），因此當事人無識別能力時，即應否定其對損害與有「過失」[510]，例如七歲以下兒童，無法辨識危險，亦無法合理期待其採取保護安全措施（但對其法定代理人部分，參見下述）。此外，涉及危險責任之情形，如上述，加害人侵害他人不須有故意過失即應負責，因此對被害人，就損害之發生或擴大，不須有故意過失即應負責[511]。

---

[506] Looschelders, SAT 2015 Rn 1106.

[507] Looschelders, SAT 2015 Rn 1107（引用 BGH NJW 2014 2493）. 但汽車駕駛或乘客未繫安全帶或機車未戴安全帽，發生事故時，若有繫安全帶或戴安全帽，將可減輕或避免損害，應適用第 217 條第 1 項，Giliker, 2014 para 16–023; 16–024.

[508] Looschelders, SAT 2015 Rn 1107.

[509] Looschelders, SAT 2015 Rn 1108.

[510] Looschelders, SAT 2015 Rn 1109.

[511] Looschelders, SAT 2015 Rn 1096 und 1110.

對於互毆，有實務見解認為，加害人不得以被害人參與互毆為由，主張依民法第 217 條與有過失規定減免責任，其理由在於，互毆為雙方互為之侵權行為，與雙方行為為損害之共同原因者有別，無民法第 217 條過失相抵原則之適用[512]。亦另有判決指出，民法第 217 條之適用限於過失行為，不包括故意行為[513]。

⑵損害之擴大

被害人在合理範圍內，對其所受損害，亦負有減輕或避免擴大之對己義務。至於何謂合理，主要應依利益衡量定之，尤其應斟酌上述被害人之行為自由，以及加害人不須無限制對被害人依合理可期待措施防止之損害負賠償責任。例如被害人受傷後，支出昂貴費用遠赴渡假勝地治病休養，宜認為可歸責違反防止損害擴大之對己義務。但如被害人受傷後無法勝任原工作職務，有可能須接受其他工作職務訓練學習等重新就業，便屬合理；但德國實務上具爭議的是，被害人在何等條件下應接受特定手術；若該手術在醫療技術下，單純、無危險與痛苦，且有較大可能治癒或重大改善受害狀況，原則上應肯定，但若係被害人自身個別特殊情況，仍得主張進行該項手術係不可期待[514]。

⑶對重大損害原因之預促注意等

依第 217 條第 2 項，重大之損害原因，為債務人所不及知，而被害人不預促其注意或怠於避免或減少損害者，為與有過失。首先，本條項之前者，其適用前提是被害人明知或可得而知重大損害原因，才可能要求其預促債務人注意[515]；後者，例如總價 1 萬 4 千 4 百歐元之印刷機，無法使用之每日損害金額達 1 萬 1 千 5 百歐元；翻譯錯誤造

---

[512]　參考 68 臺上 967。

[513]　參考 71 臺上 1179。

[514]　Looschelders, SAT 2015 Rn 1113.

[515]　Palandt/Grüneberg, 2015, §254 Rn 37.

成之損害係翻譯報酬之 40 倍;或損害金額係加害人使用定型化契約條款最高責任上限金額之 10 倍等[516]。

此外，類似規定，如第 606 條第 1 項之旅店等客人因攜帶物品之性質之毀損或喪失，其場所主人即不須負賠償之責，或如第 639 條第 1 項，金錢、有價證券、珠寶或其他貴重物品託運時，應報明其性質及價值，否則運送人對於其喪失或毀損，不負責任。

⑷被害人應承擔代理人或使用人之與有過失

依第 217 條第 3 項，前二項之規定，於被害人之代理人或使用人與有過失者，準用之。相對的，德國民法第 254 條第 2 項第 2 句規定之下，其實務及通說主張，當事人相互間需有契約關係或其他法定特別聯繫，才可準用類如第 224 條規定；若無此等關係，即類推適用類如第 188 條第 1 項規定[517]。二者之差異在於，要求具有契約關係等才準用類如第 224 條，則當事人無從舉證選任監督無疏失等而免於承擔與有過失；但無契約關係等即類推類如第 188 條第 1 項，當事人仍得舉證選任監督無疏失等而免於承擔與有過失。此外，德國民法之下，亦須區分損害之發生與擴大，即損害之發生，須有債之關係或其他法定特別聯繫關係；但損害之擴大，則因已成立損害賠償之債之關係，即已有債之關係，故得準用類如第 224 條之規定[518]。

a) 法定代理人之情形

現行民法第 217 條第 3 項，明顯並未採取德國民法之規定，故被害人須承擔其代理人或使用人之與有過失。其次，相較於德國民法下實務通說見解，現行民法第 217 條第 3 項，亦屬較妥適之規定[519]，即在此無論當事人間有無債之關係等，均不應影響被害人

---

[516]　Palandt/Grüneberg, 2015, §254 Rn 37.

[517]　Palandt/Grüneberg, 2015, §254 Rn 48; MK/Oetker, 2016, §254 Rn 129.

[518]　Medicus/Lorenz, SAT 2015 Rn 756 und 757.

應承擔其法定代理人與有過失之結論。尤其是法定代理人與有過失，卻又享有其他加害人所無之法定責任優惠時（例如德國民法第 1664 條，父母親權行使僅需遵守處理自己事務之注意程度；此即涉及德國法所謂「受干擾之連帶債務」之討論）。舉例而言，父親甲帶 2 歲子女乙到某市政府丙管理之公園兒童遊樂區玩耍受傷害，丙管理設施不當，但甲亦有輕過失未注意，但甲適用上述規定卻不需負責。對此一問題，有認為，針對法定之責任優惠，被害人乙對第三加害人丙之請求權應減去其法定理人甲責任優惠部分[520]；反之，對本案例，德國實務認為，此等對父母之責任優惠，並不及於其他第三人，故第三人丙仍應負全責，無從主張減去父甲應承擔責任之部分；而且在父甲違反處理自己事務之注意程度，而與第三人丙成立連帶責任之下，丙亦仍不得對甲為求償[521]。

當然，本例上述之法定責任優惠，僅適用於諸如行使親權之父母，並不及於其他加害人。但若被害人丙之父母得因上述法定責任優惠而受益，不須負損害賠償責任，將導致其他加害人應承擔全部損害，且其他加害人，亦將因被害人之父母不需負責，而無從對其求償，如此無異將父母之責任加諸於其他加害人，此一結果恐非妥適。其次，本書認為，上述優惠父母而減輕其責任之規定，其正當性，實際僅存在於子女與父母之間，但只要涉及第三人，

---

[519] 德國之少數說中，有主張，並不需當事人間有所謂契約等債之關係存在，被害人即應對使用人或代理人之與有過失負責；此外，少數說中亦另有主張，不具契約等債之關係時，被害人僅需對使用人之與有過失負責，但不需對法定代理人之與有過失負責。對此，參見 Looschelders, SAT 2015 Rn 1117 說明。

[520] Looschelders, SAT 2015 1296 bei Fn 283.

[521] BGH NJW 1988 2677 (BGHZ 103 338), Looschelders, SAT 2015 1291, 1292 und 1298.

即使父母亦無從對第三人主張所謂父母責任優惠之規定。再者，侵權行為法上，父母作為法定代理人，應對自己監督無行為能力人或限制行為能力人有疏失等之侵權行為對被害人負責（參見第187條第1項），無從主張父母對子女之責任優惠或減輕注意程度之規定，因此貫徹此一原則，本例之父母亦應對第三人丙發生或造成之不利結果負責。綜而言之，對本案例宜直接適用第217條第3項，使第三人丙不致因而遭受不利益後果，即被害子女乙應承擔其父母甲之與有過失而減去後者應分擔之部分。

此外，自另一法律適用觀點而言，即父母與第三人經認定成立共同侵權行為時（例如第185條第1項前段之行為關聯共同），例如父親甲騎機車載未年成子女乙，蛇行穿梭在禁行機車之快車道上，致與第三人丙車輛相撞，即使第三人丙有過失，子女乙對第三加害人丙主張全部損害之賠償請求權時（第273條），亦應適用第217條第3項，而目的性限縮其請求權，而扣除其父母作為法定代理人與有過失而應承擔之部分。即在此一案例，不應因為是否成立共同侵權行為之連帶賠償責任，而影響丙之賠償責任；尤其僅因甲與丙二人對乙成立共同侵權行為，致乙得對丙請求全部賠償金額，再由丙另行對甲求償，但若甲無財產，將導致丙全賠乙，而丙對甲求償無門。

最後，第217條第3項之代理人，除上述之法定代理人外，亦包括由被害人授與代理權（第167條）之意定代理人。最後，法人之董事或其他有代表權人之與有過失，法人亦應承擔[522]。（最後，有關受干擾之連帶債務，參見下冊對連帶債務之說明）。

綜上所述，未成年人，尤其未滿七歲之人，原則上無識別能力，

---

[522] Palandt/Grüneberg, 2015, §254 Rn 49; Palandt/Ellenberger, 2015, §31 Rn 2; MK/Oetker, 2016, §254 Rn 136.

不須承擔自己之與有過失[523]。其次，解釋論上，未成年人，尤其未滿七歲之人，依第217條第3項之文義，仍應承擔其法定代理人之與有過失；相對的，立法論上，仍應檢討之問題在於，是否或肯定之下應如何規定而使其不須承擔法定代理人之與有過失，但無論如何，在此恐不宜採用上揭德國民法第254條第2項第2句之立法方式。

b) 使用人之情形

第217條第3項所稱之使用人，係指依被害人意思，而維護被害人利益之人。因此主動為被害人而為行為之人，如無因管理之管理人之與有過失，被害人不須承擔其與有過失。但有別於第224條之使用人，第217條第3項之使用人，並不須涉及履行債務[524]。其次，德國民法第254條第2項第二句準用同法第278條下，一般認為亦包括由債務人指定之獨立承攬人，而不論被害人對事務之履行是否有能力得以監督控制[525]。因此適用同法第254條時，亦同，被害人均應承擔其與有過失。前者，典型之例，如被害人之受僱人；後者，例如承攬人應承擔次承攬人之故意過失（或與有過失）；反之，只要承攬人本身並無過失，原則上並不須承擔其供應商之故意過失（或與有過失），例外則如承攬人依契約關係並非僅止取得，更須製造，則承攬人亦應承擔供應商提供零組件瑕疵之故意過失（或與有過失）[526]。

---

[523] Looschelders, SAT 2015 Rn 1109; 至於英國法，M A Jones in Clerk & Lindsell, 2014 para 3–71 分別舉出三歲半及九歲兒童，不承擔與有過失之判決案例。

[524] MK/Oetker, 2016, §254 Rn 134.

[525] Palandt/Grüneberg, 2015, §278 Rn 7; Looschelders, SAT 2015 Rn 502.

[526] Palandt/Grüneberg, 2015, §278 Rn 14.

在此，90 臺上 978，採不同見解，認為被害人即定作人甲，對其承攬人乙為其興建房屋卻越界建築之求償訴訟，甲並不須承擔其本身無能力監督之獨立性使用人即建築師丙之與有過失。但本件案例，若丙果真與有過失，宜認為甲對乙之求償，甲應承擔丙之與有過失，因為無論如何，丙係依甲之聘用而為甲服勞務者，故丙之與有過失，不應因甲無專業能力監督，即轉嫁由相對人乙單獨承擔。同理，本件案例，即使乙與丙，因行為關聯共同而成立第 185 條第 1 項前段之共同侵權行為，亦宜認為甲對乙之求償，甲應承擔丙之與有過失，而目的性限縮甲對乙之請求權，而使甲承擔丙之與有過失，而非由乙負全部賠償責任，再由乙自行對丙內部求償，因為本例之丙係依其與甲之契約及指示而為甲服勞務，故丙之與有過失，不應因甲無專業能力監督，即轉嫁由相對人乙單獨承擔。

此外，90 臺上 1046，涉及甲駕駛機車附載乙，經認定甲超速行駛應為肇事主因。本判決表示，甲駕駛機車附載乙，乙係因藉駕駛人甲載送而擴大其活動範圍，駕駛人甲為乙駕駛機車，應認係乙之使用人。故乙對第三加害人丙請求賠償時，依第 217 條第 3 項，準用同條第 1 項，應減輕賠償義務人即丙之賠償金額。此一見解，值得肯定。應補充說明的是，若因甲與丙之行為關聯共同，而認定甲與丙成立共同侵權行為時（第 185 條第 1 項），乙對第三加害人丙主張全部損害之賠償請求權時（第 273 條），如上述，應目的性限縮乙依第 273 條之請求權範圍，扣除甲應承擔之部分。亦即成立共同侵權行為之連帶賠償責任，丙仍得抗辯乙應承擔甲之與有過失，而減輕或免除損害賠償責任。但 108 臺上 76 表示，被害人承擔使用人之與有過失，因而承擔無法向使用人求償之危險（在此，正確應係加害人，而非使用人），……，不生加害人與使用人

間因共同侵權行為負連帶賠償責任之內部求償關係。本判決直接否定第 185 條第 1 項前段成立之可能，仍有疑問。

3) 法律效果

⑴首先，涉及過失責任為要件之侵權行為規定時，適用第 217 條第 1 項規定，應斟酌雙方原因力之強弱與過失之輕重以定之[527]。其次，涉及無過失之侵權行為規定時，亦適用第 217 條第 1 項規定，主要應斟酌雙方原因力之強弱[528]；而且即使加害人係負無過失之責任，亦可能被害人係與有過失，而同樣仍應適用第 217 條第 1 項[529]。此外，第 217 條第 1 項之法律效果，如上述係比例分配而減輕，但被害人與有過失嚴重者，依法亦得免除加害人之賠償責任[530]。

⑵其次，與有過失，係法院得依職權斟酌之事項[531]，但仍須當事人之一方提出相關之事實於法院，法院才有可能職權斟酌。對此，90 臺上 1044 表示，第 217 條第 1 項規定之目的，在謀求加害人與被害人間之公平，故在裁判上法院得以職權減輕或免除之，不以當事人主張為必要。但是在此所謂「不以當事人主張為必要」，精確而言，應係指不必然須係加害人主張第 217 條第 1 項之事實，反而只要被害人在訴訟上之事實陳述承認其係與有過失，法院即得職權斟酌；且同理亦適用於加害人在言詞辯論期日未到場，而僅依被害人之陳述而為一造辯論判決之情形[532]。

---

[527] 106 臺上 15；101 臺上 282；99 臺上 66；88 臺上 929；Looschelders, SAT 2015 Rn 1119.

[528] Brox/Walker, SAT 2015, §31 Rn 43.

[529] Brox/Walker, SAT 2015, §31 Rn 43.

[530] Looschelders, SAT 2015 Rn 1119.

[531] 103 臺上 1517；103 臺上 903；102 臺上 1305；101 臺上 906。

[532] MK/Oetker, 2016, §254 Rn 143.

⑶請求權人應承擔直接被害人與有過失。直接被害人對損害之發生或擴大與有過失，而第三人依第 192 條請求損害賠償時，仍應承擔直接被害人之與有過失[533]。如被害人騎摩托車但未戴安全帽而與加害人車輛相撞，但若有安全帽可保護頭部，將不致因頭部受重擊死亡，或被害人違規行駛於快車道上，致與公車擦撞而死亡，均為與有過失，故第三人請求損害賠償時，除依第 192 條、第 194 條規定，確定賠償金額外，應依加害人與直接被害人間過失程度的比例而扣除請求權人應承擔直接被害人之與有過失。

⑷請求賠償之第三人本身與有過失亦須自行承擔。如父親甲騎機車載未年成子女乙，而蛇行穿梭在禁止騎乘機車之快車道上，致與第三人丙車輛相撞致乙死亡，即使加害人丙有過失，甲依第 192 條與第 194 條，對丙請求損害賠償時，甲亦應承擔自己之與有過失（第 217 條第 1 項）。

㈢讓與請求權

第 218 條之 1，尤其第 1 項，涉及所謂損益相抵[534]，對此，請參考上揭㈡有關損益相抵中有關 91 臺上 857 及 102 臺上 2013 適用全民健康保險法之說明。

舉例而言，甲與乙成立寄託契約，由甲將某物寄託在乙處，而甲之仇人丙，則將乙保管中之該物加以毀損。若乙有違反義務，則甲對乙得主張契約之損害賠償請求權（第 227 條第 1 項及第 2 項），但甲對丙，甲亦得以其係某物之所有權人，而依第 184 條第 1 項前段，對丙請求損害賠償。亦即甲對乙及丙分別有損害賠償請求權，但本案例，因丙乃造成甲之物受損害之直接行為人，故丙乃最終應承擔賠償責任

---

[533]　103 臺上 2491。

[534]　MK/Oetker, 2016, §255 Rn 1.

之人；即乙與丙之責任層次不同；而且乙與丙之責任依據，乙乃依據契約，而丙乃依侵權行為，二者有所不同，因此乙與丙之關係，一般稱為「不真正連帶債務」（真正意思是，乙與丙不成立連帶債務）。因此，⑴若乙對甲賠償時，乙得依第 218 條之 1 第 1 項，同時請求甲讓與甲對丙之損害賠償請求權（同條第 2 項）。反之，⑵若丙已先賠償甲，甲已無損害，乙不須負損害賠償責任535。

第 218 條之 1 第 1 項主要在表明：被害人甲對第三人丙享有給付請求權，並不影響被害人甲對乙之賠償請求權；其次，本條項允許乙賠償甲時，得同時請求甲讓與甲對丙之損害賠償請求權，目的亦在於避免被害人甲重複獲得賠償而發生「不當得利」之結果536。亦即丙與乙二人，丙乃應負最終損害賠償之人，故若乙對甲賠償時，乙得依第 218 條之 1 第 1 項，同時請求甲讓與甲對丙之損害賠償請求權（同條第 2 項，但乙對丙之權利能否實現，乃乙應承擔之風險）。相對的，諸如全民健康保險法第 95 條第 1 項則明定，保險人需先行對被保險人給付，才可代位行使保險對象對加害人之損害賠償請求權；又保險法第 53 條第 1 項，亦同，但稱之為代位行使被保險人之損「失」賠償請求權。

---

535 本例之乙與丙，並不成立第 185 條第 1 項前段行為關連共同之共同侵權行為，相關或類似理由，參見楊芳賢，月旦法學教室，2014 年 11 月，頁 12–14，標題貳、三、㈢。

536 MK/Oetker, 2016, §255 Rn 1.

參 考 文 獻

以下是本書常用參考文獻在引用時之簡寫及其全文。

BeckOK/Bearbeiter (Beck Online Kommentar BGB, 33.ed. 或新版本，2015/2016)

Larenz/Canaris (Karl Larenz und Claus-Wilhelm Canaris, Lehrbuch des Schuldrechts, Band II, Halbband 2, Besonderer Teil, 13. Aufl. 1994)

Looschelders, SAT 2015 (Dirk Looschelders, Schuldrecht, Allgemeiner Teil, 13. Aufl. 2015)

Looschelders, SBT 2013 (Dirk Looschelders, Schuldrecht, Besonderer Teil, 8. Aufl. 2013)

Medicus, SAT 2000 (Dieter Medicus, Schuldrecht, Allgemeiner Teil, 12. Aufl. 2000)

Medicus/Lorenz, SAT 2015 (Dieter Medicus und Stephan Lorenz, Schuldrecht, Allgemeiner Teil, 21. Aufl. 2015)

Medicus/Lorenz, SBT 2014 (Dieter Medicus und Stephan Lorenz, Schuldrecht, Besonderer Teil, 17. Aufl. 2014)

MK/Bearbeiter, 2015/2016 (Münchener Kommentar zum BGB, 6. Aufl. 2012/3; 7. Aufl., 2015/2016)

HK/Bearbeiter, 2014 (HandKommentar zum BGB, hrsg. von Reiner Schulze, 8. Aufl. 2014)

Palandt/Bearbeiter, 2015 (Palandt BGB Kommentar, 74. Aufl. 2015)

Andrews, 2015, (Andrews, Neil, Contract, 2. ed. 2015)

Anson's contract 2010 (Anson's Law of contract, by Jack Beatson, Andrew Burrows and John Cartwright, 29. ed., 2010)

Benjamin's Sale of Goods, 2014 (Benjamin's Sale of Goods, edited by Michael Bridge, 9. ed., 2014,)

EPL 2013 (English Private Law, edited by Andrew Burrows, 3. ed., 2013)

Peel, 2015 (Treitel on the law of contract, edited by Edwin Peel, 14. ed. 2015)

Cane, 2013 (Atiyah's Accidents, Compensation and the Law, edited by Peter Cane, 8. ed. 2013)

Clerk and Lindsell on Torts 2014 (Clerk and Lindsell on Torts, edited by Michael A Jones, 21. ed. 2014)

McBride/Bagshaw, 2012 (Nicholas J. McBride and Roderick Bagshaw, Tort law, 4. ed. 2012)

Giliker, 2014 (Paula Giliker, Tort, 5. ed. 2014)

Burrows, 2011 (Andrew Burrows, The law of restitution, 3. ed. 2011)

Virgo, 2006 (Graham Virgo, The law of restitution, 2. ed. 2006)

▶ **不當得利**

楊芳賢　著

　　本書撰寫方式，首先為教學性質之說明，於各章節開始處，以相關實例問題作引導，簡介該章節之法律概念，儘量以實務及學說上之見解詳做解析；其次，則進入進階部分，即最高法院相關判決之歸納、整理、分析與評論；最末，簡要總結相關說明。期能藉由本書之出版，讓欲學習不當得利規定及從事相關實務工作之讀者，更加掌握學習與運用法律規定之鑰。

▶ **債法總論實例研習**
　　──債務不履行及其他債編問題

劉昭辰　著

　　作者藉由本書案例的演練及說明，闡述許多尚未被法界充分討論的債編總論問題，一方面可做為學習者的課後補充資料，使學習者不至於封閉在有限的教材之中，二方面也希望可以做為法律實務工作者的工作素材，用以釐清民法觀念並能實用。

國家圖書館出版品預行編目資料

民法債編總論／楊芳賢著. －－修訂二版二刷. －－臺
北市：三民，2023
　　面；　　公分

　　ISBN 978－957－14－6833－4（上冊：平裝）
　　1. 債法

584.3   109007360

民法債編總論（上）

作　　者	楊芳賢
發 行 人	劉振強
出 版 者	三民書局股份有限公司
地　　址	臺北市復興北路 386 號 (復北門市)
	臺北市重慶南路一段 61 號 (重南門市)
電　　話	(02)25006600
網　　址	三民網路書店 https://www.sanmin.com.tw
出版日期	初版一刷 2016 年 8 月
	修訂二版一刷 2020 年 9 月
	修訂二版二刷 2023 年 10 月
書籍編號	S586260
Ｉ Ｓ Ｂ Ｎ	978-957-14-6833-4

三民書局